Theodor Griesinger

Freiheit und Sclaverei unter dem Sternenbanner

Land und Leute in Amerika

Theodor Griesinger

Freiheit und Sclaverei unter dem Sternenbanner
Land und Leute in Amerika

ISBN/EAN: 9783743301504

Hergestellt in Europa, USA, Kanada, Australien, Japan

Cover: Foto ©ninafisch / pixelio.de

Manufactured and distributed by brebook publishing software
(www.brebook.com)

Theodor Griesinger

Freiheit und Sclaverei unter dem Sternenbanner

Freiheit und Sclaverei

unter dem Sternenbanner

oder

Land und Leute in Amerika

von

Theodor Griesinger.

Erster Theil.

Stuttgart.

Verlag von A. Kröner.

1862.

Inhalt des ersten Theils.

1.

Der Yankee oder der Stockamerikaner.

Das eigentliche Amerikanerthum der Vereinigten Staaten wurzelt im Yankee, und doch will kein Mensch dort Yankee sein. Kommt man nemlich von Europa aus im Hafen von Neu=Orleans an und fragt nach einem Yankee, so schüttelt alle Welt den Kopf und deutet nach dem Norden. Man setzt sich also auf die Eisenbahn oder auf das Dampfboot, und fährt nach St. Louis, welches seine gute achthundert Meilen nördlich von Neu=Orleans liegt. Dort angekommen, frägt man abermals nach den Herren Yankees; allein die Leute schütteln wiederum mit dem Kopfe und weisen mit dem Finger nach Nordosten. Somit benützt man zum zweitenmale das Dampfroß und fliegt drei Tage und drei Nächte lang, ohne aus den Kleidern und dem Wagen zu kommen, zwölfhundert Meilen weit nach Philadelphia oder New=York. Hier, denkt man, muß doch das Yankeethum endlich einmal zu Hause sein. Aber, Gott bewahre! Weder die Neuyorker, noch die Penn= sylvanier wollen Yankees sein, gerade so wenig als die Bewohner von Ohio, Indiana oder Illinois. „Yankees finden Sie nur in den Neu=England=Staaten," antwortet Ihnen, wenn Sie fragen, ein Neuyorker Kaufmann mit

1

größter Höflichkeit, aber auch zugleich mit einer solchen
Bestimmtheit, daß ein Zweifel oder gar ein Widerspruch
für grob gelten müßte. Sie schweigen also, obwohl Sie
es dem Spitzbubengesichte des Mannes auf den ersten
Blick ansehen sollten, daß er selbst ein Stock=Yankee ist, und
den andern Tag fahren Sie in Gottes Namen weiter den
Neu = England = Staaten zu. Diese heißen Massachusetts,
Connecticut, Rhode=Island, Neuhampshire, Vermont und
Maine, liegen im nördlichsten Theil der Union, sind nicht
sehr umfangreich und haben ihren Namen „Neuengland"
schon im Jahr 1606 von dem Prinzen von Wales er=
halten. *) Hierauf, d. h. auf den Namen Neuengland, sind
sie auch überaus stolz, weil darin das Zeugniß liegt, daß
ächt englisches, kein deutsches, französisches oder sonst ein=
gewandertes Blut in ihren Adern fließt; dagegen aber
wollen sie um so weniger etwas von dem Namen „Yankee"
wissen. Man reise nach Hartfort, Springfield, Providence,
Boston, Portland, New=Haven oder wie immer die Städte
Neuenglands heißen mögen, so wird man allüberall von
den Einwohnern die Antwort bekommen, daß bei ihnen zu
Lande eine derartige Menschensorte nicht zu finden sei.

---

*) Schon unter der Königin Elisabeth nahmen die Engländer
von der ganzen nordamerikanischen Küste Besitz und der berühmte
Walter Raleigh sowie dessen Halbbruder Humphrey Gilbert grün=
deten die ersten Niederlassungen daselbst. Der Nachfolger Elisabeths
König Jakob I. theilte sodann anno 1606 das ganze ungeheure
Land zwischen dem 34. und 46. Breitegrad in zwei Portionen, eine
südliche und eine nördliche, und sein ältester Sohn der Prinz von
Wales, darum angegangen, der nördlichen Portion (die südliche
hatte schon von Walter Raleigh zu Ehren der "jungfräulichen" Königin
Elisabeth den Namen „Virginien" erhalten) einen Titel zu geben,
taufte dieselbe „Neuengland".

„Früher," antwortet man Einem in ganz entschiedenem Tone, „früher hat es Yankees bei uns gegeben, allein dieselben sind längst weiter gezogen und haben den Westen und Südwesten der Union bevölkert." In gewisser Beziehung ist die Antwort richtig, denn der Yankee hat sich über die ganze Union verbreitet und es gibt keine Gegend, weder im Norden, noch im Westen, noch im Osten, noch selbst im Süden der Vereinigten Staaten, in welchem sich das Yankeethum nicht eingebürgert hätte. Ja den Norden Nordamerika's dirigirt der Yankee vollständig und in allen dortigen Institutionen, Gebräuchen und Sitten findet sich sein Wesen ausgeprägt. Er hat dem Amerikanerthum seinen Stempel aufgedrückt und weder Land noch Leute können ihn verläugnen. Aber ist er deßwegen aus den Neuengland-Staaten vollständig ausgewandert, wie die dortigen Einwohner behaupten? Du lieber Himmel, unter hundert Gesichtern können neunzig den Yankeeschnitt nicht verläugnen und die übrigen zehn ahmen wenigstens sein Thun und Treiben nach!

Was ist nun aber ein Yankee? Antwort: ein Mensch von mittlerer Größe mit dünnen Beinen und äußerst geringer Corpulenz, mit einem mageren scharfgeschnittenen Gesichte und einem überaus klugen oder vielmehr verschmitzten Auge, mit merkwürdig großer Beweglichkeit in den Gliedern und mit lediglich keiner Farbe auf den Wangen. Dies ungefähr ist der „äußere" Typus des Yankees, und zwar nicht dieses oder jenes Yankees, sondern vielmehr aller Yankees zusammen. Eigenthümlicherweise nehmlich sehen sich diese Menschenkinder alle einander mehr oder minder gleich, und nicht einmal die verschiedenen Handthierungen, die sie treiben, sind im Stande, ihnen ein

besonderes Gepräge zu verleihen. So ist es z. B. rein
unmöglich, einen Bauern von einem Kaufmann oder einen
Soldaten (natürlich wenn er in Civil ist) von einem
Prediger zu unterscheiden, sondern man hat eben immer
einen „Yankee" vor sich. Hierüber darf man sich aber
durchaus nicht wundern, sondern der Grund liegt einfach
darin, daß alle Yankees einen und denselben Charakter
haben. Von Natur besitzen sie sämmtlich Verstand und
Scharfsinn, Nüchternheit und Thätigkeit, Kaltblütigkeit und
Ausdauer, Unabhängigkeits = Sinn und Energie, lauter
Eigenschaften, die einem Menschen zur höchsten Ehre ge=
reichen, sobald er sie gut anwendet. Leider aber kommt das
letztere bei dem Yankee nicht immer und manchmal sogar sehr
selten vor, denn er führt noch einige andere Eigenschaften,
als da sind „Herzlosigkeit, Geldgier, Rohheit und
Egoismus" bei sich und diese vier Attribute machen, daß
er seinen Verstand, seine Ausdauer und seine Energie zu
Dingen benützt, zu welchen er sie besser nicht benützen
würde. Daher kommt es denn auch, daß man, wenn man
einen Yankeeschädel des Näheren untersucht, den Betrug=
sinn regelmäßig sehr stark ausgeprägt findet, während um=
gekehrt von den Eigenschaften der Geradheit, Biederkeit und
Gutmüthigkeit meist nur eine ganz geringe Spur entdeckt
werden kann.

So ungefähr ist ein Yankee=Charakter beschaffen und
wer wird sich daher darüber wundern, daß die Herren
Nordamerikaner keine Yankees sein wollen? Es ist ein
Spott= oder Spitzname, den man am liebsten ganz von
sich abschütteln würde, wenn er sich nur nicht bereits so
sehr eingebürgert hätte, daß man ihn unmöglich mehr los=
werden kann! Wie übrigens das ominöse Wort eigentlich

entstand, weiß man sogar heut zu Tage noch nicht genau anzugeben und die Einen rathen dahin, die Andern dorthin. Sicher ist nur, daß dasselbe vor der amerikanischen Revolution nicht bekannt war, sondern daß man damals die Bewohner Nordamerikas einfach „englische Kolonisten" nannte; während schon in den ersten Jahren des Revolutionskrieges die Aufständischen schimpfweise von ihren Bekämpfern „Yankees" titulirt wurden. Ohne Zweifel waren die mit den Engländern associrten Indianerstämme die ersten, welche den Ausdruck gebrauchten, indem sie das Wort „New-english" nach und nach in „Yankee" verkehrten;*) allein es stand nicht lange an, so bemächtigte sich die gesammte englische Armee desselben als eines Schimpfnamens für die empörten Kolonisten und Letztere wußten nun nichts Besseres zu thun, als gute Miene zum bösen Spiele zu machen und den Namen als einen „Ehrennamen" von sich selbst zu gebrauchen. Freilich — nach der Revolution, als der Frieden mit England abgeschlossen war, hätten die Herren Yankees lieber wieder „Neuengländer" geheißen, allein der Spitzname war einmal gegeben und konnte ihnen nicht mehr abgenommen werden. Gebrauchte man ihn doch in Nordamerika selbst, um damit das verzerrte oder „grimassirte" Engländerthum zu bezeichnen, d. h. um zu sagen, daß das Yankeethum nichts anderes sei, als „ein Conglomerat aller auf die Spitze ge-

---

*) Man wird dieß leicht begreifen, wenn man bedenkt, daß New-english wie „Nju = änglisch" ausgesprochen wird, woraus dann die Indianer in ihrer gebrochenen Sprache „Juängli" und endlich (weil sie das „l" nicht recht herausbrachten) „Jänki" (so spricht man Yankee aus) machten.

triebenen schlechten Eigenschaften des englischen Volkes mit Beiseitelegung der guten!"

Ein Abkömmling Alt=Englands ist also der Yankee ganz sicherlich, aber er ist es in dem Sinne, wie der Römer ein Abkömmling der alten Römer ist. Die Wahr= heit und Schönheit der ursprünglichen Natur ist verschwun= den und nur ein Zerrbild derselben zurückgeblieben! Wie richtig dieses ist, das zeigt der Yankee in allen Situationen des Lebens, obwohl er selbst der Ueberzeugung lebt, eine „vermehrte und verbesserte Auflage der englischen Nationali= tät" zu bilden, und obwohl er sich deßhalb über die andern Völker des Erdkreises hoch erhaben fühlt. Dieser Hoch= muth und Selbstdünkel kommt schon mit ihm auf die Welt und es gibt deshalb keinen Yankeebuben, der nicht der Ueber= zeugung lebte, das Non plus ultra der Schöpfung zu sein. Ja, Nordamerika selbst dünkt ihm das Musterbild aller übrigen Länder der Welt und aus diesem Grunde will er gar nichts davon wissen, daß so zu sagen, Alles, was daselbst lebt — Menschen und Thiere, sogar die meisten Pflanzen — über's Wasser aus Europa herüber gekommen ist. Im Gegentheil, er thut, als ob dieß Alles schon von Anfang und von Ursprung an „amerikanisch" gewesen wäre, und es fehlte nicht viel, so würde er erklären, Amerika sei das Land, welches unser Herrgott zuerst ge= schaffen habe, während die übrigen Continente nur so nach= träglich und beiläufig hintendrein gekommen seien. Freilich einiger „Neid" und einige „Eifersucht" auf Europa, be= sonders auf das in so mancher Beziehung über Amerika stehende Brittanien steckt immer im Hintergrunde und da= her kommt auch das fortwährende „Plänkeln und Front= machen" des Yankee gegen England und die alte Welt, aber

er sucht diesen Neid, der ihm heimlich das Herz abfrißt,
durch seinen Uebermuth und seine Selbstüberschätzung zu
betäuben, oder ihn wenigstens dadurch vor aller Welt zu
verbergen.

Bei solcher Denkungsweise kann man sich wohl denken,
daß die Herren Yankees am Studium des Auslandes keine
große Freude haben. Sie interessiren sich lediglich nicht dafür,
wie man dieß schon daraus ersieht, daß sie ihre Buben
nur äußerst selten zum Erlernen fremder Sprachen anhalten. Es ist genug, wenn dieselben das Englische oder
vielmehr „das Amerikanische" verstehen! Man muß nemlich wissen, daß die englische. Sprache, trotzdem sie die
Muttersprache Nordamerikas ist, in letzterem Lande zu
einem eigenen Idiom umgebildet wurde, so daß man den
Nordamerikaner augenblicklich schon an seiner Aussprache
erkennt. Ueberdieß sind in der Union hunderte von Worten im Brauche, welche man in England gar nicht kennt
und andere hunderte werden in einem ganz anderen Sinne
genommen, als im früheren Mutterlande. Fragt man
aber, wo das reinste Englisch gesprochen werde, so antwortet der Yankee unbedingt: „in Amerika," und bedauert
es nicht selten sehr ernsthaft, daß die armen Engländer
eine solch korrumpirte Art, sich auszubrücken, hätten! Wenn
jedoch, um auf unser eigentliches Thema zurückzukommen,
„das Amerikanische" das „Non-plus-ultra" aller Sprachen
ist, warum wäre es dann nöthig, auch noch französisch,
deutsch oder italienisch zu lernen? Der Yankeebube läßt's
also hübsch bleiben! Auch zeigt er in der That sehr wenig
Talent dazu und kann, wenn er je ausnahmsweise zum
Studium der Sprachen der alten Welt angehalten wird,
nur äußerst schwer dahin gebracht werden, das Französische

oder Deutsche „ſ o" auszuſprechen, wie man es in Deutſch=
land und Frankreich ausſpricht. Im Gegentheil, er
„amerikaniſirt" jede fremde Sprache, auch das Lateiniſche,
Griechiſche u. ſ. w. und ſpricht z. B. das Wort Luther
wie „Liuſer," das Wort Livius wie „Leiwioes," das Wort
Execution wie „Exekiuſch'n" u. ſ. w. aus. Ja ſogar,
wenn ihm der Lehrer bemerkt, daß eine ſolche Ausſprache
unrichtig ſei, bleibt er bei ſeinem „Amerikaniſiren" ſtehen
und meint kaltblütig, er hätte ſich nicht nach den Franzoſen,
Deutſchen und Lateinern zu richten, ſondern dieſe ſollten
ſich vielmehr nach ihm kehren. Ganz ebenſo wie mit den
fremden Sprachen hält er es auch mit der übrigen Kennt=
niß des Auslandes und Geographie wie Geſchichte Euro=
ropas ſind ihm förmliche böhmiſche Dörfer.*) Er ver=
wechſelt alles miteinander und es kommt ihm gar nicht
darauf an, zu ſagen: „Baiern liege in München oder
Turin in Unteritalien" und was dergleichen Verſtöße mehr
ſind. Was kümmern ihn all' die Länder, von welchen
er durch den großen Ocean getrennt iſt? Er kennt nur
Amerika und will nur Amerika kennen! Dagegen muß
man es ihm zum Ruhme nachſagen, daß er dieſes ſein
Vaterland auch wirklich kennt und zwar von innen und
außen, ſowie von allen Seiten. Schon in früheſter Jugend
wird er zu dieſer Kenntnißnahme angehalten, denn in jeder
öffentlichen Schule Nordamerikas (und neueſter Zeit haben faſt
alle Staaten, wenigſtens die nördlichen, öffentliche Freiſchulen

---

*) Daß es auch hier „Ausnahmen und zwar recht rühmliche
Ausnahmen" gibt, verſteht ſich von ſelbſt; allein eben weil ſie „Aus=
nahmen" ſind, bleibt die „Nichterkenntniß" des Auslandes „Regel"
bei dem Yankee.

gegründet) macht man es den Lehrern zur ersten Pflicht, die Zöglinge, sobald irgend thunlich, mit der Geschichte und Geographie ihres Vaterlandes bekannt zu machen, ganz im Gegensatz gegen den bei uns Deutschen heimischen Brauch, den Kindern statt z. B. der Geschichte der Hohenstaufen, die Geschichte Jerobeams und Compagnie, nebst verschiedenen Sprüchlein und Verslein aus dem alten Testamente oder dem Gesangbuche einzubläuen. Später, wenn er etwas mehr herangewachsen ist, macht sich der Yankee-Junge an die Zeitungen und verschlingt deren täglich, so umfangreich sie auch sind, fünfe oder sechse. Hiedurch wird er, da die Zeitungen Nordamerikas ganz anders geschrieben sind als die unsrigen, „mit den öffentlichen Zuständen sowie mit der Constitution und den Gesetzen seines Vaterlandes" bekannt und es gibt daher fast keinen einzigen Amerikaner, der nicht alle diese Dinge aus dem Fundamente verstände. Freilich dem Ausländer fällt es arg auf, daß man in der ganzen Union weder auf dem Dampfboot, noch im Eisenbahnwagen auf einen Menschen stoßen kann, der nicht irgend eine Zeitung in der Hand hielte und darin aufs eifrigste studirte, ja daß sogar die Bauern oder Farmer auf dem Lande, selbst die, welche in den entlegensten und uncultivirtesten Gegenden ihren Wohnsitz haben, das Zeitungslesen und Zeitungshalten für ebenso nothwendig, wenn nicht nothwendiger halten, als das tägliche Brod. Allein so sehr Einem dieß im Anfang auffällt, so sieht man doch bald den großen Nutzen ein, welchen der Yankee aus dem Zeitungsstudium zieht, denn er verdankt demselben meistentheils so zu sagen „seine ganze Bildung."

Uebrigens auch eine andere Folge hat diese amerikanische Erziehungsmethode, nemlich die, daß ein Yankeebube

schon sehr frühe, was man sagt „reif" wird d. h. daß er
in einem Alter, in welchem deutsche Buben noch kaum
ohne Aufsicht ins Bad gelassen werden, bereits „selbstständig"
zu denken und zu handeln angefangen hat. „Jung" oder
vielmehr „jugendlich fühlend" ist der Yankee eigentlich gar
nie, wenn man nemlich unter Jugend einen munteren
frischen poetischen Sinn versteht, welcher für alles Gute
und Schöne sich enthusiasmirt und mit kindlich vertrauen-
der Naivität der Zukunft entgegensieht. Ein solcher Sinn
fehlt dem Yankee gänzlich und von sprudelnder Jugendlust
oder gar von studentischem Humor weiß er gar nichts.
Dazu ist er viel zu klug, viel zu kaltblütig und viel zu
herzlos. „Rohheiten" allerdings begeht er als Junge eine
Menge und zwar recht grobe oder auch gemeine und ge-
setzwidrige Rohheiten, aber gemüthlich oder was man sagt
„fidel" zu sein, ist ihm rein unmöglich. Kann er doch
nicht einmal ein Liedchen pfeifen und noch viel weniger
kneipen, singen und commerciren! Dagegen versteht er
Eins schon von frühester Jugend an aus dem Fundamente,
nemlich das Rechnen, und man trifft nur zu häufig
Buben von kaum vierzehn Jahren, welche bereits „Geschäfte
machen und speculiren," als hätten sie die Dreißige hinter
sich. Im zwanzigsten Jahre aber hat ein richtiger Yankee
unbedingt Altersrunzeln auf der Stirne und man sieht ihm
an, daß er für nichts mehr Sinn und Gefühl hat, als nur
noch für sein eigenes liebwerthes Ich. *)

*) Bei dieser Gelegenheit fühlen wir uns gedrungen, von dem
auffallenden Umstande Notiz zu nehmen, daß der Nordamerikaner
„I" d. h. „Ich" groß schreibt und „you" d. h. „Sie" klein, während
der Deutsche es gerade umgekehrt macht. Sollte diese Schreibweise
mit der „Ichsucht" des Yankee in keinem Zusammenhang stehen?

Unter solchen Umständen kann man sich wohl denken, daß das Verhältniß eines Yankeebuben zu seinen Eltern ein ganz anderes ist, als wir es in Deutschland zu sehen gewohnt sind. *) In der That entzieht sich ein junger Neuengländer schon sehr bald der väterlichen Gewalt. Er ist wie gesagt „viel zu früh reif", als daß er sich von seinem zwölften Jahre an noch etwas gefallen lassen könnte, und nimmt sich daher die Freiheit, nach eigenem Belieben zu handeln. Er geht zur Schule oder nicht zur Schule, er kommt zu Tische oder kommt nicht zu Tische, wie es ihm convenirt, und wenn der Vater ihm deßhalb eine Züchtigung angedeihen lassen wollte, so wäre er im Stande zum nächsten besten Richter zu laufen und seinen Herrn Erzeuger „wegen Mißhandlung" zu verklagen. Solche Fälle sind schon vielfach vorgekommen, denn es gibt ja Gesetze, welche das Schlagen der Jungen verbieten und diese Gesetze kennt der Bube natürlich aus dem Fundamente! Hat übrigens der Bursche erst die Fünfzehn zurückgelegt, so wird er noch selbstständiger und hält sich nur dann noch an die Eltern, wenn er Geld braucht. Er tritt also in irgend ein Geschäft, sei's in der Stadt oder auf dem Lande ein, um sich für seinen künftigen Beruf auszubilden, oder begibt er sich auf die Wanderung und habilitirt sich bald da, bald dort, oder kauft er sich endlich an und etablirt ein eigenes Geschäft oder heirathet er gar schließlich, und zwar ohne daß er Vater und Mutter auch nur im geringsten um ihre Meinung und Einwilligung be=

---

*) Von den Yankee=Mädchen sprechen wir deßwegen nicht, weil wir dem weiblichen Geschlechte Nordamerikas, wie billig, ein eigenes Capitel zu widmen gesonnen sind.

f r a g t e. Der Vater findet dieß auch ganz in der Ord=
nung, denn er hat es in seiner Jugend gerade ebenso ge=
macht und denkt daher nicht daran, sich über den Sohn
eine Gewalt anzumaßen, welche er ja doch nicht in die Länge
behaupten könnte. Somit entläßt er den Burschen schon
sehr frühe aus dem Heimathhause und prägt demselben
höchstens die Lehre ein, u n t e r a l l e n U m s t ä n d e n Geld
z u m a c h e n. „Dein einziges Augenmerk, mein Sohn,"
sagt er, „sei, dir ein Vermögen zu erwerben, natürlich auf
ehrenhafte Weise, w e n n ' s g e h t; wenn's aber nicht geht,
n u n d a n n m a c h e j e d e n f a l l s Geld."

Diesen letzteren Spruch befolgt der junge Yankee auch
richtig bei allen Gelegenheiten und in jeglicher Lebenslage.
Er thut es natürlich nicht aus Respekt gegen seinen Vater,
sondern er thut es, weil der Sinn für's Geldmachen schon
in seinem Blute liegt. Ja man darf wohl sagen, daß
das „Money-making" ihm zur andern Natur geworden
ist und daß er nicht anders handeln könnte, auch wenn er
wollte! Darauf deutet schon die ganze Sprachweise des
Yankee hin, wie z. B. die Redensart: „Time is money",
d. i. Zeit ist Geld. Auch wird ein Stockamerikaner, wenn
er einem Bekannten begegnet, zu der ersten Frage: „how
do you do", d. h. wie geht es Ihnen, immer gleich die
zweite: „how is the business" oder wie steht es mit den
Geschäften? hinzufügen, und einer der größten Lobsprüche,
den ein Yankee dem andern machen kann, ist der, wenn er
von ihm sagt: „he made a good Job", d. h. er hat ein
gutes Geschäftchen gemacht, wobei übrigens wohl zu mer=
ken ist, daß das Wörtchen „Job" ebenso gut einen „un=
ehrlichen", als einen „ehrlichen" Erwerb in sich begreift.
Was liegt an der „A r t" des Geschäftes, wenn dasselbe

nur „einträglich" war! Was liegt daran, ob man ein wenig „Kniffe und Pfiffe", oder auf amerikanisch einen „Yankeetrick" in Anwendung bringen mußte, wenn die Spitzbuberei nur zum Ziele führt! Der Geldwerth ist und bleibt die Hauptsache und darum, wenn Einer auch auf die „allerzweideutigste" Weise zu seinem Vermögen gekommen ist, so sagt der Yankee doch voll Respekt von ihm: „he is worth twenty or thirty thousand Dollars", zu deutsch: er ist zwanzig oder dreißigtausend Dollars werth. Ein solcher Mensch, d. h. Einer, der Geld gemacht hat, gilt dem Nordamerikaner als ein „smart man", während umgekehrt Einer, der keine „Smartness" besitzt, unbedingt mit Verachtung betrachtet wird. Es ist übrigens nicht gar leicht, dieses Wort in eine andere Sprache zu übersetzen und wir Deutsche z. B. besitzen lediglich keinen Ausdruck, der den Begriff, welchen der Yankee damit verbindet, „vollständig" wieder gäbe. Ja nicht einmal die Engländer wissen, was smart ist, denn obwohl das Wort ein gut englisches ist, so gebrauchen sie es doch nie im Yankee-Sinne! Die beste Uebersetzung wird noch die sein, wenn wir sagen: „ein smarter Mensch ist ein überaus kluger und raffinirter, oder auch ein gewiegter und mit allen Hunden gehetzter Bursche, welcher sich weder durch Moral-Vorschriften, noch durch Gewissens-Scrupel abhalten läßt, dieses oder jenes profitable Geschäft zu machen." Es ist vielleicht Zuchthaus-Strafe darauf gesetzt, wenn das Ding herauskömmt, allein gerade darin besteht die Smartness, daß nichts herauskömmt, oder wenigstens nichts bewiesen werden kann; denn sobald einer „das eilfte Gebot" nicht kennt und so thöricht ist, sich ertappen zu lassen, so gilt er natürlich nicht mehr als ein smart man!

Auf solche Art sucht der Yankee im Leben vorwärts zu kommen und man hat ihn deßwegen schon vielfach den Juden des Westens genannt.*) Der Vergleich mag in mancher Beziehung seine Richtigkeit haben; in der Haupt= sache aber „klappt's" doch nicht, denn der Yankee ist kei= neswegs so engherzig, um seine ganze Lebensthätigkeit auf das Schachern und Schmusen, wie die meisten Juden in Europa und Asien thun, zu beschränken, sondern er läßt sich vielmehr auf alles und jedes Geschäft ein und es gibt keinerlei Arbeit, keinerlei Handthierung, keinerlei Gewerbe, keinerlei Industrie, worin er nicht zu Hause wäre. Ja, nicht genug damit, sondern er greift auch alles mit einem Geschick, mit einem Eifer und mit einer Ausdauer an, wie vielleicht kein anderer Mensch auf der Welt, und wenn er vielleicht heute in der von ihm erwählten Laufbahn Fiasco gemacht hat, so steckt er morgen schon über Hals und Kopf in einem andern Rocke. Keine Arbeit gilt ihm als ent= ehrend, auch die geringste nicht, und ebenso wenig läßt er sich dadurch, daß ihm dieses oder jenes Unglück passirte, vom Weiterarbeiten abhalten. Selbst dann, wenn ihm in diesem Augenblicke Haus und Hof verbrennt, oder wenn er durch Diebstahl, Bankerott u. s. w. um sein ganzes Hab und Gut kommt, verzweifelt er nicht, sondern fängt augen= blicklich ganz von Vornen wieder an, ohne daß man ihm sein Unglück auch nur ansieht, oder wenigstens ohne daß man ihn darüber seufzen und klagen hört. Kurz, über die Beharrlichkeit und Entschlossenheit, sowie über den Muth und die Ausdauer eines Yankee geht gar nichts und die

---

*) Das Sprüchwort sagt: „Aus einem Yankee kann man zwei Juden machen und dann bleibt immer noch ein Christ übrig."

übrigen Nationen der Welt, absonderlich aber die Deut=
schen, dürften sich in dieser Beziehung gar wohl ein Bei=
spiel an ihm nehmen.

Fragen wir nun nach den verschiedenen Handthierun=
gen, welche der Yankee mit Vorliebe ergreift, so sind diese
entweder Ackerbau oder Handel oder Industrie. Das
„Soldatenmetier" hält er für keine Handthierung, sondern
eher für eine Faullenzerpartei, bei der sich nichts verdienen
lasse, und somit bleibt er der Kriegsfahne, wo irgend mög=
lich, fern. Nur allein die Offiziersstellen sind ihm recht
und genehm, und obwohl er es tief bedauert, daß man nicht
gleich für den Anfang die Generalsepauletten und was noch
mehr Werth hat, die Generalsbesoldung in Anspruch neh=
men kann, so würde er es doch gerne sehen. wenn sämmt=
liche Offiziers=Posten aus der Mitte des Yankeethums besetzt
würden. Allein die Vereinigte=Staatenarmee ist bekanntlich
oder war vielmehr bis jetzt so klein, daß man das gesammte
Offizierscorps derselben in einem einzigen Neuyorker Hôtel
einlogiren könnte; wie verlohnte es sich also der Mühe, an
eine derartige „Handthierung" auch nur zu denken? Sol=
ches mag etwas für einzelne reiche Familien sein, aber das
„Gros" des Yankeethums muß ein weiteres Feld für seine
Thätigkeit haben und dieses Feld ist vor allem der Acker=
bau. In der That lebt nun auch der Yankee als Bauer
oder Farmer über die ganze Union zerstreut und er war
es fast immer, der zuerst in die unangebauten Wildniße
des Westens eindrang, um dieselben der Cultur zu öffnen.
Er hat nemlich durchaus nicht jene Anhänglichkeit an Haus
und Hof, oder vielmehr an die heimathliche Geburtsstätte,
welche z. B. den Deutschen und Schweizer kennzeichnet,
sondern es lebt vielmehr eine Art von „zigeu=

nerartigem Wanderungstrieb", in ihm, welcher
ihm nicht erlaubt, gar zu lange an einer und
derselben Scholle zu kleben. Man könnte nun
vielleicht glauben, es komme dieß daher, daß eine poetische
Ader in seinem Herzen schlage, welche ihn immer und ewig
antreibe, nach Abenteuern zu suchen. Aber, du lieber
Himmel, eine poetische Ader und ein Yankee! Wie ließe
sich solches zusammenreimen? Ebensowenig ist es der Sinn
für Naturschönheiten, welcher ihn in die Welt hinaustreibt.
Was Naturschönheiten! Das Geld ist die einzige
Schönheit, welche er bewundert. Er sieht z. B.
eine Blume, eine recht schöne und wohlriechende Blume,
aber was kümmert ihn ihre Schönheit und ihr Wohlgeruch,
sobald es ihm nicht möglich ist, mit derselben Geld zu
machen? Oder er kommt an einen Wasserfall, vielleicht
gar an den Niagarafall, vor dem ein Europäer tagelang
in Entzücken verloren stehen bliebe, aber — wie käme ein
Yankee zu einem solchen Entzücken? Er bleibt auch stehen
und sieht hin, aber er sieht nur hin, um zu berechnen, wie
viel Mühlwerke der Fluß wohl treiben könnte, wenn man
im Stande wäre, seine Wasserkraft gehörig zu benützen.
Von „Bewunderung" der Natur kann also bei einem
Yankee nimmermehr die Rede sein, wohl aber „von deren Ausbeutung", und somit liegt der Grund, warum
er jetzt da nnd dann wieder dort sich seßhaft macht, nur
allein darin, daß er hofft, dort einen größeren Gewinn zu
ziehen als hier. Nicht den Abenteuern und nicht den
Schönheiten der Natur, nein, nur allein „dem Gelde" zieht
er nach und darum gibt es eine Menge von Yankees, die
in einem Alter, in welchem bei uns die Bauernbursche erst
zu Haus und Hof kommen, nemlich im dreißigsten Jahre,

bereits acht oder neun Farmen in verschiedenen Staaten besessen haben, welche sie alle wieder verkauften, um an einem zehnten Platze einen noch profitableren Hof zu acquiriren. Woher käme es denn sonst, daß die neuen Gebiete und Territorien sich so schnell bevölkern? Woher käme es, daß innerhalb siebzig Jahren nicht weniger als einundzwanzig neue Staaten der Union beitreten konnten? „Money" und „Business" sind die beiden Schlagworte, welchen der Yankee unbedingten Gehorsam leistet, und darum drängt es ihn überall hin, wo er glaubt, daß ein Geschäft zu machen sei. Unter hundert Europäern würden neunundneunzig, die Bequemlichkeit der einmal erworbenen Farm vorziehend, vor den Entbehrungen in der Wildniß zurückschrecken; der Yankee aber kennt kein Hinderniß, keine Gefahr und keine Noth, sobald er nur die Aussicht hat, schnell ein Vermögen zu erwerben. Ebendaher kam es auch, daß, als die Goldminen in Californien entdeckt wurden, der Yankee zuerst auf dem Platze erschien, um dieselben auszubeuten und ebendaher kommt es auch jetzt noch, daß, wenn irgend woher die Kunde erschallt, es sei ein neuer Goldfluß oder eine neue Silberader aufgefunden worden, ihn, den Yankee, immer zuerst das Wanderfieber ergreift. Freilich wurde er schon oft gar bitterlich getäuscht, indem nicht selten derlei Nachrichten von aufgefundenen Goldregionen nichts anderes waren, als betrügerische Anlockungen oder Humbugiaden,*) und Er, der kalte, nüchterne, berechnende Mensch, mußte sich zugestehen, daß er auf ganz elende Weise am Narrenseile herumgeführt wor-

---

*) Ueber die Bedeutung des Wortes „Humbug" werden wir den Leser in einem besonderen Aufsatze aufzuklären versuchen.

ben sei. Es war schmählich, aber hat man nun vielleicht
das Recht, zu glauben, er werde sich hiedurch abschrecken
lassen, bei der nächsten Gelegenheit einen zweiten ähnlichen
Versuch zu wagen? Sicherlich nicht! Zehnmal mag es
ihm mißlingen, ja vielleicht zwanzigmal; einmal aber muß
er doch zu seinem Zwecke, dem Money-making nemlich,
gelangen, und in dieser Ueberzeugung lebt er und stirbt er!

Dieselbe Umsicht und dieselbe Ausdauer zeigt der Yan=
kee auch, wenn er ein Gewerbe ergreift oder sich an einem
Industriezweige betheiligt. Ja man darf sagen, daß er sich
in diesen beiden Fächern fast noch geschickter erweist, als
in der Landwirthschaft, denn es geht ihm Alles so flink
aus der Hand und er weiß die Dinge so praktisch anzu=
fassen, daß ihm hierin kein Europäer gleichkommt. Ins=
besondere ist er erfinderisch, wie er denn auch im Maschi=
nenwesen schon Ausserordentliches leistete, und jedenfalls
darf man sich darauf verlassen, daß er, wenn er einmal
eine Sache ergreift, nicht ruht, als bis er sie zu einem
glücklichen oder auch unglücklichen Ende gebracht hat. Ein
Resultat muß da sein, falle dieses aus, wie es wolle! Be=
sonders auffallend ist es für einen Europäer, zu sehen, wie
der Yankee bei Allem selbsthandelnd mit eingreift, und
sich lediglich an keiner Art von Arbeit schämt. In Deutsch=
land nemlich ist man gewöhnt, zu diesem oder jenem Ge=
schäft einen Hausknecht, einen Commis, einen Buchhalter
oder irgend einen andern passenden Gehülfen zu engagiren,
und es würde sich z. B. der Buchhalter unter keinen Um=
ständen dazu verstehen, die Dienste des Hausknechtes zu
verrichten, sowie auch der Fabrikherr selbst es unter seiner
Würde hielte, das zu thun, für was er seine Commis
u. s. w. bezahlt. In Amerika dagegen lacht man über

derlei Thorheiten und man kann es jeden Tag mit an=
sehen, wie der reichste Fabrikant, den Hut auf dem Kopf;
aber in Hembärmeln, einem seiner Gehülfen oder Knechte
im Zunageln einer Kiste, im Herunterlangen eines schwe=
ren Packes und was dergleichen mehr ist, beisteht. Ja
sogar davor scheut er sich nicht, auf das Trottoir vor sei=
nem Laden, auf welchem Tausende von Menschen hin= und
herwandeln, hinauszutreten und seinem Fuhrmann beim
Aufladen dieses oder jenes Ballens zu helfen, seine Be=
kannte aber staunen nicht nur nicht darüber, wenn sie
ihn auf diese Art beschäftigt sehen, sondern finden solches
vielmehr ganz natürlich und in der Ordnung!

Auch in dieser Beziehung also kann ein Europäer
viel vom Yankee lernen, dagegen aber entwickelt Letzterer
als Fabrikherr, Kaufmann oder Gewerbsmann auch noch
andere Eigenschaften, welche wir keineswegs zur Nach=
ahmung empfehlen möchten. Er ist nemlich nie das,
was man bei uns zu Lande einen soliden Geschäfts=
mann nennt; sondern er geht vielmehr immer so scharf
ins Zeug, daß eine deutsche Firma, wenn man ihr das
gleiche Verfahren zumuthete, sich schaudernd abwenden würde.
Von einem „langsamen" oder „reellen" Vorwärtsschreiten,
sowie überhaupt von einem Geschäftsbetrieb „auf sicherer
Grundlage" weiß der Nordamerikaner durchaus nichts; davon
aber weiß er sehr viel, daß man ohne einen Heller
Vermögen sich in Speculationen einläßt, bei
denen es sich um viele Tausende handelt. Auch
ist es etwas ganz Gewöhnliches, daß Einer, der über seine
fünf oder zehntausend Dollars zu verfügen hat, Geschäfte
bis zum Betrag von hunderttausend, ja von
zweimalhunderttausend Dollars übernimmt.

Anderswo nennt man derartige Spekulationen „Schwin=
delgeschäfte,“ der Yankee aber meint: „ein bischen Schwin=
del müsse bei allen Unternehmungen mit unterlaufen.“
Glückt die Geschichte, so ist's gut, denn man hat ja in
diesem Fall seinen Profit in der Tasche; mißlingt aber
die Speculation und bricht der Bankerott herein, ei nun,
was liegt daran? Man muß eben dann wieder von Vornen
anfangen! Daher kommt es denn auch, daß jährlich so
viele tausende von Fallimenten in den Vereinigten Staaten
vorkommen und daß sogar Häuser, welche in der Handels=
welt als überaus reiche und respectable Firmen bekannt
sind mit einemmale d. h. durch ein einziges verfehltes
Unternehmen gestürzt werden. Derlei Dinge ist man üb=
rigens in Nordamerika nach und nach so sehr gewöhnt,
daß man kein Halloh mehr darüber aufschlägt, sondern
vielmehr fortfährt, einem jungen Anfänger, der über eini=
ges Vermögen zu gebieten hat, einen fast unbeschränkten
Credit zu gewähren. Der Credit ist ja die Seele der
Geschäftswelt und nur durch's Creditgeben und Credit=
nehmen kann man etwas Ordentliches prosperiren! Also
es lebe der Credit, und wenn er zehnmal den Bankerott in
seinem Gefolge hat! Nächst dem Credit und dem Bankerott liebt der Yan=
kee am meisten das „Associren.“ Zwei oder drei ver=
einigte Kräfte können natürlich immer mehr leisten, als ein
Einzelner; also frischweg ein Bündniß geschlossen! Auch
in der alten Welt weiß man dieß und es gibt daher dort
„Societätsunternehmungen,“ allein ehe man einen der=
artigen Vertrag mit einem Andern abschließt, erkundigt
man sich vorher immer genau nach dem Charakter sowie
nach den Vermögens=Verhältnissen des Betreffenden. In

Amerika dagegen würde man eine solche Vorsicht viel zu langweilig finden und es genügt schon eine ganz oberflächliche Erkundigung. Ja manche associren sich heute, die sich vielleicht gestern noch gar nicht gekannt haben und wenn es dann nachher herauskommt, daß der Eine den Andern mit falschen Angaben über sein Vermögen oder seine Arbeitsfähigkeit übertölpelt hat, so tröstet sich der Betrogene damit, daß er sich vornimmt, das nächstemal einen Dritten ebenso pfiffig anlaufen zu lassen. Eine solche Verfahrungsweise ist ja in den Augen des Neuengländers kein Betrug sondern nur „Smartnes!" Die allerliebsten Societäts = Unternehmungen sind übrigens für den Yankee die sogenannten „Aktienunternehmungen" und jemehr Aktien in fremde Hände abgesetzt werden, umsomehr frohlockt er. Sein Geld steckt ja dann nicht in der Speculation, sondern das Geld Anderer, während der Profit jedenfalls „getheilt wird" oder vielmehr „ihm, der die Aktiengesellschaft befürwortet hat", in die Tasche fällt! Das schwerste bei einem solchen Geschäft ist immer das „an den Mann bringen" der Aktien, allein der Yankee versteht es aus dem Fundament, dieselben durch Zeitungs= Artikel so herauszupuffen, daß das Publikum am Ende anbeißen muß, es mag wollen oder nicht. Ist nun aber die Gesellschaft gegründet und haben die Leute ihr Geld hineingesteckt, so läßt man die Bombe platzen und das ganze Unternehmen erweist sich dann nicht selten als ein reines Schwindelgeschäft. Freilich wird sofort von den Actionären ein furchtbares Lamentiren und Schimpfen los= gelassen und vielleicht machen sie sogar gerichtliche Klagen anhängig; allein der Gründer der Gesellschaft hat die Sache so klug eingefädelt, daß man ihm nicht wohl bei-

kommen kann, und wenn die Actien vollends (worauf der
Yankee vor Allem ausgeht), im Auslande d. i. in Eng=
land, Frankreich u. s. w. abgesetzt wurden, so darf man
zum Voraus versichert sein, daß die Klage keinen Erfolg
hat. Den besten Beweis hiefür liefern die vielen Eisen=
bahn= und Bergwerks=Unternehmungen, an welchen sich der
europäische Geldmarkt betheiligte, weßwegen wir auch nicht
für nöthig halten, etwas weiteres zur näheren Aufklärung
hinzuzusetzen.*)

Auf diese Art betreibt der Yankee seine Geschäfte und
daher kommt es auch so häufig vor, daß ein Mann, der
noch vor wenigen Jahren so zu sagen als armer Schlucker
seine Laufbahn begann, nun auf einmal gleichsam über
Nacht über Hunderttausende gebietet und vielleicht als
Millionär stirbt, während ein Anderer, dem der Vater ein
großes Capital, oder ein schönes Geschäft hinterließ, nach
kurzer Zeit mit seinem Vermögen fertig ist und dann wie=
der von unten anfangen muß. Man darf übrigens nicht
glauben, daß der Yankee sich ganz allein auf den Handel
und die Industrie oder auch auf den Ackerbau und die
Feldcultur beschränkt. Im Gegentheil er ist überall zu
Hause, sogar auf der hohen See, wie denn dieß bei der
Lage seines von zwei Meeren begränzten Vaterlandes gar
nicht anders sein kann. Man trifft daher nicht leicht bessere
Matrosen, Steuerleute und Schiffs=Capitäne als die Neu=
engländer, und der Leser hat gewiß schon viel von ihren
kühnen Seefahrten gehört. Nicht minder excellirt der Yankee
im Schiffbauen und selbst die Engländer, welche doch als

---

*) Dagegen wird der Leser ersucht, den Artikel Humbug nicht
außer Augen zu lassen.   Anmerkung des Setzers.

die erste seefahrende Nation der Welt bekannt sind, müssen
zugeben, daß sie in diesem Artikel von den Söhnen ihrer
früheren Unterthanen überflügelt wurden. Möglich ist es
allerdings, daß die auf den amerikanischen Werften gezim=
merten Schiffe nicht dieselbe Solidität besitzen, als die eng=
lischen oder deutschen; aber in Beziehung auf kühne Con=
struction, sowie besonders in der Herstellung der Eigenschaft
des Schnellsegelns übertrifft der Neuengländer alle übrigen
Nationen. Diesen Vorzug verdankt er seinem praktischen
Sinne, seinen Kenntnissen im Maschinenwesen und seinem
Erfindungstalente, in welchen Eigenschaften die Europäer
nicht mit ihm concurriren können. Ein noch weit ureigen=
thümlicherer Zug seines Charakters ist aber der, daß er
nicht selten als Seefahrer und Landbebauer zugleich fun=
girt, was in Europa gar nicht vorkommt. Besitzt er nem=
lich eine Farm in der Nähe des Meeres oder an einem
Fluße, welcher fähig ist, größere Schiffe zu tragen, so
fällt es ihm nicht selten ein, einen kleinen Schooner zu
bauen und damit in der Zeit, in welcher die Feldgeschäfte
ruhen, auf den Fischfang auszuziehen. Man muß Alles
mitnehmen, was Geld einträgt, warum sollte also ein Far=
mer seine Hände den Winter durch in den Schoos legen?
Mit dem gewöhnlichen Fischfange übrigens begnügt sich
ein ächter Yankee nur selten, denn die Ausbeute erscheint
ihm im Verhältniß zur Mühe allzugering. Also wagt er
sich auf seinem kleinen „Banker" oder Küsten=Fahrzeuge,
nachdem er sich vorher ein paar Jahre lang dem Ufer ent=
lang in die Sache eingeübt hat, frisch weg in die hohe
See hinaus und fährt an die Küsten von Neufundland
hinüber, um daselbst den Stockfischfang zu betreiben. Geld
für Matrosen giebt er übrigens keines aus, sondern seine

Mannschaft besteht außer ihm selbst und seinen etwaigen Söhnen aus ein paar Nachbarn, mit denen er sich zu diesem Behufe associirte. Auch die Beschaffung des Proviants macht ihm keine Sorge, da ihm ja seine Farm und sein Viehstall Bohnen und gesalzenes Fleisch in Menge liefern. So ausgerüstet beginnt er seine Fahrt und kreuzt an der Küste von Neufundland so lange auf und ab, bis er sein ganzes Schiff von unten bis oben mit Stock= und andern Fischen angefüllt hat. Gewöhnlich glückt ihm dieß nach zwei oder drei Monaten und dann kehrt er wohlgemuth auf seine Farm zurück, um von nun an wieder acht oder neun Monate lang Ackerbauer zu sein, natürlich jedoch nicht, ohne daß er zuvor die Ladung verkauft und mit seinen Associés abgerechnet hätte.

Man sieht hieraus, daß der Neuengländer in allen Dingen zu Hause ist und somit wird sich Niemand wundern, wenn wir ferner berichten, daß er sich auch nicht selten als Staatsmann oder vielmehr als Aemterjäger gerirt. Politiker ist nämlich jeder Yankee ohne Ausnahme und schon als ganz junger Bursche hält er sich zu einer bestimmten Partei. Das Hin= und Herschwanken und auf beiden Achseln Wasser tragen, ist durchaus nicht nach seinem Geschmacke, sondern er liebt es vielmehr, mit Entschiedenheit aufzutreten. Das jedoch wird man natürlich finden, daß er sich nur zu denjenigen politischen Farben bekennt, welche ihm den größtmöglichen Vortheil versprechen, denn wenn er nicht so dächte und handelte, so wäre er ja kein Neuengländer. Von einer Begeisterung für eine politische Idee weiß er, wie sich von selbst versteht, lediglich nichts. Ebensowenig von der Fähigkeit, sich für seine Grundsätze zu opfern. Im Gegentheil, ein der=

artiger Charakterzug erscheint ihm als vollkommene Thor=
heit, über die ein Mann von Verstand, wie er, nur lachen
kann. Deßwegen kämpft er aber doch für den Sieg seiner
Partei und zwar mit einer Beharrlichkeit und Ausdauer,
die man nicht genug loben kann. Nur ist beizufügen,
daß ihm alle Mittel, welche zum Sieg führen,
recht sind, und zwar die guten und ehrlichen eben=
sosehr, als die schlimmen und unehrlichen. Sogar
„Gewaltthätigkeit" schlägt er nicht aus, wenn man damit
zu einem Resultat gelangen kann. Verläumdung des
Gegners aber, oder Bestechung desselben, — nun
diese zwei Dinge natürlich findet er geradezu für
erlaubt! „Seine Parthie, calculirt er, muß um jeden
Preis siegen, denn sonst könnte er ja für seine bewiesene
Treue und Unterstützung die Belohnung, die er sich schon
zum Voraus ausbedungen, nicht erhalten." Worin besteht
nun aber diese Belohnung? Vielleicht in Ehre und Ruhm,
oder in dem Bewußtsein von seinen Parteigenossen als ein
treuer Kämpe gepriesen zu werden? Narrheiten! Was will
ein Yankee von solchen Illusionen? Er hat nur Sinn für
Geld und Geldeswerth und darum verlangt er auch etwas
„Greifbares" für seine Dienste. Ein geringer Mann aller=
dings muß sich mit Wenigem begnügen, allein je einfluß=
reicher die Stellung des Yankee ist, um so größer sind
auch seine Ansprüche, und ein reicher Fabrikherr z. B.,
welcher über ein paar hundert Stimmen gebietet, wird
sich daher nicht leicht befriedigen lassen, außer wenn man
ihm einen fetten Staats=Contrakt oder ein anderes ähn=
liches profitables Geschäft zuweist. Der alleranspruchvollste
ist und bleibt aber immer derjenige unter den Yankee's,
welcher das Gewerbe eines Advokaten treibt, denn dieser

will um jeden Preis ein Amt bekommen. Die Advokatur nemlich wird in Amerika nicht als eine Wissenschaft be= trachtet, sondern vielmehr als eine Art von „Stufenleiter zu Amt und Würden“, und es giebt daher eine fast über= große Menge von jungen Leuten, welche selbigen Stand ergreifen. Sie gehen auf ein paar Jahre zu einem Advo= katen in die Lehre, gerade wie man zu einem Schlosser oder Schmied in die Lehre geht, prakticiren nachher noch ein Jahr lang bei einem Richter und treten dann sofort als öffentliche Sachwalter auf. Dieß thun sie aber meisten= theils nicht, um später durch das Advociren ihr Brod zu verdienen, sondern vielmehr um als Candidaten für irgend ein Amt (in Amerika werden ja alle Beamte gewählt) auf= treten zu können, denn wer anders paßt besser zu einem Richter oder überhaupt zu einer öffentlichen Stelle, als Einer, der sich praktisch zum Anwalt herangebildet hat? Ebendeßwegen findet man auch in der ganzen Union fast keinen Civilbeamten, ja nicht einmal einen Obersten oder General, der nicht vorher eine Zeit lang Advokat gewesen wäre, und sogar unter den „städtischen“ Beamten haben die meisten vorher diese Carriére gemacht. Freilich man sollte meinen, der Andrang zu derlei Stellen werde nicht allzugroß sein, indem dieselben zum Theil wenigstens nur mit sehr geringen Besoldungen bedacht sind und nur zu oft geradezu Ehrenämtern gleichen, welche umsonst versehen werden müssen; allein glaubt man denn, es gäbe auch nur irgend ein einziges Aemtchen und selbst wenn es das geringste und erbärmlichste wäre, aus welchem ein Yankee nicht ein tüchtiges Ein= kommen herauszupressen verstünde? Wahrhaftig, gerade hierin zeigt er ein Talent, das fast noch größer

ist, als sein Talent zum Speculiren, und man darf mit
Sicherheit darauf rechnen, daß er, wenn er vier Jahre
lang als Beamter fungirte, sei's im städtischen oder im
Staatsdienste, nicht nur sein Schäflein im Trocknen, son=
dern es sogar meistentheils so weit gebracht hat, um von
nun an von seinen Renten leben zu können. Aller=
dings giebt es deßwegen in der ganzen Union keine Stadt
und keinen Staat, in welchen nicht die Corruption die
höchste Höhe erreicht hätte; allerdings deutet man von über=
allher mit dem Finger auf die fast offenen Betrügereien
und Veruntreuungen, die in Nordamerika an der Tagesord=
nung sind; freilich weißt man es den Herrn Angestellten
nicht selten öffentlich in den Zeitungen nach, daß sie nichts
sind, als große Schufte, denen ums Geld Alles, Ehre
und Gerechtigkeit, Himmel und Erde, feil sind; allein was
thut's? Derlei Vorwürfe prallen von einem „smarten
Yankee" ab, wie die Kugeln von den Rippen eines Pan=
zerschiffs! Er lacht darüber und hält es selten für nöthig,
sich solcher Lappalien wegen auch nur zu verantworten;
wenn er es aber je thut, so besteht seine Entgegnung nicht
sowohl in einer Widerlegung der gegen ihn geschleuderten
Vorwürfe, als vielmehr darin, daß er seinem Gegenpart
die ausgetheilten Ehrentitel im vollsten Maaße heimgiebt,
oder vielmehr dieselben durch noch ärgere Schmähungen zu
übertreffen sucht. Natürlich weiß dann das Publikum nicht,
welcher der beiden Gegner der ärgste Schurke ist, giebt
aber doch gewöhnlich dem Recht, welcher die brutalsten und
rohesten Ausdrücke zu erfinden wußte. Also drauf, und
noch einmal drauf! Uebrigens darf man immer mit Sicher=
heit darauf rechnen, daß die ganze Geschichte schon nach
wenigen Wochen eines neueren noch größeren Scandals

wegen bereits wieder vergessen ist und daß man jedenfalls nach einem Jahre mit keiner Silbe mehr davon spricht. Es ist Gras drüber gewachsen, und der Monsieur Yankee, welcher sich durch seine damaligen Betrügereien ein Vermögen zu machen wußte, kann nun unbelästigt in sich hinein lachen. Kein Hahn kräht mehr nach seiner Schurkerei; im Gegentheil man preißt ihn als einen Mann, dessen verständige Handlungsweise Nachahmung verdiene.

Auf diese Art treibt es der Yankee-Advokat. Gewissensscrupel kennt er keine und darum macht er sich nicht nur nie Vorwürfe über sein vergangenes Leben, sondern ist vielmehr stolz auf die Schlauheit, durch die er zu seinem Ziele kam. Ja er sieht sogar mit einer gewissen Verachtung auf die beschränkten Köpfe herab, welche, um ehrliche Menschen zu bleiben, sich die Gelegenheit Geld zu machen entschlüpfen lassen! Bei so bewandten Umständen kann man es sich schon zum voraus denken, auf welche Weise ein Yankee sich seinen nächsten Verwandten und Freunden gegenüber benimmt. Wir thörigte Europäer halten noch immer etwas auf Blutverwandtschaft und Freundschaft; der Nordamerikaner aber kennt diese Begriffe nur vom Hörensagen. Oder wäre in der That das Wunder einmal vorgekommen, daß ein Neuengländer für einen Andern „wirkliche" Freundschaft gefühlt und sich zu dem Unverstande hätte verleiten lassen, ein Freundesopfer zu bringen? Allerdings in seiner Jugend, d. h. in den Jahren, welche wir in Deutschland die „Sprudeljahre" nennen, hatte er immer verschiedene Genossen um sich, mit welchen er allerlei tolle Streiche ausübte. Er besaß damals was man in Amerika „Rcklessness" nennt, d. h. einen gewissen rohen Uebermuth, welcher am Spektakelmachen eine Freude hat, und trieb diesen Uebermuth oder vielmehr diese seine brutale Rücksichtslosigkeit so weit, daß er zum Beispiel im Stande war, mit seinen Genossen ohne die geringste Veranlassung in irgend eine Wirthschaft einzufallen und die darin befindliche Gesellschaft mit Pistolenschüssen zu begrüßen, oder daß es ihm einfiel, das nächste beste Haus „des Jures wegen" — for the sake of fun — in Brand zu stecken, damit durch den Zusammenruf der Feuerwehr ein rechter Spectakel entstehe. Allein „Freunde" waren ihm diese Genossen nicht, sondern sie galten ihm nur als „seine Kameraden", sie gehörten nur zu seiner „Fellowship" d. h. „zu seiner Kumpanschaft". Dieß sieht man am Besten daraus, daß er, wenn älter geworden, keinen dieser Kumpane mehr kennt, sondern jedem derselben unbedingt feindselig entgegentritt, sobald er seine Rechnung dabei findet. „Hilf dir selber, help yourself" ist sein oberster Grundsatz und darum denkt er gar nicht daran, einem Andern, und wäre derselbe auch von Kindheit an mit ihm erzogen worden, aus purer Freundschaft d. h. ohne Aussicht auf einen Gewinn beizustehen. Aeußerlich allerdings sieht sich die Sache anders an, denn wo ein Amerikaner einen Bekannten begegnet, streckt er ihm gleich die Hand entgegen und drückt sie ihm wie einem gar lieben Freunde. Allein dieses „Shaking hands" ist nur eine bedeutungslose Ceremonie und vertritt die Stelle des deutschen oder französischen Hutabziehens, von welchem der Amerikaner ein abgesagter Feind ist. Grüßt er ja doch sogar eine Dame seiner Bekanntschaft nicht durch das Abnehmen der Kopfbedeckung, sondern durch das Entgegenstrecken seiner rechten Hand!

Wenn nun aber der Yankee gegenüber von seinen Kameraden ein solch kalter berechnender Egoist ist, wie benimmt er sich gegenüber seiner Blutsverwandschaft? Nun natürlich kaum anders! Sein Betragen gegen die Eltern haben wir weiter oben bereits geschildert und daraus schon läßt sich schließen, wie tief innig die Liebe zu seinen Geschwistern sein wird. Er kennt sie oft kaum, weil er schon sehr frühe das elterliche Haus verließ; und wenn er sie auch kennt, so kümmert er sich doch so wenig als möglich um sie. „Sie sollen ihren eigenen Weg gehen, ihre eigene Carriére machen, gerade wie auch Er sich nur auf sich selbst verläßt!" Deßwegen findet man auch immer, daß Yankee-Brüder, selbst wenn sie dieselbe Stadt bewohnen, einander nur selten, ja fast immer nur aus Höflichkeitsgründen besuchen, wie sie denn auch in politischer Beziehung oft die erbittertsten Feinde sind. Etwas anders freilich ist es mit der „eigenen" Familie d. h. mit der Frau, welche man sich gewählt hat und mit den Kindern, welche aus dieser Ehe hervorgehen. Die Frau bildet ja einen Theil seines eigenen Ich, seine sogenannte „bessere Hälfte", wie er sie zu nennen beliebt, und sie ist deßhalb zwar nicht vielleicht in sein Herz, aber doch in seinen Egoismus eingeschlossen, besonders wenn sie so schön ist, daß er mit ihr prangen kann. Freilich von Liebe, d. h. von wirklicher ehrlicher Liebe kann auch hier nicht die Rede sein, denn der Yankee müßte ja sonst als Ehemann seinen ganzen Charakter ablegen. Darum ist es auch durchgängig Regel, daß der Herr Gemahl nach den ersten Flitterwochen gerade wieder so lebt, wie er vor der Hochzeit zu leben gewohnt war. Er läßt seine theure Hälfte den lieben langen Tag allein und geht seinen Geschäften so wie nebenbei auch seinen Vergnügungen nach, als wäre er noch immer ledig; allein da sich die Frau hierüber nie oder doch selten

beklagt, so ist die Ehe „wenigstens äußerlich" keine un=
glückliche. Warum sollte sie sich aber auch beklagen? Be=
trägt er sich doch stets sehr zuvorkommend, ja sogar devot
gegen sie! Geht er doch für sie auf den Markt, um Ge=
müse und Fleisch einzukaufen; macht er doch Morgens,
wenn das Einkommen nicht dazu reicht, einen Dienstboten
zu halten, für sie den Kaffee, damit sie gemüthlich im Bett
bleiben kann! Schlägt er ihr doch, selbst wenn er der spar=
samste Mensch von der Welt ist, nur selten eine Bitte ab
und thut überhaupt Alles, was er ihr nur an den Augen
absehen kann? *) Er will keine Händel mit ihr, schon deß=
wegen nicht, weil dieß gegen die allgemeine Sitte anstoßen
würde, und überdieß könnte er so ungenirt den ganzen
Tag seinen Geschäften nachgehen und thun und treiben,
was er will, wenn er seine Frau nicht umgekehrt auch
wiederum gewähren ließe?

Solcher Art ist die eheliche Liebe eines Yankee und
gerade so ist auch die Erziehung seiner Kinder. Er sieht
dieselben fast nie, höchstens Abends, wenn er nach Hause
kommt, und überläßt die ganze Sorge für dieselben seiner
besseren Hälfte, welche ihrerseits sich ebenfalls der kleinen
Rangen wegen keine grauen Haare wachsen läßt. So
wachsen die Kinder ziemlich wild auf und der Yankee=Vater
darf daher sicher sein, daß ihn seine Buben dereinst ganz
ebenso tractiren werden, wie er in früherer Zeit seinen eige=
nen Erzeuger tractirte. Dessen ungeachtet spricht der Yankee
mit viel Stolz von seinem „glücklichen" Familienleben und
sieht mit Verachtung auf die Länder herab, in welchen wie

---

*) Wir können dieses Capitel hier nicht näher ausspinnen, son=
dern verweisen den Leser auf den Artikel: „Die Ladies im freien
Amerika."

z. B. in Deutschland und Frankreich die Männer gewohnt sind, ihr Vergnügen Abends in den Kaffee=, Bier= oder Weinhäusern zu suchen. „Er allein, so rühmt er sich, ist das Muster eines Ehemanns, denn Er bringt fast alle Abende im Schooße seiner Familie zu!" Freilich das verschweigt er wohlweislich, daß er für Einen Abend in der Woche durch seinen politischen Clubtag, für einen zweiten durch ein Meeting, d. h. eine Berathungsversammlung seiner Partei, und für einen dritten durch den vorgeschriebenen Besuch der Freimauer=Loge, zu der er gehört, verhindert ist, zu Hause zu bleiben! Freilich, davon spricht er keine Sylbe, daß er matt und müde, wie er von dem vielen Businesmachen den Tag über sein muß, meistentheils schon nach kurzer Zeit das Schlaf=gemach aufsucht, ohne sich mit den Seinigen in lange Unterredungen einzulassen, und daß er sogar die wenigen paar Stunden, die er bei seiner Familie im Wohnzimmer zubringt, mit nichts anderem ausfüllt, als mit dem Lesen der Abendblätter und dem Tabakkauen! Wo bleibt unter solchen Umständen das hochgerühmte Familienleben?

Wir haben nun den Yankee von den allerverschieden=sten Seiten aus betrachtet und es bleibt uns jetzt nur noch übrig, über einige wenige Eigenthümlichkeiten zu berichten, welche anzuführen wir bisher noch nicht Gelegenheit hatten. Wir meinen damit vorerst sein höchst eigenthümliches Be=tragen in Gesellschaft, denn wenn sich ein Nordameri=kaner in einem Local befindet, in welchem blos Männer anwesend sind, so benimmt er sich ganz anders, als sonstige Menschenkinder zu thun pflegen. Er hat da stets den Hut auf dem Kopfe und setzt sich nie nieder, ohne daß er seine Füße über die Lehne eines andern Stuhles hinüber streckte. Ja oft, wenn er sich z. B. in dem Parterrelokal eines

Kaffee's befindet, öffnet er ein Fenster, setzt sich hart davor, lehnt sich in seinem Stuhle zurück und hängt die Füße über die Fensterbrüstung hinaus, so daß ein Fremder, welcher diese Erscheinung zum erstenmal sieht, sich vor Verwunderung nicht fassen kann. Im Winter natürlich hört dieses „Füßezumfensterhinausstrecken" der Kälte wegen auf, aber dann setzt sich der Yankee mit seinen Genossen um das Kaminfeuer herum, und bringt die Füße, statt sie wie andere Christen auf dem Boden aufzustellen, in eine horizontale Lage mit dem Kaminroste, wodurch er nicht selten Gefahr läuft, seine Sohlen anzubrennen. Gesprochen wird dabei unter den Anwesenden nicht viel. Auch selten geraucht und sicherlich nie geschnupft. Um so mehr aber befleißigen sich die Herren zu kauen und den braunen Saft entweder in's Kamin oder auch auf den Bodenteppich zu spritzen, wobei sie keine Rücksicht darauf nehmen, ob der Teppich neu oder alt, kostbar oder nicht kostbar ist. In dieser Stellung verharren die Yankee's oft mehrere Stunden lang, ohne daß der Eine den Andern in seinen tiefen Meditationen stört, so daß man hie und da beinahe zu glauben versucht wäre, dieselben wären stumm geboren. Allein plötzlich wird man eines Andern belehrt, denn dieser oder jener fängt auf einmal von einem Busineß d. h. von einem Geschäftchen zu sprechen an, und nun kommt Leben in die kalten Gesichter. Die Sache wird nemlich (darauf darf man rechnen) nicht nur besprochen, sondern auch gleich abgemacht, indem ein Neuengländer immer kurz entschlossen zu sein pflegt. Ist aber das Geschäft zu Ende gebracht, dann tritt wieder dieselbe Stille wie vorher ein, und die Herren besinnen sich auf ein neues Geschäftchen.

Auf diese Art bewegt sich der Yankee in männlicher

3

Gesellschaft, d. h. wenn er unter seinen Bekannten ist. Gespielt wird selten und wenn er es thut, so ist es eine Art von Landsknecht, „Old Sledge", genannt, welches nicht gar viel Kopfzerbrechens erfordert. Auch getrunken wird nicht viel, denn der Yankee liebt die berauschenden Getränke nicht besonders, obwohl es ihm vorkommen kann, daß er im Unmuth „auf die Spree" d. h. „aufs Herum= lumpen und Herumkneipen" geht und dann vielleicht drei Tage und drei Nächte lang nicht aus dem Rausche her= auskommt. Solches aber ist immer ein Ausnahmefall und kann daher kaum in Anschlag gebracht werden. Ueberhaupt betrachtet der Nordamerikaner das Wirthshaus keineswegs mit denselben Augen, wie der Deutsche, und geht in eine Schenke oder Restauration nur hinein, um sich schnell etwas zum essen oder trinken geben zu lassen, keineswegs aber um daselbst sein Quartier für einen ganzen Mittag oder Abend aufzuschlagen. Ist er jedoch darauf angewie= sen, längere Zeit d. h. ein paar Stunden lang in einem Wirthshause verweilen zu müssen, so darf man sicher sein, daß er sich fast einzig und allein mit Zeitungslesen be= schäftigt und jedenfalls mit keinem der Anwesenden, es müßte denn ein genauerer Bekannter sein, eine Unterhal= tung anknüpft. Freilich gegen Frauenzimmer ist er zuvor= kommender oder vielmehr die Höflichkeit selbst, allein in dieser Beziehung müssen wir den Leser auf ein späteres Capitel verweisen, welches wir den amerikanischen Ladies und ihrem Verhältniß zu der Männerwelt widmen werden.

Noch eigenthümlicher fast als das Benehmen des Yankee in der Gesellschaft kömmt uns sein Betragen am Sonntage vor. Von den strengen amerikanischen Sonn= tagsgesetzen hat der Leser ohne Zweifel schon Vieles ge=

hört und es ist ihm daher sicherlich nicht unbekannt, daß am Tage des Herrn in der ganzen Union nicht blos jede „Arbeit", sondern auch alles und jedes „Vergnügen" aufs Strengste verpönt ist. Kein Wirthshaus soll offen sein, kein Omnibus soll fahren, keine Musik soll erschallen (Choral= musik ausgenommen), kein Lied soll gesungen werden; ja nicht einmal ein Spaziergang ins Freie soll gemacht wer= den! Nur allein dem Herrn Zebaoth soll der Tag geweiht sein und der Vorschrift nach hat man ihn in der Kirche oder, wenn zu Hause, in stillem Gebet, bei geschlossenen Fensterläden, damit der Geist durch den Anblick Vorüber= gehender nicht von heiligem Nachdenken abgezogen werde, zuzubringen! *) Also lauten die Sonntagsgesetze in Amerika, und dieselben sind nicht nur bis auf den heutigen Tag nicht aufgehoben, sondern werden sogar fast überall bei schweren Strafen aufrecht erhalten. Fragt man nun aber nach dem Ursprung dieser „pharisäischen" Decrete, welche aus dem Tag der Erholung einen Tag der Pein und Qual machen, so ist die Antwort: „sie stammen aus den Neuengland=Staaten, deren Bewohner sie aus Altengland mit herübergebracht haben." Das Letztere ist vollkommen richtig. Die Sonntagsgesetze verdankt man den englischen Puritanern, welche in ihrem scheinheiligen Eifer den alt= biblischen Jehovah für den Herrgott der Christen ansahen und meinten, die Gottesfurcht bestehe darin, daß man sich aller Fröhlichkeit enthalte und die Erde für ein Jammer=

---

*) Wir erlauben uns, den Leser in dieser Beziehung auf die „Lebenden Bilder aus Amerika von Th. Griesinger" aufmerksam zu machen, in welchen die Art und Weise, wie der Deutsche den Sonn= tag im Gegensatz gegen die Amerikaner feiert, geschildert ist.
Anmerkung des Setzers.

thal ansehe! Wie kommt es nun aber, daß der Yankee, welcher doch (wie wir zur Genüge auseinandergesetzt) in seinen Handlungen keineswegs eine absonderlich moralische und christliche Gesinnung an den Tag legt, jenen Purita= nismus in der Sonntagsfeier beibehalten und sogar viel= fach bedeutend verschärft hat? Wie kommt es, daß Er, der doch sonst in allen Dingen so überaus praktisch ist, das Unpraktische jener tollen Sonntagsheiligung, welche sogar in den Zeiten, in denen es am meisten pressirt, den Fabriken das Arbeiten verbietet, und einem Reisenden, der unter jeder Bedingung schnell sein Ziel erreichen möchte, das Weiterkommen zur Unmöglichkeit macht, nicht längst einsah und dieselbe deßhalb als ein unnützes Möbel über Bord warf? Man hat den Grund darin gesucht, daß der Nordamerikaner, der seiner kalten berechnenden Natur wegen keineswegs zu philosophischen Grübeleien geneigt ist, an einem von seinen Voreltern empfangenen Dogma nicht rütteln möge, und es mag dieß in mancher Beziehung seine Richtigkeit haben. Die Hauptursache liegt aber sicherlich ganz wo anders, und zwar darin, daß der Yankee die Sonntags=Heiligung als ein Geschäft betrachtet. Er sieht ein, daß sein ganzes Thun und Treiben die Woche hindurch ein überaus „weltliches" ist; ja daß das Busineß, welches er verfolgt, zum großen Theil vor unse= rem Herrgotte keine Gnade finden kann. Somit möchte er diesen Herrgott auf irgend eine Weise versöhnen, d. h. er möchte, wie die Bibel sagt, „Gott geben was Gottes ist", und aus diesem Grunde kommt ihm das Dogma der Sonntagsheiligung, von welcher seine Geistlichen sagen, „daß sie ein verdienstliches Werk sei", äußerst gelegen. Das viele Kirchengehen, „das abgeschlossen von aller Welt zu Hause sitzen, und Trübsal blasen müssen", ist ohne Zweifel gar nicht nach seinem Geschmacke, aber er glaubt dadurch mit seinem Herrgott fertig geworden zu sein und den Schuldbrief an den Himmel bezahlt zu haben. Eben darum erweist er sich auch, so sehr er sonst den Dollar dreimal ansieht, ehe er ihn ausgiebt, gegen Kirche und Geistlichkeit äußerst freigebig, denn durch die Summen, welche er diesen gibt, glaubt er nach und nach das Capital einzulösen, welches Gott an ihn zu fordern habe! „Der Katholik", denkt er, „hat allerdings auch eine Absolution, aber er erhält sie nur aus Gnaden des Priesters; ich aber habe meine Absolution durch meine Sonntags=Casteiung sowie durch meine Freigebigkeit gegen die Kirche baar bezahlt und mir damit das Recht erworben, die sechs Wochentage hindurch thun und treiben zu dürfen, was ich will." In dieser Calculation liegt wohl der Hauptgrund, warum der Yankee mit solcher Starrheit an den Sonntagsgesetzen festhält.

Der Leser hat nun den Charakter des Nordamerikaners, wie wir denken, zur Genüge kennen gelernt und wird sich jetzt manche in den Vereinigten Staaten vorkommende Dinge, an deren Möglichkeit er bisher zweifelte, mit Leichtigkeit erklären können. Namentlich wird er einsehen, wie es trotz der ungeheuren Verdorbenheit, Schlechtigkeit und Corruption, welche in Nordamerika ihr Lager aufgeschlagen hat, trotz der Brutalität, Rohheit und Gemeinheit, welche sich tagtäglich auf den Straßen breit macht, trotz der widerlichen Scheinheiligkeit, welche selbst in den gebildeteren Klassen herrschend ist, und trotz der noch widerlicheren Selbstüberschätzung, welche in dem Charakter des Yankee=thums liegt, — wie es, sagen wir, trotz allem dem möglich war, daß die einzelnen Städte und Staaten der Union sich so riesenmäßig schnell entwickelten und in einer fast un= glaublich kurzen Zeit in's „Ungeheuerliche" anwachsen konnten. Die Thatkraft und Energie des Yankee brachte dieß zu Stande, gerade wie umgekehrt die Laster der Amerikaner fast einzig und allein nur von ihm herrühren!

2.

Die Freiheit in Amerika

oder

warum gibts daselbst Sclavenstaaten und Nichtsclaven= staaten? *)

Die Ehre, oder vielmehr die Schande, den Handel mit schwarzen Afrikanern und somit die Nigger=Sclaverei zuerst in der civilisirten Welt eingeführt zu haben, gebührt den Portugiesen. Sie entdeckten bekanntlich am Ende des fünfzehnten Jahrhunderts den Weg um die Südspitze Afri= ka's herum, nahmen anno 1480 die Küste von Guinea nebst

---

*) Das einstens in der ganzen amerikanischen Union einheimisch gewesene Nigger= und Sclaveninstitut, so wie der große Gegensatz zwischen „Norden und Süden" zieht sich wie ein rother Faden durch alle politischen und socialen Verhältnisse der nordamerikanischen Frei= staaten hin. Deßwegen waren wir gezwungen, auf die „Entstehung des Niggerinstitutes, so wie des Gegensatzes zwischen Nor= den und Süden in der Union" wenigstens „einigermaßen" ein= zugehen. Der Leser hätte sonst sicherlich manche von den nachfolgen= den Schilderungen nicht verstanden! Wer übrigens etwas „Näheres und Detaillirteres" über die Geschichte der Sclaverei in Amerika lesen will, der nehme das „Politische Welttheater vom Jahr 1861" (Stuttgart, Gebr. Mäntler) zur Hand, so wird er ganz ins Klare kommen.   Der Verfasser.

einigen in der Nähe liegenden Inseln in Besitz und eröff=
neten alsobald mit den Negerstämmen des inneren Afrika
einen äußerst einträglichen Gold= und Menschenhandel. Die
Letzteren verwandten sie auf ihren in den neuen Besitzungen
frisch errichteten Zuckerplantagen und hatten eine große Freu=
de daran, daß die Nigger trotz den glühenden Sonnenstrah=
len „durch die freundliche Ermunterung mit der Peitsche"
so hübsch munter darauf losarbeiteten.

Zu derselben Zeit etwa, da dieß geschah, entdeckte
Columbus „für die Spanier" Amerika und zwar zuerst
den mittleren Theil desselben, in welchem bekanntlich ein
äußerst heißes Klima sowie ein unendlich fruchtbarer und zum
Anbau von Indigo, Zucker, Reis und andern tropischen
Gewächsen geeigneter Boden zu finden ist. Ueberdieß lieferten
die Eingeweide der Erde Gold und Silber, und je mehr
man grub, um so größer wurde die Ausbeute dieser edlen
Metalle. Hierüber war die Freude der Spanier groß; ja
sie war sogar noch viel größer, als die der Portugiesen
über ihre Entdeckungen an der südwestlichen Küste Afrika's.
Gold und Silberbergwerke, Zucker, Kaffee und Indigoplan=
tagen — was brauchte man weiter, um schnell reich zu
werden! Natürlich zum „Selbstarbeiten" in den Bergwer=
ken oder Plantagen, dazu waren die stolzen Hidalgos so=
wohl zu hochmüthig als zu träge, allein es gab ja in
Mexiko und Peru sowie auf allen den Inseln und Ländern,
welche die Spanier damals in Besitz nahmen, der Urein=
wohner, die man zu diesen Geschäften verwenden konnte,
viele Millionen. Vorwärts also mit den Indianern zur
Arbeit! Sie waren zwar schwächlich und ziemlich verweich=
licht, aber um so weniger zeigten sie sich fähig, Widerstand
zu leisten, also vorwärts mit ihnen zur Arbeit!

Das Ding ging so zwanzig und noch mehr Jahre lang. Freilich brauchte man zu einer Arbeit, die ein kräftiger Mann sonst allein verrichtet, der Indianer fünfe oder sechse, und wenn die armen, ungeschickten, und solcher Thätigkeit ungewohnten Bursche „durch Hiebe und andere Marter angespornt" zwei Jahre lang gehackt, geschaufelt oder gegraben hatten, so starben sie weg, wie die Mücken. Allein was lag daran? Es gab ja ihrer die Hülle und Fülle! Doch endlich bemerkte man mit Schrecken, wie groß die Lücken unter den Indianern wurden. Nicht Tausende sondern Hunderttausende, ja ganze Stämme wurden hinweg= gerafft. Gings so fort, so gabs in fünfzig Jahren keine Rothhäute und also auch keine Arbeiter mehr. Das war ein böser Strich durch die Rechnung der gewinnsüchtigen Weißen!

Rathlos standen die Spanier. Da kamen ihnen zwei pfiffige portugiesische Seecapitaine mit ihrem teuflischen Verstande zu Hülfe. „Unsere Nigger", sagten diese Capi= taine, „die wir auf den Inseln Principe, Annabon, Sct. Thomas und Fernando Po verwenden, sind ganz andere Bursche, als eure armseligen Rothhäute, und vertragen harte Arbeit, schwere Schläge und heißes Klima ganz vor= trefflich, was gebt ihr uns also, wenn wir euch von unserer Waare liefern?" Solcher Antrag gefiel den Plan= tagen= und Bergwerksbesitzern im spanischen Amerika gar wohl und sie gingen alsobald auf den Handel ein. Man machte also — dieß geschah im Jahr 1506 — eine kleine Probe mit etwelchen Schiffsladungen „Schwarzer aus Guinea" und da die Probe über Erwarten gut ausfiel, so ließ man bald „noch mehr Niggerwaare" nachkommen. Die neu importirten Afrikaner arbeiteten gleich Lastthieren und waren überdieß genügsam, besonders wenn man ihnen nicht viel gab. Nur Eines stand ihrem Import entgegen, nemlich das, daß man sie „kaufen" mußte, und somit hielten sich immer noch viele Spanier an die „Indianer", die man ja „umsonst" haben konnte. Das Aussterben der Rothhäute nahm also seinen geregelten Fortgang und steigerte sich sogar von Jahr zu Jahr, weil immer mehr Weiße aus Europa herüberkamen, welche sich Ländereien erwarben und zur Cultivirung derselben tausende von Eingebornen mit kaltem Blute hinmetzelten. Da nahm sich ein spanischer Priester, mit Namen Fray Bartolomé de Las Casas, welcher später den Bischofssitz von Chiapa in Mexiko erwarb, um's Jahr 1515 der armen Rothhäute an und brachte die spanische Regierung dazu, die Verwendung der Indianer, „damit dieselben nicht gänzlich ausgerottet werden möchten", zu harter Arbeit in ihren Colonien zu verbieten und dagegen zu decretiren, daß von nun an für die schwersten Geschäfte in den Minen und Zuckerplantagen aus Afrika importirte Nigger verbraucht werden sollten. Es war eine eigene Art von Humanität, diese von dem frommen Herrn de Las Casas, welchen man so viele Jahre lang als das Muster „eines edlen Menschenfreundes" gepriesen hat, in Anwendung gebrachte Humanität! Die „Rothhäute" sollten geschont und erhalten, dagegen aber die „Schwarzhäute" wie das liebe Vieh zur Arbeit gepeitscht werden! Freilich zu seiner Entschuldigung muß man anführen, daß Las Casas die Nigger keineswegs als Menschen, sondern vielmehr „als einen Zweig der großen Affenrace" betrachtete und daher in seiner Art recht hatte, wenn er sie lieber zu Sclaven herabgedrückt wissen wollte, als die zarten und schwächlichen, aber der Cultur und dem Christenthum leicht zugänglichen Indianer.

Von jener Zeit an florirte „der Handel mit schwarzem Menschenfleisch nach Amerika hinüber", und schon der Günstling Kaiser Karls V., der berüchtigte Marquis de la Bresa, welchem besagter Kaiser anno 1517 ein Privilegium zur Niggereinfuhr in die spanischen Colonien ertheilte, beutete den Artikel so sehr aus, daß es den weißen Colonisten daselbst keineswegs an Arbeitskräften fehlte, trotzdem sie die Indianer von nun an „wenigstens in der Hauptsache" im Frieden lassen mußten. Allein nicht bloß im „spanischen" Amerika, sondern auch „in den übrigen Provinzen jenes großen Festlandes" wurde die Neger-Sclaverei bald heimisch. Man kann sich nemlich wohl denken, daß die seefahrenden Nationen Europa's, besonders die Engländer und Franzosen, den Spaniern den alleinigen Besitz des neu entdeckten Continentes keineswegs gönnten, sondern vielmehr ebenfalls auf Forschungsreisen ausgingen und alles Land annexirten, welches sie zu annexiren vermochten. Gibt es ja doch keinen Herrscher, der nicht die Begier hätte, seine Herrschaft auszudehnen! Daher kam es, daß schon zu Ende des sechzehnten Jahrhunderts jeder Staat Europa's, welcher über eine Handelsmarine und Kriegsflotte commandirte, seine eigenen Colonien in Amerika besaß, aus denen er in aller Schnelligkeit so viel Vortheil als möglich zu ziehen suchte. Insbesondere unterwarf England die ganze Küste von Nordamerika seinem Scepter und kühne Abenteurer, sowie Unzufriedene aller Art, denen es im Heimathlande zu eng war, strömten zu Tausenden in das neue Eldorado, um sich daselbst Ehre, Reichthum, Macht und Unabhängigkeit zu erwerben. So entstanden

jene bekannten englischen Colonien, welche sich zweihundert
Jahre später durch einen langen Krieg vom Mutterlande
frei machten und sich dann unter dem Namen „der Ver=
einigten Staaten von Nordamerika" als unabhängige Macht
constituirten. Nun traf es sich aber, daß die Engländer
als eine Nation, „welche sich keinen Vortheil entgehen
läßt", sich schon seit dem Jahr 1562 mit aller Macht auf
den Import von Niggern geworfen hatten, denn natürlich
ein solch nutzbringendes Geschäft durften sich „die Krämer
von der Themse" nicht entgehen lassen. Ja, zu Anfang
des siebenzehnten Jahrhunderts konnte sich das stolze Brit=
tanien rühmen, der Hauptsclavenhändler für die
ganze Welt geworden zu sein und sogar die
Portugiesen zu Grunde gesegelt zu haben!
Was war also natürlicher, als daß sie ihre ureigenen Co=
lonien in Amerika, das heißt also alles Land vom dreißig=
sten Breitegrad aufwärts bis zum fünfzigsten, ebenfalls mit
dieser Waare überschwemmten? Einzelne dieser Colonien,
nemlich die weiter nördlich gelegenen, und darunter be=
sonders diejenigen, welche man später unter dem Namen „Neu=
England" begriff, wehrten sich zwar mit aller Macht gegen
den Import besagten Handelsartikels, allein der König von
England berief sich auf seine monarchischen Vorrechte, wor=
nach Er allein den Handel in den Colonien zu reguliren
hätte, und — die Unterthanen hatten natürlich zu gehor=
chen. Somit mußten sich die Provinzen „Neu=Englands"
das Sclaveninstitut so gut gefallen lassen, als die übri=
gen Colonien, welche Brittanien auf amerikanischem Grund
und Boden besaß.

Auf diese Art kam das Niggerthum wie nach dem
südlichen und mittleren, so auch nach dem nördlichen Ame=

rika und der Dank hiefür gebührt „dem Volke, wel=
ches sich rühmt das freieste in der ganzen Welt
zu sein." Darum, als anno 1774 die brittischen Colo=
nien Massachusetts, Rhode=Island, Neuhampshire, Connec=
ticut, Neuyork, Pennsylvanien, Maryland, Virginien,
Nord= und Südcarolina, Georgien, Neujersey und Dela=
ware zusammentraten, um sich von dem englischen Joche
zu befreien, gab es keinen einzigen unter diesen dreizehn
Staaten, in welchem die Neger=Sclaverei nicht „einheimisch"
gewesen wäre. Freilich in den nördlichst gelegenen Staa=
ten, in welchen die aus England ausgewanderten Puri=
taner ihren Hauptsitz hatten, sowie in dem südlicheren Penn=
sylvanien, in dem die Quäker große Ländereien besaßen,
zeigte man sich dem Institute „grundsätzlich" abgeneigt,
allein „gesetzlich" bestand es und nicht nur durfte sich
Jeder, der ein Freund der Sclavenarbeit war, so viel Nig=
ger halten, als er wollte, sondern die englische Regierung
begünstigte auch die Sclavenhalter auf alle Weise. Wie
ging es nun aber, als die genannten dreizehn Staaten
die Fahne der Republik entfalteten und sich von dem
engen Joche, unter dem sie bisher geseufzt, befreiten? Bis
dato, d. h. so lange sie Colonien Englands waren, konnte
man nicht sie, sondern vielmehr das Mutterland für das
Niggerthum verantwortlich machen, aber wie nun?

Anno 1776 erklärten sich die dreizehn vereinigten
Staaten „für unabhängig" und anno 1787 entwar=
fen sie sich ihre Bundes=Verfassung. In dieser wurde fest=
gestellt, daß jeder Mensch zur Freiheit geboren
sei und daß man Niemanden dieses unveräu=
serlichen Rechtes berauben könne. Die Constitution
der Union sollte die freieste sein, die es in der Welt gebe,

und das Problem, von dem ein Plato träumte, in der factischen Wirklichkeit gelöst werden. Man durfte also mit Sicherheit erwarten, daß alle und jede Sclaverei aus der neuen Republik ausgeschlossen sein würde und zwar um so mehr, als die Nordamerikaner beim Beginn ihres Revolutionskriegs es als einen Hauptgrund ihrer Empörung bezeichneten, daß König Georg das Sclaveninstitut hege und hätschle. Ueberdieß gab es damals in allen dreizehn Staaten zusammengenommen keine 400,000 Nigger und „der Verlust an Eigenthum" wäre also, wenn man diese freiließ oder wenigstens ihre Emancipation anbahnte, kein so immenser gewesen. Allein was geschah nun? **In der ganzen Constitutions=Urkunde von 1787 war von der Aufhebung der Nigger=Sclaverei lediglich keine Rede!!**

Woher kam nun dieses auffallende Stillschweigen? Betrachteten vielleicht jene berühmten Männer, welche die Constitution für die Union entwarfen, die schwarzen Afrikaner als „Nicht = Menschen"? Oder sollte es ihnen ganz entgangen sein, daß die hochtrabenden Worte, mit welchen sie ihre „glorreiche Republik" begründeten, zu dem Institute der Sclaverei im schneidendsten Gegensatze standen? Oder endlich, wenn dieß nicht der Fall war, suchten sie vielleicht die Stimme ihres Gewissens, welches ihnen die Sclaverei sicherlich als einen Schandfleck bezeichnete, aus andern Gründen, nemlich aus Gründen des Interesses zu übertäuben? Das Letztere war unzweifelhaft der Fall, denn wenn auch einzelne wenige Männer, wie Thomas Jefferson, Gouverneur Morris von Neuyork und Andere das Institut der Sclaverei „für ein Institut des Teufels" erklärten, so konnten oder wollten sich doch die meisten übrigen Stimmführer der neuen Republik durchaus nicht auf diesen hochherzigen Standpunkt erheben und Andere, wie besonders die Delegirten der südlicheren Staaten erklärten geradezu: „wenn überhaupt etwas aus der Constituirung der dreizehn Staaten zu einer Union werden solle, so müsse das Sclavereiinstitut beibehalten werden, denn sie wenigstens wollten nicht ohne Sclaven leben."

Das Wort „Humanität" ist ein sehr schönes Wort, aber es steht jetzt noch nicht, und stand damals schon nicht in dem Lexicon der Yankees. Es trägt nichts ein, wie könnte sich also die große Masse der Nordamerikaner, die doch nur allein dem Interesse leben, für dasselbe begeistern?*) Nur allein zu Einem konnte Thomas Jefferson die Mitglieder der damals (anno 1787) zusammenberufenen National-Convention bewegen, nemlich dazu, daß beschlossen wurde, dem Import weiterer Niggerwaare aus Afrika, als dem schmählichsten und niederträchtigsten Handel, den es gebe, auf den 1. Januar des Jahres 1808 ein Ende zu machen. Das war die einzige Concession an die Menschlichkeit und Freiheit, zu welcher sich die große Mehrheit dieser frischgebornen Vollblut-Republikaner verstand, eine Concession übrigens, deren Werth noch dadurch ins Unendliche abgeschwächt wurde, daß man den Zeitpunkt, in welchem die Niggereinfuhr aufhören sollte, wie gesagt, erst nach vollen zwanzig

---

*) Die Amerikaner besitzen allerdings das Wort »Humanity«, aber dasselbe bedeutet nicht das, was wir Deutsche unter „Humanität" verstehen, sondern vielmehr nur „Menschenfreundlichkeit".

Jahren eintreten ließ, einfach deßwegen, damit man in dieser langen Periode Gelegenheit und Muße habe, einen recht großen Vorrath von schwarzer Waare einzulegen!!

Konnte nun aber der ächt republikanische Geist auf der großen National=Convention von 1787, sowie auf den verschiedenen Congreß=Sitzungen, welche die Vertreter der Vereinigten Staaten die nächsten Jahre darauf abhielten, nicht durchbringen, so konnte er dieß, wie man sich leicht denken kann, ebenso wenig in den Sessionen der Einzeln= Staaten. Allerdings gab es nicht wenige „Einzelne", welche die Schmach des Fortbestandes der Sclaverei nur zu tief fühlten, und auf alle Weise zur Beseitigung der= selben wirkten; allerdings bildeten sich schon anno 1787 unter dem Vorsitze Benjamin Franklins, Thomas Jeffersons und Anderer sogar „Contrasclaverei= Verbrüderungen", die sogenannten Abolitionisten= Gesellschaften, welche, wie es schon ihr Name gibt, die Ausrottung der Sclaverei anstrebten; allerdings gaben die Quäker im Pennsylvanischen aus religiösen Grün= den, weil die Sclaverei mit dem Christenthum nicht in Einklang zu bringen sei, alle ihre Sclaven sogar ohne Löse= geld frei und auch die Secte der Presbyterianer erklärte sich energisch für die Emancipirung der Nigger; aber „ge= setzlich" wurde das Institut der Sclaverei in keinem der breizehn Staaten „bei ihrer Constituirung zu Freistaaten" aufgehoben, sondern es blieb vielmehr unbeanstandet beste= hen. Wie kam es nun aber, daß dennoch in den nachfol= genden zwanzig oder dreißig Jahren jenes Institut im ganzen Norden der Freiheit weichen mußte? Wie kam es, daß die Bevölkerung dorten auf einmal ihren Sinn änderte und nicht blos alle „im Lande befindlichen" Sclaven eman=

cipirte, sondern auch jeden Nigger, der von auswärts her=
kommend ihren Boden betrat, durch diesen Schritt für frei
geworden erklärte? Fuhr vielleicht auf einmal ein anderer
Geist in die Nordamerikaner, nemlich der Geist des Chri=
stenthums, der Humanität und des Rechtsgefühls? Kamen
sie etwa plötzlich zur Einsicht, daß es ihre Pflicht vor Gott
und den Menschen sei, den armen Niggern dasselbe Recht,
das sie selbst den Engländern gegenüber in Anspruch nah=
men, das Recht zur persönlich=freien Existenz nemlich, zu
gewähren? Ei Gott bewahre, — nichts von Allem dem!
Nicht der Humanität, nicht dem Rechtsgefühl, nicht dem
republikanischen Geiste hatten die Nigger ihre Freiheit zu
verdanken, sondern vielmehr einzig und allein
dem Interesse, das die Nordamerikaner dabei
fanden! Es scheint dieß dem Leser wahrscheinlich „ein
Widerspruch mit sich selbst" zu sein, allein einige wenige
Worte werden die Sache klar machen.

Das Klima in den nördlicher gelegenen Staaten, nemlich
in Neuhampshire, Massachusetts, Rhode Island, Connecticut,
Neuyork, Neujersey und Pennsylvanien entspricht so ziemlich
dem Klima des mittlern Europa. Die Winter sind zwar
allerdings um ein Gutes strenger, während die Sommer um
ein Ziemliches wärmer ausfallen, allein im Allgemeinen ge=
nommen gehören jene sieben Staaten der gemäßigten Zone
an und erweisen sich als besonders geeignet, um den Deut=
schen, Irländern und Engländern ihr Vaterland zu ersetzen.
Ueberdem kommen daselbst ganz dieselben Bodenerzeugnisse
fort, welche auch im mittleren Europa zu Hause sind, nem=
lich Weizen, Gerste, Hafer, Hopfen, Mais, Tabak, Kar=
toffeln, Bohnen, Erbsen u. s. w. u. s. w. und jeder aus=
gewanderte Deutsche, Engländer oder Franzose ist fähig,

den dortigen Boden ebenso gut zu bepflanzen, als den sei=
nes früheren Vaterlands. Man wird es also ganz natür=
lich finden, daß die Leute, denen es aus materiellen, reli=
giösen oder politischen Gründen in Europa nicht mehr gefiel
oder die vielleicht auch als Sectirer und unruhige Köpfe
von ihren Regierungen aus dem Lande getrieben wurden,
nirgends anders in Amerika eine Zuflucht suchten, als nur
allein in dem nördlicheren Theile der Union, denn hier
konnten sie ja athmen, essen, arbeiten und denken, wie sie
es zu Hause gewohnt gewesen waren. Hierin lag der Grund,
warum die genannten sieben Staaten, als der Hauptstapel=
platz der europäischen Einwanderung, weit schneller an Be=
völkerung zunahmen, als die sechs andern, weiter südlich
gelegenen Staaten, nemlich Delaware, Nord= und Süd=
Carolina, Maryland, Virginien und Georgien.

Fragen wir nun, wozu die Niggersclaven im Norden
der Union verwandt wurden, so kann die Antwort keine an=
dere sein, als: „zur Feld= und Hausarbeit". Sie mußten
pflügen, säen und erndten, sie hatten das Vieh zu versor=
gen, Holz zu spalten und was dergleichen mehr ist. Mit
einem Worte, der Sclave wurde zu allen denjenigen Ver=
richtungen angehalten, zu welchen man bei uns gemiethete
Knechte und Mägde verwendet. Wie nun aber die Ein=
wanderung zunahm und viele junge Deutsche, Irländer
und Engländer über's Wasser herüberkamen, um in der
neuen Heimath ihre Kräfte zu verwerthen, ließen sich nicht
wenige Grundbesitzer dazu herbei, derlei Eingewanderte als
Knechte oder Mägde zu miethen, und da zeigte es sich denn
sogleich, daß diese weißen Arbeiter eine ganz andere Arbeit
zuwege brachten, als die Nigger=Sclaven. Sie griffen alles
mit viel mehr Lust und Liebe, sowie mit weit mehr Ge=

schicklichkeit an. Auch konnte man sich auf sie verlassen, während man die Schwarzen, die von Natur lässig und faul sind, stets zu beaufsichtigen und zur Arbeit anzutreiben hatte. Kein Wunder also, wenn es auf einem Landgut, welches von gemietheten weißen Arbeitern bepflanzt wurde, sowohl im Haus als im Feld bald viel sauberer, reinlicher und properer aussah, als auf einer Farm, auf welcher Niggerhände wirthschafteten! Kein Wunder sogar, wenn jenes Landgut sich schon nach wenigen Jahren viel einträglicher erwies, als die von Niggern cultivirte Farm!

Dieser Umstand brachte die Herren Grundbesitzer zum Nachdenken. Sie fiengen an zu rechnen, und da jeder Nordamerikaner das Einmaleins aus dem Fundamente versteht, so kam bald ein „Facit" heraus, welches gänzlich zu Ungunsten der Sclaverei ausfiel. Ein erwachsener kräftiger Sclave hatte damals, als die Union sich constituirte, einen Werth von höchstens achthundert und mindestens siebenhundert Dollars. Dieß kam, da man aus Capitalien zu jener Zeit (wie sogar jetzt noch) recht gerne zehn oder zwölf Procente zog, einem Zinsbetrag von siebzig bis achtzig Dollars gleich. Dazuhin mußte man noch den Sclaven verköstigen, kleiden, beherbergen und im Krankheitsfalle verpflegen. Was kostete nun aber ein gemietheter weißer Knecht? Ebenfalls nicht mehr als achtzig Dollars bei freier Station! War also nicht der Weiße dem Schwarzen bei weitem vorzuziehen, besonders auch da man den Weißen „nur so lange er gesund war" zu bezahlen hatte? Weiter! Einen weißen Knecht konnte man entlassen, wenn er nicht paßte; einen schwarzen Sclaven aber mußte man behalten oder mit Schaden verkaufen, wenn er sich als untauglich zeigte. Ueberdem wie war es mit den kleinen

Niggerkindern? Mußte man sie nicht von den Windeln
an nähren und kleiden, ohne daß sie bis zum zehnten oder
zwölften Jahre etwas dafür leisteten? Wie verhält es sich
ferner mit den alt und gebrechlich gewordenen Negern und
Negerinnen? Mußte man sie nicht bis an ihr Lebensende
„wenigstens nothdürftig" kleiden und verköstigen, da kein
Mensch sich dazu herbeiließ, Einem einen altersschwachen
Sclaven abzunehmen? Endlich aber wenn das Geschick es
gar wollte, daß ein Sclave in der Blüthe seiner Jahre,
d. h. zu der Zeit, in welcher er den meisten Werth hatte,
dahingerafft wurde, wer hatte dann einzig und allein den
Schaden hievon? Kein anderer als der Sclavenbesitzer!
Da war es doch etwas ganz anderes bei einem gemietheten
Weißen, denn um den Tod eines solchen und wenn es der
flinkste, kräftigste und tauglichste Mensch von der Welt ge=
wesen wäre, brauchte man sich kein graues Haar wachsen
zu lassen, „da ja mit ihm kein Capital verloren ging!"
Auf diese Art calculirten die Herren Grundbesitzer in
den nördlich gelegenen Staaten der Union und nun gaben
sie den Einflüsterungen der Abolitionisten auf einmal ein
freundliches Gehör. Allein nicht blos die „Grundbesitzer"
calculirten auf die besagte Weise, sondern auch die „Be=
wohner der Städte". Kaum nämlich hatten sich die Ver=
einigten Staaten als Republik gegründet und sich von dem
Zwange, der bisher in commercieller und industrieller Be=
ziehung von England aus auf ihnen gelastet hatte, los
gemacht, so fieng es an sich allüberall gar lustig und fröh=
lich zu regen und in allen Städten entstanden Fabriken,
Manufacturen und Factorien. Man brauchte ja jetzt die
fertigen Waaren nicht mehr aus dem Mutterlande zu be=
ziehen, sondern hatte das Recht und sogar die Pflicht, sie

selbst zu erzeugen. Kein Wunder also, wenn die Gewerbe=
treibenden alle Hände voll zu thun hatten; kein Wunder
aber auch, wenn sie sich nach allen Seiten um neue Kräfte
zu ihrer Unterstützung umsahen! Woher nun aber sollten
sie diese Kräfte nehmen? Etwa aus der Reihe ihrer schwar=
zen Sclaven? Du lieber Himmel, dieß ging nicht; denn
die Nigger sind wohl zu harter Arbeit, keineswegs aber
— etliche wenige Ausnahmen vielleicht abgerechnet — zu
irgend einem Gewerbe, welches Verstand, Fleiß und Uebung
voraussetzt, zu gebrauchen. „Solcherlei“ Arbeit, wie sie
der Handwerker und Fabrikant braucht, geht (dieß zeigt die
Erfahrung vieler Decennien) ganz gegen den Charakter des
Negers. Ist ja doch jedes Gewerbe und jede Industrie
mit gutem Recht „eine freie Kunst“ zu nennen, welche nur
durch „freiwillige Anstrengung“, nur durch „freiwilligen Fleiß“
erlernt werden kann, während der Nigger, auch abgesehen
von seiner Talentlosigkeit, selten oder nie „freiwillig“ irgend
etwas arbeitet! Man mußte sich also nothgedrungen an
die weißen Arbeiter halten und konnte sogar nicht einmal
das Allergröbste von den schwarzen Sclaven verfertigen
lassen, einfach deßwegen, weil die weißen Gesellen sich wei=
gerten, neben einem schwarzen Collegen zu arbeiten. Merk=
würdigerweise nemlich liegt es in der Natur der anglo=
sächsischen Race, daß sie sich, und zwar allüberall in der
Welt, weit höher dünkt, als die Nigger=Race, und sogar
mit einer gewissen Verachtung auf die Letztere herabsieht.
Ueber den Grund dieser Erscheinung nähere Forschungen
anzustellen, ist hier nicht der Ort, die Thatsache selbst aber
läßt sich nicht bezweifeln, und somit lag es ganz in der Na=
tur der Sache, daß diejenigen Fabrikanten, welche „gar keine
Neger“ in ihrem Geschäfte verwandten, weit leichter weiße

Arbeiter bekamen, als andere Industrielle, welche fortfuh=
ren, Sclaven zu halten. Was Wunder also, wenn am
Ende „jeder" Gewerbsmann ein offener Feind der Scla=
verei wurde und sich fast noch energischer für die Eman=
cipation der Nigger aussprach, als der Farmer auf dem
Lande?

Humanität war's also nicht, was den Norden der
Union zum Gegner des Institutes der Sclaverei machte,
sondern das Hauptmotiv lag vielmehr in dem „Vortheile", den
man aus der Aufhebung jenes Institutes zog. Das übri=
gens muß man dem Norden zum Ruhme nachsagen, daß
er, sobald er seinen Vortheil begriffen hatte, auch alsobald
energisch an's Werk ging und sogar kein Opfer scheute,
um mit jener schmählichen Einrichtung zu Ende zu kommen.
Mit gutem Beispiele ging Pennsylvanien voran, wel=
ches sofort, nachdem es sich zu einem freien Staate con=
stituirt hatte, alle seit 1780 geborne Niggerkinder für frei
erklärte, „damit der Sclavenstamm im Lande aussterbe".
Ihm folgten die Staaten Connecticut, Massachu=
setts, Rhode Island und Neuhampshire, und
da es innerhalb ihrer Grenzen nicht allzuviele Sclaven
gab, so konnten ihre Regierungen in kürzester Frist sogar
so weit gehen, die Nigger dadurch, daß man ihre Eigen=
thümer von Staatswegen entschädigte, gänzlich frei zu ge=
ben. Die letzten der nördlichen Staaten, welche die Scla=
verei abschafften, waren Neuyork und Neujersey, in
welch' letzterem Lande die gänzliche Emancipation der
Schwarzen erst anno 1846 erfolgte. Keiner der sieben
Staaten aber hat es je bereut, daß er gethan, was er
gethan, denn gerade dem System der Nichtsclaverei ver=
danken sie die hohe Blüthe, zu welcher sie sich durch die

ins Riesenhafte anwachsende Einwanderung in den wenigen
Jahren von 1787 bis heute emporschwangen; gerade der
Nichtsclaverei und nur ihr allein verdanken sie es, daß ihr
Handel und ihre Industrie, ihr Ackerbau und ihre Bodenerzeugnisse, ihre Population und ihre Städtevergrößerung sich
nicht etwa verzehnfacht, sondern vielmehr „vollständig wörtlich genommen" verachthundertfacht haben! Zählt
doch der Staat Neuyork, um nur ein einziges Beispiel
anzuführen, statt der 340,120 Einwohner, welcher er anno
1790 hatte, nach dem Census vom Jahre 1860 nicht weniger als 3,897,394 Seelen, und ist doch in Pennsylvanien die Bevölkerung von 300,000 Einwohnern, welche
dieser Staat anno 1782 zählte, in unserer Zeit bis beinahe 3 Millionen angewachsen! Sicherlich, wo Zahlen so
deutlich sprechen, da haben wir nicht nöthig, noch andere
weitere Beweise beizubringen!

Wenn nun aber der Norden es durch die Aufhebung
der Sclaverei zu einem solch' glänzenden Resultate brachte,
warum haben denn die südlicher gelegenen Staaten der
Union das Beispiel nicht nachgeahmt? Die Antwort ist
sehr einfach: der Norden erkannte seinen Vortheil „in der
Abschaffung des Sclaveninstitutes", der Süden aber
vermeinte, sein Interesse beruhe „auf der Beibehaltung
der besagten Einrichtung". Darum wäre es ein ganz
falsches Urtheil, wenn man den Süden deßwegen für „grundsätzlich" inhumaner erklären wollte, als den Norden,
da es sich ja bei beiden Theilen nur um das Interesse
handelte.

Vom 38. oder 39. Breitegrad an weiter südlich hinab
verändert sich der Boden und das Klima Nordamerika's
um ein ziemliches. Im Anfang freilich fällt diese Ver-

änderung nicht so gar sehr auffallend in die Augen, und es sind daher auch die Staaten Delaware und Mary= land, sowie das nördliche Virginien von den an= grenzenden Staaten Pennsylvanien und Neujersey nicht „allzusehr“ verschieden, den Umstand etwa allein ausge= nommen, daß man schon weniger Weizen=, Gerste= und Hopfencultur, dagegen aber große Tabaks= und Maisplan= tagen antrifft. Noch weiter südlich aber, d. h. im süd= lichen Theile Virginiens und in Nordcarolina, besonders jedoch in Südcarolina und in Georgien wird das Klima heißer und heißer und man fühlt sich auf einmal der gemäßigten Zone vollständig entrückt. Der Bo= den producirt nicht mehr das, was acht Grade weiter nörd= lich fortkommt, und die Weißen sind nicht mehr fähig, ohne daß ihre Gesundheit darunter nothleiden würde, die Arbei= ten auf freiem Felde zu verrichten. Dieser Ungesundheit des Klima’s wegen konnte die europäische Einwanderung von Anfang an schon nicht so leicht dazu gebracht werden, nach dem Süden zu ziehen und die genannten sechs Süd= staaten, insbesondere aber Georgien und Südcarolina, welche in ihren merkwürdig fruchtbaren, aber zugleich mephitische Dünste ausathmenden Niederungen Reis und Indigo pflanz= ten, sahen wohl ein, daß sie ihre Hauptarbeitskräfte aus den Niggern recrutiren müßten. Diese Letzteren waren ja allein fähig, unter dieser glühenden Sonne und in diesem fieberschwangern Luftkreise zu arbeiten! Eben deßwegen erklärten, wie wir bereits weiter oben angedeutet haben, die Delegirten jener beiden Staaten schon auf der Na= tional=Convention von 1787, „daß ihre Pflanzungen gar keinen Werth mehr hätten, wenn man ihnen ihre Nigger= Sclaven nähme“, und setzten es durch ihre energische Hart=

näckigkeit durch, daß von der Proposition Jeffersons, „die
Sclaverei in der ganzen Union als mit dem Begriff einer
Republik unvereinbar aufzuheben", Umgang genommen
wurde. Dem Indigo und Reis zu liebe mußte das leib=
eigene Niggerthum fortbestehen bleiben und eine jährliche
Einnahme von ein Paar Millionen Dollars war Schuld
daran, daß gegenwärtig gegen vier Millionen schwarz ge=
borner Menschen „auf die Stufe der Hausthiere herabge=
drückt" zu leben gezwungen sind!

War nun aber der Süden schon „des Indigos und
Reises" wegen, dessen Anpflanzung doch verhältnißmäßig
nicht gar zu einträglich war, so zähe, daß er lieber „ein
Menschenthum" opferte, als seine Paar Dollars, wie mußte
erst diese Zähigkeit wachsen, als ein anderes Bodenerzeug=
niß, nemlich der Bau der Baumwolle, welcher einen
zehn=, ja fünfzehnfach größeren Gewinn brachte, in seinen
Niederungen einheimisch wurde! Die ersten Versuche mit
dem Baumwollenbau wurden um's Jahr 1760 in Georgien
gemacht, allein da die Nachfrage nach diesem Artikel damals
noch unbedeutend und überdieß die Herstellung einer reinen
und feinen Waare mit viel Mühseligkeit verknüpft war, so
widmeten die südlichen Pflanzer der Sache keine große Auf=
merksamkeit, so daß, laut einer noch vorhandenen Liste, anno
1781 nur erst einundsiebzig Säcke von dieser Waaae ex=
portirt werden konnten. Bald jedoch trat ein äußerst merk=
würdiger Wendepunkt ein, denn in den nächsten Jahren
darauf wurden in England die Spinnmaschinen erfunden,
durch welche die Baumwollenwaarenmanufaktur einen fast
riesenhaften Aufschwung nahm. „Nur genug Baumwolle
her," hieß es jetzt in den großen Fabrikstädten der alten
Welt, und da man zugleich die Entdeckung machte, daß die

in Georgien und Südcarolina, sowie in den südlichen Abhängen Virginiens und Nordcarolina's gezogene Waare ihrer Qualität nach unter all' den in Europa, Asien, Afrika und Amerika erzeugten Sorten bei weitem die vorzüglichste war, so kann man sich wohl denken, wie sehr nunmehr die Plantagenbesitzer in den Südstaaten der Union um Lieferung von Baumwolle bestürmt wurden. Das war ein Jubel, als dieses Facit sich constatirte, und nun natürlich warf man sich mit aller Macht auf das Anlegen von Baumwollenpflanzungen. Das Geldeinnehmen ist immer eine angenehme Sache, warum hätte also ein Plantagenbesitzer in Georgien oder Südcarolina keine Freude an der in Aussicht stehenden Vermehrung seiner Rente haben sollen? Ein Umstand freilich trübte diese Freude, nemlich der, daß man so gar vieler Hände bedurfte, um, wenn die Baumwollenstauden zur Reife gelangt waren, die Wolle von den Stängeln zu trennen. Hiedurch wurde die Cultur dieser Pflanze ziemlich vertheuert, denn die vielen Nigger, welche man zur Baumwollen-Reinigung verwenden mußte, kosteten Geld und sogar viel Geld. Aber siehe da, auf einmal kam ein kluger Mechanikus des Nordens der Union, mit Namen Ely Whitney, auf eine Erfindung, welche die Bewohner des Südens mit Begeisterung erfüllte. Er ersann nemlich eine Maschine, die sogenannte „Cottongin", durch welche Saamen und Stängel der Baumwollenstaude ohne menschliches Zuthun von der Wolle vollständig abgesondert werden und zwar mit solcher Genauigkeit, daß man bei diesem Verfahren eine viel reinere Waare gewinnt, als wenn Menschenhände das Werk vollbracht hätten. „Hurrah für Whitney!" schrie nun der ganze Süden, denn das Maß seines Glückes war jetzt voll. Man konnte ja in Folge dieser Erfindung mit derselben Anzahl von Sclaven, mit der man bisher zehntausend Pfund Baumwolle erzeugt hatte, deren hundert= tausend Pfund auf den Markt bringen! Mit großer Ver= achtung sah man daher von nun an auf den Indigo, sowie auf alle andern bisher cultivirten Bodenerzeugnisse herab, dieweil dieselben nicht den sechsten Theil des Gewinns brachten, welchen eine Baumwollenplantage abwarf, und verlegte sich sofort mit aller Energie darauf, nicht bloß die „bisherigen" Pflanzungen, sondern auch alles übrige zur Cultur der Baumwolle taugliche Land, das man bis dato unbenützt hatte liegen lassen, in Baumwollenplanta= gen umzuwandeln. In Folge dessen steigerte sich die Pro= buktion der neuen Waare mit jedem Jahre um das Dop= pelte, ja um das Dreifache; aber dennoch ward nie so viel erzeugt, als die Nachfrage der Kaufliebhaber verlangte. Im Gegentheil, man hätte können noch hundertmal so viel Baumwolle auf den Markt bringen und dem Bedürfnisse der europäischen Baumwollspinnereien, deren Riesenmagen ganz unersättlich erschien, wäre doch noch nicht genügt worden.*)

Ein wahrer Freudenrausch ergriff die südlichen Staa= ten, welche zur Erzeugung der Baumwolle befähigt waren. Noch vor kurzem hatten sie ihre Brüder in Connecticut,

---

*) Der beste Beweis hiefür liegt in der Baumwollenexportliste. Anno 1781 nemlich betrug der Export 7100 Pfund, 1791 aber war er bereits auf 189,316 Pfund angewachsen. Von nun an übri= gens gings nicht im Galopp sondern im Fluge aufwärts, denn 1795 versandte man 1,601,760 Pfund; 1800: 17,789,803; 1810: 93,261,462; 1820: 124,893,405; 1830: 276,979,784; 1840: 530,204,100; 1850: 927,237,000; und 1860: über 1,650,000,000. Was braucht man, wo solche Zahlen sprechen, noch eines weiteren Beweises!

Maſſachuſetts, Pennſylvanien und Neuyork darum beneidet, daß ſich die große Maſſe der europäiſchen Einwanderung gerade immer nur dem Norden zuwandte und daß in Folge deſſen Ackerbau, Handel und Induſtrie mit jedem Jahre daſelbſt eine höhere Stufe einnahmen, allein nunmehr war das Verhältniß wie mit einem Schlage geändert worden. Die Baumwollencultur brachte ja ſo unendliche Summen ein, daß das Erträgniß von Ackerbau, Handel und Induſtrie wie eine Null dagegen erſchien! Die Freude ſteigerte ſich alſo zum Stolz und Hochmuth, zugleich aber auch zu der Sucht, das was man hatte, noch mehr auszudehnen. Iſt es ja doch eine bekannte Thatſache, daß der Menſch immer ungenügſamer wird, je mehr ſich ſein Reichthum ſteigert! Und ſiehe da, es zeigte ſich, daß nicht bloß die ſüdlichen Theile Virginiens und Nordcarolinas, nicht bloß die Staaten Georgien und Südcarolina, ſondern vielmehr all' die un= ermeßlichen Ländereien, welche ſich ſüdlich vom fünfund= dreißigſten Breitegrad bis zum mexikaniſchen Meerbuſen ſowie weſtlich vom atlantiſchen Ocean bis zu dem gro= ßen Strom Riogrande in Mexiko erſtrecken, ſich ganz aus= nehmend vorzüglich zur Cultur der Baumwolle eignen! Was war nun natürlicher, als daß die Baumwollen=Plantagen= beſitzer mit der Gier der Unerſättlichkeit darnach trachteten, dieſes ganze mächtige Gebiet für den Baumwollenbau zu gewinnen? Allerdings war die Union nur zu einem kleinen Theile Eigenthümerin jenes Gebietes und mehr als vier Fünftel deſſelben gehorchten dem Scepter der Spanier und Franzoſen; allein die Union hatte ja Geld und mit Geld, denkt man in Amerika, läßt ſich alles machen. Ueberdieß erſtarkte die Union nicht mit jedem Jahre mehr und mehr und konnte sie also nicht das, was man ihr für Geld und gute Worte versagte, mit Waffengewalt erwerben? Von dieser Zeit an also ging das Streben der Baumwollen=pflanzer mit eiserner Consequenz auf nichts anderes, als auf die Acquisition der ganzen „Baumwollenregion" d. h. all des Gebietes auf dem amerikanischen Continente, welches zur Baumwollencultur geeignet ist.

Dieß war die „eine" Folge der Einführung der Baum=wollencultur, eine Folge, durch welche die vereinigten Staa=ten später in schwere Kriege verwickelt werden mußten. Die „andere" Folge aber war noch viel bedeutsamer, denn sie betraf das Institut der Sclaverei.

Es ist nemlich eine durch langjährige Erfahrung be=wiesene Thatsache, daß das Cultiviren der Baumwolle durch „weiße" Arbeit nicht bewerkstelligt werden kann. Eng=länder und Franzosen haben dieses Problem schon auf alle Weise zu lösen gesucht, aber es ging um keinen Preis. Nicht einmal die abgehärtetsten Irländer hielten es aus, sondern starben hin wie die Mücken, denn das Klima in den Gebieten, in welchen Baumwolle wächst, ist allzu mör=derisch. Nur allein „die schwarze Menschenrace„ scheint die Befähigung zu haben, unter den glühendsten Sonnenstrahlen und in der tollsten Fieber=Region ohne „besonderen" Nachtheil für die Gesundheit, d. h. ohne in den ersten paar Jahren schon darauf zu gehen, nicht bloß existiren, sondern sogar noch harte Arbeit verrichten zu können, obwohl zugegeben werden muß, daß die Nigger, welche auf den Baumwollenplantagen verwendet werden, immer schnel=ler dem Tode entgegengehen, als diejenige Schwarzen, wel=che leichtere Arbeit zu verrichten haben. Doch hält's der Schwarze wenigstens aus. Allein wenn nun sogar das

Niggerthum, dessen Schädelbildung einem Sonnenstich un=
zugänglich ist und dessen Athmungswerkzeuge selbst in jenen
Sumpfniederungen, in welchen die Kaimane oder Crocodile
hausen, nicht afficirt wird, durch die Arbeit in den Baum=
wollenplantagen wenigstens „nothleidet", wie viel mehr
muß solche Arbeit der weißen Menschenrace „sicheren Tod"
bringen? *) „Freie" Arbeiter kann man daher auf Baum=
wollenpflanzungen durchaus nicht bekommen, wie dieß schon
daraus hervorgeht, daß nicht einmal freie Mulatten oder
Neger, selbst wenn man ihnen viel verspricht, sich verleiten
lassen, in die Länge auf solchen Pflanzungen zu arbeiten,
weßhalb auch auf allen jenen westindischen Inseln, auf
welchen mit der Negersclaverei ein Ende gemacht wurde,
das Erzeugniß einer Plantage nicht mehr den fünften
Theil der früheren Ausbeute beträgt. Wie froh waren
nun die Grundbesitzer im Süden der Union, daß sie dem
Andringen des Thomas Jefferson und der Abolotionisten
in der Sclavenfrage seiner Zeit so kräftig widerstanden
hatten! Wie segneten sie das Institut des Nigger=
thums, ohne welches das große Factum der Baum=
wollencultur ein Unmögliches gewesen wäre! Wie
dachten sie von nun an an nichts mehr, als nur allein
daran, die „Wohlthat" der Sclaverei weiter und weiter
auszudehnen und so viel Niggerhände als möglich zu

---

*) Die Engländer und Franzosen verwenden allerdings auf ihren
westindischen Colonien sogenannte „freie Kulis", d. h. Angehörige
der „gelben" Menschenrace, welche in Ostindien und China zu Hause
ist. Allein diese Kulis sind so wenig „frei", als die Neger im Sü=
den der Union, sondern stehen vielmehr auf derselben Stufe mit
diesen. Man hat dem Kinde nur einen andern Namen gegeben, um
den Schein zu retten, als halte man keine Sclaven!

acquiriren, damit ja dem Aufschwung der Baumwollencultur kein Hinderniß entgegen trete!

Dieß war die „zweite" Folge der Einführung des Baumwollenbaues und mit ihr war die Spaltung des Südens und Nordens „eine unversöhnliche" geworden. Der Norden war zur Einsicht gelangt, daß bei ihm Ackerbau und Industrie nur allein durch „freie" Arbeit d. h. durch Aufhebung des Instituts der Sclaverei sich gedeihlich entwickeln könnte; der Süden aber hattte die Ueberzeugung gewonnen, „daß sein Glück und sein Wohlstand, weil die Cultur der Baumwolle ohne schwarze Sclavenarbeit unmöglich sei, einzig bloß auf dem Institut der Niggersclaverei beruhe". Er also bestand auf der Sclaverei, während der Norden die Freiheit predigte, und somit hatten sich aus der Baumwolle zwei Gegensätze entwickelt, die, weil sie prinzipiell waren, sich nie mehr versöhnen ließen!

Nunmehr weiß der Leser, warum es in der nordamerikanischen Union Sclavenstaaten und Nicht-Sclavenstaaten gibt.

3.

Der südliche Plantagen-Besitzer

ober

der Baumwollenbaron der neuen Welt.

Schwarze Nigger-Sclaven werden, wie der Leser aus dem vorhergehenden Artikel ersehen, nur allein im Süden der amerikanischen Union gehalten, und zwar in den Staaten Georgien, Süd- und Nordcarolina, Tennessee, Louisiana, Mississippi, Alabama, Arkansas, Florida, Texas, Virginien, Missouri, Kentucky, Maryland und Delaware.*) Man hält

---

*) Der Leser erinnert sich, daß wir im vorigen Kapitel von einer „Baumwollenregion" gesprochen und zugleich darauf hingewiesen haben, wie das ganze Dichten und Trachten des Südens in der Union dahin gegangen sei, diese „Region", sei's auf diese oder auf jene Art, zu acquiriren. Man kann sich nun aber natürlich wohl denken, daß das „Acquiriren" kein bloßer frommer Wunsch blieb, sondern daß man vielmehr sofort „zur That" schritt und nicht ruhte, als bis die Regierung der Vereinigten Staaten alle die vielen und großen Gebietstheile, welche der Süden unter dem Namen „Baumwollenregion" begriff, sei's mit Geld, sei's mit Gewalt, den Franzosen, Spaniern und Mexikanern abgenommen hatte, und aus diesen neu erworbenen Gebietstheilen entwickelten sich die Staaten „Tennessee, Louisiana, Mississippi, Alabama, Arkansas, Missouri, Kentucky, Florida und Texas". Aus ursprünglichen sechs Sclavenstaaten wurden es also

sie dort vor Allem der Baumwolle wegen, denn man hat
sich ja überzeugt oder glaubt sich wenigstens überzeugt zu
haben, daß der Baumwollenbau ohne Niggerhände unmög=
lich sei. Allerdings muß zugegeben werden, daß in Dela=
ware und Maryland, sowie in den nördlicher gelegenen
Theilen von Missouri, Virginien und Kentucky keine Baum=
wolle gepflanzt wird, während dieselben dennoch Sclaven=
staaten geblieben sind, allein die Zahl der Sclaven hat in
ihnen auch auffallend abgenommen und beträgt z. B. in
Delaware nur noch drei Procent der Bevölkerung. Von
ihnen also sprechen wir nicht, wenn wir von den „eigent=
lichen Sclavenstaaten" sprechen, sondern vielmehr nur
allein „von den Baumwollenstaaten", dem Haupt=
bollwerk der Sclaverei, also von Georgien, Süd= und
Nordcarolina, Tennessee, Louisiana, Missis=
sippi, Alabama, Arkansas, Florida, Texas,
dem südlichen Virginien und Missouri, denn
hier allein gedeiht die Baumwollenstaude. Sehen wir nun
wie es in diesen Baumwollenstaaten aussieht.

Natürlich kann es nicht unsere Absicht sein, zu be=
haupten, daß jeder von diesen zwölf Staaten seinem Nach=
bar so gleich sehe, wie ein Ei dem andern. „Einiger"
Unterschied besteht ja auch zwischen Zwillingsbrüdern, wie
viel mehr also wird dieß der Fall sein zwischen einem Du=
zend Staaten, welche zusammen halb so groß sind, als ganz
Europa? Schon die Bodenverhältnisse können unmöglich

---

nach und nach fünfzehn! — — Näheres hierüber wird der Leser in
dem nachfolgenden Aufsatze „Der Streit zwischen dem Süden und
Norden oder die große Frage von dem Bestand der Union" finden,
und wir bitten also, diesen gefälligst nachzulesen.

die „ganz gleichen" sein (wenn auch zugegeben werden muß, daß sie, weil in allen Niederungen des ganzen Südens die Baumwolle auf's vortrefflichste gedeiht, eine wirklich außerordentliche Aehnlichkeit mit einander haben), und noch weniger werden die Einwohner in allen ihren Sitten und Gewohnheiten bis auf die geringste Kleinigkeit hinaus mit einander übereinstimmen. Ist dieß ja doch schon deßwegen unmöglich, weil sie von verschiedenen Nationalitäten abstammen, wie denn z. B. in Florida und Texas das spanische, in Louisiana, Mississippi und Missouri das französische Blut vorherrscht; während in Georgien, in Virginien und den beiden Carolina's die Abstammung von englischen Voreltern, d. h. von den ausgewanderten Anhängern der Stuarts nicht zu verkennen ist! Dessen ungeachtet aber findet man in allen genannten zwölf Staaten nur „einen und denselben" Geist und die politischen sowie die socialen Einrichtungen sind einander so durchaus gleich, daß man den Typus des Einen unmöglich von dem Typus des Andern unterscheiden kann! Sie sind nemlich alle gleichmäßig von dem Gedanken beseelt, daß ihr Heil einzig und allein auf dem Bau der Baumwolle beruhe und daß also das Institut der Sclaverei, ohne welches der Baumwollenbau eine Unmöglichkeit sei, auf alle Weise gehegt, gepflegt und zur Geltung gebracht werden müsse. Dieser Gedanke ist das Band, welches den ganzen Süden umschließt! Er und nur Er hat den sämmtlichen zwölf Staaten seinen Stempel aufgedrückt! Er allein trägt die Schuld, daß sie ohne Unterschied aussehen, als wären sie aus derselben Prägmaschine hervorgegangen!

Ein Baumwollenstaat besteht nemlich aus dreierlei Klassen von Einwohnern: aus leibeigenen Schwarzen, die

den Boden bebauen, aus freien Weißen, die in den Städten
leben und aus Plantagenbesitzern, welche die Baumwolle
produciren. Nun beläuft sich die Anzahl der Niggersclaven
in den genannten zwölf Sclavenstaaten in runder Summe
auf 3½, die Anzahl der weißen Städter aber auf sieben
Millionen Köpfe, während es nur etwa hundertdreißigtau=
send plantagenbesitzende Familien gibt. *) Somit kämen,
wenn die Verhältnisse überall die gleichen wären, auf jeden
Staat etwa dreimalhunderttausend Schwarze, sechsmalhun=
derttausend freie Städtebewohner und eilftausend Plantagen=
besitzer. Allein diese Rechnung ist keine ganz genaue, denn
man findet einzelne Staaten, in welchen es mehr Sclaven
als freie Weiße gibt, wie z. B. in Südcarolina auf
407,185 Nigger nur 308,186 Weiße kommen, während
in andern Staaten das umgekehrte Verhältniß stattfindet.
Im Durchschnitt jedoch darf man annehmen, daß die
Sclavenbevölkerung eines Baumwollenstaates sich zur freien
Bevölkerung wie zwei zu fünf verhält, sowie daß von die=
ser freien Bevölkerung kaum der zehnte Theil der Klasse
der Plantagenbesitzer angehört. Trotzdem nun aber diese
Klasse numerisch die bei weitem unbedeutendste ist, so gibt
es doch keinen Baumwollenstaat, in welchem sie nicht so
zu sagen „Alles in Allem" wäre. Nur allein Er, der
Pflanzer, oder „der Baumwollenbaron", wie wir ihn
in der Ueberschrift genannt haben, gilt etwas im Süden.

---

*) Der neueste Census für alle 15 Sclavenstaaten weist im
Ganzen (also die Nigger mit eingerechnet) 12,434,373 Einwohner
nach; allein da wir Maryland und Delaware, sowie die nördlichen
Theile Virginiens, Kentucky's und Missouri's in Abzug bringen
müssen, so werden die für die Einwohnerzahl der 12 Baumwollen=
staaten angenommenen Zahlen die richtigen sein.

Ja in ihm geht so zu sagen der ganze Süden auf, und wenn man ihn kennt, so kennt man auch einen Baumwol= lenstaat oder vielmehr alle Baumwollenstaaten zusammen. Betrachten wir ihn also ein wenig näher und statten wir vor allem seiner Plantage einen Besuch ab!

Schon sein „Wohnhaus" zeugt davon, daß er als nichts anderes angesehen werden will und kann, denn als ein Edelhofbesitzer, und daß wir also ganz recht hatten, wenn wir ihn den Baumwollenbaron nannten. Dasselbe steht nemlich beinahe immer inmitten seiner Pflanzung auf einem etwas erhöhten Punkte, von dem aus er seine fünfhundert oder auch zehntausend (je nachdem die Pflanzung groß oder klein ist) Acker Landes mit Bequemlichkeit übersehen kann, und hat ganz das Ansehen eines „Herrenhauses". Der Stockwerke zählt es meistens nur zwei, dagegen aber nimmt es ein großes Areal ein und ist nicht selten mit einem hohen, aus Backsteinen erbauten Thurme versehen, welcher demselben etwas Ritterliches und Burgartiges verleiht. Auch gereichen ihm die vielen unregelmäßigen Vergröße= rungen, welche es nach und nach erlebte, sowie die breiten Portale, die hohen Balkone und die verandaartigen Vor= baue zu nicht geringer Zierde. Das Parterre des Haupt= gebäudes enthält außer einem hübschen Vorplatz gewöhnlich drei große saalartige Gemächer, welche zu Empfangs=, Wohn= und Speisezimmern dienen; im obern Stockwerk dagegen befinden sich die Schlaf= und Privatzimmer der einzelnen Familienmitglieder, deren keins mit einem zwei= ten zusammenwohnt. Neben dem „Haupthaus", aber in einem besonderen Anbau, steht die Küche und neben der Küche das sogenannte „Küchenquartier", d. i. ein besonderes hölzernes Gebäude, in dessen Parterre das Waschhaus und die Rauchkammer (zum räuchern des Fleisches) angebracht sind, während im oberen Stockwerk die schwarze Diener= schaft, oder wenn man so lieber will, die „Haussclaven" ihre Schlafstätte haben. Ein anderer Anbau auf der umgekehr= ten Seite des Herrenhauses enthält die „Bibliothek", denn eine solche darf natürlich auf keinem südlichen Edelhofe fehlen, und ober dem Bibliothek=Lokale, aber mit diesem durch eine besondere Treppe verbunden, liegt das Geheim= zimmer des Hausherrn mit dem eisernen Schranke, in welchem er seine werthvollen Papiere, sein Baargeld, seine Pretiosen und sein Silberzeug aufbewahrt. Unmittelbar an das Bibliothek=Gebäude stößt dann meist noch ein wei= terer Anbau, welcher die Fremdenzimmer enthält, und nicht selten gibt's sogar ein eigenes „Badhaus", sowie ein Hin= tergebäude, in dem sich der „Tanzsaal", das „Billardzim= mer" und was dergleichen mehr ist, befindet. Rings um das Herrenhaus herum dehnt sich ein prächtiger, oft neun bis zehn Acker enthaltender Garten aus, welcher theils zum Vergnügen, theils zum Nutzen, d. h. halb als Park, halb als Gemüse= und Obstgarten angelegt ist. Breite lange Alleen durchschneiden ihn, alle mit den wunderbar herrlichen und überaus schattenreichen China=Bäumen be= setzt, in deren Zweigen man oft ein kleines rundes Tisch= chen mit einer Bank „ringsherum" anbringt, groß genug, um eine kleine Gesellschaft, die hier in dem dichten grünen Laube den besten Schutz vor Sonne und Hitze findet, zu beherbergen. Auch andere herrliche Partieen trifft man in solchen Parken und es ist immer ein besonders geschick= ter Nigger dazu aufgestellt, um über den Pflanzenwuchs u. s. w. zu wachen. Nicht mindere Sorgfalt verwendet man auf den Blumen= und Obstgarten, dessen Bepflanzung

ebenfalls einigen geschickten Niggerhänden anvertraut wird,
denn man sieht in jeder Plantagenbesitzers-Familie sehr
darauf, daß immer das neueste und schönste von Garten=
früchten auf die Tafel kommt. Zwischen dem Gemüsegar=
ten und dem Parke steht gewöhnlich das „Taubenhaus"
oder die sogenannte „Volière", welche auf keiner Plantage
fehlen darf. Uebrigens auch andere Geflügelgattungen,
unter denen besonders die Truthühner zu erwähnen sind,
gibt es meist im Ueberfluß. Unweit des Taubenhauses steht
gewöhnlich der sogenannte „Wagenschuppen", ein zwar
nur einstockiges, dagegen aber ziemlich ausgedehntes höl=
zernes Gebäude. Das eine Ende desselben enthält den
„Familien=Wagen", d. i. ein großes Gallagefährt für die
Damen, sowie zwei oder drei leichtere Wägelchen, welche
vom Hausherrn und seinen Söhnen, wenn sie allein aus=
fahren, benützt werden; im andern Ende befinden sich die
Stallungen für die Pferde, deren immer je nach dem
Reichthum der Familie zehn bis zwölf zum Reiten und
Fahren gehalten werden. In der Mitte des Schuppens
bewahrt man den Mais, der zum futtern der Pferde dient,
auf, und der ganze Dachboden ist mit Heu und Stroh
vollgestopft. Dieß ist ungefähr das Ansehen eines Her=
renhauses in den südlichen Staaten Nordamerika's. Damit
wollen wir aber natürlich nicht gesagt haben, daß nicht
in Beziehung auf Größe, schöne Lage und gute Erhal=
tung, sowie noch mehr in Beziehung auf die innere Aus=
stattung mit Teppichen, Möbeln, Spiegeln, Gemälden
und anderen Luxus=Gegenständen zwischen den verschiedenen
Herrenhäusern ein ziemlicher Unterschied stattfinde. Eine
solche Behauptung wäre zu thöricht! Dagegen aber das
behaupten wir, daß der Unterschied nie so groß ist, daß

nicht die Aehnlichkeit „überwiegend" wäre, und jeden=
falls sieht man im Augenblicke, „ob man ein Herrenhaus
vor sich hat oder nicht".

So „baronenartig" nun aber auch das Wohnhaus eines
südlichen Pflanzers ist, so erscheint doch seine Denk= und
Lebensweise noch viel edelmännischer. Den Grafen= oder
Freiherrntitel setzt er seinem Namen allerdings nicht vor,
dagegen aber betrachtet er sich als den „exclusiven Gent=
leman" und prätendirt, daß jeder, der nicht im Stande
ist, einen großen Grundbesitz zu eignen und denselben durch
die Hände seiner Leibeigenen bearbeiten zu lassen, lediglich
kein Recht habe, sich in Beziehung auf den Rang mit ihm
zu messen. Erster Grundsatz eines südlichen Pflanzers ist
nemlich, „Andere für sich arbeiten zu lassen, weil Selbst=
arbeit schändet". Wozu hätte denn sonst Gott die Nigger
erschaffen? Nur wer so denkt und handelt, also nur der
Plantagenbesitzer gehört zur „Gesellschaft", alle andern
Menschen aber, d. h. alle, die nicht auf dem vornehmen
Fuße eines Edelmanns leben, gehören dem „Arbeiter=
stande" an, und sind somit naturgemäß aus dem näheren
Umgang des Pflanzers ausgeschlossen. Kurz „Er" allein ist
der Herr der Schöpfung, und wenn er vielleicht auch nicht
behauptet, daß er aus einem andern Teig geknetet sei, als
die übrigen Menschenkinder, so erachtet er sich doch als
Einen, zu dem die Uebrigen im Verhältniß der Unterthä=
nigkeit stehen.

Nehmen wir nur die Art und Weise, wie er seine
Kinder erzieht! Jeder seiner Sprößlinge, sei er nun ein
Bube oder ein Mädchen, erhält schon von Kindesbeinen
an einen eigenen Haussclaven zur Bedienung und wird
hiedurch nothwendigerweise von der ersten Zeit seines

Denkens an zu der Ueberzeugung getrieben, daß Gott
zweierlei Menschen geschaffen habe, die Einen zum Regie=
ren, und die Andern um regiert zu werden. In diesem
Gedanken wächst der junge Knabe oder das junge Fräu=
lein auf und wird darin sowohl durch das Beispiel der
Eltern, als auch durch das unterwürfige Betragen der
Sclavendienerschaft mit jedem Jahre mehr bestärkt. Beson=
ders die Mädchen bilden sich in dem Bewußtsein, „einem
ganz andern Genus anzugehören, als die arbeitende Men=
schenklasse," schon sehr frühzeitig aus, denn man hegt und
hätschelt sie wie junge Gräfinnen, und wehe der Dienerin,
die sich nicht in alle Launen der jungen „Miß" (so heißt
das Kind schon von seinem sechsten Jahre an, gerade wie
die Prinzessinen bei uns, wenn sie noch kaum lallen kön=
nen, mit dem Titel „Hoheit" venerirt werden) fügte, oder
sich gar einen Tritt ihres jungen Füßchens nicht gefallen
lassen wollte. Die Diener und Dienerinnen sind ja durch=
weg „Sclaven", die junge Lady aber ist eine „Herrin"!
Eben deßwegen würde es auch als ein „Horror" betrach=
tet werden, wenn man eine solche junge Herrin dazu an=
hielte, irgend Etwas, was andere Leute für Einen besorgen
können, mit eigenen Händen zu verrichten. Sollte sie sich
etwa selbst an= oder auskleiden? Thorheiten! In diesem
Allem hat man ja Sclavinnen und es ist nur schade, daß
dieselben nicht auch die Fähigkeit haben, für das Töchter=
lein des Baumwollenbarons das Gehen oder Sprechen zu
erlernen! Ein klein wenig strenger müssen freilich die
Buben daran glauben, denn diese sollen zu gebildeten
Menschen, oder vielmehr zu Mitgliedern „der Gesellschaft,
die sich allein für gebildet erachtet", herangezogen werden
und müssen sich also schon in früher Jugend, wenn ihre

gleich alten Schwestern ihre Zeit noch mit Tändeln und Nichtsthun verbringen dürfen, an's Lernen gewöhnen. Unwissenheit und Armuth des Geistes verachtet der reiche Südländer aufs tiefste, und zwar schon deßwegen, weil man dann nicht den Rang als Gentleman einnehmen könnte, auf welchen man Anspruch macht. Der Herrscher muß zum Herrschen-können erzogen werden, sonst hat das Scepter in seinen Händen keinen Werth! Man verschreibt also für den jungen „Gentleman", wenn er kaum vier Jahr alt ist, bereits einen „Governor", d. h. einen Gouverneur oder Hofmeister, gerade wie bei den adeligen Familien Europa's, denn, wahrhaftig, in die „gewöhnliche" Schule kann man den Sohn eines Plantagenbesitzers doch nicht bringen? Die Unterrichtsgegenstände mögen vielleicht im Anfang die gleichen sein, aber die „Art und Weise" des Unterrichts ist fashionabler, wenn man einen eigenen Hofmeister hält, und überdem würde sich sonst der Bub' manche „gemeine" Gewohnheit aneignen. Nach einigen Jahren jedoch schon wird der Unterricht mehr „standesgemäß", und vor allem dürfen ritterliche Uebungen nicht vergessen werden. Der Bub erhält also Lehrstunden im Reiten, Fechten, Schwimmen und Schießen und versteht alle diese Dinge in seinem achten Jahre meist schon viel besser, als ein Bewohner des Nordens der Union in seinem vierzigsten. Dabei wird es dem Hofmeister aufs dringendste an's Herz gelegt, in seinem jungen Zögling den Gedanken, „daß ein Gentleman unbedingt über den andern Menschenkindern stehe und sich unter keinen Umständen und zu keiner Zeit etwas von ihnen gefallen lassen dürfe", stets wach und munter zu erhalten. „Auf die geringste Beleidigung müsse gleich ein Schlag erfolgen und auf die geringste Verletzung die For-

berung auf Leben und Tod. Ja unter gewissen Umständen
dürfe man sich auch nicht scheuen, einen Beleidiger, beson=
ders wenn er nicht zu den Bevorrechteten gehöre, ohne
weiteres wie einen Hund niederzuschießen, denn also ver=
lange es der Codex der Ehre!" Solcher Art sind die
Grundsätze, welche ein regelrechter „Governor" seinem
Zögling beizubringen hat und da dieser von der ersten
Jugend an nichts hört und sieht, als was mit diesen
Grundsätzen übereinstimmt, und da ferner die schwarzen
Sclaven seines Vaters ihn als eine Art „jungen Gott"
behandeln, der das Recht habe, sie auf dieselbe Weise zu
tractiren, wie einen Reitgaul oder einen Jagdhund, so
kann man sich wohl denken, welcher Geist einen „Gentle=
man" von seiner ersten Kindheit an beseelen muß. Allzu=
lange jedoch bleibt der Junge nicht in seinem elterlichen
Hause, sondern er kommt vielmehr in seinem neunten oder
zehnten Jahre in ein seinem Stande entsprechendes Erzie=
hungs=Institut, in welchem er so lange zu verbleiben hat,
bis sein Alter und seine Kenntnisse ihm das Recht geben,
ein „College", oder, wenn man lieber will, die Universität, zu
besuchen. Natürlich übrigens hütet man sich wohl, das
Söhnlein einem andern Institute anzuvertrauen, als einem
solchen, in welches grundsätzlich nur allein Söhne von
Plantagenbesitzern aufgenommen werden, denn der junge
Gentleman muß, wie sich von selbst versteht, eine „gentle=
manmäßige" Erziehung erhalten. Darum darf man ihn
auch sicherlich nicht der Gefahr aussetzen, mit den Söhnen
von niedriger Gebornen zusammen erzogen zu werden, die=
weil ja nur zu leicht etwas an ihm hängen bleiben könnte!
Ebendeßwegen darf der junge Mann, wenn er, was ge=
wöhnlich im sechszehnten Jahre geschieht, das Erziehungs=

Institut verläßt, auch keine Universität „im Norden der Union" besuchen, indem er daselbst leicht in seinen süd=lichen Grundsätzen alterirt werden könnte, sondern man schickt ihn in irgend ein College der eigenen Heimath, ab=sonderlich nach „Columbia" oder „Charleston" in Süd=carolina, welche beide von den Baumwollenbaronen in ihrer Bescheidenheit „als das Athen der Vereinigten Staaten" ge=priesen werden, oder auch nach „Charlottesville" in Virginien, das auf den Namen einer vollkommenen Universität An=spruch macht und oft bis zu vierhundert Studenten — na=türlich alle aus dem Süden — zählt. Auf diese Art leitet ein Plantagenbesitzer gewöhnlich die Erziehung seiner Söhne und um dieselbe vollkommen zu machen, läßt er diesel=ben, wenn sie das College in ihrem zwanzigsten Jahre absolvirt haben, nicht selten mit einem passenden Mentor auf ein paar Jahre nach Europa hinüber, damit sie sich daselbst, sei's auf einer Universität, sei's durch das Leben in großen Residenzen, noch weitere Kenntnisse erwerben. Man sieht also, daß es dem Plantagenbesitzer daran liegt, seine Söhne etwas lernen zu lassen, denn sie sollen in allen Fächern des Wissens, besonders aber in den Staatswissen=schaften, zu Hause sein; man sieht aber auch, wie sehr er sich angelegen sein läßt, jenen hochadeligen Geist, der in ihm selbst lebt, auch in seinen männlichen Sprößlingen fortzupflanzen. Uebrigens nicht blos in den männlichen, sondern auch in den weiblichen. Die jungen Ladies nem=lich werden, wenn sie ihr achtes oder neuntes Jahr zurück=gelegt haben, ebenfalls (wie die Knaben) in ein Erziehungs=haus (einem Hofmeister natürlich mag man sie nicht an=vertrauen, da ja nur zu leicht das Verhältniß des Lehrers in das Verhältniß des Liebhabers umspringen könnte) ge=

bracht, aus welchem sie erst nach Verfluß von sechs oder sieben Jahren unter das väterliche Dach zurückkehren. Des eigentlichen Lernens wegen bringt man sie freilich nicht hin und noch weniger, damit sie zu tüchtigen Hausfrauen herangebildet werden, denn solche Dinge braucht eine süd= liche Lady nicht. Die Hauptsache besteht vielmehr in der Aneignung jenes „freien Benehmens und jenes adeligen Anstandes", welche einer künftigen Edelhofbesitzerin doch wohl unmöglich fehlen dürfen. Bringt es dann die junge Lady so weit, daß sie außer ihrer eigenen Muttersprache auch noch etwas vom Französischen versteht, daß sie ferner tanzen, singen und Klavierspielen gelernt hat, oder daß sie gar noch über alle die Dinge, über welche die Zeitun= gen berichten, wenigstens „aburtheilen" kann, dann gilt ihre Erziehung als vollendet und sie tritt von nun an, obwohl erst sechszehnjährig, als erwachsenes Mitglied in die Ge= sellschaft ein, um vielleicht schon das Jahr darauf dem Besitzer einer benachbarten Plantage die Hand am Altare zu reichen, denn im südlichen Nordamerika sind die Damen gar frühe reif.

Ebenso „baronenmäßig" wie in der Erziehung seiner Kinder zeigt sich der Plantagenbesitzer auch im gesellschaft= lichen Leben. Als großer Grundbesitzer nemlich macht er einen seinem Reichthum entsprechenden Aufwand und nichts ist ihm verhaßter, als der Geist des Sparens und Knickens. Solche Dinge mag der Yankee treiben, denn dieser ist ja zum Handeln und Makeln, zum Wuchern und Schachern geboren; aber der südliche Baumwollenpflanzer würde seinen aristokratischen Stand für entehrt halten, wenn er sich auch nur ein einzigesmal zu irgend einem Handelsgeschäft er= niedrigen würde. Seine Lebensaufgabe ist vielmehr, von

Morgens bis Abends den Cavalier zu spielen und seine
Zeit mit Artigkeit gegen die Damen, mit Freigebigkeit
gegen seine Gäste, mit Curtoisie gegen seine Nachbarn,
sowie endlich mit verschiedenen ritterlichen Vergnügungen,
an welchen er eine Freude hat, auszufüllen. Deßhalb gibt
es auch nicht leicht einen Mann auf Erden, der zuvor-
kommender gegen die eigene Frau und gegen die eigenen
Töchter wäre, als der Baumwollenbaron. Ja er umgibt
sie „unaufgefordert“, mit einem Luxus, den man anderswo
in der Welt kaum kennt. Macht er doch sogar fast jeden
Sommer eine Lustfahrt mit ihnen in irgend einen berühmten Badeort oder auch nach einer der großen Hauptstädte
des Nordens, nur allein damit sie nicht unter der Glüh-
hitze seines Heimathbodens zu leiden hätten! Thut er dieß
doch selbst in solchen Zeiten, welche ihm eine Geldausgabe
von so bedeutender Größe, als eine derartige Sommerreise
erfordert, fast zur Unmöglichkeit machen! „Die Damen
sollen nicht darunter leiden, wenn es um seinen Geldbeutel
wegen Mißrathens der Baumwollenerndte oder aus irgend
einem anderen Grunde schlecht steht, ja sie sollen nicht einmal etwas davon erfahren, weil sie sich sonst vielleicht in
irgend einem Genusse oder in irgend einem Verlangen ein-
schränken würden!“ So ungemein rücksichtsvoll ist er gegen
sie, und man darf also wohl sagen, daß er in seiner Ritterlichkeit gegen das zarte Geschlecht selbst die Ritter des
Mittelalters übertrifft.

Nicht minder ritterlich benimmt er sich gegen seine
Gäste, und seine Gastfreundschaft ist deßhalb so zu sagen
„sprichwörtlich“ geworden. Aus einer Entfernung von
zehn, zwanzig und vierzig Meilen in der Runde kommen
tagtäglich Besuche angeritten oder angefahren, und der

Plantagenbesitzer bewirthet sie mit einer Cordialität und Liberalität, welche nichts zu wünschen übrig läßt. Ja so= gar „gänzlich Fremde", die vielleicht zum erstenmale in die Gegend kommen, werden, sobald man nur sieht, daß sie der gebildeten Klasse angehören, mit der größten Artigkeit empfangen und, ohne daß man sich nur irgend neugierig nach ihren Verhältnissen erkundigt, gar oft zu Wochen lan= gem Bleiben genöthigt. Uebrigens mit der bloßen „Be= wirthung" seiner Gäste begnügt sich ein ächter Südländer nicht, sondern er fühlt sich vielmehr verpflichtet, ihnen auch „Vergnügungen und Unterhaltungen" darzubieten. Darum steht in einem der untern Salons regelmäßig ein reich ausgestattetes Piano und an Jemanden, der die Tasten in Bewegung zu setzen verstünde, fehlt es auch nicht. Die jungen Herren und Damen müssen doch Gelegenheit haben, zu singen und zu tanzen, und nicht selten mischen sich so= gar die Alten, wenn ihnen nicht ein Spiel oder eine Lectüre besser behagt, in die allgemeine Lust ein. Außer= dem gibt es Jagdparthieen für die Herren, oder Wasserfahr= ten, oder andere Vergnügungen ähnlicher Art, denn man denkt den ganzen Tag so zu sagen an nichts, als wie man die Zeit auf eine recht angenehme Art „todtschlägt". Freilich wird dieses ewige „Nichtsthun", dieses reine „Lustbarkeits= leben", das keine ernste und anstrengende Beschäftigung kennt, nur zu oft auf die Spitze getrieben und artet dann in die Weise aus, durch welche der Süden so gar sehr berüchtigt geworden ist. Die jungen Damen bringen dann die eine Hälfte des Tags mit dem Lesen schlüpfriger Romane, sowie mit ihrer Toilette und mit der Malträtirung ihrer Dienerinnen zu, während die andere Hälfte den tollsten Liebeleien und sonstigen ähnlichen Vergnügungen geweiht

wird. Noch ärger aber treiben's die Herren, denn statt
vernünftig zu reiten und zu jagen, stellen sie nicht
selten halsbrecherische Rennen an, bei denen sie, wenn sie
nicht selbst den Hals brechen, doch wenigstens ihre Pferde
zu Grunde richten, und verbinden damit solch unsinnige
Wetten, daß sie sie nicht bezahlen können, ohne sich und
ihre Familie zu Grunde zu richten. Dieß Alles jedoch gienge
am Ende noch an, wenn die Leidenschaft der südlichen
„Gentlemen" für das Spiel nicht wäre. Wir meinen na=
türlich nicht das Whist, Tarock, l'Hombre, oder ein ande=
res ähnliches Spiel, sondern wir meinen vielmehr das so=
genannte „hohe Spiel", das Pharo und Trente et un,
oder mit einem Wort das „Glücksspiel", das an den be=
kannten Banken in gewissen Deutschen Bädern gespielt wird.
Allerdings ist in der ganzen Union ein solches Spiel auf's
strengste verboten, allein gerade dieses Verbot reizt um
so mehr und deßwegen befindet sich im Süden fast auf
alle zwanzig Meilen, mitten zwischen den Plantagen auf
einem wüsten, unangebauten, zwischen Gesträuch und Bäu=
men versteckten Fleck Landes, also so zu sagen auf „neu=
tralem" Boden, eine Taverne, das ist ein Trink= oder
Logirhaus, welches dem Anscheine nach zur Bequemlichkeit
für fremde Reisende dienen soll, in Wahrheit aber nichts
anderes ist, als eine Spielhölle, in der sich die langwei=
lenden Edelherren der Nachbarschaft, oder wenigstens ihre
Söhne, Rendez-vous geben. Solche Tavernen werden meist
von pfiffigen Yankees gehalten und sind der Tummelplatz
für Abenteurer aller Art, welche vom Norden in den
Süden herabkommen, um daselbst ihre leeren Taschen zu
füllen. Natürlich äußerlich sieht man's dem Hause nicht
an, was sein Inneres birgt, denn die Zimmer zur ebenen

Erde dienen in der That als Trink=, Speise= und Gast=
zimmer, geht man aber eine Stiege höher hinauf, wohin
zu kommen den gewöhnlichen Gästen untersagt ist, so darf
man sicher sein, ein Geheimlokal zu finden, in welchem
jeden Abend Bank aufgelegt wird. Die Bankhalter aber
sind gerade die Abenteurer, von denen wir soeben gespro=
chen. Uebrigens auch ihnen sieht man ihr Metier nicht
an, denn selbst wenn sie Spieler und Gauner „von Pro=
fession“ sind, wissen sie sich ein solches gentiles Ansehen zu
geben, daß sie auf dieser oder jener Plantage als Gäste
eingeführt werden können, und nur dem Wirthe, mit wel=
chem sie (wenn auch die Uneingeweihten nichts davon mer=
ken) immer in geheimer Verbindung stehen, ist ihr eigent=
licher und wahrer Charakter bekannt. Demnach glauben die
Herren Plantagenbesitzer und ihre Söhne „nur mit Ihres=
gleichen“ umzugehen und zwar um so mehr, als sich nicht
selten irgend ein heruntergekommenes Mitglied einer Pflan=
zersfamilie dazu hergibt, derlei Abenteurer „als seine
Freunde“, die er auf seinen Reisen nach Neuyork und
Baltimore kennen gelernt, mit den Herren Baumwollen=
baronen in der ganzen Runde herum bekannt zu machen.
So kommt man denn Abends in der Taverne zusammen,
geht aber selten auseinander, ehe der Morgen graut. Der
Eine hat Hunderte oder gar Tausende verloren und der
Andere eben so viel gewonnen; den Hauptrogen jedoch
zieht natürlich immer der Bankhalter, obschon er sich wohl
hütet, seine betrügerischen Künste allzu offen hervortreten zu
lassen, denn die Herren Südländer sind gleich mit ihren
Revolvern zur Hand. An blutigen Scenen und Raufereien
fehlt es übrigens deßwegen doch nicht und nur zu oft
werden unter den Spielenden Pistolenschüsse gewechselt,

welche nicht selten mit schweren Verwundungen oder gar mit dem Tode des Einen oder des Andern endigen. Was liegt aber daran? Die Theilhaber der nächtlichen Orgie reiten getrost nach Hause und wenn dann den andern Tag auf die Anzeige des Wirths hin, daß in seinem Hause eine Rauferei vorgefallen sei, deren Theilnehmer er lediglich nicht kenne, eine Jury zusammentritt, um den Vorfall des Näheren zu untersuchen, so lautet das Verdict gewöhnlich: „von unbekannter Hand erschossen." Natürlich! die Jury besteht ja aus lauter Südländern, welche an derlei Auf= tritte gewöhnt sind und ohnehin alles Aufsehen vermieden haben wollen! Zur Ehre der südlichen Pflanzer müssen wir übrigens hier bemerken, daß nur der kleinere Theil derselben an solchen Ausschweifungen Theil nimmt, wäh= rend die größere Mehrzahl sich entfernt hält. Dieser klei= nere Theil aber nimmt genau den Standpunkt ein, welchen auch die europäischen durch Spiel und Trunksucht herun= tergekommenen Barone einnehmen, nur mit dem einzigen Unterschiede, daß derlei Herren in Amerika bei ihrem viel hitzigeren Charakter und bei der Ungebundenheit des Lebens, das sie von Jugend auf zu führen gewohnt sind, gewöhn= lich außer Spielern, Trinkern und Verschwendern auch noch „Klopffechter, Raufbolde und Mörder" werden. Ja man darf wohl sagen, daß der Süden Amerikas, „der ritterliche Süden", wie man ihn gewöhnlich nennt, durch diese letztere Eigenschaften ein Renommé, und zwar ein recht schlimmes Renommé bekommen hat; denn man bekümmert sich dort um ein Menschenleben so wenig, als anderswo um das Leben eines Vogels in der Luft!

Solcherartig ist das gesellschaftliche Leben der Herren Plantagenbesitzer und ganz dem entsprechend gestaltet sich auch ihr Verhältniß zu ihren Unterthanen d. h. zu den leibeigenen Schwarzen, welche sie auf ihren Gütern unterhalten. Nehmen wir einmal eine Plantage an, die groß und einträglich genug ist, um ihren Inhaber mit seiner Familie so zu ernähren, daß er das Leben eines Baronen, Grafen oder gar Fürsten spielen kann. Nehmen wir ferner an, daß die Erziehung, welche er genossen, ihn verhütet, sich in die gemeinen Verirrungen und Verschwendungen, welche wir soeben geschildert, zu stürzen. In diesem Fall wird gewiß das Verhältniß, in welchem er zu seinen Niggerunterthanen steht, ein äußerst „patriarchalisches" genannt werden müssen. Allerdings kommt er mit denselben nur gar wenig in „unmittelbare" Berührung, wie denn auch das Herrenhaus sowohl von dem Dörfchen, in welchem die Nigger wohnen, als auch von den übrigen Gebäulichkeiten, welche zum Plantagenbetrieb nothwendig sind, immer eine gute Viertelstunde entfernt steht. Der Besitzer des Edelhofs will vielmehr „als Herrscher" leben und hält sich deßwegen zur Besorgung aller wirthschaftlichen Angelegenheiten einen Oberaufseher oder „Overseer", welcher Oberknecht, Rentamtmann und Premierminister in einer Person ist.*) Dieser Overseer nun hat nicht blos die gesammte Arbeit auf dem großen Gute zu leiten, nicht blos die sämmtlichen Nigger zu beaufsichtigen, zu belohnen oder zu strafen, sondern er hat auch für die Einheimsung der Erndte, sowie für deren Verkauf zu sorgen. Ueberdieß führt er die Bücher und hat die gesammte Rechnerei unter sich, so daß man wohl sagen kann, er sei die rechte Hand des Inhabers

---

*) Wer übrigens das Verhältniß des Plantagenbesitzers zu seinen Sclaven noch näher kennen lernen will, den bitten wir, die beiden Aufsätze „Sclavenleben und Sclavenhandel in Amerika" nachzulesen.

des Herrensitzes. Ihm allein gibt der Letztere seine Be=
fehle, nicht aber den Sclaven selbst, denn solches wäre
allzuherabwürdigend für einen Gentleman, und somit ist
der Oberaufseher zugleich als die Mittelsperson zwischen
dem Herrn und seinen Unterthanen anzusehen. Allein trotz
allem dem stellt es sich doch auf jeder Plantage sogleich
heraus, ob der Besitzer derselben zu den Gentlemen gehört,
welche wirklich „edelmännisch" denken, oder zu jenen herabge=
kommenen Baronen, die vom Edelmann nichts mehr besitzen,
als den äußern Schein. Im ersteren Fall nemlich ist der
Overseer stets gehalten, nicht allzu roh gegen die Schwarzen
aufzutreten, und der Inhaber des Herrenhauses nimmt sich
sogar von Zeit zu Zeit die Mühe, in eigener Person nach
seinen Unterthanen zu sehen, um sich von ihrer Lage zu
überzeugen. Grausamkeit gegen die Schwarzen gilt unter
den Gentlemen des Südens immer als ein Beweis von
schlechter Erziehung und darum wird ein Plantagenbesitzer,
er sich als wahrhafter Edelherr fühlt, nie zugeben, daß
die Peitsche oder die Folter, selbst in dem Fall, wenn ein
Nigger sich verfehlt, allzustreng in Anwendung komme. Im
Gegentheil geht sein Befehl dahin, daß die Sclaven ein=
mal nicht allzusehr mit Arbeit überladen, zweitens mit
Speise und Kleidern wohl versehen und drittens endlich in
Krankheitsfällen richtig verpflegt werden. Ja er versäumt
es sogar nie, die schwereren Kranken selbst zu besuchen,
und sieht es gern, wenn der Eine oder der Andere seiner
Unterthanen „eine Audienz" bei ihm begehrt, um sich „diese
oder jene Gnade" zu erbitten. Mit einem Wort also, er
fühlt sich als ein regierender Fürst, dem es obliegt, seine
Unterthanen so gut als möglich zu behandeln. Ebendeß=
wegen ist er auch nie dazu zu bringen, irgend einen seiner

Sclaven zu verkaufen, es müßte denn dieser ein ganz ent=
artetes Subject sein. Noch viel weniger aber wird er ohne
besondern Grund Familienbande zerreißen und die eine
Tochter dahin, oder den anderen Sohn dorthin veräußern,
sondern im Gegentheil seine Unterthanen bleiben „genera=
tionenweise" auf der Plantage und betrachten sich eben so
gut als deren Angehörige, wie die Bauern bei uns sich
als Angehörige der Ortschaft ansehen, in welcher sie ge=
boren sind. Ja, Einzelne derselben, nemlich diejenigen,
welche als Diener in der Familie verwandt werden (und
wir wissen ja aus dem früher Gesagten schon, daß jeder
Sohn und jede Tochter ebensogut ihren eigenen Leibdiener
halten, als der Herr und die Herrin des Hauses), also
die sogenannten „Haussclaven", rechnen sich sogar zu den
Familienmitgliedern und fühlen sich als solche so glücklich,
daß sie, wenn man ihnen heute die Wahl ließe, frei zu
sein, oder aber bei ihren Herrn in der Sclaverei zu blei=
ben, meist (wie wir bei dem Artikel „Sclavenleben" näher
zeigen werden) das Letztere wählen würden!

So verhält es sich auf einer Pflanzung, deren Be=
sitzer ein wirklicher Gentleman ist. Nehmen wir aber um=
gekehrt eine Plantage an, auf welcher ein Spielerwüstling
und Raufbold, oder mit einem Wort ein heruntergekom=
mener Edelherr dominirt, wie ganz anders gestaltet sich
hier das Verhältniß! Nicht blos ist er ein Tyrann gegen
seine Unterthanen — und kleine Tyrannen sind noch immer
die allerärgsten gewesen; nicht blos hält er dieselben stets
übermäßig zur Arbeit an und straft sogar die geringste
Nachlässigkeit mit unbarmherziger Härte; nicht blos wird
er durch seine Verschwendung und Liederlichkeit gezwungen,
da und dort einen Sclaven zu verkaufen und somit Kin=

der von den Eltern oder umgekehrt zu trennen; nicht blos
tritt er, denn ein Wüstling seiner Art kennt keine Scham,
für seine eigene Person in ein schändliches Verhältniß zu
seinen Sclavinnen und lebt in offenem oder heimlichem
Concubinat mit ihnen; nicht blos verkauft er, wenn es
ihm möglich ist, die Reize derselben an irgend einen seiner
Freunde, oder verpfändet sie in Ermangelung von baarem
Geld auf der Pharobank; nein nicht blos dieß, sondern er
läßt sich sogar nicht selten dazu herbei, die von ihm mit
einer Sclavin erzeugten Kinder, also seine eigene per=
sönliche Nachkommenschaft, auf den Markt zu bringen, um
so seiner erschöpften Kasse durch ein Verbrechen zu Hülfe
zu kommen! Mancher unserer Leser hat ohne Zweifel schon
von der liederlichen Wirthschaft, welche am Ende des vori=
gen Jahrhunderts auf diesem oder jenem Edelhofe Europas
geführt wurde, gelesen, und gewiß machte dann das Lum=
penleben eines solchen Duodez = Tyrannen einen äußerst
widerlichen Eindruck auf ihn; allein auf einer Plantage
Amerikas, deren Besitzer im Herabkommen begriffen ist,
geht's doch noch viel roher und niederträchtiger zu. Ein
solcher verdorbener Grundherr nemlich muß, weil er nicht
mehr so viel Einkommen besitzt, um es im Aufwand seinen
Nachbarn gleichthun zu können, während doch „die Ehre des
Hauses" erhalten werden soll, zu den allergemeinsten Mit=
teln, durch die er seine Revenüen vermehren kann, greifen,
und darum weiß man auch, wenn man auf einer Pflan=
zung halbnackte und fast ganz verhungerte Sclaven vor
sich sieht; alsobald, zu welcher Gattung von Menschen der
Inhaber dieser Sclaven gehört. Natürlich! Lieber die Un=
terthanen placken und peinigen, lieber ihnen Nahrung und
Kleidung entziehen, als aufhören den Baronen zu spielen!

Allerdings geht auch auf einer solchen Plantage Alles durch die Vermittlung des Overseers, allein der Gutsherr stellt, wie sich von selbst versteht, nur einen solchen Auf= seher ein, welcher „nach seinem Geschmacke" arbeitet, und tritt sogar nicht selten, wenn der Overseer im Antreiben zur Arbeit, oder in der Handhabung der Peitsche zu lax erscheint, „selbst handelnd" auf. Letzteres übrigens ist fast nie nothwendig, denn der Overseer weiß ja, daß er nur ein Werkzeug in der Hand seines Herrn ist und daß er im Augenblick mit Schimpf und Schande entlassen würde, wenn er sich den Befehlen seines Patrons widersetzen wollte. Also frisch drauf los und die Sclaven geschunden, so lange noch etwas an ihnen herunterzuschinden ist!

Auf diese Art lebt der Baumwollenbaron auf seinen Gütern. Er ist der reinste Feudalherr und übt in jeg= licher Beziehung dieselben Gerechtsamkeiten und Vorrechte aus, welche der reichsunmittelbare Baron im vorigen Jahrhundert noch in Deutschland hatte. Allein nicht blos auf seiner Plantage ist er König und Herr, sondern auch in dem Staate, dem er angehört. Ja sogar die Herr= schaft über die Union, d. h. über die gesammten Vereinig= ten Staaten betrachtete er bis auf die neueste Zeit herab als etwas ihm Angehöriges, oder vielmehr als eine Art „von Monopol", welches ihm schon von Geburtswegen zukomme. Sehen wir nun zuerst, woher es kommt, daß er im Stande ist, in dem Staate, in welchem seine Plan= tage liegt, das Dominium zu führen.

Wir wissen aus dem oben Gesagten, daß in einem Baumwollenstaate kaum der zehnte Theil der freien Weißen der Klasse der Plantagenbesitzer angehört und somit sollte man es für unmöglich halten, daß diese Letzteren über die andern neun Zehntel den Sieg davon tragen könnten. Nordamerika ist ja bekanntlich eine Republik mit der allerbreitesten demokratischen Basis, und somit werden, weil nur allein „das Volk" herrschen soll, alle Behörden, alle Obrigkeiten, ja die höchsten Spitzen der Regierung vom Volke erwählt. So wird es im Osten wie im Westen und im Norden wie im Süden gehalten, denn überall gilt das gleiche Gesetz, und ebendeßwegen gibt's auch in den Baumwollenstaaten naturgemäß weder irgend ein Amt, noch irgend eine Auszeichnung, noch irgend eine Würde, auf welche Jemand von Geburts wegen oder wegen Familienverhältnissen oder aus irgend einem andern persönlichen Grunde Anspruch machen könnte. Im Gegentheil jeder Staatsbürger hat ganz die gleichen Rechte, wie der Andere, und Alles, was da geschieht, wird durch die Stimme der Mehrheit entschieden. Das aber versteht sich so zu sagen von selbst, daß die Nigger keine Stimme haben, denn wie könnte man denn „Sclaven" die gleichen Rechte einräumen, wie den „Herren"? Für sie also stimmen ihre Eigenthümer ab und zwar in der Weise, daß fünf erwachsene männliche Nigger für drei Weiße gelten. Wenn also z. B. Einer fünfzehn erwachsene männliche Sclaven besitzt, so darf er bei den Wahlen (außer seiner eigenen) neun Stimmen abgeben, und der Besitz von hundert solcher Nigger sichert ihm sechszig Stimmen u. s. w. Hieburch natürlich gewinnen die Sclavenhalter im Süden einen großen Einfluß; allein „überwiegend" wird derselbe dadurch doch nicht, sondern im Gegentheil, die Zahl der freien weißen Städtebewohner, die das Recht zu stimmen haben, überwiegt die Zahl der Niggerstimmen „um fast das Dreifache." Demgemäß könnten die weißen Städter, ihrer Ueberzahl wegen, wenn sie zusammenstünden, unbedingt alle Wahlen nach ihrem Belieben entscheiden und nur solche Candidaten in die Regierung berufen, welche ihnen genehm wären, oder mit Einem Worte, sie könnten in den Baumwollen=staaten ganz allein das Directorium führen und es dahin bringen, daß auch gar nichts „gegen ihren Willen" vor=genommen werden dürfte. Aber solches thun sie nicht, sondern sie „tanzen" vielmehr, wie ihnen die Plantagenbe=sitzer „aufspielen", und lassen sich das Dominium jener wenigen Aristokraten in Allem und Jedem gefallen. Der Grund, warum sie dieß thun, liegt übrigens nahe genug und darf nirgend anders als im Wesen des Südens selbst gesucht werden.

In den Staaten nemlich, in welchen die Baumwolle gedeiht, gibt es weder Ackerbau, noch Manufakturen, noch industrielle Geschäfte überhaupt. Der Boden taugt nicht für die Gewächse und Früchte, welche in einem gemäßigten Klima gedeihen, und überdieß brennt die Sonne zu heiß und entnervend, als daß sich die freien Weißen, welche daselbst leben, der Kultivirung des Feldes widmen könn=ten. Eben deßwegen findet man auch unter der ganzen weißen Bevölkerung des Südens (einige ganz wenige Aus=nahmen abgerechnet) Niemanden, der „im Felde" arbeitete. Gesetzt den Fall aber auch, es hielte es der Eine oder der Andere aus, dieselben Dienste zu thun, welche die Nigger auf den Plantagen verrichten, so könnte er sich schon deß=wegen nicht zu einer solchen Arbeit hergeben, weil alle Welt mit tiefer Verachtung auf ihn herabsehen würde. Ja seine ganze Existenz stünde in Frage, denn man würde ihn ohne Zweifel, weil Feldarbeit und Niggerarbeit in den Baumwollenstaaten so zu sagen gleichbedeutende Begriffe

sind, aus dem Verband der freien Weißen geradezu aus=
stoßen. Somit ist der Stand der freien Bauern im Süden
gar nicht vertreten und von all den acht Millionen Weißen,
welche daselbst wohnen, hat außer den Plantagenbesitzern,
denen der ganze Grund und Boden gehört, kein Einziger
ein ländliches Eigenthum. Gerade so wenig aber als der
Ackerbau, vermag die Industrie und das Manufakturwesen
zu einigem Gedeihen zu kommen. Die Nigger sind dabei
nicht zu verwenden, außer höchstens zu den gröbsten Ar=
beiten, ein Anglosachse aber, ja sogar ein Irländer würde
sich schämen, neben einem Schwarzen zu arbeiten. Aus
diesem Grunde ist bis jetzt noch jeder Versuch, größere
industrielle Etablissements im Süden zu gründen, fast immer
mißglückt. Warum sollten sich auch geschickte Mechaniker
oder ähnliche Gesellen verlocken lassen, in das ungesunde
Klima der Baumwollen=Niederungen hinabzuziehen, da sie
ja in den freien nördlichen Staaten bei gleich hohem oder
doch nicht viel geringerem Verdienste weit angenehmer und
gesünder leben? Kurz es ist eine Erfahrungssache, daß die
Industrie nur da fortkommt, wo die Sclaverei nicht zu
Hause ist!

Wenn es nun aber im Süden weder Ackerbau noch
Manufakturen gibt, welche Geschäfte treiben denn dann jene
acht Millionen Weiße, die in den Baumwollenstaaten woh=
nen? Ei nun, sie sind entweder Handwerker, oder Kauf=
leute, oder Gelehrte. Handwerker braucht man allüber=
all in der Welt und die Schreiner, Schmiede, Zimmer=
leute, Maurer, Glaser u. s. w. sind fast so unentbehrlich,
als das tägliche Brod. Selbst der Plantagenbesitzer kann
nicht ohne sie leben und ist daher, weil seine Nigger zu
derlei Geschäften ihrer Talentlosigkeit wegen kaum zu ge=

brauchen sind, recht froh darüber, daß sich in den Städten, selbst in den kleinsten, ein Theil der Bevölkerung solcher Arbeit hingibt, natürlich aber ohne daß deßwegen derlei Handwerker von ihm „als Seinesgleichen" betrach= tet würden. Im Gegentheil, Er, der Pflanzer, ist der „Arbeitgeber" und der Handwerker ist nur der „Tag= löhner, der uns Geld arbeitet". Dieses Bewußtsein durch= dringt übrigens nicht blos den Pflanzer, sondern auch den Handwerker selbst und der Letztere ist daher keineswegs be= leidigt oder beschämt, wenn er sieht, daß ihn der Besitzer eines Herrenhofes als einen Menschen „niederer Gattung" behandelt. Im Gegentheil, er weiß gar nicht anders, als daß er eine untergeordnete Person ist, und beweist dieß dadurch, daß er sich dem Pflanzer gegenüber in allen Dingen nicht blos „fügsam", sondern sogar „unterthänig" zeigt und so gewissermaßen den „Schweif der Aristokratie" bildet. Solche Denkungsweise wird ihm übrigens nicht etwa erst in seinem späteren Alter beigebracht, sondern er hat von seiner ersten Jugend an nie anders denken ge= lernt. Ist er ja doch „im Wissen und in der Bildung" unendlich weit zurück, da man im Süden nicht im Ge= ringsten daran denkt, überall gute Schulen zu errichten, in welchen die Söhne des Handwerkerstandes Unterricht erhalten könnten. Nein gerade umgekehrt, es ist weit besser, oder vielmehr es entspricht dem Interesse der Plan= tagenbesitzer weit mehr, wenn die große Masse der nicht= sclavenhaltenden Weißen in der Unwissenheit erhalten bleibt, denn nur dann darf man sicher sein, daß dieselbe das Gefühl ihrer Abhängigkeit von der hohen Aristokratie nicht verliert. Daher kommt es denn auch, daß z. B. im Staate Nordcarolina, dem Census vom Jahr 1860 gemäß, von der ganzen freien weißen Bevölkerung nur ein einziges Fünftheil, im Staate Florida aber gar nur ein Sechstheil lesen und schreiben konnte. Allein schämten sich vielleicht die vornehmen Herren jener Staaten dieser Entdeckung? Närrische Frage, — als ob man sich dessen zu schämen hätte, wessen man froh ist! Oder schämten sich vielleicht die ungebildeten Weißen dieser ihrer Unwissenheit, durch welche sie sich so zu sagen den Sclaven gleichstellen? Eine noch närrischere Frage! Die freien Weißen sind viel zu stolz, als daß sie sich über so etwas schämen könnten. Wissen sie doch, daß sie „Weiße" sind und dieser ihrer Ab=stammung wegen hoch erhaben über dem Nigger stehen, auch wenn sie denselben im Wissen und in der Bildung nicht übertreffen! Die „Hautfarbe" ist ihr Rang, mit welchem sie sich blähen, und „sie" gilt ihnen daher mehr, als einem Europäer ein Ordenszeichen. Darum stehen sie auch mit Leib und Seele zum Plantagenbesitzer, als dem Hauptvertheidiger des Sclaveninstitutes, einfach weil sie fürchten, der Neger möchte sich, wenn er frei würde, auf dieselbe Stufe mit ihnen stellen und ihnen das einzige Vorrecht, das sie besitzen, das Recht bei den Wahlen ab=zustimmen, streitig machen.

Sie also, die Handwerksleute des Südens, sind ganz und gar in den Händen der Baumwollenbarone; allein fast ebenso abhängig sind auch die Kaufleute, einige größere Handlungshäuser in den bedeutenderen Seestädten etwa ausgenommen. Man darf sich nemlich unter diesen Kauf=leuten nicht sowohl En-gros-Händler als vielmehr Klein=händler vorstellen, also Leute, welche ihren Nebenmenschen das, was man zum Lebensunterhalt bedarf, liefern, und somit handeln die Einen mit sogenannten Specereiwaaren,

als da sind Zucker, Kaffee u. s. w.; die Zweiten mit
Wein, Spirituosen und andern Getränken, die Dritten mit
Kleidungsstücken und Weißzeug, die Vierten mit Möbeln
und Polstererarbeit, die Fünften mit Goldwaaren, Uhren
und dergleichen, die Sechsten mit Porcellain, Glas u. s. w.
u. s. w. An wen nun aber werden alle diese Händler am
meisten verkaufen, d. h. wer wird ihr bester Kunde sein?
Natürlich kein Anderer, als der Plantagenbesitzer, denn
dieser hat nicht blos für sich und seine Familie, sondern
auch für das ganze Heer seiner Sclaven zu sorgen und
ist überdem ein Mann, dem sein Reichthum erlaubt und
seine Stellung gebietet, Aufwand zu machen. Darum wird
auch der Kaufmann im Süden immer ein gewisses Abhän-
gigkeitsgefühl seinem hohen Gönner gegenüber empfinden
und jedenfalls nie so frech sein, demselben offene Opposi-
tion zu machen. Noch abhängiger übrigens ist der sogenannte „Mäckler", d. h. derjenige, welcher dem Plantagenbesitzer seine Baumwolle feil macht, denn seine ganze Existenz
beruht ja darauf, daß der Pflanzer sich seiner als eines
Unterhändlers bedient; am allerabhängigsten aber ist vollends
der „Sclavenhändler" oder derjenige, welcher Niggerfleisch
feil hat, einfach weil der Plantagenherr sein einziger Käufer
ist. Kurz der ganze Kaufmannsstand wird sich schon seines
Vortheils wegen gar wohl hüten, eine andere Meinung zu
haben, als die Herren Eigenthümer der Edelhöfe.

Ganz ebenso verhält es sich auch mit dem Gelehr-
tenstande. Die ihm Angehörigen sind entweder Professoren, oder Pfarrer, oder Schulmeister, oder Musiklehrer,
oder Hofmeister, oder Advokaten, oder Schauspieler; allein
wer anders gibt ihnen Beschäftigung als der Plantagenbesitzer, oder, wenn auch dieß nicht der Fall ist, von wem

hängt wenigstens ihre Anstellung meistentheils ab? Sicher= lich von Niemand anderem, als von dem großen Feudal= baron, dem der ganze Grund und Boden zu eigen gehört und der also das Hauptgeld beisteuert zur Erbauung der Kirchen, sowie auch zur Unterhaltung der Concert= und Musiksäle. Kurz man darf mit vollem Recht sagen, daß von den sämmtlichen sechszehnmal hunderttausend Familien, aus welchen die weiße Bevölkerung des Südens besteht, bei weitem die meisten das Interesse des Pflanzers als ihr eigenes betrachten.

Hiezu kommt noch ein weiterer Umstand, nemlich der, daß unter diesen sechszehnmal hunderttausend Familien wie= der mindestens viermalhunderttausend sind, welche ebenfalls Sclaven halten. Es gibt nemlich keinen größeren Kauf= mann, keinen Schiffsrheder und was dergleichen mehr ist, der nicht nothwendig zu den gröberen Geschäften Nigger zu verwenden gezwungen wäre, da ja alle grobe Arbeit für einen freien Mann verpönt ist. Ja sogar zu vielen „leich= teren" Dienstleistungen muß man Nigger haben, wie z. B. zu Bedienten, zu Hausknechten, zu Portiers, zu Kellnern, zu Aufwärtern u. s. w. u. s. w. einfach weil man sich, da die Weißen sich schämen, solche Dienste zu thun, auf keine andere Weise helfen kann, als dadurch, daß man entweder selbst Sclaven kauft, oder aber daß man einen solchen Burschen von einem Sclavenhalter, der sich damit abgibt, sein Negereigenthum gegen so und so viel des Tags oder der Woche auszuleihen, miethet. Hieraus geht also zur Genüge hervor, daß das Sclaveninstitut nicht blos auf den Plantagen des Südens, sondern auch in den Städten (obwohl hier in geringerem Maaße) eingebürgert ist, und nun fragen wir: läßt es sich denken, daß ein

solcher sclavenhaltender Städter dem Herrn Baumwollen=
baron „gegensätzlich" in den Weg treten wird? Sicherlich
nicht! Im Gegentheil geht sein ganzes Bestreben dahin,
besonders wenn er ein reicher Kaufherr ist, von dem Edel=
hofs=Inhaber als ein Ebenbürtiger behandelt zu werden,
und deßwegen benimmt er sich in allen und jeden Dingen
so überaus höflich und zuvorkommend gegen ihn, daß man
oft fast versucht wäre, diese Höflichkeit für reine Unterthä=
nigkeit anzusehen.

So steht es mit der freien weißen Bevölkerung in
den kleinen und großen Städten der Baumwollenstaaten.
Sie ist „frei" im Gegensatz zu den Niggern, aber „abhän=
gig" im Verhältniß zu dem Baumwollenbaron. Allerdings
gibt es auch Ausnahmen und besonders eingewanderte
Deutsche und Franzosen, sowie auch viele Yankees, welche
sich in den größeren Seestädten niedergelassen haben, denken
über die Sclavereifrage ganz anders, als es den Plan=
tagenbesitzern lieb ist; aber dürfen sie es laut werden
lassen? Du lieber Himmel, die große Masse, welche, wenn
wir uns so ausdrücken dürfen, fast noch „königlicher denkt
als der König selbst", würde wuthentbrannt über sie
herfallen und sie wären nicht blos ihres Eigenthums, son=
dern auch ihres Lebens nicht mehr sicher. So schweigen
sie denn lieber still, obwohl es ihnen tief in's Herz fressen
mag, ihre Grundsätze ganz und gar verleugnen zu müssen.
Unter solchen Umständen aber kann es Niemanden mehr
auffallen, wenn der Plantagenbesitzer nur immer noch hoch=
müthiger auf seine exclusive Stellung wird und alle nicht=
sclavenhaltende Weiße (sobald er sich unter Seinesgleichen
befindet) mit dem verächtlichen Titel der „*Mean-Whites*",
d. h. „des weißen Packs" beehrt ja wenn er sogar die

großen Kaufleute, trotzdem daß diese ebenfalls Sclaven halten und vielleicht reicher sind, als er selbst, dennoch „als tief unter sich stehend" behandelt. Er kann ja doch wahrhaftig Menschen, die sich mit Rechnen, Briefschreiben und Comptoirsitzen abgeben und sich dadurch „zu Arbeitern" herabwürdigen, unter keinen Umständen als „Ebenbürtige" in seine Gesellschaft aufnehmen! Weiß er doch, daß er trotz allem dem bei den Wahlen zu den Staats=ämtern nothwendig den Sieg davon tragen muß! Weiß er doch, daß die große Hauptmasse der weißen Bevölke=rung, „der Pack der Handwerker nemlich", wie Ein Mann zu ihm steht und daß es ihm nur eine herablassende Miene, oder ein freundliches Wort kostet, um alle diese Schuh=macher und Schreiner, oder was sie sonst sein mögen, für sich in Feuer und Flammen zu setzen! Wenn es nemlich schon überaus wohlthuend für den niederen Mann ist, vom Herrn Baron oder Grafen auch nur angeredet zu werden, wie viel größer muß dann das Wonnegefühl sein, wenn ein großer Plantagenbesitzer einmal Einem der Mean-Whites gar vol=lends die Hand drückt und ihn um seine Stimme bei den bevorstehenden Wahlen bittet?

Aus diesem Grund darf man mit Sicherheit darauf rechnen, daß es kein Amt und keine Bestallung in den südlichen Staaten der Union gibt, welches nicht den Plan=tagenbesitzern und ihren Angehörigen zufallen muß, sobald sie es nur wollen. Am „Wollen" aber, darauf mag man rechnen, fehlt es durchaus nicht. Allerdings den größeren Grundbesitzern selbst ist es vielleicht weniger darum zu thun, eine Staatsanstellung zu bekommen, allein es gibt ja auch minderbegüterte, denen ein gutes Einkommen sehr willkommen ist und überdieß müssen die zweit= und dritt=

gebornen Söhne doch sicherlich ebenfalls versorgt werden. Es ist nemlich im ganzen Süden Regel, daß das Familiengut nie getheilt wird, sondern immer ungeschmälert an den Erstgebornen kommt, gerade wie in unserem Vaterlande bei den sogenannten Majoraten. Demgemäß theilen sich die übrigen Kinder immer nur in die mobile Hinterlassenschaft, d. h. in die Capitalien u. s. w., und diese sind, wie man sich wohl denken kann, oft nicht so groß, daß jeder Erbe sich damit eine eigene Plantage kaufen könnte. Er muß also darnach trachten, auf andere Weise Geld zu verdienen und was bleibt ihm da sonst übrig, als nur allein der Staatsdienst? Oder wie? Soll er vielleicht Kaufmann werden? Pfui über die Frage! Er, der ritterliche Sohn eines Edelhofbesitzers, und Krämer! Lieber noch Straßenräuber und Bandenanführer! In Deutschland wie überhaupt in Europa hat man für jüngere Söhne den Ausweg der militärischen Laufbahn; allein in den Vereinigten Staaten ist die reguläre Armee im Frieden so klein, daß das Offizierskorps nur ein ganz schmales Häuflein ausmacht. Also gibt's lediglich kein anderes Mittel, als das in den Civilstaatsdienst zu treten. Hier allein kann man eine Carrière machen und zwar um so leichter, als jeder Pflanzerssohn sich rühmen darf, auf einem „College" seine Ausbildung erhalten und etwas gelernt zu haben. Der junge Mann macht also frisch vorwärts und beginnt damit, daß er sich durch den Einfluß seines Vaters und der Freunde seiner Familie in die Legislatur *) wählen

---

*) Jeder einzelne Staat in der Union besitzt ein Repräsentantenhaus und einen Senat, d. h. eine erste und zweite Kammer und diese beiden zusammen bilden die Legislatur oder den gesetzgebenden Körper.

läßt. Sitzt er aber einmal darin fest, dann ist ihm auch sowohl Ehre als Reichthum gewiß, indem alle höheren Stellen im Staate immer irgend einem der Herren Repräsentanten oder Senatoren zukommen. Nun aber fragen wir, ob wir nicht Recht hatten, als wir den Satz aufstellten, daß in den sämmtlichen Baumwollenstaaten das Regiment vollständig in den Händen der Plantagenbesitzer sei?

Allein nicht bloß in ihrer eigenen Heimath dominiren dieselben, sondern auch in den übrigen Vereinigten Staaten spielen sie oder spielten sie vielmehr bis in die neueste Zeit die Herren. Wie dieß so gekommen ist, werden wir dem Leser in einem besonderen Artikel auseinandersetzen, *) da es zu weitläufig wäre, hier bei der Charakterschilderung des Baumwollenbaronen des Näheren darauf einzugehen. Die Thatsache aber, daß der Süden (d. h. die sclavenhaltenden Staaten) über den Norden (oder die freien Staaten) durch volle siebzig Jahre ein factisches Uebergewicht behauptete, daß ferner aus seiner Mitte fast diese ganze Zeit über der Präsident der Union hervorging und daß folglich das ganze Regiment dieser Union ganz allein in seinen Händen lag, d. h. mit andern Worten, daß alle Ministerstellen, alle Gesandtschafts-Posten, alle höheren Staatsämter u. s. w. u. s. w. fast nur allein mit Männern des Südens besetzt wurden, — diese Thatsache steht fest und konnte natürlich keine andere Folge haben, als daß sie den Plantagenbesitzer und seine Angehörigen mit noch größerem Stolz, als sie ohnehin schon besaßen, erfüllte.

---

*) Dieser Artikel heißt: „Der Streit zwischen dem Süden und Norden, oder die große Frage von dem Bestand der Union."

Ja es kam so weit, daß der Pflanzer die freien Bewohner der nördlichen Staaten mit demselben Auge zu betrachten anfing, wie die „Mean-Whites" in seiner eigenen Heimath, und sich nur selten dazu herbeiließ, mit einem von ihnen als einem Ebenbürtigen zu fraternisiren! „Sie (die Bewohner der nördlichen Staaten nemlich) konnten, wie er meinte, die Vorzüge des Geistes und der Erziehung nicht aufweisen, die er hatte; sie konnten sich nicht rühmen, auch nur einen Einzigen jener vielberühmten Politiker und Staatsmänner erzeugt zu haben, um welche selbst Europa das Kabinet von Washington beneidete, sondern die Calhoun's, die Clay's, die Monroe's, die Polk's, und wie sie alle heißen, gingen sämmtlich aus dem Süden hervor. Sie hatten nicht den Muth, wie er, bei jeder Gelegenheit an ihr ritterliches Schwert zu pochen. und noch weniger wagten sie es, dasselbe aus der Scheide zu reißen; vor allem aber gab es bei ihnen keine alten Familien, welche durch Jahrhunderte ihr angeerbtes Besitzthum behaupteten und sich schon dadurch den Glanz des Erbadels sicherten." Also sprach der Plantagenbesitzer und merkwürdigerweise gaben ihm die Bewohner des Nordens nicht nur in allen diesen Dingen Recht, sondern sie fügten sich auch meistens ohne Widerstand seinem Uebergewichte. Woher kam aber dieß? Nun einfach daher, daß die südlichen Edelherren in der That und Wahrheit fast immer besser gebildet waren, als die Yankees im Norden; ferner daher, daß dieselben alle besseren Stellen in der Union im Besitz hatten und endlich daher, daß man sie fürchtete. Der Südländer war ja, wenn man ihm widersprach, alsobald mit dem Messer und der Pistole parat und rächte jedes nur halbwegs mißfällige Wort gleich auf der Stelle mit einem Stich oder einer

Kugel. Daher gab man ihm auch im ganzen Norden nur
den Titel „des Feueressers" und hütete sich gar wohl, mit
ihm in Konflikt zu kommen. Noch größern Respekt übri=
gens flößten dem Nordländer die alten Familiensitze ein,
deren sich die Plantagenbesitzer rühmen können, denn er
dachte dabei stets an die Familiensitze „der Herren Lords
in England". Derlei Dinge gibt es nämlich in den nicht=
sclavenhaltenden Staaten keine und eben deßwegen auch
keine alten Familien. Dort ist vielmehr jeder Mensch dem
andern, wenigstens in seinen Rechten und Ansprüchen,
gleichgestellt, und obwohl natürlich nicht geleugnet werden
kann, daß auch hier der Gebildetere und Reichere immer
ein gewisses Uebergewicht über seinen Nebenmenschen be=
hauptet, so wird doch das Gleichgewicht schon dadurch
wieder hergestellt, daß weder Reichthum noch Bildung in
einer Familie „stabil" bleiben. Im Gegentheil, Jedem,
auch dem Geringsten, ist die Möglichkeit gegeben, daß er
sich aus seiner untergeordneten Stellung herausarbeite und
in die Reihen der Reichen und Gebildeten eintrete. Es
kommt nur auf seinen Willen, auf seine Befähigung und
auf sein gutes Glück an, ob er emporkommt oder nicht,
und man wird daher stets finden, daß die menschliche Ge=
sellschaft in den fleißigen und gewerbsamen Staaten des
Nordens in einer immerwährenden Fluctuation und Be=
wegung begriffen ist, welche heute diesen, morgen jenen
emporhebt, während sie einen dritten oder vierten, dessen
Eltern vielleicht zu den reichsten und angesehensten des
Landes gehörten, total verschwinden und untergehen läßt. Eine
„Forterbung" des Ansehens und der Macht findet also im
Norden der Union nicht statt, sondern bald ist dieser oben,
bald jener, und es kann Einer zu den höchsten Staats=

stellen gelangen, ob nun sein Vater ein Farmer oder Hand=
werksmann, ein Fabrikant oder Kaufmann, ein Beamter
oder Rentier war. Von einem solchen Wechsel der Glücks=
göttin weiß man natürlich im Süden nichts, denn dort
bleibt, wie schon gesagt, das Familiengut immer durch
Vermächtniß des Vaters in den Händen des Erstgebornen,
so daß also nicht blos der Reichthum nicht zersplittert
wird, sondern auch jeder Gutsbesitzer sich rühmen kann,
„wie schon seine Ahnen und Urahnen hier auf dem Her=
renhofe gehaust hätten." Damit soll freilich nicht behauptet
werden, daß nicht auch hie und da eine Plantage, sei es
durch das Aussterben der Familie, sei's durch die lieder=
liche Wirthschaft ihres Besitzers, sei's auch dadurch, daß
nur eine Erbin da ist, welche ihrem Gemahle das Gut
als Mitgift mitbringt, in andere Hände übergeht; allein
im Allgemeinen ist der Satz richtig, daß die großen Fa=
miliengüter des Südens sich meist durch lange Reihen von
Jahren hindurch in einer und derselben Familie forterben.
Ja sogar wenn neue Plantagen in neu creirten Sclaven=
staaten angelegt werden, so wird derjenige, der sie anlegt,
und wäre es selbst ein frischeingewanderter Europäer, immer
dafür Sorge tragen, daß das Gut nach seinem Tode nicht
zerrissen wird, sondern ungetheilt dem Erstgebornen zu=
kommt.   Sieht man nun, warum die Bewohner des Nor=
dens von jeher immer so großen Respekt vor einem Plan=
tagenbesitzer hatten?   Sie verehrten in ihm den Abkömm=
ling einer alten Familie!

Wir haben nun den südlichen Plantagenbesitzer so
ziemlich in allen seinen Verhältnissen, sowie überhaupt in
seinem ganzen Thun und Treiben geschildert. Ein Zug
seines Charakters jedoch blieb bis jetzt von uns unberührt,

wir meinen die Art und Weise, wie er sich „den Feinden der Sclaverei" gegenüber verhält, oder vielmehr wie er es angreift, das Institut der Sclaverei vor seiner eigenen Vernunft und vor den Angriffen der Sclavereifeinde zu schützen. Nun könnte man vielleicht meinen, daß über diesen Punkt unter den verschiedenen Pflanzern je nach ihrem Bildungsgrade einige Meinungsverschiedenheit herrsche, allein merkwürdigerweise stimmen sie gerade hierin unbedingt mit einander überein. Sie stellen sich nemlich in der Vertheidigung des Sclaverei=Instituts sammt und sonders nicht blos auf den Standpunkt der Nothwendigkeit und Unentbehrlichkeit desselben, sondern vielmehr auf den der Humanität und Christlichkeit. „Wir," rufen sie den Gegnern der Sclaverei zu, „wir Südländer halten allerdings Sclaven, aber unsere Sclaven gehören der schwarzen Race an, welche Gott in seiner Weisheit anders geschaffen hat, als die weiße, und von jeher zur Dienstbarkeit bestimmte. Wir sind also hierin in unserem vollen Rechte. Ueberdem aber sorgen wir für unsere Sclaven und nähren und kleiden sie nicht blos von frühester Jugend an, sondern verpflegen sie auch, wenn sie alt und krank geworden sind, so daß wir wohl sagen dürfen: unsere Neger sind die glücklichsten und zufriedensten Leute in der Welt. Wie steht es dagegen mit euch, ihr Nordländer? Begeht ihr nicht die Niederträchtigkeit, daß ihr eure eigenen weißen Mitbrüder, nemlich die eingewanderten Deutschen und Irländer, welche doch dasselbe Racenblut in den Adern haben, wie ihr selbst, zu Sclaven herabwürdigt? Ja seid ihr nicht gar vollends so gottvergessen, daß ihr dieselben, wenn ihr sie ausgebraucht habt, ohne weiteres wegwerft und sie, wenn sie alt und krank geworden sind, nicht einmal unter=

stützt, sondern vielmehr ohne Mitleid dem Hungertode preisgebt?" So spricht der Südländer und zwar Jeder ohne die geringste Ausnahme, denn es ist gerade als ob hierin Alle nur Ein Herz und Eine Seele wären. Selbst die Yankees und Deutschen, welche doch als die größten Feinde der Sclaverei bekannt sind, benehmen sich in diesem Punkte, wenn sie je dazu kommen, durch Heirath oder Kauf Plantagenbesitzer zu werden, ganz ebenso wie die= jenigen, deren Ururgroßväter schon Sclaven hielten.*) Ja,

---

*) Es ist allerdings selten, daß Deutsche in den Besitz einer südlichen Plantage kommen, es müßte denn sein, daß ihre Groß= väter schon nach Amerika eingewandert wären, denn dann haben sie sich meist schon so amerikanisirt, daß sie sich auch am Sclavenhalten nicht mehr schämen. Uebrigens gibt es doch auch einzelne Beispiele, daß selbst frisch eingewanderte Deutsche sich in Baumwollenbarone zu verwandeln wußten. So lebt gegenwärtig ein gewisser Mem= minger, eines Wirths Sohn aus der Universitätsstadt Tübingen im Schwabenlande, als einer der reichsten Plantagenbesitzer im Staate Südcarolina; allein er kam schon in so jungen Jahren dort= hin, daß man ihm seine deutsche Abstammung später gar nicht mehr anmerkte. Ganz dasselbe war bei dem Baumwollenbaron Garnett der Fall, welcher vor kurzer Zeit als General verstorben ist. Der Vater dieses hohen Herrn hieß eigentlich Michael Knödler und hatte seine Heimath in dem Städtchen Geißlingen, am Fuße der würt= tembergischen Alp. Da es ihm jedoch daselbst schlecht ging, wollte er nach Amerika auswandern, starb aber auf hoher See und ließ sein einzig Kind, einen Jungen von vier Jahren, als gänzlich ver= lassenen Waisen zurück. Die übrigen Auswanderer nahmen sich des armen Knaben an, nährten ihn und brachten ihn dahin, wohin sie selbst gingen, nemlich nach Baltimore. Dort sah ihn ein durch= reisender Virginier und nahm ihn, da er Gefallen an ihm fand und selbst keine Kinder hatte, in seine Heimath mit, worein die Deutschen, die den Buben bisher versorgt hatten, herzlich gern wil= ligten. Unterwegs richtete natürlich der Pflanzer verschiedene Fra=

ben Renegaten gleich, welche immer fanatischer sind, als
ihre Bekehrer, zeigen sie sich oft sogar noch heißblütiger,
als die eingebornen Feuerfresser selbst, und wollen, statt
ihre Sache mit Worten oder Vernunftgründen zu verthei=
digen, lieber gleich mit Feuer und Schwert breinschlagen.
Uebrigens auch der Kaltblütigste unter den Baumwollen=
baronen versteht keinen Spaß, wenn sich's um die Scla=
venfrage handelt, und ist bereit, Leib und Leben für den
Bestand des Niggerstatuts zu opfern. Wehe also nicht blos
dem nordischen Freiheitsprediger, welcher nach dem Süden
herabkömmt, um den Sclaven daselbst die Freiheit zu pre=
digen oder gar dem Einen oder dem Andern derselben zum
„Durchbrennen" zu verhelfen; nein wehe auch dem Pro=
fessor an irgend einer süblichen Lehranstalt, welcher die
Inferiorität der afrikanischen Race leugnen würde; wehe
dem Buchhändler, der eine auch nur halbwegs nach „Abo=
litionismus" riechende Schrift verbreitete; wehe dem Pre=
diger, der nicht die Sclaverei mit Gründen der heiligen
Schrift rechtfertigte, und sich auf Abraham, Isak und
Jacob beriefe; wehe sogar dem Theaterdirektor, der ein
Stück aufführte, welches mit den Ansichten der Plantagen=
besitzer über das Niggerinstitut in Disharmonie stünde!

---

gen an seinen jungen Schützling, allein dieser erwiederte auf alles
in gut schwäbischem Dialekt: „I versteh gar nett", einfach weil er
den Virginier lediglich nicht verstand, der letztere jedoch schloß aus
dem immer sich wiederholenden „gar nett", daß der Knabe Garnett
heiße und rief ihm von nun an bei diesem Namen. Später als er
den Jungen bereits adoptirt hatte, kam allerdings die wahre Sach=
lage heraus, allein er ließ es deßwegen doch bei dem einmal ge=
wohnten Namen bewenden und auch der Adoptivsohn fand es, als
er unabhängig geworden war, nicht für nöthig, den ganz und gar
nicht amerikanisch klingenden Namen Knödler wieder anzunehmen.

Oder wie? Kam es nicht vor nicht langer Zeit in der guten Stadt Savanna, im Staate Georgien vor, daß ein Schauspieler, der sich gegen diese Vorschrift verfehlte, ohne weiteres erschossen wurde? Der Schauspieler hieß Paul Dixon und wählte zu seinem Benefiz das Shakspeare'sche Schauspiel „der Mohr von Venedig". Die Behörden wollten ihm Anfangs keine Erlaubniß dazu geben, allein da er ein Mann von bedeutendem Rufe war, dem man schon einige Rücksicht zu zollen hatte, und da er überdieß nachwies, daß der Shakspeare'sche „Mohr" eigentlich kein „Nigger", sondern vielmehr ein „Maure" gewesen sei, so gestattete man ihm endlich die Aufführung des Stücks. Das Theater war mit Zuschauern überfüllt, denn man hatte dieses Schauspiel noch nie in Savanna gesehen; dennoch ging alles im Anfang ohne Ruhestörung vorüber. Allein wie es endlich zu der Scene kam, wo der Mohr die Desdemona ermordet, wurde Einer der anwesenden Pflanzersöhne so furchtbar aufgeregt, daß er seinen Revolver zog und mit dem Rufe „ein Schuft nur könne es mitansehen, wie ein Nigger eine Weiße ersteche", den Schauspieler mitten durch die Brust schoß. Freilich wurde der Mörder nachher vor die Geschwornen gestellt, aber von einer Verurtheilung war keine Rede; denn der junge Pflanzerssohn hatte ja, wie man annahm, nur aus gerechter Entrüstung die That begangen! Nun aber, o Leser, kannst du aus diesem einzigen Beispiel nicht schon hinlänglich darauf schließen, wie der Baumwollenbaron einen „wirklichen" Abolitionisten, d. h. Einen, der mit Wort und That auf die Niggeremancipation hinarbeitet, behandeln würde? *)

---

*) Wir ersuchen übrigens unsere Leser, zur Vervollständigung dieses Kapitels den Artikel „Richter Lynch" zu vergleichen.

Sicherlich würden die „Vernunftgründe", mit denen er dem Abolitionisten entgegenträte, so überaus „überzeugender" Natur sein, daß dem Letzteren alles Freiheitsprebigen „für immer und ewig" verginge!

Man sieht also, daß das Sclaventhum mit dem südlichen Plantagenbesitzer durch und durch verwachsen ist! In ihm lebt er und in ihm stirbt er; es ist das Idol, das er verehrt, und er schließt es in sein Morgen= wie in sein Abendgebet ein; es ist aber auch seine Achillesferse, an der er einmal die tobbringende Wunde erhalten wird.

4.

Ein Preisfaustkampf in Amerika.

Die Spanier haben ihre Stiergefechte, die Franzosen ihre Duelle und die Engländer ihre Boxparthieen. Letztere Sitte ist nun auch auf die Amerikaner übergegangen, hat aber im Verlaufe der Zeit so viele Nüancirungen und Veränderungen erlitten, daß sie in Charakter und Ausführung nicht mehr „als rein englisch" gelten kann. Der Grund hiefür dürfte nicht schwer aufzufinden sein. Einmal nemlich sind Natur und Klima in Amerika doch anders, als in Alt-England, und zum andern mußte die Vermischung der verschiedenen Menschenracen, welche sich in den Vereinigten Staaten niederließen, nothwendig einen bedeutenden Einfluß auf Sitten und Gebräuche ausüben. Der Hauptstamm der Amerikaner rührt allerdings von England her und ist im Neuengländer repräsentirt; dagegen aber sind auch die Abkömmlinge der Deutschen, der Franzosen, der Irländer, der Schotten, der Spanier u. s. w sehr stark vertreten und es ist theils durch das Zusammenleben dieser verschiedenen Nationalitäten, theils durch ihre gegenseitige Kreuzung eine neue Menschenrace erstanden, oder doch zu erstehen im Begriffe, welche man die specifisch „amerikanische" nennen dürfte. Wenn also auch das „Engländerthum" in der Union vorherrschend ist, so hat es doch einen ganz andern Anstrich bekommen oder vielmehr es ist „amerikanisirt" worden! Den englischen „Ur=sprung" können die meisten Sitten und Bräuche Nord=amerikas nicht verläugnen, aber in ihrem „jetzigen" Wesen, in ihrer „jetzigen" Gestaltung sind sie „ameri=kanisch."

Das Letztere, d. h. die Amerikanisirung aller von England stammenden Gewohnheiten ist also ein Factum, das sich nicht in Abrede stellen läßt; allein eine andere Frage ist, ob jene dadurch gewonnen haben oder nicht. Frägt man die Nordamerikaner selbst, so antworten sie einstimmig mit einem unbedingten Ja; ein unparteiischer Fremder jedoch dürfte möglicher Weise ganz anders ur=theilen. Amerika ist ein junges Land und sein Boden noch zu mehr als fünf Sechstheilen uncultivirt. Ja sogar wo er cultivirt ist, ist er nie „ganz" cultivirt, sondern es liegen zwischen den Gärten, Aeckern und Wiesen, welche zum Ertrag hergerichtet sind, immer wieder größere oder kleinere Strecken Landes, die noch keinen Pflug und noch keinen Spaten gesehen haben. Hier sieht man z. B. ein Waizenfeld, dessen üppige Schönheit auffällt, aber gleich daneben liegt ein Sumpfacker, auf dem nichts als Binsen gedeihen. Gleich darauf kommt man auf ein mächtiges Welschkornland, oder auf eine in bester Ordnung befindliche Baumwiese, und man ist abermals über den Fleiß des Farmers entzückt; doch das Entzücken schwindet augenblick=lich wieder, wenn man die lange, öde, mit Steinen besäte Fläche betrachtet, welche sich hinter der Baumwiese aus=dehnt. Es würde vielleicht den Inhaber des Grundstücks nur wenige Mühe kosten, die Steine wegzuräumen, oder den

Boden durch Gräbenziehen zu entsumpfen; allein daran
denkt er nicht im Geringsten, sondern er bepflügt blos das
Land, welches sich am besten qualificirt. Der Grund und
Boden ist ja wohlfeil und am Ende würde das Gräben=
ziehen oder Steinehinwegräumen mehr Geld kosten, als
ein anstoßendes und leicht cultivirbares Stück Feld! Daher
kommt es denn, daß es in Nordamerika nicht blos ganze
Gebiete und Territorien giebt, in welche die Cultur bis
jetzt noch gar nicht oder nur ganz spärlich eindrang, sondern
daß auch in den sogenannten cultivirten Staaten ein großer
Theil des Grund und Bodens sich noch im Zustande der
Uncultur befindet. Die Wildniß steckt so zu sagen mitten
in der Cultur drin und giebt dem Lande einen ganz
„ureigenthümlichen" Charakter! Wie aber mit dem Lande,
so verhält es sich auch mit den Menschen, die darin
wohnen. Beide entsprechen einander, wie in der übrigen
Welt, so auch in Amerika. Die Cultur ist allerdings da,
aber eben so sehr auch die Wildniß, und es hängt daher
an dem ganzen Amerikanerthum immer noch ein Stück
Uncultur, leider jedoch oft ein so großes, daß man die
Cultur selbst kaum herausmerkt. Es „wildelet" (um
uns eines schwäbischen Provincialismus zu bedienen) all=
überall in den Staaten der Union, und gleichwie das Fleisch
des zahmen amerikanischen Geflügels z. B. der Gänse und
Enten nie den civilisirten europäischen Geschmack, sondern
vielmehr immer einen gewißen Wildgout d. h. den Geschmack
wilder Gänse u. s. w. hat, so ist es auch bei den Ameri=
kanern selbst, — sie schmecken etwas nach Wild!
Wird man nun aber, wenn es sich so verhält, glauben
können, daß die englischen Sitten und Gebräuche nach

ihrer Amerikanisirung „an Feinheit und Politur zuge=
nommen haben?"

Wir kommen nun auf die Sitte des Faustkampfes
oder des Boxens im Speziellen zu sprechen und erlauben
uns, den Leser darauf aufmerksam zu machen, daß jene
Sitte in England so zu sagen „national" ist. In ver=
schiedenen Ländern, z. B. in Deutschland, gehen die Leute,
wenn sie Händel unter sich haben, mit Prügeln auf ein=
ander los oder behelfen sie sich auch mit Ohrfeigen und
Fußtritten, wenn sie nicht gar den kleinen Buben gleich,
welche jede Beleidigung ihrer Mutter klagen, auf die Polizei
eilen und sich dort ihr Recht verschaffen wollen. Wieder
anderswo, wie z. B. in Italien, greift man zum Stilet
und sticht seinen Gegner über den Haufen, während noch
einmal anderswo, z. B. in Frankreich, die Herausforderung
zum Duell mit dem Rappier oder der Pistole fast bei
allen Classen der Männerwelt Mode ist. In England
dagegen ist das Duell mit Schieß= oder Stoßwaffen aufs
strengste verboten und das Gesetz sagt, daß jeder als
Mörder gestraft werden soll, welcher einen andern im
Zweikampfe niederstößt oder niederschießt. Noch verpönter
ist der Gebrauch des Dolches, als der Waffe eines elenden
Feiglings, und man wird gar nie hören, daß ein Britte
einen andern meuchlings erstochen habe. Am allerverächt=
lichsten aber erscheint es dem Sohne Albions, wenn
einer seinen Gegner bei der Polizei verklagt oder wenn
er so gemein ist, denselben mit einem Stuhlfuße zu trac=
tiren. Nein es giebt nur eine einzige würdige Manier,
eine Ehrensache abzumachen, und diese ist das Boxen oder
der Kampf mit den Fäusten. Nur allein hierin liegt,
nach der Ansicht des Engländers „wahre Mannhaftigkeit"

und ebendeßwegen heißt man auch in seinem Vaterlande das Boxen nie anders als „die noble Kunst der Selbstvertheidigung". Man glaube aber ja nicht, daß diese Art sich zu bekämpfen eine Aehnlichkeit habe mit einer deutschen Prügelei, obgleich man bei beiden Kampf= weisen sich der Fäuste bedient. Das Boxen und das Sichprügeln stehen vielmehr in demselben Verhältniß zu einander, wie die Modulationen einer Coloratursängerin zu dem Schreien einer Schulbuben=Rotte. Beim Prügeln schlägt man eben blindlings zu, beim Boxen dagegen geht alles „nach bestimmten Normen" und es sind Vorschriften da, wie man seine Fäuste zu gebrauchen hat. Man macht „seine Gänge," gerade wie mit dem Rappier auch, und nicht die Stärke und Körperkraft allein verhilft zum Siege, sondern ebensogut die Gewandtheit, die Schnelligkeit und das vortreffliche Auge. Man könnte daher das Boxen mit Recht „ein Duell auf Fäuste" nennen und es gehört vielleicht mehr Uebung, mehr Stahlkraft und mehr Aus= dauer dazu, als bei der Handhabung der Pistole oder des Degens erforderlich ist. Darum giebt es auch förmliche „Boxer= schulen" d. h. es befassen sich einzelne Meister in der Kunst des Faustkampfes damit, der Jugend Unterricht zu ertheilen, und man wird nicht leicht einen Engländer, selbst nicht unter den vornehmsten Classen finden, der nicht „Box= studien" gemacht hätte. Man muß es ja lernen, wenn man sich nicht den größten Unannehmlichkeiten aussetzen will, denn der nächste Beste, den man im Gedränge frei= willig oder unfreiwillig unsanft berührte oder der sich auf sonstige Weise persönlich beleidigt glaubt, macht keine lange Umstände, sondern fordert seinen Gegner, sei nun dieser ein Lord oder ein Arbeiter, zum Kampfe, zieht sofort seinen

Rock aus und stellt sich in Boxerpositur. Was will man nun unter solchen Umständen machen? Feige durchbrennen oder einen Constabler um Hülfe anrufen? Pfui der Schande! Da giebt's kein Mittel, als ebenfalls den Rock auszuziehen und seinen Standpunkt einzunehmen. So wird die Geschichte immer schnell ohne viel Präliminarien auf dem Platze selbst abgemacht und das Publikum, welches aus natürlicher Freude an dem Kampfe alsobald einen Kreis um die beiden Streiter bildet, duldet nicht, daß irgend eine Unterbrechung von Polizei wegen stattfinde. Glücklich aber derjenige, welcher die edle Kunst der Selbstvertheidigung so los hat, daß er seinen Angreifer gleich in dem ersten Gange niederschmettert, denn er erndtet dann nicht bloß den Beifall der Umstehenden, sondern er darf auch sicher sein, daß sein Name den andern Tag von Ruhmesglorie umstrahlt in allen Zeitungen prangt!

Dieß ist die gewöhnliche Art der Boxerei in England und es vergeht sicherlich nur allein in der Stadt London kein Tag, an welchem nicht ein paar Duzend Boxerduelle auf öffentlicher Straße abgemacht würden. Hie und da jedoch findet auch eine Boxerei „anderer Art" statt, nemlich „eine Preißboxerei oder ein Preißfaustkampf." Es leben vielleicht in der nächsten Nachbarschaft zwei Kämpen, die eine besondere Fertigkeit in der Handhabung ihrer Fäuste erhalten haben und von denen sich deßhalb jeder einbildet, er sei dem andern an Kraft und Gewandtheit überlegen. Die müssen sich doch mit einander messen, denn sonst käme es ja nicht zu Tage, welcher von beiden der Stärkere und Gewandtere sei! Unentschieden darf die Sache nicht bleiben; — dieß ließe schon der Ergeiz nicht zu! Somit fordern die Beiden einander und bestimmen die Zeit, wann's zwischen ihnen losgehen soll, während zugleich jeder von ihnen eine bestimmte Summe (meist 5—10 Pfund Sterling) aussetzt, welche derjenige, der den andern endgültig besiegt, in die Tasche schieben darf. Von selbst versteht es sich übrigens, daß ein solches Ereigniß, wie ein Duell zwischen zwei berühmten Faustkämpfern immer ist, unmöglich ganz incognito vor sich gehen kann, sondern es hat vielmehr jeder Duellant seine Freunde, denen er sich mittheilt, und die Freunde haben wieder Freunde. Daher kommt es denn auch, daß sich zu einer derartigen Boxerei immer ein ziemlich großes Publikum einfindet und zwar ein aus allen Klassen der Gesellschaft gemischtes, denn es giebt keinen Engländer, der sich nicht für einen solchen Kampf aufs höchste interessirte. Ueberdieß hat man ja dabei Gelegenheit, seiner Hauptliebhaberei, nemlich der Wettsucht, zu fröhnen! Der Kampf selbst aber nimmt immer seinen regelmäßigen Verlauf, denn entweder wird festgesetzt, daß er nicht vorher zu endigen habe, als bis Einer der beiden Streiter „kampfunfähig" geworden ist, oder aber begnügt man sich mit einer bestimmten Anzahl „Gänge", nach deren Beendigung der als Sieger betrachtet wird, welcher seinem Gegner die meisten Stöße beigebracht hat. Im ersteren Fall artet das Spiel nicht selten in eine förmliche „Gliederzermalmung" aus und man darf daher dem Himmel Dank sagen, daß derlei Kämpfe nur „äußerst selten und ausnahmsweise" vorkommen; im letzteren Falle geht's zwar auch nicht ohne Beulen und Blutabzapfungen ab, aber es ist doch kein Kampf „auf Tod und Leben", sondern nur ein Wettstreit zwischen „Rivalen"! Sie haben nicht die Absicht, sich gegenseitig wie wilde Thiere zu zerreißen, sondern sie wollen blos zeigen, wem die Palme des Sieges gebührt!

Auch ist der Frieden nach beendigtem Streite alsbald wieder vollständig hergestellt und die Beiden, welche noch vor wenigen Minuten mit ihren Fäusten auf einander los= hämmerten, wie ein Schmied auf seinen Amboß, schütteln sich nun gegenseitig die Hände und gehen zusammen, begleitet von allen ihren Freunden, in die nächste Taverne, um den Friedensschluß durch einige tüchtige Schlücke zu bewähren.

So wird's mit dem Boxen in England gehalten, wie ganz anders aber in Amerika! Hier in den Unionsstaaten denkt man nicht daran, „eine Ehrensache" durch einen regelmäßigen Faustkampf ins Reine zu bringen, sondern man bedient sich hiezu ganz anderer Waffen. Im ritter= lichen Süden greift man in solchen Fällen zum Bowie= messer, zum Revolver oder zur Rifle, und auch im Norden wissen es die Gebildeten nicht anders, als daß man eine Beleidigung, wenn sie gar zu tief sitzt, durch ein Duell auf Pistolen oder Büchsen abmachen muß. Nicht selten jedoch ziehen es die dortigen Gentlemen vor, sich statt der gefährlichen Schießwaffen der Karbatsche zu bedienen, oder wenn der Beleidiger ein Mann von Vermögen ist, denselben bei den Gerichten um Schaden=Ersatz zu belangen, denn der Dollar ist ja für den Yankee das vortrefflichste Pflaster zur Heilung empfangener Ehrenwunden! Vom Boxen also, d. h. von der mannhaften Weise der Engländer, jede Be= leidigung gleich auf der Stelle durch einige regelrechte Boxerpüffe abzumachen, wollen die Gentlemen Amerikas lediglich nichts wissen und demgemäß finden sie es auch für durchaus überflüssig, in ihrer Jugend die Boxerkunst zu erlernen. Ebensowenig aber verlegen sich die ungebil= deteren Classen auf jenes Studium, sondern der „Rowdy" unter den Amerikanern weiß vielmehr, wenn er mit einem

8

andern in persönlichen Conflict kommt, nichts Besseres zu
thun, als demselben entweder die Augen auszudrehen, oder
die Nase abzubeißen, oder die Zunge auszureißen, oder
die Ohren abzuschneiden, oder auf irgend eine andere ähnliche
barbarische Weise vorzugehen. Hieraus ersieht man nun
aufs klarste, daß in Beziehung auf die „edle Kunst der
Selbstvertheidigung“ ein vollkommener Gegensatz zwischen
dem Amerikanerthum und dem Engländerthum vorherrscht.
Deßwegen ist aber doch die Sitte des Boxens in Nord=
amerika nicht abgekommen, sondern sie florirt vielmehr aufs
höchste, aber immer nur als Preisfaustkampf, und
es vergeht fast keine Woche oder wenigstens kein Monat,
in welchem nicht die Zeitungen von einem solchen Kampfe
berichten. Auch in England kommen, wie wir so eben ge=
sehen, derartige Boxereien vor, allein sie sind dort „seltene
Ausnahmen;“ in Amerika sind sie „Regel!“ Würde
es sich hier Einer beifallen lassen, „um seiner beleidigten
Ehre willen“ einen Zweiten zu einer Boxerparthie heraus=
zufordern, so würde man eine solche Thorheit gar nicht
begreifen können; das aber begreift man, daß man seinen
Leib „für eine Summe Gelds“ riskiren kann! Somit
handelt es sich bei den amerikanischen Faustkämpfen immer
nur allein um die Einziehung der sogenannten „Stakes“
oder der Wetteinsätze, welche die beiden Kämpfer gegen
einander machen, und die Boxenden sind daher auch ohne
Ausnahme „Boxer von Profession,“ oder Männer, die
sich das Boxen „zum Geschäft“ gemacht haben, die es
„handwerksmäßig“ treiben und ihren Lebensunterhalt davon
ziehen. Eine Boxerei in Amerika ist also nie ein Kampf
zwischen zwei „Rivalen“, welche blos ihre Kraft an ein=
ander probiren wollen, sondern es ist stets ein Kampf

„zwischen zwei Spielern", welche die Absicht haben, einander gegenseitig ihr Geld abzunehmen. Ja nicht bloß dieß, sondern die Kämpfenden wollen auch noch „nebenher" Geld dabei verdienen, denn das wäre doch wahrhaftig ein schlechtes „Metier", das nicht auch seine Nebeneinkünfte abwürfe, und überdem — gratis oder umsonst werden sie doch das Schauspiel einer Boxerei nicht aufführen!

Woher fließt nun aber das besagte Nebeneinkommen der Boxer? Nun einfach „von ihren hohen Gönnern", d. h. von den sogenannten „Sportsmen" Amerikas oder den ver=schwenderischen Söhnen reicher und vornehmer Eltern, welche sich der edlen Kunst des Nichtsthuns widmen und die Sitten der jungen englischen Lords nachzuahmen suchen. Sie sind es, welche sich als die großen Beschützer des Preisfaustkämpfers aufthun und zusammen so viel Geld einlegen, daß derselbe sich zu seinem Handwerk heranbilden und nachher seinem Stand gemäß leben kann! Davon nehmlich ist natürlich keine Rede, daß ein „Gladiator" irgend ein ehrliches Handwerk triebe oder auf sonstige „gewöhnliche" Weise, d. h. durch Arbeit seinen Lebensunterhalt zu verdienen suchte. Eine solche Schmach läßt er nicht auf sich kommen, sondern im Gegen=theil er betrachtet sich als einen Gentleman, ja als eine angesehene Person und lebt nie anders als auf großem Fuße. Seine Heimath ist stets das erste Hotel der Stadt, welche die Ehre hat, ihn zu beherbergen, und er geht nie aus, ohne daß er von einer Schaar bewundernder Jüng=linge, welche es sich zum Vergnügen machen, ihre Börse mit ihm zu theilen, umgeben wäre. Kurz er gilt als eine Art „Champion" oder Heldenkämpfer, den man, da thierischer Muth und körperliche Kraft eine gewisse Sorte von Menschen stets mit hohem Respekt erfüllen, ebensogut venerirt,

als in Spanien einen hervorragenden Stiergefechts=Kämpen.
Allein es kostete ihn auch viele Mühe und Anstrengung,
so wie besonders viele Püffe und Schläge, bis er es so weit
brachte, um als Preisfaustkämpfer auftreten zu können.
Gewöhnlich wird er nehmlich im niederen Stande geboren
und erhält von seinen Eltern lediglich keine Erziehung;
dagegen aber zeigt er schon in frühester Jugend ein paar
vortreffliche Fäuste, welche ihn in den Stand setzen, alle
seine Schulkameraden mit Leichtigkeit niederzuschlagen.
Hieburch erhält er bald einen gewissen Ruf und es steht
nicht lange an, bis ein alter Veterane der Boxkunst sich
seiner annimmt und ihm den ersten Unterricht im Gebrauche
der Fäuste ertheilt. Schlägt er ein, so macht der Veterane
einigen reichen „Kunstliebhabern“ seiner Bekanntschaft davon
Mittheilung, daß er ein „angehendes Boxergenie“ entdeckt
habe, und diese beeilen sich sofort ihre milde Hand zu öffnen,
um das Genie nicht verkümmern zu lassen. So geht dann
die Erziehung immer weiter und weiter, und der Junge
hat den ganzen Tag nichts zu thun, als muskelkräftige
Uebungen zu machen. Endlich jedoch kommt die Zeit, wo
man ihn auf den eigentlichen Fechtboden stellt, und nun
muß er sich in halbnacktem Zustande, aber mit furchtbar
dicken, aus Pferdehaar geflochtenen Fausthandschuhen ange=
than, seinem Lehrer gegenüberstellen, damit er lerne, wie
man „trifft“ und „gegentrifft“, wie man „einschlägt“ und
„stopft,“ oder wie die Kunstausdrücke sonst heißen mögen.
Anfangs schont ihn vielleicht der alte Veterane, aber wenn
der Bursche erst einmal in die Kunst eingeweiht ist und
deine Kräfte sich mehr und mehr gestärkt haben, so hört
alle und jede Rücksicht auf und es vergeht kein Tag, an
dem nicht sein Körper tüchtig durchgehämmert und ihm

die eine oder die andere Beule geschlagen würde. Nach einigen Jahren ist der Zögling soweit, daß man ihn eine kleine „Probe" mit einem andern jungen Faustkämpfer machen lassen kann, und nun ladet der bisherige Lehrer die hohen Gönner, deren Freigebigkeit seinen Lehrling bisher unter= stützte, in seine „Krippe", d. h. in seine Wohnung ein, damit sie sich mit eigenen Augen überzeugen, wie ihr Geld keineswegs zum Fenster hinausgeworfen war. Der erste Zweikampf geht also los, und endigt nie vorher, als bis sich die beiden jungen Kämpen blaue Nasen und Augen geschlagen haben; von dieser Zeit an aber hört die Lehr= lingsschaft des Boxergenies auf, und der junge Mann wird nun förmlich in die „Bruderschaft" oder „Innung" aufge= nommen. Demgemäß trägt er von nun an sein Haar kurz ab= geschnitten, so daß die Ohren weit hervorstehen, und spricht keine andere Sprache mehr, als die der Boxer von Profession. So heißt er z. B. den Kopf eine „Nuß" und die Nase einen „Schnüffler" oder „Nießer" (manchmal auch „Schnar= cher"), die Augen aber werden regelmäßig zu „Guckern" und die Hände zu „Dabbels" oder „Pfoten." Der Bauch ist der „Brodkorb", das Gesicht heißt „Mug" oder „Brei= napf", die Beine sind „Unterständer" und das Blut ver= wandelt sich in „Rothwein" oder „Claret", den man „abzapft". Kurz er drückt sich auf eine Weise aus, welche nur die Eingeweihten verstehen, gerade wie dieß auch bei den Jägern, bei den Gaunern u. s. w. der Fall ist; er selbst für seine Person aber bekommt natürlich ebenfalls einen eigenen Namen, einen „Spitznamen" nehmlich, mit dem ihn seine Cameraden anreden und unter welchem man ihn unter den Kunstgenossen allgemein kennt.

Ist nun der Boxer auf diese Art ins Leben eingeführt,

so kann es ihm, wie sich von selbst versteht, um nichts anderes zu thun sein, als daß er den Ruhm seines Namens sobald als möglich fest begründe. In Folge dessen legt er sich auf Kundschaft, wie es um die Kraft und Gewandheit dieses oder jenes Collegen stehe, und fordert denselben, sobald er merkt, daß er mit ihm fertig werden kann, zum Zweikampfe heraus. Auch unterläßt er es nicht, dieser seiner Aussforderung durch seine Freunde, sowie durch eine verblümte, nur den Kunstkennern verständliche Annonce in der Boxerzeitung (denn natürlich hat die amerikanische Boxer-Innung ihr eigenes Organ) so viel Publicität als möglich zu geben, und nun natürlich spricht alle Welt, wenn es ihm gelingt den Sieg zu erringen, verschiedene Wochen lang nur allein von ihm. Sein Name hat also jetzt eine Geltung und er wird durch die Bewunderung, die man ihm zollt, ein Mann von Gewicht; mit jedem neuen Siege aber wächst die Schaar seiner Anhänger, so daß er in kurzer Zeit zu einer Art von „politischer Größe" heranwächst. Es versteht sich nämlich von selbst, daß er, wie jeder andere Amerikaner auch, irgend einer der großen Partheien, in welche die Union getheilt ist, angehört, d. h. daß er es entweder mit den Nativisten oder den Demokraten oder den Republikanern u. s. w. u. s. w. hält, und man reißt sich förmlich darum, ihn auf diese oder jene Seite zu gewinnen. Hat er aber einmal Parthei ergriffen, so läßt er sich nie mehr dazu herbei, ein Mitglied seiner „eigenen" Genossenschaft herauszufordern, sondern sein Bestreben geht vielmehr dahin, einen berühmten Kämpen „unter seinen politischen Gegnern" unter seine Fäuste zu bekommen, und darin liegt der Grund, warum bei allen amerikanischen Preisfaustkämpfen der politische Partheigeist stets eine so große Rolle

spielt. Betrachten es ja doch z. B. die Know=Nothings als einen
Sieg „des Nativismus", wenn ein zu ihrer Parthie gehöriger
Faustkämpfer einen Irländer, der natürlich immer zu den
Demokraten hält, zu Falle bringt! Jubelt doch ganz Nord=
amerika wie über eine gewonnene Feldschlacht, wenn ein
„im Lande Geborener" einen Engländer im Wettkampf zu=
sammendrischt, einfach weil der Engländer von allen Nord=
amerikanern als der Nationalfeind der Vereinigten Staaten
betrachtet wird!

Sehen wir nun, wie es bei den Preisfaustkämpfen
„im Speciellen" zugeht. Schon die Einleitung dazu ist
interessant genug, denn eine Preisboxerei geht nie aus
leidenschaftlicher Aufwallung hervor, sondern wird vielmehr
regelmäßig lange zuvor abgekartet und überlegt. Nehmen
wir an, es leben in einer und derselben Stadt zwei
Faustkämpfer, die verschiedenen, sei's politischen sei's na=
tionalen Partheien angehören, z. B. der Abkömmling eines
Irländers und der Abkömmling eines Neuengländers, so
versteht es sich ganz von selbst, daß diese Beiden irgend
einmal ihre Kräfte mit einander messen müssen. Ja sogar
dann, wenn sie selbst gar keine Lust dazu verspüren würden,
müßten sie dieß, denn ihre Gönner und Freunde drängen sie
dazu und die Sache wird so lange in den politischen Clubs
besprochen, bis sie endlich spruchreif ist. Ist sie es aber,
so legen die Anhänger eines jeden der beiden Pugilisten
oder Boxer sofort eine gewisse Summe (dieselbe variirt
gewöhnlich von zwei= bis fünftausend Dollars) zusammen,
welche sie alsbald ihrem Champion zur Verfügung stellen,
und dieser weiß nun, was er zu thun hat. Er macht sich
also mit einem Dutzend oder mehr seiner unmittelbaren
Trabanten eines schönen Abends auf, bringt in die Kneipe

ein, in welche der Champion der entgegengesetzten Parthie zu gehen gewohnt ist, und regalirt den Letzteren ohne Weiteres mit ein paar Schlägen. Dieser zieht sofort seinen Revolver, um den Gegner niederzuschießen, allein die beiderseitigen Trabanten werfen sich dazwischen und verhindern jeden weiteren Zusammenstoß. „Bei so berühmten Männern, als die beiden Gladiatoren sind, darf ein Raufhandel nicht auf die gewöhnliche Weise abgemacht werden, sondern es muß vielmehr ein öffentlicher Zweikampf, d. i. ein Preisaustkampf daraus entstehen!“ Hiemit sind alle Anwesenden einverstanden, auch die beiden Champione, und der erste derselben, der Beleidiger, zieht demnach zwei oder drei Tausenddollarnoten (d. i. die Summe, welche seine Gönner zuvor zusammengeschossen haben) aus der Tasche, indem er zugleich seinen Gegner auffordert, dieselbe Summe gegen ihn zu riskiren. Kaum ist dieß geschehen, so wird von den Trabanten der beiden Kämpfer ein Unparteiischer ernannt, welcher die beiderseitigen Wettgelder bis zum Tage der Entscheidung aufzubewahren hat, und drauf einigt man sich über die Zeit, wann die Preisboxerei stattfinden soll, den Ort aber, wo das Duell vor sich zu gehen hat, läßt man mit Absicht vorderhand ganz aus dem Spiele. Schließlich wenn dieß alles zur beiderseitigen Zufriedenheit abgemacht ist, trennt man sich auf die höflichste Weise und beide Parthien gehen sofort daran, die nöthigen Vorbereitungen zu der großen Affaire zu treffen.

Man darf nemlich nicht glauben, daß auf die Aufforderung auch sogleich der Kampf folgen werde, sondern zwischen beiden Zeiträumen müssen zum mindesten vier oder sechs Wochen liegen. Das hochwichtige Ereigniß muß doch vorher in den Zeitungen gehörig besprochen werden,

damit das ganze Publikum Antheil daran nehme! Man
muß doch zuvor die beiden Champions in Holzschnitt ab=
conterfeien oder ihre photographischen Portraits verviel=
fältigen, damit sich Jedermann eine bildliche Vorstellung
von ihnen machen kann! Man muß doch ihr ganzes bis=
heriges Leben schildern und insbesondere eine Geschichte
ihrer früheren Heldenthaten wiedergeben, damit man daraus
schließen könne, wie der bevorstehende Kampf ausfallen
werde! Man muß doch der vornehmen Jugend, der Stell=
vertreterin des hohen Adels in Amerika und der Nach=
beterin aller „Lordssitten" Englands, Zeit und Gelegenheit
geben, auf den einen oder andern der beiden Boxer hohe
Wetten einzugehen! Ueberdieß gehört nicht ein Zeit=
raum von mindestens einem Monat dazu, um die beiden
Letzteren gehörig „zu dressiren und zu trainiren?" „Wie?
Was?" fragt nun ein Uneingeweihter. „Trainiren und
dressiren?" Nichts anderes, erwidern wir, denn es ist ja
bekannt, daß ein jeder Mensch sich an dem einen Tage weit
stärker und kräftiger fühlt, als an dem andern, und eben
deßhalb kommt es gar viel darauf an, den Champion in
die rechte Gemüths= und Körperverfassung zu setzen. Dem=
gemäß wird er sofort einem eigenen Lehrmeister, dem so=
genannten „Trainer", übergeben, der ihn nun Tag und
Nacht in die Kur nimmt und ihn keinen Augenblick mehr
bis zum Kampftage aus den Augen läßt. Mit aufgehender
Sonne muß der Zögling aufstehen und mit untergehender
Sonne sein Lager suchen. In aller Frühe schon wird er
gebadet und mit einer Pferdehaarbürste abgerieben, um
Haut und Sehnen geschmeidig zu machen; dann muß er
eine Stunde lang Berg ab und Berg auf rennen, damit seine
Muskeln gestärkt werden, und nun erst, wenn alle diese

Arbeit vollbracht ist, geht's zum Frühstück. Dieses aber besteht keineswegs, wie bei andern Menschenkindern, aus Butterbrod, Thee und Kaffee, denn derartige Speisen und Getränke passen nur für Weiber und Schwächlinge, sondern vielmehr aus einer tüchtigen Portion halbrohen Ochsen= oder Hammelfleisches, sowie aus einigen Gläsern kräftigen Bieres. Ebenso wird es auch mit dem Mittagbrod ge= halten, Abends jedoch erhält der Zögling nur etwas Gerste oder Grütze im Wasser abgekocht, damit er sich den gesunden Schlaf nicht verderbe. Spirituosen jeder Art, besonders Brändi oder Cognac, sind aufs Strengste verboten und ebensowenig darf geraucht werden. Solche Genüsse wirken alle nur schwächend auf den Körper ein und greifen die Nerven weit mehr an, als man gewöhnlich glaubt, während doch ein Preisfaustkämpfer alle seine Kräfte bei einander haben muß! Eben dieser Kräftigung wegen ist nun aber auch die Zwischenzeit vom Frühstück bis zum Mittagessen rein athletischen Uebungen gewidmet und es wird dem Champion oft 5—6 Stunden hinter einander keine Minute Ruhe gegönnt, einfach deßwegen, damit er sich daran gewöhne, einen langen Kampf auszuhalten. Kurz es geschieht alles, was nur irgend geschehen kann, um die Kraft des Boxers auf den bevorstehenden Kampftag so sehr als möglich zu stählen.

Endlich jedoch ist man mit allen Vorbereitungen zu Ende gekommen. Die Muskeln des Pugilisten haben die gewünschte Elastizität erhalten und derselbe wird vom Trainer für reif erklärt, „zu schälen", d. h. den Oberkörper nackt auszuziehen, wie es beim Preis=Boxen Sitte und Brauch ist. Ueberdies ist jetzt auch die Sache durch die Zeitungen gehörig ausposaunt, so daß die ganze junge Männerwelt

(die Frauenzimmer auch) nicht zu vergessen) mit einer wahr=
haften Fieberspannung dem großen Entscheidungstage ent=
gegensieht. Somit handelt es sich blos noch darum, den
Ort und die Stunde zu bestimmen, allwo der Kampf,
„ohne daß eine Störung zu befürchen wäre,“ vor sich
gehen kann. Man muß nämlich wissen, daß die Preis=
gefechte „gesetzlich“ in Amerika aufs strengste verpönt
sind, alldieweil die Vernünftigeren unter den Gesetzgebern
in denselben nichts als thierische Rohheit zu erblicken ver=
mögen, und daß deßwegen die Behörden „von Amtswegen“
die Verpflichtung haben, nicht blos dergleichen Affairen zu
verhindern, sondern auch die dabei Betheiligten gefänglich
einzuziehen und an die Gerichte zur Bestrafung abzuliefern.
Insofern also ist immer einige Vorsicht nöthig; umgekehrt
aber darf man sich nicht verhehlen, daß die große Volks=
masse, d. h. weitaus die Mehrzahl der Gesammteinwohnerschaft
Nordamerikas, den Preisfaustkämpfen im höchsten Grade hold
ist und daß man deßwegen von der Polizei, welche in Amerika
nicht blos zur Volksmasse, sondern sogar meistentheils zur
Volkshefe gehört, nicht allzuviel zu befürchten hat. Im
Gegentheil, die „Sicherheitsbehörde“ begeistert sich regelmäßig
ebenfalls für den bevorstehenden Kampf und ist so weit
entfernt „freiwillig“ einzuschreiten, daß sie lieber „Den“
verhaftete, der sie zu diesem Einschreiten „nöthigen“ wollte.
Ja man erzählt sich sogar, wie einsmalen die Herren
Policemen, weil von einem Faustkampfe zum Voraus und
zwar offiziell unterrichtet, in gehöriger Anzahl ausrückten,
dem Anschein nach um die Boxer als Ruhestörer gefangen
zu nehmen, statt dessen aber dem Kampfe unthätig, oder
vielmehr ganz und gar nicht unthäthig zusahen, sondern
vielmehr ihre Lust und Theilnahme daran dadurch bewiesen,

„daß sie während des Kampfes die Ordnung unter der Zuschauermenge aufrecht erhielten!" Die Polizei also wäre nicht sehr zu fürchten, wohl aber der Sheriff. Diese oberste Executionsbehörde einer Stadt oder Graf= schaft ist nemlich oft, wenn man den Spektakel gar zu arg macht, unerbittlich, und da dieselbe das Recht hat, die ganze bewaffnete Mannschaft mit sammt der Miliz aufzubieten, so muß man sich doch ein wenig in Acht nehmen. Allein wie leicht ist es nicht, einen Sheriff zu täuschen? Man hat ja nur unter der Hand das Ge= rücht, die Boxerei werde da und da stattfinden, auszustreuen, und dann in eine ganz entgegengesetzte Gegend hinzufahren! Man braucht ja nur die Welt glauben zu machen, die Affaire werde z. B. am Dienstag vor sich gehen, während der wahre Zeitpunkt bereits auf den Montag festgesetzt ist! Ueberdieß gibt es nicht verschiedene Staaten in der Union und können nicht z. B. Newyorker, die ein Preis= duell auszufechten haben, den Schauplatz ihrer Thätigkeit nach dem nahen Neu=Jersey oder noch besser nach dem etwas entfernteren Maryland, bis wohin der Arm des Neuyorker Sheriffs nicht reicht, hinüberversetzen? Kurz der Auswege und Schlupfwinkel gibt es genug, be= sonders wenn man so viel Geld daran wenden will, ein eigenes Dampfboot oder einen eigenen Extra=Eisenbahnzug zu der bewußten Excursion zu miethen. Darf man doch sicher sein, daß die Herren Dampfboots=Capitäne und Eisenbahnzugmeister die Richtung, wohin es geht, schon ihres eigenen Interesses wegen nie ausplaudern wer= den! Ueberdieß sind die Hauptmatadore der Boxerei nicht immer so klug, das Geheimniß des Stellicheins der großen Masse der Theilnehmer erst dann mitzu=

zutheilen, wenn man bereits abgefahren und also ein Verträtschen nicht mehr möglich ist?

So ist nun also endlich der große Tag erschienen, der Tag, an welchem die vielbesprochene Schlacht ausgefochten werden soll! Ein mächtiges Dampfboot, wenn nicht gar zwei, oder ein Extrazug von zwanzig bis dreißig Wagen hat die Faustkämpfer mit allen ihren Gönnern, Freunden und Anhängern an Ort und Stelle gebracht und diese Stelle ist entweder ein abgelegenes Inselchen auf einem Flusse, oder eine große Wiese auf einem erhöhten Punkte, von wo aus man jeden Störenfried schon von weitem erblicken kann. Wenigstens tausend Personen sind auf dem Platze, die Elite der männlichen Jugend von nah und fern, die Söhne der reichsten und vornehmsten Familien, vielleicht sogar Viele, die bereits in Amt und Würde stehen; umgekehrt aber auch nicht wenige, welche dem Geschlechte der Loafer und Rowdies *) angehören und jedenfalls eine Menge von angehenden oder bereits bewährten Faustkämpfern sowie von sonstigen Mitgliedern der Boxerinnung, die Zeitungscorrespondenten auch nicht zu vergessen. Die Helden des Tages treten hervor, begleitet von ihren näheren Freunden, und die Sekundanten machen sich daran, den „Preisring" abzustecken. Dieser Preisring, d. h. der Kreis, in welchem der Faustkampf stattzufinden hat, mißt im Durchmesser seine fünfundzwanzig bis dreißig Schritte und wird regelmäßig aus einer mit Pfählen und Stricken gebildeten Pallisade umgeben. Um die Pallisade herum stellt

---

*) Der Leser vergleiche gefälligst das Capitel 30. in den lebenden Bildern aus Amerika von demselben Verfasser.

Der Setzer.

sich die ganze Zuschauermasse auf, denn ins Innere des
Ringes selbst hat außer den beiden Preiskämpfern nur
der Unparteiische, welcher die „Runden" oder „Gänge"
bestimmt und überhaupt darüber wacht, daß die Vorgesetze
eingehalten werden, nebst den Sekundanten, Aerzten und
Wärtern sowie den engeren Freunden Zutritt. Jeder
der Duellanten hat seinen eigenen Sekundanten und Arzt,
der Wärter aber sind es je zwei, nemlich der sogenannte
„Schwammer", welcher den Schwamm zum Blut- und
Wundenauswaschen in der Hand hat, und sein Assistent,
der „Flaschenhalter", welcher das Wassergefäß nachträgt
und sich auf sonstige Weise nützlich zu machen weiß. Die
sogenannten „engeren" Freunde, meist junge Männer von
Rang und Gewicht, bilden das „Boxercomité" und haben
als Constabler, Richter und Polizei zugleich zu fungiren.
Jetzt ist der Kreis fertig. Aufmerksam blickt alles auf die
beiden Champions, deren einer sich rechts, der andere links
im Kreise aufgestellt hat. Beide sind athletische Männer,
Männer mit Muskeln wie von Eisen. Beide stehen in
der Blüthe ihrer Kraft und man sieht ihnen an, daß
Jeder im Bewußtsein seiner Uebung, Stärke und Gewandtheit auf den Sieg rechnet. Der Eine jedoch, wir wollen
annehmen, es sei ein Irländer — mißt vielleicht zwei bis
drei Zoll mehr und wiegt dreißig Pfund schwerer, als sein
Gegner, welchen wir als einen Neuengländer bezeichnen
wollen; Letzterer dagegen erscheint um so sehnigter und
gewandter und wir können es daher nur natürlich finden,
daß seine vornehmen Gönner hohe Stücke auf ihn halten.
Aber auch die Freunde des Irländers können wir nicht
tadeln, wenn sie Hunderte, ja Tausende von Dollars auf
seinen Sieg wetteten, denn seine Faust scheint so eisenhart

zu sein, daß wo sie hinfällt, sicherlich kein Gras mehr wächst.

Doch siehe, die beiden Preiskämpfer werfen ihre „Schaalen", d. h. ihre Oberkleider ab, so daß die Brust, die Arme und der Kopf gänzlich nackt sind. Nur der Unterleib darf bedeckt bleiben, d. h. er steckt in leichten Beinkleider, welche um die Lenden durch einen Gürtel fest= gehalten werden und so eng anliegen, daß sie den Körper in seinen Bewegungen nicht zu hemmen vermögen. Ha, wie sie nun hervortreten, die Sehnen und Muskeln der beiden Athleten! Wie keulenartig erscheinen die Fäuste und wie knollig die Adern am Oberarm! Wie breit und massig ist die Brust und wie vorgebirgartig starren die massigen Schultern! Aber still, sie treten vor, die beiden Helden des Tages, sie grüßen einander höflich und schütteln sich gegenseitig die Hände, als wären sie die besten Freunde von der Welt. Das ist ein Jubel unter den Zuschauern! Wer Hände und Arme hat, klatscht Beifall, und wer eine Zunge hat, ruft „Hurrah", denn man sieht ja aus solchem Benehmen, daß die beiden Preisboxer „Gentlemen von der ächten Sorte sind!" Doch die Begrüßungsscene ist vorbei und die zwei Helden treten auf ihren Posten zurück, während der Unparteiische und die Sekundanten nebst den Aerzten und Wärtern sich ebenfalls auf die ihnen be= stimmten Plätze stellen. Die Vorbereitungen sind also alle getroffen und der Kampf kann beginnen.

„Der Kampf kann beginnen!" Welch' furchtbare Auf= regung liegt nicht in diesen wenigen vier Worten! Es ist vielleicht ein wunderschöner Morgen. Der Himmel strahlt in ungewöhnlicher Reinheit, die ganze Landschaft liegt in voller Pracht vor den Augen der Zuschauer und links wie rechts erheben sich niedliche Landhäuser oder freundliche Dörfer, während mitten durch ein mächtiger Strom fließt, ein breiter Silberstreifen in einem Meere von Grün. Man kann nicht leicht eine herrlichere Gegend sehen und auch der verstockteste Sünder, sollte man meinen, müßte hier stille stehen, um den Schöpfer für seine Allgüte zu preisen. Aber was kümmert die Menschen, die allda versammelt sind, die Pracht der Landschaft? Was scheren sie sich um die Schönheit der Natur? „Der Kampf kann beginnen," diese vier Worte allein sind es, mit welchen sie sich beschäftigen, für etwas Anderes haben sie in diesem Augenblick lediglich keinen Sinn! Ja wenn der Himmel sich plötzlich in dicke Finsterniß hüllte und eine Sturmfluth die ganze Welt hinwegzuraffen drohte, was läge ihnen an Regen und Sturm, was an Blitz und Donner? „Der Kampf soll beginnen", das ist das Einzige, was ihr ganzes Ich beseelt!

Jetzt sieht der Unparteiische auf seine Uhr und nun weiß man, daß die „Zeit" da ist. Die Zuschauer strecken sich hoch empor und sie zittern förmlich vor Aufregung, aber kein Laut entfährt ihrem Munde. Ihre ganze Seele liegt vielmehr in ihrem Blicke, denn jeden Augenblick kann das Zeichen zum Anfang gegeben werden. Nicht minder aufgeregt sind vielleicht die beiden Faustkämpfer, doch sie wissen sich vollständig zu beherrschen und keine Muskel ihres Gesichts regt sich. Mit dem rechten Fuß stehen sie wie festgemauert in der Erde, während sie den linken anderthalb Fuß weit vorgesetzt haben. Den Kopf halten sie hoch aufgerichtet, der rechte Arm liegt quer über der Brust und der linke hängt hart am Leibe hinunter, wie um jeden Augenblick zum Stoße parat zu sein, mit ihren Augen aber messen sie sich gegenseitig vom Kopf bis zur

Zehe, als wollten sie den Gegner durch und durch sehen.
Wird Irland siegen oder Neuengland?

Horch, der Unparteiische gibt das Zeichen. „Go on!"
— „Los!" Langsam treten die Kämpfer auf einander zu,
vorsichtig, lauernd, die Fäuste geballt. Die Augen erspähen jede Bewegung des Feindes, noch ehe sie ausgeführt
wird. Sie erspähen sie nicht an seinen Fäusten oder
Armen, sondern vielmehr an seinen Blicken, denn sonderbar, aber naturgemäß, immer fällt vorher der Blick auf
„den" Punkt des Körpers, der durch den Faustschlag
getroffen werden soll! Jetzt sind sie sich auf den Leib gerückt, so nahe, daß sie sich mit dem vorgebogenen rechten
Arme fast berühren, und nun folgt Stoß auf Stoß. Jeder
Stoß, sollte man meinen, müsse den Gegner zu Boden
schmettern, so sicher ist er gezielt; aber es „sitzt" für den
ersten Anfang keiner, denn der Duellant deckt sich durch seinen
rechten Arm. Dieser ist sein Schild, mit dem er alle gegen
den Bauch, die Brust, das Kinn, die Nase und die Augen ge-
richteten Angriffe parirt, und wenn ihm derselbe in Folge
dessen auch noch so arg zerschlagen oder zerhämmert wird, so
liegt ihm nur wenig daran. Seine „Daddels und Mauleys"
sind ja wie Stahl und Eisen und der härteste Schlag, der
auf sie fällt, läßt kaum eine andere Spur zurück, als
höchstens einen blauen Fleck. Uebrigens auch die andern
Körpertheile vermögen etwas auszuhalten und wenn nur
der „Fraßbeutel" oder der Magen, sowie insbesondere die
„Gucker" oder die Augen nicht nothleiden, so hat's im
Ganzen genommen nicht allzuviel zu sagen. Doch siehe
da, der erste Gang ist vorüber, denn Bruder John hat dem
koloßähnlichen Paddy einen Stoß auf die Brust beigebracht,
welcher „festsaß". Viel zu sagen hat er allerdings nicht,

dieser Stoß, denn die Brust Paddy's ist so breit und ge=
wölbt, daß sie den Anlauf eines Bullen aushalten könnte.
Ueberdieß war ja der Stoß halb parirt, urd brachte den
Irländer kaum zum Wanken, aber die Freunde Johnny's
jubeln doch laut auf, denn es gilt als böses Omen, den
ersten Stoß erhalten zu haben.

Eine Rast von zwei Minuten und der Unparteiische
giebt abermals das Zeichen. „Go on!" — „Los!" —
Auch dieser Gang endet zum Vortheil des Engländers,
und so der dritte, vierte und fünfte. Der arme Paddy
knirscht mit den Zähnen vor Wuth, aber was hilft es
ihn? Die größere Gewandtheit ist offenbar auf Seiten des
Englishman! Freilich ein „Resultat" haben die Stöße des
Letzteren noch nicht gehabt, denn es floß bis jetzt weder
Blut, noch wurde der Irländer zu Boden gestürzt; aber —
die Zuschauer fangen an, sich für den Meister John zu
interessiren und Freund Paddy sinkt in der öffentlichen
Meinung. Eine Menge Wetten werden angeboten: „fünf
gegen vier zu Gunsten John's," aber nur Wenige lassen
sich darauf ein, denn man fängt an, für den Irländer
ernstlich besorgt zu werden.

Der sechste Gang beginnt. Der Irländer hält sich
dießmal nur vertheidigend; er deckt sich blos und wehrt
nur ab; der Engländer aber, von seinem bisherigen Er=
folge kühn gemacht, dringt vorwärts, und seine Stöße
fallen hageldicht. „Dießmal muß Blut fließen," liest man
in seinen Augen, und die Aufregung der Zuschauer steigt
so sehr, daß man ihm offenen Beifall zujauchzt. Nun
aber werden die Wangen Paddy's von Todesblässe über=
zogen. Nicht vor Angst, denn er kennt dieses Wort nicht,
aber vor innerer Erregung, vor Schaam, vor Wuth! Seine

Augen sprühen Feuer, und man sieht ihm an, daß er zum Aeußersten entschlossen ist. Noch immer aber hält er sich blos vertheidigend, und während dieser ganzen Runde hat er noch zu keinem einzigen Schlage ausgeholt. Doch jetzt, — ha, nimm dich in acht, Meister John! Er hat den Moment erspäht, wo du dich in der Hitze des Vordrängens nicht gehörig schütztest, und schwer und gewaltig fällt seine Faust auf deine Wange. Zu spät streckst du deinen Arm vor, den Stoß zu pariren. Er „sitzt" und deine ganze linke Wange ist aufgerissen. Sie klafft auseinander, wie ein vom Blitze gespaltener Baumstamm, und das Blut fließt in Strömen. Dieser Gang war nicht zu deinem Vortheil, Meister John, und du hattest zu früh gejubelt, als du vor einem Augenblick noch vom Sieg träumtest!

Mit einemmale ist die öffentliche Meinung wie umgewandelt, und alle Wettlustigen treten auf die Seite Paddy's. Man bietet fünf zu drei für ihn, aber nur Wenige haben den Muth, die Wette anzunehmen, und diejenigen, welche vor kaum einer Viertelstunde fünf zu vier für John ausboten, dürfen nunmehr für den Spott nicht sorgen. Dennoch ist der Engländer noch nicht verloren, sondern er wird vielmehr alsbald wieder auf die Beine gebracht, nachdem ihm der Schwammhalter das Blut gehörig abgewaschen und der Doctor die Wunde mit ein paar Stichen zusammengenäht hat. Ja er sieht sogar recht muthig darein, so daß seine Anhänger und Freunde ebenfalls wieder ein Herz fassen.

Nach kurzer Frist ruft der Unparteiische abermalen sein „Go on" und es folgt wieder Stoß auf Stoß, Schlag auf Schlag. Die nächsten zehn Runden übrigens bieten immer noch nichts Entscheidendes, sondern es schwankt

vielmehr die Glückswage zwischen John und Paddy un=
schlüssig hin und her. Die meisten Stöße des Engländers
„sitzen“, aber sie sind nicht schwer und stark genug, den
Irländer zu fällen. Sie ritzen ihm die Haut auf, aber
sie dringen nicht auf den eigentlichen Lebensnerv ein!
Auch John hat keine weitere „schwere“ Wunde erhalten,
obgleich ein Stoß auf die Brust ihm das Fleisch vollkom=
men aufriß und ihn sofort auf die Knie brachte. Dennoch
ist das Aussehen der beiden Kämpen nunmehr ein ganz
anderes, als zu Anfang des Kampfes. Ihre Haut damals
so geschmeidig, ja fast glänzend, ist nun zerschlagen, zer=
hämmert, zerrissen. Das bloße Fleisch liegt zu Tage, wo
ein Stoß gesessen hat, und ihr Gesicht, ihre Brust, ihre
Arme sind vollständig blutunterlaufen. Sie sehen aus wie
zwei Metzgersknechte, welche soeben ein paar Ochsen abge=
schlachtet haben, aber ihre Kraft ist noch nicht gelähmt,
ihre Glieder sind noch nicht gebrochen, ihr Auge schaut
noch kühn und trotzig. Noch weiß also kein Mensch zu
sagen, ob England siegt oder Irland.

Der siebenzehnte Gang beginnt. — „Go on! Go on!“
„Los! Los!“ — Dießmal kommt die Reihe an dich, Paddy!
Wo hattest du deine Augen, du armer Sohn Grün=Erins?
Ha der Schlag ist schon gefallen und deine Nase hast du
„gehabt“, Freund Paddy. Bruder John hat sie dir so
breit geschlagen, daß sie alsbald aufschwoll, wie ein ge=
füllter Pfannenkuchen, und daß es sogar in Frage steht,
ob man nur überhaupt noch den Platz finden wird, wo
sie einstens gestanden. Sie ist zum förmlichen „Conk“ ge=
worden, und zugleich saß der Stoß so fest, daß du der
Länge nach zu Boden stürztest und selbst vermeintest, nie
mehr aufstehen zu können. Das war ein böser Schlag,

und dürfte entscheidend wirken auf's ganze Gefecht; allein es geschieht dir recht, Paddy, ganz recht. Warum mußtest du auch dießmal so schrecklich unvorsichtig sein?

Die Freunde des Irländers sehen sich verduzt an und schütteln den Kopf; die Anhänger John's aber schreien „Hurrah" und wissen sich vor Lust kaum zu fassen. Von neuem kommt Zuversicht über sie und abermalen bieten sie Wetten über Wetten, welche, nachdem sie von den Gegnern angenommen, sofort in's Wettbüchlein eingetragen werden. Noch ist nämlich der Kampf nicht zu Ende, denn — wegen des Verlustes einer Nase wird sich doch Paddy nicht für besiegt erklären? Weil ein Gesichtsvorsprung zu Brei verwandelt wurde, deßwegen wird doch nicht ein Schauspiel, wegen dessen tausend Männer zusammen gekommen sind und hunderttausende von Thalern riskirt haben, ausgespielt sein? Gott bewahre! Noch ist der Ausgang zweifelhaft, und nur wenn einer der beiden Kämpen „vollkommen unfähig" geworden ist, weiter zu kämpfen, nur dann hat die Affaire ihr Ende erreicht!

Man wäscht also den armen Paddy und drückt das geronnene Blut aus; man flickt die Fetzen der Haut zusammen und netzt ihn so lange mit kühlenden Flüssigkeiten, bis der furchtbare Schmerz nachläßt. Nunmehr erhebt sich derselbe, und nach kurzer Frist steht er wieder so fest auf den Beinen, als ob er nie die Mutter Erde geküßt hätte. Man reicht ihm die Rhumflasche und er thut einen langen Zug. Dann schüttelt er sich und legt sich von Neuem aus, seinen Feind erwartend. Auch dieser hat sich inzwischen gestärkt und seine stolze Miene verkündet, daß er nunmehr mit dem Gegner kurzen Proceß zu machen gedenkt. Doch — noch ist nicht aller Tage Abend!

„Go on! Go on!" „Los! Los!" — Fast zwei Stunden lang hat nun der Kampf gedauert und bald dahin, bald dorthin schwankte die Wage des Glückes. Aber noch ist nichts entschieden, trotz zolllangen Rissen und furchtbar klaffenden Wunden. Die Gesichter der beiden Kämpen sind durch Staub und Schweiß, durch Blut und Schmutz, durch Hiebe und Stöße fast unkenntlich geworden, aber „entschieden" ist deßwegen doch noch nichts. Da endlich im vierzigsten Gange zerschmettert ein furchtbarer Hieb dem Engländer den linken Arm, daß er, an drei Stellen gebrochen, fortan ein unnützes Glied herabhängt. Ein gräßlicher Schrei folgt diesem Ereigniß. Er geht nicht von dem Engländer aus, denn dieser liegt in tiefer Ohnmacht begraben, sondern vielmehr von seinen Freunden und Anhängern. Ihnen ist es, als ob der Stoß sie selbst getroffen hätte, doch nicht aus Mitleid oder Mitgefühl, sondern deßwegen, weil nunmehr der arme John auf den rechten Arm allein angewiesen ist und unmöglich mehr „angriffsweise" verfahren kann. Die Wetten, welche man auf ihn gemacht, sind nun so gut wie verloren, denn der zerschlagene Mann hat von jetzt an genug zu thun, sich nur zu vertheidigen! Doch — wer weiß? Der Andere ist ja auch hinlänglich zerschlagen und könnte möglicherweise dem Gegner eine Blöße bieten, an die man jetzt gar nicht denkt. Er ist ja sichtlich ermattet, und überhaupt — wer kann die Chancen des Zufalls zum Voraus ermessen? Man verschwendet also jede mögliche Sorgfalt auf den unglücklichen John, und übergießt ihn so lange mit stärkenden Essenzen, bis er wieder zum Leben erwacht. Endlich steht er wieder auf den Beinen, aber ach, er fühlt sich so schwach, daß er gerne die Sache aufgeben und sich für

besiegt erklären möchte. Er flüstert deßhalb seinem Sekun=
danten ein paar Worte zu, und bittet ihn, dem Gegner
die Eröffnung zu machen, daß er „genug habe"; doch dieser
fährt zurück wie von Entsetzen ergriffen! „Genug haben?
Aufhören, während doch noch eine Möglichkeit des Sieges,
wenn auch eine ganz geringe, vorhanden ist?" Die Rhum=
flasche her, damit der arme John auf andere Gedanken
kommt! Es stehen ja tausende und abertausende von Dol=
lars auf dem Spiele, wie könnte also von einem Aufgeben
des Gefechts die Rede seyn, ehe der eine der beiden Käm=
pen vollständig unfähig geworden ist, ferner ein Glied zu
rühren? Die Menschlichkeit mag solches vielleicht gebieten
und die Gesetze der Civilisation mögen es vorschreiben, aber
was hat ein amerikanischer Preisfaustkampf mit Mensch=
lichkeit und Civilisation zu schaffen? „Go on! Go on!"
„Los! Los!"

Der Kampf beginnt von Neuem, allein die Zuschauer
wissen nun, woran sie sind. „Fünf zu eins auf Paddy,"
rufen sechs oder sieben, aber niemand will's wagen. „Hun=
dert Dollars gegen zehn, John verliert!" Doch auch jetzt
noch getraut sich keiner. „Zweihundert gegen fünf," schreit
endlich Einer, und diese Wette wird angenommen. Aber
man lacht und spottet von allen Seiten über die hinaus=
geworfenen fünf Dollars, denn John ist ja offenbar ein
verlorner Mann. Wie wollte er auch mit einem Arm
gegen zwei ankommen? Trotzdem werden noch vierzig Gänge
gemacht, vierzig Gänge, in welchen der Engländer nach
und nach vollständig zu Brei zerschlagen wird. Im fünf=
undvierzigsten Gange trifft ein Schlag sein linkes Aug, daß
es augenblicklich wie eine Wurst aufschwillt und von nun
an geschlossen bleibt; im fünfzigsten wirft ihn ein Stoß

auf den Magen zu Boden, und es ist kaum möglich, ihn durch Waschungen, Kühlungen, Reibungen und Schnaps= einflößungen wieder auf die Beine zu bringen; im sechs= zigsten Gange trifft ein weiterer Stoß das andere Auge, so daß auch dieses, wenn nicht für immer, doch für die nächste Zeit verloren ist. Von nun an ist es kein Gefecht mehr, sondern nur noch ein Tollhauskampf. Der arme John steht zwar noch und schlägt um sich, aber es ist ge= rade, als wäre er ein wüthendes Thier geworden, welches sich vor seinem Verenden noch blindlings um sein Leben wehrt. Nach der achtzigsten Runde endlich ist das Kampf= spiel zu Ende und John, der Engländer, liegt auf dem Boden, nicht ein Mensch mehr, sondern eine formlose Masse, welche man früher Mensch genannt hat. Das Brustbein ist ihm eingeschlagen und das Nasenbein ent= zwei, die Augen gleichen zwei großen Wulsten und die Wangen sind aufgeschlitzt, als hätte ein Metzger mit seinem Messer darin gewühlt. Der ganze Kopf sieht aus, wie zusammengekneteter Teig, und Leib und Arme sind zu förmlicher Unkenntlichkeit verschwollen. Nur an den kurzen Athemzügen, welche die Brust krampfhaft heben, merkt man, daß noch einiges Leben in diesem zusammengedroschenen Klumpen Fleisch ist. Jetzt freilich ist an ein „Fortmachen" nicht mehr zu denken! Man packt also den armen John sorgfältig in ein bereit gehaltenes Bett ein, legt ihn auf eine ebenfalls bereit gehaltene Bahre und trägt ihn in's Wirthshaus des nächsten Dorfes, allwo ihn sein Arzt mit aller nur erdenklichen Rücksicht behandelt und versorgt; der Sieger aber wird, nachdem man ihm den gewonnenen Preis in die Tasche gesteckt, unter Hurrahgeschrei auf das Dampfboot oder auf die Eisenbahn geschleppt, um mit ihm im Triumphe in die Vaterstadt einzuziehen. Er hat zwar auch arg Noth gelitten, denn außerdem daß ihm die Nase eingeschlagen wurde, ist sein ganzes Gesicht verschwollen und mit Wunden bedeckt; allein er darf doch von Glück sagen, dieweil er wenigstens noch „gehen und sehen" kann. Kein Knochen ist entzwei, kein Arm wurde zermalmt, kein Auge ging caput und man kann ihn doch wenigstens noch einen Menschen nennen! „Hurrah" also für Paddy, ein dreimaliges donnerndes Hurrah, denn ihm allein verdankt man es, daß nunmehr Hunderttausende von Dollars aus den Händen der Gegner in die Taschen derer, welche auf ihn gewettet, herüberwandern! Also nochmals ein dreifaches donnerndes „Hurrah für Paddy!"

Solches ist das Ende des Preisgefechtes und ganz auf dieselbe Weise endigen fast alle derartigen Kämpfe. Stets wird so lange fortgemacht, bis der eine der beiden Champione wenn nicht ganz, doch wenigstens halb todt vom Platze weggetragen werden muß, denn nur dann kann man von einer wirklichen Entscheidung sprechen. Unange= nehm ist's freilich, wenn der Besiegte so thöricht ist, an seinen Wunden zu sterben oder wenn er gar auf dem Kampfplatze selbst sein Leben aushaucht, dieweil ja in solchem Falle der Coroner eine Jury, die über den Grund des Todes abzuurtheilen hat und vor welcher alle Be= theiligten Red und Antwort geben müssen, zusammenzube= rufen hat; allein viel zu sagen hat die Sache nicht, denn der Spruch der Todtenrichter lautet gewöhnlich: „Todt durch Mißgeschick!", und dem Mörder d. h. demjenigen, der den andern todtgeboxt hat, wird kein Haar gekrümmt. „Dem Verstorbenen begegnete ein Unfall," das ist Alles! Kommt übrigens der Besiegte auch mit dem Leben davon, so braucht er doch oft Wochen oder Monate, bis seine zerschlagenen Glieder wieder kurirt sind, und selten, sogar sehr selten erlangt er seine „ganze" Gesundheit wieder. Meistentheils kann er sich nur „als geflickt" betrachten und nicht wenige der Preißboxer bleiben für ihr Leben lang, wenn sie auch nicht zu förmlichen Krüppeln geschlagen wurden, doch wenigstens „verunstaltet". Ja sogar die Sieger im Kampfe sind nicht viel besser daran, ob sie gleich viel Ruhm und Geld ernbten, denn das Geld geht bei dem Aufwande, den sie machen, gar bald den Weg alles Fleisches und vom Ruhme kann man nicht leben. Ueberdieß kommt das Alter nur zu schnell heran und dann hat's natürlich mit dem Preißboxen von selbst ein Ende. Was aber nun? Ei man muß eben sehen, wie man sich fortbringt und somit wird der eine Boxer vielleicht „Trainer" oder Boxerlehrmeister, während der andere „Kampfhähne aufzieht" oder auch ein „Rattentheater" d. h. eine Bude hält, in welcher die Hunde der vornehmen Jugend Amerika's auf Ratten losgelassen werden. Die Meisten erwerben sich ein kleines „Public-House", d. h. auf deutsch eine Kneipe, in welcher Rowdies, Loafer und andere Gönner des Pugilismus zusammenkommen, um recht viel Brändi oder Gin zu trinken, von Boxereien und Preißfaustkämpfen zu schwadroniren, und nebenbei einen mitgebrachten Grünen d. h. irgend einen armen unschuldigen Tölpel vom Lande im Hazardspiele „zu rupfen".

Auf diese Weise bringt sich der älter gewordene Boxer durch's Leben und man darf also nicht sagen, daß der Stand desselben ein besonders anlockender wäre. Dessen ungeachtet scheint ihr Geschlecht nicht auszusterben zu wollen, denn man kann jede Woche von einem neuen Preißfaust-

kampfe lesen, in welchem dieser oder jener zu Brei zer=
malmt wurde. Ja in neuester Zeit hat sich sogar in der
guten Stadt Neuyork eine Pugilist-aid-society d. h.
eine Boxerunterstützungs=Gesellschaft gebildet, nur allein zu dem
Zwecke, um die edle Innung der Preisfaustkämpfer in
ihrem Flore zu erhalten, und — wie lange wird es noch
anstehen, bis man diesem oder jenem im Faustkampfe
Gefallenen ebenso gut ein Denkmal setzt, als dem General
Washington und anderen tapferen Männern? Schon jetzt
werden ja die „Sieger in einem Preisgefechte" von den
Zeitungen auf eine Weise herausgestrichen, daß man glau=
ben könnte, es handle sich von wirklich großen Helden,
warum sollte man also ihren Namen nicht auch vollends
durch ein Monument zu verewigen das Recht haben?
Gehen wir übrigens die Geschichte der verschiedenen Preis=
gefechte des Näheren durch, so waren die berühmtesten der=
selben offenbar die zwischen Tom Hyer und Yankee Sul=
livan, sowie zwischen Tom Sayers und John Heenan
durchgefochtenen. Sullivan und Hyer residirten in Neuyork,
der erste in der Chatamstreet, der zweite in der Whitestreet,
und galten Beide als „unübertrefflich in der Kunst des
Boxens". Wer jedoch der Stärkere sei, konnte man nicht
sagen, weil sie sich noch nicht gegenseitig gemessen hatten;
allein da sie glücklicherweise zwei verschiedenen politischen
Parteien angehörten, so durfte ein Wettkampf natürlich nicht
ausbleiben und Hyer nahm sich deßhalb, um die Sache
recht bald zur Entscheidung zu bringen, die Freiheit, den
Sullivan im öffentlichen Wirthshause durchzuprügeln. Drauf
kam es zur Herausforderung und zugleich zu einem Wett=
einsatze von je fünftausend Dollars, über den Kampftag
selbst aber wurde nur festgesetzt, daß er sechs oder sieben

Wochen später erst genau zu bestimmen sei. Selbstverständlich flog die Nachricht von diesem hochwichtigen Ereigniß wie ein Lauffeuer durch alle Staaten der Union und besonders in der guten Stadt Neuyork gerieth die vornehme Jugend in eine kaum zu beschreibende Aufregung. Es wurden gegenseitig Wetten eingegangen, welche sich zusammen auf mehr als eine Million Dollars beliefen, und die ganze erwachsene männliche Bevölkerung theilte sich in zwei Parteien, von denen die eine zur Fahne Tom Hyers, Esquire, schwur, während die andere den Yankee Sullivan zu ihrem Abgott erklärte. Volle zwei Monate lang brachten die Zeitungen jeden Tag Leitartikel über den bevorstehenden Heldenkampf und wo man hinkam, in dem feinsten Salon wie in der gemeinsten Schnapskneipe, sprach man von nichts, als von den beiden Duellanten. Selbst der Gouverneur des Staates nahm Notiz von der Sache und stellte einige Regimenter Miliz auf, welche die Polizei in ihrem Bestreben, das Duell zu verhindern, unterstützen sollten. Dessen ungeachtet aber fand der Zweikampf in der zehnten Woche nach der Ausforderung ganz öffentlich statt, freilich nicht im Staate Neuyork, sondern vielmehr in Maryland, in der Nähe der großen Stadt Baltimore, wohin sich die Noblesse der Neuyorker Männerwelt in zwei großen Extrazügen begeben hatte. Drei volle Stunden lang kämpften dort Tom Hyer und Yankee Sullivan miteinander und das Endresultat war, daß der Letztere zu einem unförmlichen Klumpen zusammengedroschen wurde, während der „große Tom" verhältnißmäßig unbeschädigt davon kam. Kaum war übrigens die Schlacht vorüber, so wurde der Telegraph nach allen Seiten hin in Bewegung gesetzt, denn man wartete in der ganzen Union mit einer fast fieber-

haften Spannung auf das Resultat des großen Ereignisses.
Ueberdem brachten alle größere Zeitungs=Organe Extra=
blätter, in welchen der Kampf in allen seinen Einzelnheiten
mit Homerischer Ausführlichkeit von A bis Z geschildert
wurde, und zum Beweise, wie außerordentlich die Theil=
nahme des Publikums war, führen wir blos die Thatsache
an, daß z. B. der Neuyorker Herald an diesem Tage fast
doppelt so viel Exemplare absetzte, als sonst bei einer Prä=
sidentenwahl! Natürlich zogen nach Beendigung des Ge=
sechts die Theilnehmer an demselben mit ihrem Helden Tom
Hyer in die Stadt Baltimore, um daselbst ein Festmahl
zu halten, und dieser ihr Einzug glich einem förmlichen
Triumphzuge. Alle Schiffe hatten Flaggen aufgezogen, alle
Häuser prangten im Festkleide und der Stadtrath sandte
dem Sieger eine Deputation entgegen! Noch größer waren
die Feierlichkeiten, als den Tag darauf der große Held in
Philadelphia einrückte, und man wäre versucht gewesen zu
glauben, es handle sich um den Empfang eines Generalissi=
mus, welcher die feindliche Armee in Stücke zerhauen habe.
Am tollsten jedoch trieb's die Stadt Neuyork, in welche
Tom Hyer am dritten Tage nach seinem gloriosen Siege
zurückkam. Denn nicht blos wurde er mit Böllerschüssen
empfangen, nicht blos war die ganze Bevölkerung, reprä=
sentirt von einer halben Million Männer und Weiber,
auf den Beinen, nicht blos gab man ihm ein großes Fest=
essen, dessen Theilnehmer zwanzig Dollars für das Couvert
bezahlten, sondern es fand auch des Abends eine allge=
meine Beleuchtung statt, bei welcher denjenigen, welche so
niederträchtig waren, eine Ausnahme machen zu wollen,
sämmtliche Fenster eingeworfen wurden. Kurz der „Klopf=
fechter" Tom sah sich höher gefeiert, als je im alten Rom

ein Triumphator oder zu unseren Zeiten ein Heldenkönig
oder Kaiser gefeiert worden ist, und erhielt, um dem Gan=
zen die Krone aufzusetzen, zum Schlusse von den Stadt=
behörden einen einträglichen Posten, welchen er bis an
sein Lebensende bekleidete. Yankee Sullivan aber, der arme
zerschlagene Tropf, kam nie mehr, was man sagt, zu
Ehren und ging, nachdem er nothdürftig wieder zusammen=
geflickt war, aus Verdruß über seine Niederlage nach Ca=
lifornien, wo er als Spieler und Rowdy die Gesellschaft
zu dominiren versuchte. Allein es gelang ihm nur schlecht
und das Endresultat war, daß er sich, nachdem er einen
kleinen Abstecher zum König Kamehameha III. auf die
Sandwichs-Inseln gemacht und dort als dessen Kamerad
eine Zeit lang eine Rolle gespielt hatte, mit eigenen Hän=
den in San Francisco aufhängte.

Solches alles übrigens begab sich nicht etwa im vori=
gen Jahrhundert, sondern vielmehr vor noch nicht ganz
zehn Jahren und es leben jetzt noch eine Menge von
Personen, welche die ganze Affaire nicht blos erlebt, son=
dern sogar mitgemacht haben. Noch neuer aber, oder viel=
mehr das allerneueste ist der große Preisfaustkampf, wel=
cher zwischen Tom Sayers, dem Sohn eines englischen
Maurergesellen, und John Heenan, dem sogenannten
Benicia-Boy, einem früheren Zollbeamten der Stadt Neu=
york, der aber sein Amt längst niedergelegt hat, um sich
nur allein dem edlen Geschäfte des Preisborens zu wid=
men, ausgefochten worden ist. Es begab sich nemlich in
der Nacht vom 16. auf den 17. April des Jahrs ein
tausend achthundert und sechszig nach unserer Zeitrech=
nung, daß auf dem großen Eisenbahnhofe über der Themse=
brücke in London zwischen zwei und drei Uhr Morgens

ein gar tolles Treiben, Schreien und Fahren bemerklich wurde. Von allen Seiten her jagten Droschken, Gigs, Flies und Caps in wüthender Hast herbei und aus ihnen stiegen theils jüngere, theils ältere Männer zum größten Theil in feiner eleganter Kleidung mit weißen Castorhüten und dito weißen Glacéhandschuhen. Mitunter sah man auch ein rechtes Bulldoggsgesicht, das offenbar nicht in die übrige „höhere" Gesellschaft paßte; aber alleins — man nahm keinen Anstoß daran, sondern drängte sich vielmehr um die Wette, den Bahnhof zu erreichen. Jeder der Ankömmlinge nahm sich ein Billet, für welches er drei Guineen, d. i. nach unserem Gelde sechsunddreißig Gulden, bezahlte, und setzte sich dann in einen der dreiunddreißig Waggons, vor welchen eine längst geheizte Locomotive ungeduldig schnaubte und zischte. Wohin es gieng, wußte außer dem Locomotivführer und den wenigen Eingeweihten niemand, sondern man hatte den Geladenen nur einfach die Weisung gegeben, mit dem Schlage drei Uhr sich auf dem Bahnhofe einzufinden und daher kam auch das furchtbare Rennen und Jagen. Sie mußten aber sämmtlich eine volle halbe Stunde lang warten, bis endlich um dreieinhalb Uhr die Pfeife des Dampfrosses ertönte und gleich darauf der fast unabsehbar lange Zug in die Nacht hinein donnerte. Man hatte nemlich noch eine zweite Maschine heizen müssen, weil der Andrang allzugroß war, als daß auch nur zwei Drittheile der mit Billeten Versehenen im ersten Zuge Platz gefunden hätten, und somit folgte fünf Minuten später noch ein zweiter Zug, welcher ebenfalls nicht weniger als dreißig Wagen zählte. Fort ging's nun, donnernd und rasselnd, in südlicher Richtung, beinahe drei volle Stunden lang! Endlich wurde in dem Flecken Farn-

borough auf der Surry= und Hampshire=Grenzstation an=
gehalten, und alle Wägen entluden sich ihres Inhalts.
Alsbald bildeten sich zwei Züge und man marschirte fünf=
zehnhundert Mann hoch einem großen Parke zu, welchen
der edle Graf Scarborough der Gesellschaft zur Disposi=
tion gestellt hatte. Nachdem man dort angelangt war,
gruppirte sich Alles um einen Kreis, welchen man in aller
Eile mit Pfählen und Stricken absteckte. In den Kreis
selbst traten nur Wenige, kaum zehn oder zwölf Männer,
aber diese waren fast mehr festtäglich gekleidet und man
sah ihnen an, daß sie ein besonders wichtiges Geschäft
vorhaben müßten. Vornehmlich fielen zwei derselben auf,
der eine ein großer athletischer Mann mit furchtbarem
Muskelbau und einem so kühnen Auge, daß nicht leicht
Jemand seinen Blick lange aushalten konnte, der andere
kleiner und schlanker, aber doch stark und sehnigt und wie
es schien von merkwürdiger Gewandtheit. Sie standen nicht
bei einander, diese beiden Männer, sondern jeder nahm
seinen besonderen Platz ein, der eine rechts, der andere
links, und man hatte daher vollkommene Muße, sie recht
genau und gründlich zu betrachten. Wer waren nun aber
diese Beiden? Der eine, der kleinere nemlich, hieß Tom
Sayers und durfte sich rühmen, der mit dem Preisgürtel
gekrönte erste Preisboxer Englands zu sein; der andere
d. i. der athletisch gebaute, war allgemein unter dem Na=
men „Benicia=Boy" bekannt (obgleich er eigentlich John
Heenan hieß) und hatte sich als berühmtester Preisfaust=
kämpfer der Vereinigten Staaten expreß von Amerika
herübergemacht, um sich mit dem obengenannten Engländer
zu messen. „Allein" war er übrigens nicht gekommen,
sondern es hatten ihn vielmehr dreihundert Neuyorker und

Bostoner „Freunde", welche zu diesem Behufe ein eigenes Dampfboot mietheten, begleitet und diese seine hohen Gön= ner standen nun alle im Kreise herum, mitten unter den zwölfhundert Engländern, welche die Suite des Tom Sahers ausmachten. Man sieht hieraus, daß der bevor= stehende Kampf so zu sagen „als ein nationaler" betrachtet wurde, d. h. daß es sich darum handelte, ob „England" obsiege oder „Nordamerika", und ebendeßwegen waren auch alle englische Zeitungen viele Wochen lang voll von Ar= tikeln über das kommende große Ereigniß. Ja sogar im Parlamente kam die Sache zur Sprache und man forderte die Regierung von verschiedenen Seiten auf, dem Canniba= lismus mit aller Strenge entgegenzutreten; allein die hohen Herren, welche die Gönnerschaft der beiden Preisboxer bildeten, wußten die Polizei an der Nase herumzuführen und diese ließ sich, wie es scheint, recht gerne zum Besten haben. Warum sollte man denn auch dazwischen treten, wo es sich doch um ein Duell, nicht zwischen zwei einzel= nen Männern, sondern zwischen zwei großen Nationen handelte?

Mit dem Schlag sieben Uhr Morgens begann der Kampf und schon der dritte Gang endigte mit einem Treffer auf den Nasensattel des Engländers, in Folge dessen der= selbe schwer zu Boden fiel. Eben so schlimm fiel die vierte, fünfte, sechste und siebente Runde für ihn aus und er mußte jedesmal gewaschen, gestrichen, gedrückt und mit stärkenden Wassern benetzt werden, ehe er wieder auf die Beine kam. Im achten Gang dagegen gelang es ihm, seine Faust in das rechte Auge des Amerikaners hineinzu= bohren und nun stiegen seine Actien mit einemmale wieder um das Doppelte. Die nächsten sechszehn Gänge blieben

unentschieden, d. h. ein Jeder von ihnen zapfte dem ande=
ren Blut ab und brachte ihm klaffende Wunden bei; in
der fünfundzwanzigsten Runde aber wurde Tom Sayers
durch einen so furchtbaren Schlag zu Boden geworfen, daß
es fast unmöglich schien, ihn wieder aufzubringen. Augen,
Nase, Mund und Backen bildeten so zu sagen nur noch
eine einzige unkenntliche, blutende Masse, die man unmög=
lich mehr für den Kopf eines Menschen erklären konnte,
und sowohl der Arzt als seine beiden Wärter docterten
eine gute Viertel=Stunde an ihm herum, ehe er nur wie=
der zur Besinnung kam. Uebrigens auch der Benicia=Boy
hatte sein Theil weg, denn die eine Backe war ihm weit
aufgerissen, während die andere einen ungeheuren blau
und roth glühenden Klumpen bildete, und überdieß hatte
sein rechtes Auge eine merkwürdige Aehnlichkeit mit einer
großen rothen Blutwurst. So lag er auf dem Boden,
schäumend und fast bewußtlos, wie ein Trunkener! Doch
seine Freunde wischten und netzten ihn so lange, bis er
endlich, nachdem er einen mächtigen Schluck aus der Rhum=
flasche gethan, wieder auf den Füßen stand. Gleich darauf
erhob sich auch der Engländer und das Gefecht begann
von Neuem; allein die Kraft Tom Sayers war offenbar
gebrochen und er wurde in den nächsten acht Gängen jedes=
mal von den wüthenden Faustschlägen seines Gegners nie=
bergeschmettert. Im vierunddreißigsten Gange fing er an
Blut zu speien, sein Athem wurde röchelnd und er ver=
mochte seine „Armkeulen“ kaum mehr zu bewegen. Kurz mit
ihm war es aus, und seine Freunde sahen ein, daß er es
nicht lange mehr treiben könne, ob er gleich für den Augen=
blick noch nicht ganz todt war. Was aber nun anfangen?
Sollte man es wirklich dulden, daß der ausgesetzte Sie=

gespreis von tausend Dollars oder zweihundert Pfund
Sterling dem Benicia=Boy zu Theil werde? Sollte man
es dulden, daß Nordamerika sich rühmen dürfe, Altengland
besiegt zu haben? Solche Schmach wäre doch zu groß ge=
wesen und somit drang nun auf einmal „die längst bereit
gehaltene Polizei" in den Kreis ein, während gerade die
beiden Kämpfer ihren fünfunddreißigsten Gang machten.
Heenan wurde wüthend und bearbeitete die Policemen mit
seinen Fäusten und Füßen zugleich. Endlich aber gelang
es doch, den halb wahnsinnig Gewordenen zur Besinnung
zu bringen und ihm begreiflich zu machen, daß man ihm
weder an's Leben wolle, noch auch nur ihn gefangen zu
nehmen beabsichtige. So ließ er sich denn herbei, Frieden
zu geben, verlangte aber augenblicklich, daß ein zweiter
Tag bestimmt werden müsse, an welchem der für jetzt noch
unentschiedene Kampf zu Ende gebracht werden solle. Hiezu
jedoch schien keine Aussicht vorhanden zu sein, denn der
arme Tom Sayers war so schrecklich zerbläut und so
furchtbar zerrissen, daß man ihn wie ein Wickelkind in
Kissen und Betten einhüllen mußte, um ihn nur vom Platze
bringen und in seine Wohnung transportiren zu können.

So endigte der große Kampf zwischen Tom Sayers
und John Heenan, oder vielmehr zwischen der amerikani=
schen Union und Großbritannien. Unendliche Summen
wurden dabei gewonnen und verloren, wie denn z. B. nur
allein ein amerikanischer Schiffscapitän, welcher gewettet
hatte, der Benicia=Boy werde dem Tom Sayers den ersten
Stoß auf die Nase beibringen, nach dem Schlusse des
Gefechtes nicht weniger als zwanzigtausend Pfund Ster=
ling in die Tasche schob. Andere Wetten blieben unent=
schieden, weil der Kampf selbst unentschieden geblieben war,

und aus eben demselben Grunde wurde auch der für den Sieger ausgesetzt gewesene Vorerpreis von zweihundert Pfund Sterling nicht ausgetheilt. Dagegen aber erhielten die beiden Preisfaustkämpfer so viel „freiwillige" Präsente, daß sich jeder von ihnen ein großes Landgut hätte davon kaufen können, und überdieß wurden sie noch auf eine Weise venerirt, als wären sie die ersten Helden der Welt. So lobte z. B. Lord Palmerston den Tom Sayers in öffentlicher Parlaments-Sitzung, weil er sich so wacker für die Ehre Altenglands geschlagen habe, und die Herren Mitglieder des Unterhauses klatschten nicht blos Beifall, sondern sammelten auch dreihundert Pfund Sterling, die sie dem schwer darniederliegenden Tom als Linderungs= pflaster auf seine Wunden legten. Eben so dachte und han= delte auch der Lord-Mayor von London, denn er hielt „dem Kämpen Englands" eine solenne Dankrede und beschenkte ihn im Namen der City mit einem Sack voll Goldstücke. Dasselbe thaten die Herren von der Londoner Stockbörse und ebenso freigebig erwiesen sich die großen Kaufleute von Mincing=Lane, welche dem Tom je zweihundert Guineen übermachten; die Lords und Barone des Reichs aber, ihrer fünfzig an der Zahl, schickten ihm Anweisungen auf die Bank von je fünfzig bis hundert Pfund Sterling, so daß nur allein die vom hohen Adel beigesteuerte „Ruhmes= belohnung" sich nach unserm Gelde auf mehr als dreißig= tausend Gulden belief. Am allerärgsten jedoch trieb's die Stadt Liverpool, denn als der gute Tom nach einigen Wochen von seinen Wunden so ziemlich wieder genesen war, wurde er förmlich vom Lord=Mayor im Namen der City zum Besuche eingeladen und sofort nicht nur am Bahnhofe wie ein Sieger von vielen Tausenden empfangen,

sondern auch in offenem Triumphwagen von Menschenhän=
den in das erste Hotel geführt, wo man ihn auf Kosten
der Stadt bewirthete. Kurz es war ein Enthusiasmus
sonder Gleichen und es wäre bald so weit gekommen, daß
man ihn, obwohl er nur ein Klopffechter war, als einen
Halbgott angebetet hätte! Wenn nun aber solches in dem
sonst so nüchternen England geschah, so kann man sich
wohl denken, wie wahnsinnig erst die Amerikaner ihrem
Benicia=Boy zugejubelt haben mögen, und in der That
begnügte man sich in Amerika nicht damit, ihn mit Hun=
derten und Tausenden von Dollars zu beschenken, sondern
man holte ihn durch eine eigene Deputation feierlichst vom
englischen Grund und Boden ab. Ja, man würde ihn
sicherlich auf den Präsidenten=Stuhl der Union erhoben
haben, wenn dieser Posten gerade erledigt gewesen wäre!

5

Verbrechen, Einwanderung und Nativismus.

Die ganze Welt weiß, wie ungeheuer groß die An=
zahl der Verbrechen ist, welche alljährlich in den Vereinig=
ten Staaten Amerika's begangen werden, und jeder Euro=
päer staunt mit Recht darüber, daß in einem Lande, das
kaum dreißig Millionen Einwohner zählt, mehr Collisionen
mit den Gesetzen vorkommen, als in England, Frankreich
und Deutschland mit ihren hundert Millionen zusammen=
genommen. Allerdings auf dem Lande, d. h. unter der
bäurischen Bevölkerung Nordamerika's dürften sich vielleicht
kaum viel mehr schlechte Subjekte vorfinden, als unter
der Bauernschaft irgend eines europäischen Staates; um
so immenser aber erscheint das Mißverhältniß, wenn man
die größeren Städte der amerikanischen Union mit den
großen Städten des europäischen Continentes vergleicht.
Nehmen wir z. B. die statistischen Notizen über Balti=
more mit seinen hundertsechzigtausend, oder über Neu=
orleans mit seinen hundertachtzigtausend, oder endlich
über Sanfrancisco mit seinen neunzigtausend Einwoh=
nern zur Hand, so zeigt sich die Verbrecherzahl von Bal=
timore so groß oder größer, wie die von Berlin, und
die von Neuorleans streift gar an die von Paris hin,

während das große Neapel gegenüber von Sanfran=
cisco förmlich tugendhaft erscheint. Fast ganz dasselbe
Verhältniß liefern die Städte Saint Louis, Cincinnati,
Chicago, Buffalo, Charleston, Mobile, Nashville,
Louisville, u. s. w. u. s. w. und nur vielleicht Boston und
Philadelphia machen eine Ausnahme. Am allerschlimmsten
jedoch steht's mit der Stadt Neuyork, denn obwohl dieselbe
(ohne die Vorstädte) nur etwa achtmalhunderttausend Ein=
wohner zählt, so beträgt doch nach dem neuesten Bericht des
Polizeisuperintendenten die Zahl derer, welche nach einer
Durchschnittsberechnung der letzten zehn Jahre wegen no=
torischer Vergehen oder Verbrechen „allmonatlich" ver=
haftet werden, die ungeheure Anzahl von vier Tausen=
den, und es kommt somit alljährlich auf je sechzehn oder
siebzehn Personen immer ein Verhafteter. Man wird nun
vielleicht sagen, unter den Verhafteten seien zwei Dritt=
theile unschuldig und das Verhältniß zwischen rechtlichen
Menschen und schlechten Subjekten stelle sich daher nicht
wie eins zu siebzehn, sondern vielmehr wie eins zu fünf=
zig; allein gesetzt auch es verhielte sich wirklich so, so
müßte ein solches Verhältniß doch immer noch als ein
ungeheuer abnormes bezeichnet werden. Man bedenke nur,
unter fünfzig Menschen regelmäßig ein Schuft! Leider
Gottes können wir übrigens jene willkührliche Annahme
„der unschuldigen zwei Drittheile" durchaus nicht consta=
tiren, sondern die Erfahrung lehrt vielmehr, daß kaum
der vierte Theil der Verhafteten „mit Unrecht" verhaftet
wurde, und darum sind auch die Strafanstalten der Stadt
Neuyork stets über und über gefüllt, sowie, um dieß
nebenbei zu bemerken, vier Fünftheile der Bevölkerung
von Auburn und Sing=Sing — so heißen bekanntlich die

zwei großen Zuchthäuser des Staates Neuyork — ihre Heimath ebenfalls nirgends anders, als in Neuyork haben. Ueberdem — wie viel Tausende von Verbrechen fallen nicht alljährlich in jener großen Metropole vor, deren Urheber man gar nicht entdeckt und also auch nicht zur Haft bringen kann! Man nehme nur einmal eine der größeren Zeitungen Neuyorks in die Hand und durchfliege die Rubrik der Stadtneuigkeiten, muß man da nicht, besonders wenn man noch etwas „grün", das, heißt noch nicht lange im Lande ist (die Einheimischen, sowie die seit Jahren Ansäßigen haben sich längst an die Sache gewöhnt) entsetzt die Hände über dem Kopf zusammenschlagen? Fünf bis sechs Mordthaten, acht bis zehn Einbrüche, fünfzehn bis zwanzig Raubanfälle, vierzig bis fünfzig Diebereien und dazuhin noch ein halbes Hundert anderer Vergehen gegen die Sittlichkeit, gegen den Staat, gegen die Gemeinde oder gegen den Einzelnen, findet man da beinahe regelmäßig für jeden Tag, den Gott gibt, verzeichnet, und wenn vielleicht an einem Mittwoch, Donnerstag oder Freitag diese furchtbare Höhe nicht erreicht wird, so bringen es dagegen die Samstage, Sonntage und Montage ganz sicherlich auf hundertfünfzig, wenn nicht gar auf zweihundert Morde, Todtschläge, Brandstiftungen, Einbrüche und Diebereien.

Woher kommt nun aber diese furchtbare Anzahl von Verbrechen? Die Erörterung dieser Frage, wenn sie eine genaue und gründliche sein soll, würde nothwendiger Weise ganze Bände füllen; allein uns ist es vor Allem darum zu thun, zu erfahren, wie der Amerikaner über die Sache denkt, und somit sollten wir eigentlich nicht sagen, „woher kommt diese furchtbare Anzahl von Verbrechen," sondern vielmehr: „wo leitet sie der Amerikaner her?" Hierauf aber ist die Antwort leicht, denn der Eingeborene, insbesondere der Yankee, schiebt die Schuld in ihrer großen Hauptsache auf die Einwanderung und nur allein auf die Einwanderung.

Dem Leser dünkt dieß vielleicht sonderbar, allein man lese die Berichte der Polizei, die Proklamationen der Behörden und Gouverneure, die Verhandlungen der Legislaturen oder gesetzgebenden Körper, die Leitartikel der verschiedenen großen Zeitungen u. s. w. u. s. w., so wird man immer finden, daß die bewußte Frage nie anders, als auf die eben angegebene Weise ihre Erledigung findet. Nie und nimmer sind es die „eingeborenen" Amerikaner, von welchen die große Mehrzahl der Verbrecher gestellt wird, sondern es sind vielmehr immer die Fremden, die Deutschen, die Engländer, die Schotten und besonders die Irländer, mit einem Wort also: „die Eingewanderten!" So heißt es z. B. in der Proklamation eines keineswegs engherzig gesinnten Mayors der Stadt Neuyork wörtlich folgendermaßen: „Unsre Straßen sind voll von wandernden Schaaren dieser Fremden, die sich, unsres Klimas ungewohnt, ohne Geld, ohne Beschäftigung, ohne Freunde in unserer Stadt herumtreiben, die weder ein gewisses Brod, noch eine gute Kleidung, noch einen wärmenden Heerd besitzen, und welche überdem, da die meisten unsere Sprache nicht kennen und von dem Mitgefühl der Eingeborenen sicherlich ganz und gar nicht willkommen geheißen werden, keiner andern Zukunft entgegensehen, als harter Arbeit, traurigen Entbehrungen und einem frühzeitigen Grabe." Kürzer und prägnanter fassen sich zwei andere Proklamationen an, von welchen die erstere kurzweg sagt: „Tausende gehen das Land auf und ab, indem sie jeden Theil unserer einst so glücklichen Gegend mit schmutzi=ger Armuth und noch schmutzigerer Verworfenheit erfüllen;" während der andere etwas bombastischer ausruft: „Wenn wir Horden und Hekatomben von Geschöpfen in mensch=licher Gestalt, aber jedes sittlichen Strebens unfähig; wenn wir den Auswurf und Abschaum der menschlichen Gesell=schaft, den Bettler, den Landstreicher, den überführten Verbrecher in Myriaden auf unseren Gestaden landen sehen, — Menschen, an deren Händen noch das vergossene Blut klebt und in deren Gesicht der Diebstahl und der Raub abgeprägt sind; wenn wir sehen, daß solche Elende die gleichen Rechte und Freiheiten, wie die edlen Eingeborenen, in Anspruch nehmen, dann ist es Zeit zu erwachen und der weiteren Ueberschwemmung mit notorischen Verbrechern einen Damm entgegenzustellen." Den allertreuesten Aus=druck der wahren Herzensmeinung der eingeborenen Ame=rikaner jedoch findet man in den Zeitungsartikeln und wir könnten aus denselben ganze Berge von Beweisen dafür sammeln, daß das Verbrecherthum nur allein den Einge=wanderten in die Schuhe geschoben wird. Wir begnügen uns aber mit einem einzigen jener Artikel, welche wir der Daily=Times entlehnen. Dort heißt es nämlich wörtlich über=setzt folgendermaßen: „Was würde Neuyork ohne das fremde Element mit seiner Ignoranz, seinem Pauperismus und seinen Verbrechen sein? Unsere Gerichtshöfe, unsere Ge=fängnisse und Zwangsarbeitshäuser würden verhältnißmäßig leer stehen; ja die Hälfte der jetzigen Polizeimacht könnte vollkommen genügen, die Ordnung aufrecht zu erhalten, und während Neuyork für jetzt notorisch die am schlechte=testen regierte, so wie am schwersten besteuerte Stadt der

Welt ist, würde es alsdann das werden, wozu enthusia=
stische Amerikaner ihre Metropole gern machen möchten,
nämlich zum Vorbilde für alle Hauptstädte der unter=
drückten Staaten Europas. Aber zu unserem großen
Unglück ist die Empire=City seit einem halben Jahrhun=
dert der Zufluchtsort für alle bedrängte Schufte der Welt
gewesen und es scheint gerade, als ob die sämmtlichen
Verbrecher Europas sich verabredet hätten, unsere große
Stadt zum allgemeinen Stelldichein zu erkiesen. Ja, nicht
genug damit, sondern es kam sogar so weit, daß echappirte
Räuber, Diebe und Mörder aller Art, oder auch herunter=
gekommene Abenteurer und Lumpen, also jedenfalls Leute,
welche nicht den geringsten Anspruch auf unsere Sympathie
hatten, sich als flüchtige Patrioten aufthaten und verlang=
ten, von uns als solche venerirt zu werden. Darum,
wenn wir unsere dreimonatliche Ernte von zwölftausend
Verbrechern einheimsen, so ist dieß in der That nur die
Frucht dessen, was wir selbst gesät haben!" Solches ist die
Sprache der eingeborenen Nordamerikaner gegenüber der
Einwanderung und wenn auch vielleicht der Eine oder der
Andere sich etwas weniger offen oder was man sagt,
„verblümter" ausdrückt, so denkt er doch in seinem in=
nersten Herzen auch nicht um ein Jota anders, d. h. um
es mit einem Worte zu sagen: „Gegenüber dem frem=
den Elemente ist jeder Amerikaner ein Nativist."

Hiemit stehen allerdings verschiedene andere Sätze,
welche der Amerikaner im Munde zu führen pflegt, im
grellsten Widerspruche. Wenn derselbe nämlich von seinem
Vaterlande spricht, so pflegt er dasselbe stets als das ge=
segnetste Land des Erdkreises zu preisen, und darum nennt
er es nie anders, denn die Heimstätte allgemeinen Wohl=

standes und unwandelbarer Freiheit. Ja, voll Stolz und Emphase erklärt er es als den geheiligten Zufluchtsort aller Verbannten und Verfolgten, und pocht darauf, daß nur in Amerika die Toleranz und der freie Geist eine wahre Heimath gefunden hätten. Allein man vergleiche diese schönen Worte mit der Praxis, so wird man finden, daß jene Theorie nie und nimmer auf die Eingewanderten eine Anwendung findet, sondern daß man „die Fremden" vielmehr nur mit dem größten Widerwillen zuläßt. Wir Europäer sind der Ansicht, daß ein großer oder vielmehr der größte Theil der amerikanischen Kultur der Einwanderung ihr Dasein zu verdanken hat; wir meinen, die ganze Entwicklung der westlichen Staaten, so wie besonders die dortige Blüthe des Ackerbaues, sei ausschließlich das Werk der Immigration; wir behaupten, daß keine Stadt der Union in Beziehung auf Industrie und Gewerbsthätigkeit auch nur den fünften Theil ihrer jetzigen Ausdehnung entfaltet haben könnte, wenn nicht die große Masse von Europäern über das Weltmeer herübergekommen wäre; ja wir gehen sogar so weit, zu glauben, daß nur allein durch die ein= gewanderte Intelligenz die Anglo=Amerikaner vor völliger Verwilderung bewahrt worden sind, indem ohne die von Europa Herübergekommenen Amerika von den meisten Künsten und Wissenschaften gar keine Idee haben würde. So denken wir und so denkt man in ganz Europa; der Amerikaner aber antwortet auf alle diese Behauptungen mit dem Satze: „Die Einwanderung ist das Unglück der Union, denn ihr verdankt sie die ganze Schlechtigkeit, welche in derselben herrscht!"

Man glaube übrigens ja nicht, daß dieser Geist der Feindschaft gegen die Einwanderung sich etwa erst von gestern oder heute datirt, oder, daß er vielleicht nur allein der Ausbruch eines plötzlich erregten Gefühles sei. Solches ist sicherlich nicht der Fall, sondern der Haß sitzt vielmehr tief im Innern und macht sich deßhalb auch seit den letzten zwanzig oder dreißig Jahren bei jeder Gelegenheit Luft. Zum Beweis dessen werden wir nichts weiter nöthig haben, als den Leser an die furchtbaren Blut= und Mordscenen zu verweisen, welche sich fast jedes Jahr in den größeren Städten der Union wiederholen und bei denen es sich beinahe regelmäßig um nichts Anderes handelt, als um die Verfolgung der armen Eingewanderten. Wir erinnern in dieser Beziehung nur an die barbarischen Thaten der Bevölkerungen von Neuorleans, von Louisville, von Baltimore, von Cincinnati, von Neuyork und Philadelphia und bitten, nicht zu vergessen, daß damals, besonders in Louisville und Baltimore, nicht bloß Hunderte von Häusern verbrannt oder zerstört, sondern daß auch zahllose Menschenleben geopfert und Deutsche wie Irländer, als wären sie Hunde, gehetzt wurden. Allerdings wird man uns entgegenhalten: „derartige Bestialitäten stehen nur vereinzelt da und überdieß ist es nur der gemeine Pöbel, der sie begeht." Aber, so fragen wir umgekehrt, haben denn die Behörden der Städte, in welchen jene Blutthaten vorfielen, dem Beginnen des Pöbels zu steuern versucht? Ist man vielleicht mit gewaffneter Hand gegen denselben eingeschritten und hat man die Uebelthäter in's Gefängniß geworfen, um sie für ihre Verbrechen büßen zu lassen? Nichts von allem dem! Allerdings „stellte man sich so," als ob man eine Untersuchung veranstalten wollte, aber das Resultat war gleich Null, und statt daß man ein paar Dutzend jener Mörder und Brandstifter gehängt hätte, ließ man sie sämmtlich laufen, ohne auch nur Einem von ihnen ein Haar zu krümmen. Ja noch mehr, man nahm sich derselben sogar frei und offen an, und es stand deß= halb in allen amerikanischen Zeitungen in ziemlich unver= blümter Sprache zu lesen, wie die Eingewanderten die ihnen gewordene Lektion gar wohl verdient hätten! Sieht man nun hieraus nicht zur Genüge, daß jeder Amerika= ner, auch der geistig höher Stehende, den Haß gegen die Einwanderung theilt?

Allein nicht bloß in den Blutscenen von Louisville und Baltimore liegt der Beweis dieses Hasses; er liegt auch nicht bloß in den tagtäglich vorkommenden Reibereien zwischen den Eingeborenen und Eingewanderten, bei welchen die Ersteren fast immer der angreifende Theil sind; son= dern er liegt noch bei weitem mehr in der Verachtung, mit welcher die sämmtlichen Amerikaner, die Gebildeten wie die Ungebildeten, auf das fremde Element herabsehen. Oder woher käme es z. B., daß in fast sämmtlichen Re= präsentantenhäusern der einzelnen Staaten der Union alle paar Jahre die Frage, ob man einem von Europa Her= übergekommenen nur je überhaupt das Recht zuertheilen dürfe, als wirklicher amerikanischer Bürger zu existiren, immer wieder auf die Tagesordnung gebracht wird? Wo= her käme es, daß in den Staaten Maine, Massachusetts u. s. w. u. s. w. ein Gesetz erlassen wurde, kraft welches ein Eingewanderter nur erst nach zwanzigjährigem, — wir wiederholen es, erst nach zwanzigjährigem Aufenthalt im Lande berechtigt sein soll, bei den Wahlen mitzustimmen und den Eingebornen gleich zu stehen? Woher käme es, daß man keinen Europäer in Amerika landen läßt, wenn er nicht vorher einen Dollar als sogenannte Commutations=

Steuer und einen andern Dollar als Hospital=Money
hinterlegt hat? Woher käme es, daß es fast überall in
der ganzen Union als eine merkwürdige und höchst seltene
Ausnahme zu betrachten ist, wenn irgend einmal ein
Frembgeborener ein kleines städtsches Aemtchen erhält, oder
gar zu einem nichtssagenden Staatsposten befördert wird?
Woher käme es denn, daß sich eine weitverzweigte, in alle
Schichten der Gesellschaft eingreifende, vollständig und
förmlich bewaffnete Verbindung, wir meinen die der „Know-
nothings" oder „Nichtswisser" bilden konnte, welche jeden
Neuaufgenommenen schwören läßt, die Nativegrundsätze
gegen die Schmarotzerpflanze der Einwanderung sogar mit
Gewalt durchzusetzen?

Hierin liegt doch wahrhaftig des Beweises genug, mit
welchem Auge der Amerikaner den Eingewanderten be=
trachtet. Noch deutlicher aber fast ist die Sprache derer,
welche sich „als Freunde der Immigration" aufthun und
sich der Frembgeborenen aus vollem Herzen annehmen zu
wollen erklären. Auch ihnen nemlich fällt es nie ein,
einen Eingewanderten „als einen Gleichgestellten" zu be=
handeln, oder gar zuzugestehen, daß dessen innerer Werth
möglicher Weise ein größerer sei, als der eines Eingebo=
renen. Ein solches Zugeständniß gehört bei dem Hochmuth
des Amerikaners (man vergleiche den Aufsatz: „Der Yankee
oder der Stockamerikaner") zur reinsten Unmöglichkeit, und
somit besteht die ganze Schutzrede des Immigrantenfreun=
des zu Gunsten der Einwanderung nur allein darin, daß
er deren Nutzen nachweist und in Dollars und
Cents berechnet. Es ist ja bekannt, wie viel ein Neger=
sklave kostet, und ebenso bekannt ist, daß die Arbeit eines
freien Weißen einen größern Werth hat, als die eines

Schwarzen oder Mulatten. Nimmt man nun an, daß der Durchschnittspreis eines Sklaven fünfhundert Dollars beträgt und nimmt man ferner an, daß jährlich etwa zweimalhunderttausend Irländer, Deutsche, Schotten, Engländer, Franzosen, Dänen, Italiener u. s. w. u. s. w. einwandern, so stellt es sich heraus, daß der Kapitalwerth der jährlichen Einwanderung nicht geringer anzuschlagen ist, als auf hundert Millionen Dollars. Demnach repräsentirt die Gesammtmasse der Einwanderung, welche (es kamen in den letzten fünfzig Jahren ungefähr vier Millionen Irländer, drei Millionen fünfmalhunderttausend Deutsche und eine Million fünfmalhunderttausend Abkömmlinge anderer Nationalitäten in's Land) auf etwa neun Millionen anzuschlagen ist, die ungeheure Summe von viertausend fünfhundert Millionen Dollars, d. i. von eilftausend zweihundertundfünfzig Millionen Gulden! So rechnet der Yankee, und nun fragt er sich, ob es nicht ein Wahnsinn wäre, der Einfuhr eines solchen nutzbringenden Handelsartikels, als die Menschenbeischaffung aus Europa ist, hindernd in den Weg zu treten. Ueberdem mußte man nicht auch daran denken, daß im großen Ganzen genommen nur allein die wenigsten Einwanderer „total mittellos" ankommen, sondern daß vielmehr der größte Theil derselben eine ziemliche Portion baar Geld mitbringt? Ja, hat man nicht vollkommen Recht, wenn man diese mitgebrachten Gelder auf etwa hundert Dollars per Kopf anschlägt und also der Gesammteinwanderung einen Baargeldwerth von neunhundert Millionen Dollars gibt?

Das ist die Sprache des Freundes der Einwanderung, und einen andern Grund, warum er die letztere begünstigt wissen will, führt er nie an. Was lernen wir nun aber hieraus? Nichts anders, als das, daß der Amerikaner den aus Europa Herübergekommenen für eine Art von Lastthier betrachtet, welches so und so viel Werth hat und so und so viel Nutzen abwirft! Der Einwanderer „als Mensch" kümmert ihn nichts, sondern nur der Einwanderer „als Arbeiter"! Aber sollte es unter solchen Umständen einen Europäer noch fernerhin gelüsten, in das hochgelobte Land der Frei= heit und Gleichheit auszuwandern? Derjenige, welcher es gut mit ihm meint, schätzt ihn ab, wie der Bauer seine Ochsen abschätzt, und hält ihn für gut genug, das Land zu bebauen oder in den Werkstätten zu arbeiten; derjenige aber, welcher die Einwanderung schon von vorneherein haßt, betrachtet und behandelt ihn als einen Auswürfling der den Boden Amerikas besudle! Ist das nicht genug? Fragen wir nun übrigens nach dem Grunde, warum der jetzige Amerikaner so denkt, so dürfte man vielleicht nicht fehl gehen, wenn man, statt „bloß" vom ameri= kanischen Vorurtheil und Eigendünkel zu sprechen, den= selben zugleich im Einwanderer selbst, d. h. in seiner Persönlichkeit und in seinem ganzen Thun und Treiben sucht. Unrichtig ist freilich — und nicht bloß unrichtig, sondern geradezu wahnwitzig, wenn man den tollen Satz aufstellt, die „Meisten" der von Europa Herübergekom= menen seien schofle und schlechte Subjekte; aber richtig ist, daß nicht Wenige Europa bloß verlassen, weil man sie dort nicht mehr behalten will, und daß gar viele Regie= rungs= und Gemeindebehörden der alten Welt Nordame= rika als nichts anderes ansehen, denn als eine Art von „Deportations=Insel," auf welche man alle Armen, alle Faullenzer, alle Asoten, ja sogar alle Zucht=

hauswürdigen hinüberzuwerfen das Recht habe. Wenn dieß sich aber so verhält, kann man es dann dem Amerikaner übel nehmen, wenn er das Kind mit dem Bad ausschüttend „den größten Theil" der Einwanderer für eine Sippschaft von Deportirten ansieht, und von dem kleinen Reste der Uebrigen, deren Ehrlichkeit er nicht an= tastet, meint, sie seien nur allein durch die dichterischen Anpreisungen jener lügenhaften Agenten, welche sich mit der Anwerbung von Passagieren befassen, fälschlicher Weise zur Auswanderung verlockt worden? Ein Grund, warum sich der Amerikaner die Eingewanderten mit keinem allzu= günstigen Auge betrachtet, ist also vorhanden. Zudem muß es den Eingeborenen nicht widerwärtig berühren, wenn er sieht, daß die Immigranten fast in allen ihren Gewohnheiten nicht nur nicht mit ihm übereinstimmen, sondern ihm sogar nicht selten geradezu feindlich entgegen= treten? Bringt ja doch der Europäer wie natürlich immer „europäische" Ansichten und Begriffe mit herüber, welche das Gefühl des Amerikaners nur zu oft verletzen! Ist es ja doch so ungemein schwer, die Grundsätze „der monarchi= schen Erziehung", welche man in der alten Welt genossen, mit einem Male abzulegen und die nationalen Eigenthüm= lichkeiten des neuen Vaterlandes zu adoptiren! Was kann also Anderes daraus entstehen, als nur allein gegenseitiger Haß und Abneigung?

Erschöpfend haben wir nun freilich das Thema dieses Aufsatzes nicht behandelt; und insbesondere sind wir dem Leser eine direkte Antwort auf die Frage, woher es komme, daß in den großen Städten Amerikas eine solch furchtbare Masse von Verbrechen vorkommen, schuldig geblieben. Allein genügen nicht schon die Andeutungen, die wir gaben, und

läßt es sich aus dem oben Gesagten nicht mit Leichtigkeit
herausfinden, warum es sich so verhält? Oder kann man
es sich nicht denken, daß (abgesehen von den paar tausend
wirklich schlechten Subjekten, welche Europa jährlich nach
Amerika hinüberschickt) die Eingewanderten viel leichter in
Noth und Versuchung kommen, als die mit allen Verhält=
nissen vertrauten Eingeborenen, und daß es daher kein
Wunder ist, wenn sie die Mehrzahl der alltäglich Verhaf=
teten bilden? Ein Trost ist es jedoch für uns Deutsche,
daß von den zwölf Tausenden, welche vierteljährlich in
Neuyork in's Gefängniß gebracht werden, bei weitem die
Wenigsten — im Durschnitte kaum Tausend — der
deutschen Nationalität angehören, obwohl mehr als
hunderttausend unserer Landsleute in Neuyork wohnen;
sondern, daß vielmehr ie Irländer, deren die Empire=
City etwa Hundertfünfzigtausend zählt, das Hauptcontin=
gent, nämlich volle acht Tausend von zwölf Tausenden,
liefern, während auf die stockamerikanische Bevölkerung die
Zahl von Zweitausend bis Zweitausendfünfhundert und
der Rest auf die übrigen Nationalitäten kommt.*)

*) Wir ersuchen den Leser, hiemit den Aufsatz: „Der Deutsche
in Amerika" zu vergleichen.

6

Der Nigger in der Leibeigenschaft oder Sklavenleben in Amerika.

Es gibt nichts Irrigeres, als die Ansichten, welche noch vor ganz kurzer Zeit und zum Theil selbst noch in unsern Tagen über das Leben und die Behandlung der Neger in den Sklavenstaaten Amerikas verbreitet sind. Gewöhnlich nemlich stellt man sich vor, jene Neger werden wie die Hunde, oder vielmehr etwas schlimmer als die Hunde, behandelt, und man erzählt sich die haarsträubend=sten Geschichten von dem Thun und Treiben auf den ame=rikanischen Plantagen. Ja man denkt sich sogar unter einem Negersklaven ein Geschöpf, bei dessen Jammeranblick auch dem Rohesten das Herz im Leibe erbeben müsse, und bekreuzt sich dabei von oben bis unten, wenn man nur das Wort „Plantage" hört, darauf schwörend, daß, wo die Sklaverei beginne, die Civilisation und das Menschen=thum ein Ende habe. Woher es nun kommt, daß in Europa und besonders in Deutschland solche, wenn nicht geradezu fabelhafte, doch wenigstens ungemein übertriebene Gerüchte über das amerikanische Sklavenleben verbreitet sind, wollen wir hier des Näheren nicht untersuchen (ob=wohl es in die Augen fällt, daß jene Münchhausiaden von den Amerikanern selbst, d. h. von den Abolitionisten unter denselben, erfunden und verbreitet wurden, um den Sklavenhaltern des Südens in der öffentlichen Meinung zu schaden), sondern wir erlauben uns vielmehr, den Leser auf einer der südlichen Plantagen Amerikas selbst einzu= führen, damit er sich persönlich überzeuge, wie es daselbst zugeht.

Die „Herrenwohnung", das ist die Wohnung des Baumwollenbaron, haben wir in einem früheren Aufsatz bereits kennen gelernt. Somit verfügen wir uns sogleich in das „Negerdörfchen", welches größtentheils oder viel= mehr regelmäßig zehn bis zwanzig Minuten vom Herren= hause entfernt liegt und aus vierzig bis hundert (je nach= dem der Plantagenbesitzer mehr oder weniger Sklaven hält) Wohnungen besteht. Die letzteren sind einstockige, ganz gleichförmig gebaute Häuschen, die einander in einer ge= raden Linie gegenüber liegen und sich von weitem fast wie eine kleine Fabrikanlage ausnehmen. Jedes Häuschen hat fünfzehn bis achtzehn Fuß im Quadrat und ist meistens aus behauenen Baumstämmen gefertigt, welche man noch überdieß innen mit Brettern verschlug. Somit gewährt das kleine Anwesen, dessen innerer Boden meistentheils aus einer Brettergrundlage oder aus festgestampftem Lehm be= steht, immerhin einen guten Schutz gegen Wind und Wetter, und ist überdieß, da das Niggerdörfchen stets auf einem trockenen Boden errichtet wird, durchaus gesund. Vor jeder Wohnung befindet sich ein bedeckter Vorplatz, eine Art Porticus, der von dem Neger fast noch mehr benützt wird, als das Innere seines winzigen Palastes; denn man muß nur bedenken, daß das Clima des südlichen Nordamerika den Aufenthalt in einem geschlossenen Raum keineswegs

besonders annehmlich macht. Demnach ist der Porticus so=
wohl im Frühjahr als im Sommer und Herbst, ja sogar im
Winter, — die Regenzeit (denn Schnee giebt es keinen) natürlich
ausgenommen — der gewöhnliche Aufenthaltsort für die Nig=
gerfamilie, wenn sie zu Hause ist. Hier wird gekocht und
hier wird gespeist; im Wohnhause aber wird nur geschlafen!
Das Ameublement einer Negerhütte wetteifert an Ein=
fachheit mit dem Ameublement eines Indianerzeltes. Einige
roh gearbeitete Stühle, ein aus Fichtenholzbrettern zusam=
mengenagelter, kaum nothdürftig gehobelter Tisch, ein brei=
tes aus Binsenmatten, welche über zerschlitzte Maisblätter
gebreitet sind, bestehendes Bett, das sich kaum einen Schuh
hoch über den Boden erhebt, — das ist Alles! Was
braucht aber auch ein Neger mehr? Das Essen schmeckt
ihm auf seinem tannenen Tische gerade so gut, als seinem
Herrn auf einer Marmorplatte, und im heißen Sommer
kann man sich keine kühlere Matratze wünschen, als Mais=
blätter und Binsenmatten. Gewöhnlich ist ein Negerhäus=
chen nur von einer einzigen Familie bewohnt, und nur
dann, wenn das Sklaven=Ehepaar keine oder wenige Kin=
der besitzt, werden ihm noch einige unverheirathete Neger
oder Negerinnen zugetheilt; denn man rechnet sechs oder
sieben Personen auf eine Negerwohnung. In letzterem
Falle aber, d. h. wenn ledige Sklaven mit verheiratheten
zusammenleben, werden die Ersteren Nachts in den Raum
unter dem Dache, in die sogenannte Mansarde, verwiesen,
damit das Ehepaar allein sei, und nicht selten wird sogar
so sehr auf den Anstand gehalten, daß man das Ehebett
hinter einer Art Bretterverschlag verbirgt oder wenigstens
hinter einem Vorhang von Baumwollenzeug! In einer
Ecke der Wohnstube befindet sich das Kamin oder der

Ofen; denn obwohl es nur äußerst selten zum Einheizen kommt, so versäumt man es doch nicht, auch für die kältere Jahreszeit Vorsorge zu treffen, und über dem Kamin ist ein Brett angebracht, auf welchem einzelne hölzerne Teller und Schüsseln stehen. Gleich daneben hängen die ebenfalls hölzernen Löffel, sowie die übrigen nöthigen Geschirre, und an der Wand herum sind ditto hölzerne Nägel eingeschlagen, welche die Kleidungsstücke, die wollenen Decken u. s. w. zu tragen haben. So sieht's gewöhnlich in einer Negerhütte aus. Alles ist sehr einfach, ja sogar höchst primitiver Natur, aber das Ganze nimmt sich doch wohnlich aus, und es kommt nur auf den Neger selbst an, ob er sich mehr oder minder comfortable einrichten will, da man ihm in dieser Beziehung lediglich kein Hinderniß in den Weg legt.

Der Einfachheit der „Wohnung" entspricht die Einfachheit der „Kleidung". Der Plantagen-Besitzer hat nemlich die Verpflichtung, in jeglicher Hinsicht für seine Leibeigenen zu sorgen, und er thut es auch, zwar vielleicht oder vielmehr ohne Zweifel nicht aus Humanität, wohl aber „aus Nützlichkeitsgründen". Wie könnte dieß auch anders sein, da ja ein gesunder, kräftiger Sklave nicht selten mit zwölf- bis fünfzehnhundert Dollars bezahlt wird, während schon junge Kinder einen Werth von wenigstens ein paar hundert Dollars haben? Die Neger sind daher meist, wenn auch einfach, doch „genügend" gekleidet, und man sorgt dafür, daß weder Hitze noch Regen und Kälte einen nachtheiligen Einfluß auf ihre Gesundheit ausüben können. Im Sommer tragen sowohl Weiber als Männer leichte Calico-Ueberwürfe (sogenannte „Osnaburghs", die ihren Namen von einem gleichlautenden Städtchen haben und im ganzen Süden in großer Masse fabricirt werden,

besonders in Georgien und Südcarolina), und selbst im
Frühjahr und Herbst bedarf es keiner besseren Verwahrung.
Im Winter jedoch sollten die Zeuge aus Wolle gefertigt
sein, wenn man nicht will, daß der Körper durch den oft
ungemein schnellen Uebergang von Kälte zur Hitze und
umgekehrt nothleide. Leider aber haben die wollenen Stoffe
in Amerika einen sehr hohen Preis, und somit wird an
den Winterkleidern der Sklaven nur zu oft merkwürdig
gespart, besonders wenn der „Herr", d. h. der Plantagen=
besitzer, ein Spieler, ein Trunkenbold, ein Wüstling oder
ein Verschwender ist. Ja sogar auf den „bessern" Pflan=
zungen sind die Neger nicht selten gezwungen, statt der
wollenen, baumwollene Stoffe zu tragen, und es gereicht
daher den Herren Baumwollenbaronen zum nicht geringen
Vorwurfe, daß sie es meistentheils versäumen, auf ihren
Plantagen eine kleine Heerde von Schafen zu halten, deren
Pelz den armen Niggern zu gute käme. Man könnte ja
die Niggerweiber so gar leicht dazu anhalten, die Wolle
zu verspinnen, um daraus Kleider und Decken zu verfer=
tigen; aber freilich — das Schafhalten ist weniger ein=
träglich, als das Bauen von Baumwolle und Indigo! So
besteht denn die ganze Kleidung eines männlichen Negers
fast das ganze Jahr hindurch aus nichts als einer baum=
wollenen Hose, während die der Negerinnen aus einem dito
Rocke gefertigt ist, und von Jacken oder Strümpfen ist
nur selten oder nie die Rede. Noch viel weniger denkt
man je an irgend eine Kopfbekleidung (denn das starke
wolligte Haar gewährt ja hinlänglichen Schutz selbst gegen
den Sonnenstich), und am allerwenigsten an ein Hemd oder
doch etwas dem Aehnlichen. „Wie, nicht einmal ein Hemd?"
ruft erstaunt der Europäer; denn wir können uns einen

Menschen ohne einen solchen Leibesüberzug gar nicht denken;
allein deßwegen verhält es sich doch genau, wie wir sagen,
und zwar einfach, weil der Nigger, er sei weiblichen oder
männlichen Geschlechts, ein solches Kleidungsstück für den
allergrößten Luxus von der Welt hält. Ja nicht einmal
die kleinen Kinder besitzen etwas, was einem Hemd gleich
sieht, sondern man wickelt sie vielmehr in einen alten zer=
rissenen Lappen, oder läßt sie noch viel lieber im Zustand
Adam und Eva's, in welchem sie bleiben, bis sie anfangen,
zur Arbeit tüchtig zu werden. Was bedürfte auch ein
Niggerkind irgend einer Bedeckung!

Von der Kleidung des Negers kommen wir auf seine
„Nahrung", und man wird uns keiner Lüge zeihen, wenn
wir die letztere noch für viel einfacher erklären, als die
erstere. Allerdings in denjenigen Sklavenstaaten, welche
an die sogenannten „Freien Staaten" grenzen, nämlich in
Delaware, Maryland, Nord=Virginien, Nord=Kentucky und
Nord=Missouri, sowie auch in dem gebirgigen Theile von
Texas, ist das „Essen" des Negers kein schlechtes, denn
das Clima erlaubt dort die Anpflanzung von Kartoffeln, von
Weizen, von Gemüsen und von den meisten andern Früch=
ten der gemäßigten Zone. In den eigentlichen Baumwol=
lenstaaten dagegen gedeiht der Weizen nicht mehr und sogar
die „eigentlichen" Kartoffeln verkümmern, von andern ähn=
lichen Bodenerzeugnissen gar nicht zu reden. Demgemäß
hält man sich allüberall im Süden bei der Speisung des
Magens an den Mais, sowie an die sogenannten „süßen
Kartoffeln" (welch' letztere aber einen ganz andern Geschmack
haben, als unsere Erdbirnen), und fügt höchstens noch
etwas dürre Bohnen nebst etwas Pökelfleisch hinzu. Im
Herrenhaus freilich fehlt nichts, was zu einer guten Tafel

gehört; denn es gibt allda des Geflügels und anderer Vieh=
arten eine Masse, und um's Geld kann man auch das
feinste Mehl aus dem Norden beziehen. Allein wird man
etwa einem Plantage=Besitzer zumuthen, seine Neger „mit
Weißbrod aufzufüttern", oder soll er vielleicht gar Schlacht=
vieh einführen, „um die Sklaven mit Rostboeuf zu mästen"?
Das hieße doch den Luxus etwas zu weit treiben, und so=
mit giebt man dem Nigger in der Regel nur allein Mais
und abermals Mais zu seiner Nahrung. Gekocht übrigens
erhält er ihn nicht, sondern alle Samstag Abend faßt ein
Jeder ohne Ausnahme, er sei männlich oder weiblich, alt oder
jung, nach unserem Maße ein gutes halbes Simri Mais=
kolben, und von diesen hat er die Woche über zu leben.
Natürlich übrigens sind Handmühlen da, um das Indian=
Corn zu mahlen, so daß sich eine Familie entweder einen
Brei kochen oder auch Maisbrod backen kann. Aber Mais=
brod und Maisbrei, und nichts als Maisbrod und Mais=
brei das ganze Jahr hindurch! Für den ärmsten Europäer
wäre es vielleicht unmöglich, hievon zu existiren oder viel=
mehr sich an eine solche Kost zu gewöhnen; allein lebt nicht
auch der Chinese und sogar der Araber Wochen und Monate
lang von nichts Anderem, als von Reis, und will vielleicht
ein Nigger vor einem Chinesen oder Araber etwas voraus
haben? Das wäre zu viel verlangt! Uebrigens kommen
doch auch Abwechslungen vor, denn es werden, wie bereits
angedeutet, hie und da statt des Maises Rationen von
Bohnen ausgetheilt, wenn man diese letztere ohne allzu
große Kosten von den nördlicheren Staaten oder auch aus
Merito beziehen kann, und überdies giebt's, wie schon ge=
sagt, süße Kartoffeln, welche man verabreicht, so lange
man deren besitzt. Ja sogar Fleisch, d. h. gesalzenes

Fleisch, bei besonders festlichen Gelegenheiten auch frische
Waare, verabreicht man von Zeit zu Zeit, um den Ne=
ger bei Kräften zu erhalten, und ohnehin ist es Sitte,
von der Masse von Aepfeln und Pfirsichen, welche im
Garten des Herrenhauses wachsen, täglich, d. h. so lange
das Obst andauert, einen Zuber voll unter die Schwarzen
zu vertheilen. Ist das nicht des Guten schon übergenug?
Doch nein, denn die Hauptsache haben wir noch gar nicht
angeführt. Um nemlich dem Neger das Leben so annehm=
lich als möglich zu machen, bekommt jede Sklavenfamilie
einen kleinen Fleck Landes „zum eigenen Betrieb", und
hat das Recht, auf denselben zu pflanzen oder zu bauen,
was ihr nur immer beliebt. Dieser Fleck Landes liegt
beinahe immer hart hinter der Niggerwohnung oder viel=
leicht auch ein paar hundert Schritte entfernt am Saume
des Waldes, der zur Plantage gehört (weil dort im Schat=
ten der Bäume keine Baumwolle gedeiht), und ist, obwohl
nur gering, im Umfange doch immerhin groß genug, um
die nöthigen Gemüse u. s. w. zu erzeugen. Hier also, auf
seinem Privateigenthum, zieht der Nigger Melonen, Kür=
bisse, Gurken, Salat, Kohl oder Zwiebel, je nach seiner
besonderen Liebhaberei, und es fehlt ihm demnach keines=
wegs an einer „Würze" zu seinem Maisbrode. Rechnet
man dann noch hinzu, daß er von dem auf die Woche
gefaßten Mais, weil er ihn nicht total aufzehren kann,
immer eine kleine Portion übrig behält, für welche er von
dem nächsten Grocer oder Krämer Kaffee und Zucker ein=
tauschen kann, und daß er ferner durch „Nebenarbeit"
(hierauf werden wir weiter unten des Näheren zu sprechen
kommen) sich immer so viel verdient, um sich hie und da
einen Becher voll Syrup mit Wasser oder gar ein Schlück=

chen Rhum zu vergönnen, — rechnet man dieß Alles zusammen, so wird man zugeben müssen, daß es den Schwarzen auf den Plantagen des Südens von Amerika in Beziehung auf die Nahrung keineswegs so schauderös schlecht geht, als man in der „alten Welt außen" gewöhnlich meint. Freilich die „Kocherei" läßt sehr viel zu wünschen übrig, denn für gewöhnlich füllt man Abends nach abge= schlossener Arbeit den eisernen Topf, der fast das einzige Kochgeschirr bildet, mit Wasser an, stellt ihn an's Feuer und rührt dann eine gehörige Portion Maismehl hinein. In zehn Minuten ist die Speise „gahr", und nun hat man für 24 Stunden ausgekocht, denn den andern Morgen be= gnügt man sich damit, den übrig gelassenen Brei wieder aufzuwärmen. Gerade so wird es auch am Mittag ge= halten, wie sich denn überhaupt die Frauen die Sache so bequem als möglich machen. Zu was auch die vielen Kochkünsteleien? Satt essen ist ja die Hauptsache! Merk= würdigerweise sieht man es übrigens jedem Neger augen= blicklich an, ob er „genug" ißt oder nicht, sowie besonders auch, ob er außer dem Maise noch andere Nahrungsstoffe, besonders Fleisch und frisches Obst faßt; denn bei schlech= tem Essen wird seine Haut trocken und erscheint wie mit weißen Schuppen bedeckt. Auch verliert sein Auge allen Glanz und sein Haar erscheint so saftlos und borstig, daß, wenn man mit einem Stückchen darauf schlägt, Staub herausfliegt. Gut genährte Exemplare dagegen schwellen förmlich auf wie Dampfnudeln, und ihr Fleisch fühlt sich so elastisch an, als wäre es mit Kautschuk überzogen, wäh= rend ihre Haut vor Schwärze glänzt und ihr Haar von Fett träuft.

Uebrigens nicht blos von der Nahrung hängt das

Aussehen des Negers ab, sondern auch, wie sich von selbst
versteht, „von der Arbeit", denn natürlich, je angestreng=
ter die letztere ist, um so magerer wird der Sklave. Dem=
gemäß kommt sehr viel darauf an, welche Art von Arbeit
der Neger verrichten muß, und man wird sich wohl denken
können, daß der Anbau einer „Tabakspflanzung" durchaus
nicht so viel Mühe und Zeit kostet, als der Umtrieb einer
„Baumwollen=Plantage", sowie umgekehrt eine „Reißpflan=
zung" weit nachtheiliger auf die Gesundheit einwirken muß,
als die „Bebauung des Indigo". Ueberdieß giebt's naturge=
mäß auf jeder Pflanzung in den neun Monaten des Früh=
jahrs, Sommers und Herbstes weit mehr zu thun, als in
den Wintermonaten, in welchen, weil die Ernte zu Hause
ist und die neue Aussaat erst im Frühjahr beginnt, mehr
„Bosselarbeiten", als wirklich angestrengte Geschäfte vorge=
nommen werden. Im Allgemeinen jedoch darf man mit
Recht sagen, daß nirgends „übertrieben" viel Arbeit gefor=
dert wird (die Zuckerplantagen, deren es aber in der nord=
amerikanischen Union nicht allzu viele giebt, vielleicht allein
ausgenommen; denn in diesen muß zeitenweise so lange
gearbeitet werden, daß man den Negern fast keine Zeit
zum Schlafen lassen kann), und daß es also die Schwarzen
recht gut aushalten können, wenn sie nicht zufällig einen
jener früher schon geschilderten „Lumpenbarone", der sie
absichtlich plagt, zum Herrn besitzen, oder vielmehr, wenn
der Baumwollenbaron nicht einen „Oberaufseher" angestellt
hat, der übertriebene Anforderungen an sie stellt.

Zu Beziehung auf die Arbeit nemlich hängt der Sklave
gänzlich vom Oberaufseher oder „Overseer", d. i. dem Fi=
nanzminister, Rentamtmann, Oberknecht und Stockmeister des
Plantagenbesitzers ab, und er betrachtet denselben daher mit

weit größerer Furcht, als wie den Herrn selbst. Die Woh=
nung des Overseers liegt regelmäßig zwischen dem Nigger=
dörfchen und dem Herrenhause, auf einem etwas erhöhten
Platze, von welchem aus man sowohl die Sclavenhütten,
als auch die Plantage selbst mit Bequemlichkeit übersehen
kann, und unterscheidet sich in Beziehung auf Bauart und
Baumaterial nur wenig von einem Sclavenhäuschen, den
Umstand allein ausgenommen, daß sie drei= oder viermal
größer ist. Hinter derselben dehnt sich ein ziemlicher Garten
aus, mit einem Gewölbe oder Keller, in welchem die für
die Nigger bestimmten süßen Kartoffeln aufbewahrt werden,
und auf der Seite liegt ein großer Hof mit einem Bretter=
verschlage, der den Maisvorrath birgt. Betreten wir das
Innere des Hauses selbst, so finden wir, daß es aus meh=
reren Appartements besteht, allein das Ameublement der=
selben erscheint nicht viel luxuriöser, als das der Nigger=
wohnungen, und nur das Schlafzimmer des Overseers fällt
uns auf, denn die Wände desselben sind fast vollständig
mit Büchsen, Pistolen und Peitschen überdeckt. Er braucht
sie aber auch, diese Peitschen, Pistolen und Büchsen, dieweil
ja ihm allein, ihm, dem einzelnen Manne, die Sorge ob=
liegt, die sämmtlichen Neger der Plantage, und wären es
ihrer fünfhundert oder gar tausend, zu überwachen, zu
strafen und im Gehorsam zu erhalten. Morgens in aller
Früh, eine gute Stunde, ehe die Sonne am Horizonte
heraufkommt (hiebei bemerken wir aber, daß in den süd=
lichen Staaten der Union, die sich ja bekanntlich dem
Aequator auf einige Grade nähern, der Unterschied zwischen
der Tag= und Nachtlänge zu keiner Jahreszeit ein allzu=
großer ist, weßwegen es auch* im Sommer fast nie vor
fünf Uhr und im Winter nie später als sieben Uhr Tag

wird), erhebt er sich von seinem Lager und läutet die über dem Porticus seiner Wohnung hängende Glocke — man heißt sie nur die Negerglocke — zum Zeichen, daß sich die Sclaven zur Arbeit zu rüsten haben. Hie und da fehlt auf einer Plantage eine solche Glocke, besonders wenn die= selbe klein ist, aber dann hat der Overseer ein Horn, in welches er stößt, und die Wirkung ist immer die nemliche. Eine halbe Stunde gönnt er den Negern Zeit zum An= kleiden und Frühstücken, aber dann giebt er das zweite Zeichen, und nun haben sich sämmtliche Sclaven im Hofe seines Hauses zu versammeln. Ausnahmen gestattet er keine, es müßte denn der Eine oder der Andere wegen Gebrechlichkeit oder Krankheit Dispensation von ihm be= kommen haben. Nicht einmal die Knaben und Mädchen, wenn sie nicht unter acht oder sieben Jahre zählen (die jüngeren natürlich können nicht zur Arbeit angehalten wer= den, sondern spielen während der Abwesenheit der Eltern vor ihrer Wohnung, nicht anders als wären sie Affen), läßt er zu Hause bleiben, und säugende Mütter werden natürlich ebensowenig verschont. Dieselben können ja ihre jungen „Schreihälse" den Zigeunern gleich in einem über den Rücken hinabhängenden Sacke mit auf das Feld neh= men und dort einstweilen in den Schatten eines Baumes legen, während sie selbst thun, was ihres Amtes ist. Sind nun alle arbeitsfähigen Sclaven im Hofe der Overseers= wohnung versammelt, so werden einige wenige in den Garten des Herrenhauses commandirt, um dem Obergärt= ner zu helfen, die andern aber folgen alle dem Oberauf= seher in's Feld, wo er sie sofort in Compagnien oder Rotten abtheilt und ihnen zugleich ihre Geschäfte auf den heutigen Tag anweist. Jede Rotte erhält einen Mitscla=

ven, auf den man sich verlassen kann, zum „Vormann“, um die Arbeit zu beaufsichtigen. Er, der Overseer aber, dem einer der Sclaven sein Reitpferd nachführen muß, setzt sich nun hoch zu Rosse, um die ganze Plantage zu bereiten und zu sehen, wo es fehle, oder was noththut. Natürlich übrigens läßt er die verschiedenen Arbeiter-Compagnien keinen Augenblick aus den Augen, sondern es scheint vielmehr, als wäre er ein Sohn des weiland „Ueberall und Nirgends“ (dessen sich viele unserer Leser vielleicht noch aus den Jugendjahren erinnern), und seinem Blicke entgeht Nichts, auch nicht das Geringste. „Ordnung muß seyn und gehorcht muß werden;“ darum hängt auch am Sattelknopfe seines Rosses eine lange Peitsche, die sogenannte Sclavenpeitsche, und in den Halftern hat er zwei geladene Pistolen stecken, um seinen Befehlen, wenn die Peitsche nicht mehr ausreichen sollte, durch Kugeln Nachdruck zu geben.

Die Arbeitszeit dauert gewöhnlich von Sonnenaufgang bis Sonnenuntergang, im Sommer also durchschnittlich vierzehn und im Winter zehn Stunden. Eine längere Arbeit wird nur in Ausnahmsfällen, also z. B. über die Erntezeit verlangt, denn dann handelt es sich oft um den Werth von vielen Tausenden, und man wird doch das Recht haben, die Sclaven eine Stunde oder zwei länger anzustrengen, wenn man hiedurch einen Schaden (wie z. B. vor einem Gewitter) vermeiden kann? Uebrigens darf man nicht glauben, daß der Plantagenbesitzer solche „Ueberarbeit“ umsonst will. Im Gegentheil, jedem Nigger wird vom Overseer ein gewisses „Pensum“ aufgegeben, gerade wie einem Schulknaben oder Gymnasisten von seinem Lehrer, und wer über sein Pensum hinausarbeitet, d. h.

wer mehr thut, als ihm vorgeschrieben ist, der bekommt
dieses „Mehr" nach einem zum Voraus stipulirten Preise
bezahlt. Natürlich ist das Pensum nicht für jeden Neger
das gleiche, sondern einem starken, erwachsenen Burschen
wird vielleicht doppelt so viel Arbeit aufgebürdet, als einem
jüngeren und schwächeren, und ebensowenig hat ein Weib
je so viel zu leisten, als ein Mann. Der Overseer kennt
vielmehr alle seine Leute auf's Genaueste; er weiß, ob
einer gewandt oder ungeschickt, fleißig oder träg, körperlich
tüchtig oder untüchtig ist, und mißt also, wenn er ein ehr=
licher und gerechter Mann ist, jegliche Aufgabe nach rich=
tigem Verhältnisse ab. Freilich, wenn sich dieß nicht so
verhält, sondern wenn er auf diesen oder jenen seiner
Untergebenen einen Haß geworfen hat, dann macht er sich
auch nichts daraus, dem Gegenstand seiner Abneigung
mehr zuzumuthen, als derselbe leisten kann; allein im
großen Allgemeinen muß zugegeben werden, daß wenigstens
„auf den bessern Plantagen" nur selten ein Neger ein
größeres Stück Arbeit zugetheilt bekommt, als er, wenn
er nicht allzu träge ist, ohne große Mühe fertig zu bringen
im Stande ist. Was nun aber die sogenannte „Ueber=
arbeit" betrifft, so ist es nichts Seltenes, daß ein fleißiger
Schwarzer sich in einem einzigen Sommer seine dreißig
bis vierzig Dollars verdient, welche er, da ihm sein „Herr"
hierin (um die Sclaven zu größerem Fleiß aufzumuntern)
vollkommen freie Hand läßt, je nach seinem Belieben zu
seinem Nutzen oder zu seinem Vergnügen anwenden darf.
Dieser Ueberverdienst wird ihm um so leichter, als er über
den ganzen Sonntag zu verfügen hat, und ihm vollkommen
freie Hand gelassen ist, denselben entweder im Nichtsthun zu
verschleudern, oder seinem Gemüsegärtchen zu widmen (was

aber auch seine Frau besorgen kann), oder aber, wenn die Arbeit auf der Plantage dringend ist, im Dienste seines Herrn zuzubringen, und dafür einen ganzen Dollar (dieß ist die gewöhnliche Bezahlung) in die Tasche zu stecken, für die man viel Zucker und Kaffee oder auch andere Utensilien kaufen kann. Während der Arbeitszeit wird streng darauf gesehen, daß keiner der Neger eine Pause macht oder sonst lässig ist, dagegen gibt es über Mittag regelmäßig ein größeres Interstitium, während dessen sich die Sclaven unter dem Schatten eines Baumes niederlegen, um ihr vom Hause mitgenommenes Mittagbrod zu verzehren. Ja, wenn die Hitze gar zu groß ist, so gestattet ihnen der Oberaufseher beinahe immer auch noch in der Zwischenzeit einige wenige Minuten „zum Ausschnaufen," denn eine gar zu angestrengte Arbeit könnte leicht Krankheiten herbeiführen. Mit dem Untergehen der Sonne übrigens, also Sommers um sieben, Winters um fünf Uhr, hört ohnehin die ganze Arbeit auf, und die sämmtlichen Sclaven begeben sich sofort „rottenweise", wie sie abgegangen, in den Hof der Oberaufseherswohnung. Dort findet dann ein allgemeiner „Verles" statt, gerade wie bei den Soldaten in einer Kaserne, und es werden sofort diejenigen, welche sich den Tag über irgend saumselig erwiesen oder sich eines sonstigen Vergehens schuldig gemacht haben, entweder sogleich abgestraft oder zu späterer Bestrafung notirt. Schließlich gibt der Overseer das Zeichen der Entlassung, und die sämmtlichen Nigger eilen nun in ihre Behausungen, um die Abendkost einzunehmen, mit einander zu plaudern, und sich einige Stunden später, wie gehorsame Kinder, zur Ruhe zu begeben. Um neun Uhr Abends muß Alles zu Bette sein, und kein Licht darf mehr brennen,

denn Ordnung ist die Hauptsache auf einer Nigger-Plan=
tage. Daß aber diese Ordnung auf's Strengste gehand=
habt wird, dafür sorgt der Overseer, und darum sieht man
ihn nicht selten, wenn die Sclavenwohnungen mit ihren
Insassen längst in tiefer Ruhe begraben sind, zwischen den
stillen Häuschen durchschleichen, um zu horchen, ob alle
richtig schlafen, oder ob noch der Eine mit dem Andern
flüstert und sich hiedurch straffällig macht.

Dieser letztere Punkt bringt uns auf die „Behand=
lung" der Sclaven, und gerade hierüber müssen wir uns,
obwohl in dem Artikel „der Baumwollenbaron des Südens"
schon das Nöthigste angedeutet ist, doch etwas weitläufiger
verbreiten, und zwar einfach deßwegen, weil in dieser Be=
ziehung die allerwidersinnigsten Gerüchte gang und gebe
sind. Liest man doch nicht selten Beschreibungen über die
Traktirung der Nigger, welche wahrhaft „haarsträubender"
Natur sind, und giebt es doch große Erzählungen oder
Romane, in welchen Niggermißhandlungen geschildert wer=
den, gegen welche die härtesten Torturen des Mittelalters
als wahre Spielereien dastehen würden! So steht z. B.
in einem dieser weit verbreiteten und von den weichherzigen
Naturen unsrer zarten Europäerinnen vielfach als ein
Evangelium betrachteten Bücher wörtlich folgende Philippica
zu lesen: „Eiserne Halsringe mit Zacken, welche tief in's
Fleisch hinein schneiden, winden sich um den Nacken der
arbeitenden Neger und man hängt ihnen schwere Ketten
und Gewichte an die Füße, welche sie auf dem Felde nach=
schleppen müssen. Eherne Glocken und eiserne Geweihe
werden ihnen an den Kopf geschmiedet und man sperrt sie
wochenlang Tag und Nacht in Hundeställe, in welchen sie
weder liegen, noch stehen, noch sitzen können. Oft legt

man ihnen Knebel vor den Mund und maltraitirt sie auf
diese Weise so lange, bis sie den wüthenden Hunden gleich
Schaum speien, und nicht selten werden ihnen die Vorder=
zähne ausgebrochen, nur allein zum Vergnügen oder um
sie kenntlich zu machen. Ein andermal peitscht man sie,
bis sie nur noch eine einzige blutige Masse bilden, und
gießt sodann Salzwasser über die offenen Wunden oder
reibt spanischen Pfeffer in dieselben, so daß die armen
Gequälten vor Schmerz fast wahnsinnig werden. Ja man
zerfleischt ihnen den Rücken mit Messern, schlizt ihnen die
Haut streifenweise auf, und läßt hernach wüthende Katzen
auf sie los; oder man hetzt sie mit Bluthunden, schießt
ihnen Schrotladungen in den Leib, hängt sie an den Bei=
nen auf und kitzelt sie, bis sie besinnungslos werden, aber
nur um sie dann sogleich wieder zu wecken und neuen, noch
grausameren Torturen zu unterwerfen; oder endlich schneidet
man ihnen die Ohren ab, sticht ihnen die Augen aus,
bricht ihnen ein Glied nach dem andern entzwei und wirft sie
zuletzt auf einen Scheiterhaufen, wo man sie so lange fest=
hält, bis sie zu Tode geröstet sind." Solches und anderes,
noch viel Aergeres, steht gedruckt in manchen Zeitungen,
Broschüren oder Büchern zu lesen; allein wir werden unsern
Lesern wohl kaum zu sagen brauchen, daß derlei Berichte,
wenn nicht „absichtliche Lügen", doch wenigstens nichts
Anderes als tolle Gebilde der Fantasie sind. In Abrede
läßt sich allerdings nicht ziehen, daß da oder dort ein
grausamer Plantagen=Besitzer, welcher sich eben dieser Eigen=
schaft wegen einen vielleicht noch grausameren Overseer
eingestellt hat, mit vieler Barbarei gegen seine Sclaven
verfährt, allein im großen Ganzen genommen wird ein
„vernünftiger" Pflanzer die Vernunft obwalten lassen und

seine Leibeigenen, die ja sein werthvollstes Gut bilden, so behandeln, daß sie ihm in ihrem Werthe erhalten bleiben. Sticht man denn ein gutes Roß nur ohne Weiteres nieder, oder schlägt man es zu seinem Vergnügen so lange, bis es verendet? Hält man es nicht vielmehr hoch und werth, und behandelt es so subtil als möglich, nur damit es im Preise nicht sinke? Wie kann man sich also denken, daß ein Plantagenbesitzer es in der Gewohnheit habe, seine Nigger, die er doch viel theurer bezahlen muß, als das beste Roß, aus purer Freude an der Grausamkeit zu Tode peinige oder überhaupt nur durch Mißhandlung arbeitsunfähig mache? Eine solche Ansicht ist ein baarer Unsinn und wiederlegt sich am Besten dadurch, daß die Zahl der Neger sich in den Südstaaten jährlich nicht nur nicht vermindert, sondern vielmehr um mindestens fünfzehn Prozente erhöht. Ueberdieß giebt es nicht auch Gesetze, welche den Sclaven in Schutz nehmen, und wird nicht z. B. der willkürliche Mord an einem Sclaven so gut mit dem Tode bestraft, als der Mord an einem Weißen? Ja ist es nicht sogar strengstens verboten, einen Neger auch nur zu peitschen, wenn nicht genügender Grund dazu vorhanden ist?

Allerdings muß zugegeben werden, daß die Hauptgesetze, welche über die Sclaverei existiren, „gegen" den Neger gerichtet sind und fast nur von „jenen" Rechten sprechen, welche der Herr über seine Leibeigenen hat. Es muß zugegeben werden, daß in allen Sclavenstaaten der Neger nicht als ein „denkendes menschliches Individuum" betrachtet wird, sondern vielmehr als ein Ding, eine Sache, ein Eigenthum, gerade wie ein Esel, ein Ochse, oder ein Pferd. Ueberdem sind alle Plantagenbesitzer darüber einig, daß ein Sclave unter keinen Umständen ein Wahlrecht besitzen, oder ein Eigenthum acquiriren darf, und daß er weder „als Ankläger" noch „als Zeuge" gegen einen Weißen aufzutreten das Recht hat, während umgekehrt der Weiße so hoch über den Nigger gestellt wird, daß er einen widerspenstigen Sclaven ohne Weiteres kalt zu machen, und sogar schon eine bloße Beleidigung, welche ein Schwarzer einem Weißen anthut, mit der schwersten körperlichen Züchtigung, wenn nicht gar mit dem Tode desselben zu ahnden das Recht hat. Ja nicht genug hieran, sondern es muß auch zugegeben werden, daß die wenigen Gesetze, welche zum Schutze der Nigger erlassen wurden, von den sämmtlichen Pflanzern nur wenig oder gar nicht beachtet werden und daß dieselben deßwegen so zu sagen geradezu illusorisch sind, denn wer wollte es auf sich nehmen, einen jener übermächtigen Baumwollbarone zu kontroliren, oder wer würde es gar vollends wagen, gegen ihn vor den Gerichten als Kläger aufzutreten? Allein trotz allem dem giebt es deßwegen doch ein Gesetz zu Gunsten der Sclaven, das im ganzen Süden auf's strengste beobachtet wird, und zwar ein Gesetz, das mehr Werth hat, als das ganze geschriebene oder gedruckte Corpus juris, dieweil von ihm allein die ordentliche Behandlung der Nigger abhängt. Wie heißt nun aber dieses Gesetz? Einfach so: „Schone dein Eigenthum!"

„Schone dein Eigenthum," ist der erste und fürnehmste Grundsatz auf jeder nur halbwegs in gutem Stande erhaltenen Plantage, und darum wehe dem Oberaufseher, der es sich beikommen ließe, die ihm untergebenen Leibeigenen in einen herabgekommenen Zustand zu versetzen oder sie gar unfähig zur Arbeit zu machen! Wehe ihm, wenn er nicht für der Sclaven Leibesnothdurft so gut als mög-

lich sorgen würde und dieselben so hielte, daß sie jeden
Tag auf den Markt gebracht werden können! Ebendeß=
wegen darf man auch überzeugt sein, daß selbst der weiße
Arbeiter im Norden in Krankheitsfällen nicht so viel Sorg=
falt auf sich verwendet sieht, als der Nigger im Süden,
denn man findet auf jeder Plantage der Baumwollenstaaten
ein eigenes und förmliches „Niggerkrankenhaus", und zwar
ein recht gesund und luftig (meist gleich hinter der Over=
seerswohnung) gelegenes, in welchem sämmtliche Patienten,
seien sie nun schwerere oder leichtere, untergebracht wer=
den. Das Haus bildet nur einen einzigen Raum, aber
dieser ist durch einen Bretterverschlag in ein weibliches
und ein männliches Apartement abgetheilt, und es herrscht
darin die größte Ordnung und Reinlichkeit. Alle Morgen
(wenn Gefahr ist, auch zwei und drei Mal des Tags) er=
scheint der Hausarzt der Plantage, derselbe Arzt also,
welcher auch die Mitglieder des Herrenhauses behandelt,
und die Wärter und Wärterinnen (natürlich ebenfalls
Sclaven) sind angewiesen, allen seinen Verordnungen auf's
pünktlichste nachzukommen. Die Kost erhalten die Kranken
aus der Küche des Herrenhauses selbst, und man darf also
darauf zählen, daß sie nicht bloß gut, sondern auch der
Krankheit entsprechend ist. Ja sogar Wein, und dieß ist
ein kostbarer Artikel auf einer Plantage, wird verabreicht,
wenn der Arzt es befiehlt, und überdem kommt nicht sel=
ten ein Besuch vom Herrenhause, sei es nun eine Tochter
oder ein Sohn, oder gar der Herr mit der Herrin selbst,
um nach dem Kranken zu sehen und ihm etwas „Extra"
zur Stärkung mitzubringen. Allein nicht bloß die wirklich
Erkrankten werden gut behandelt, sondern die Gesundheits=
pflege erstreckt sich noch viel weiter und man sucht fast

immer den Krankheiten zuvorzukommen. Darum ist es auch eine Seltenheit, wenn die Neger in der ungesunderen Jahreszeit dem schlechten Wetter ausgesetzt werden, und überdem sorgt der Overseer dafür, daß sie sich, besonders im Sommer, in dem durch die Plantage führenden Flüßchen von Zeit zu Zeit baden, damit durch die Unreinlichkeit keine körperlichen Nachtheile erwachsen. Besonders rücksichtsvoll behandelt man die sogenannten „Muttersclavinnen", d. h. diejenigen unter den Negerweibern, welche viele Kinder gebären, und sie, die für eine Plantage von so ungeheuer großem Nutzen sind, dürfen sicher sein, regelmäßig an naßkalten Tagen oder bei großer Hitze zu Hause bleiben zu dürfen, sowie sie auch von aller anstrengenden Arbeit überhaupt dispensirt werden. Doch nicht bloß sie genießen dieses Vorzuges, sondern auch die übrigen Weiber und Mädchen, besonders die kränklichen und schwächlichen, und bei der geringsten Kleinigkeit wird Doktor und Apotheke zu Hülfe gerufen. Wie stimmt nun aber diese Sorgfalt mit jenen Fabeln von willkürlicher Tyrannei überein, deren wir oben erwähnten?

Dessen ungeachtet sind die Neger auf einer Plantage weit schlimmer daran, als in freien Staaten selbst der ärmste und elendeste Weiße, denn dieser steht unter dem Gesetze und kann für alles, was er thut, nur durch das Gesetz abgeurtheilt werden, während der Sclave nur allein von dem Machtspruch des Overseers und seines Herrn abhängt. Vergehen gegen die bestehende Ordnung kommen in der ganzen Welt vor, also natürlich auch unter der Nigger-Bevölkerung; allein wie werden nun derartige Vergehen bei den Sclaven geahndet? In den freien Staaten wirkt man dahin, die Menschen durch moralischen Einfluß in

Zucht und Ordnung zu erhalten, und wenn es nicht anders geht, so straft man mit Entziehung der Freiheit d. h. mit Gefängniß. Wo dächte man aber hieran unter den Niggern? Für sie giebt's nur eine einzige Strafart, nemlich Schläge oder überhaupt körperliche Züchtigung. Wir sprechen übrigens hier nicht von den schwereren Verbrechen gegen die menschliche Gesellschaft, als da sind Mord, Nothzucht, Einbruch, Raub und Brandstiftung, denn diese werden bei den Sclaven ohne weiteres mit dem Tode geahndet; sondern wir meinen vielmehr die leichteren Vergehen, worunter besonders drei eine Hauptrolle spielen, nämlich Faulheit, Diebstahl und Fluchtversuch. Das Verbrechen der Faulheit, also des „Zuwenigarbeitens" oder des „Garnichtarbeitenwollens" kommt natürlich in einer Negerbevölkerung von drei, vier oder fünf hundert „Stücken" fast jeden Tag vor, und ebenso häufig ist „kleiner Diebstahl", denn die Neger stehlen wie die Ratzen. Seltener ereignet sich ein wirklicher Fluchtversuch und zwar schon deßwegen, weil die Nigger einsehen, wie schwer es ist, aus den Sclavenstaaten zu entkommen; allein ein „Sprechen von der Flucht", eine „Verabredung zu derselben" kommt doch wenigstens hie und da vor, und schon die „vermuthete" Vorbereitung einer solchen Verabredung wird als ein Verbrechen betrachtet. Ueberdieß versucht es manchmal der Eine oder der Andere unter der jüngern Nigger-Generation sich nächtlicher Weile und ohne Erlaubniß auf eine benachbarte Plantage hinüber zu schleichen, um dort einer von ihm geliebten Niggerin seinen Besuch abzustatten, und natürlich ist ein solcher Versuch ebenfalls straffällig. Doch auf welche Weise werden nun alle diese Vergehen abgestraft? Immer und immer nur mit körperlicher Züchtigung!

Die gewöhnlichste Art dieser Züchtigung ist „die Strafe des Peitschens" und nur in schwereren Fällen greift man zu härteren Torturen. Die Peitsche kann als ein künstliches Stück Arbeit gelten und besteht aus einem kurzen, kaum zwei Fuß langen schweren Stiel, dessen Handhabe noch überdieß meist mit Blei gefüllt wird. An diesem Stiel hängt eine aus schmalen Streifen hart gegerbter Bockshaut fest geflochtene Schnur, welche oben am Stiel beinahe die Dicke eines Daumens hat, unten an der Spitze aber ganz dünne wird, und zuletzt in eine aus gezwirnter Nähseide geflochtene Treibschnur ausläuft. Die Länge der Treibschnur beträgt nur neun bis zehn Zoll, die der ganzen Peitschenschlinge aber zehn bis eilf Fuß, und man kann sich daher wohl denken, daß die Handhabung eines solchen Instrumentes eine gar große Uebung erfordert. Ebendeßwegen exerciren sich auch die Herren Overseers „in der Kunst, die Peitsche zu führen", viele Monate, ja Jahre lang, bis sie es endlich zur Virtuosität bringen, und sie haben zu diesem Zwecke in ihrem Privatissimum an einem Nagel in der Zimmerdecke eine ausgestopfte Figur hängen, welcher sie Hosen von Hirschleder anziehen. An dieser menschenähnlichen Figur nun, welche sich, weil freihängend, nach jedem Hiebe bewegt, üben sie sich in ihren Feierstunden insbesondere Sonntags, und erst wenn sie so weit gekommen sind, daß sie eine Fliege, welche sich auf irgend einem beliebigen Theile des Pseudomenschen niedergelassen hat, zu treffen verstehen, dürfen sie sich rühmen: „Scientific Whippers" (dieß ist die wissenschaftliche Bezeichnung für die Sache) d. h. „kunstgerechte Peitscher" geworden zu sein. Dann aber, wenn ein Overseer eine solche Geschicklichkeit erlangt hat, wird ihm ein Fehlhieb

gar nie vorkommen, sondern er trifft vielmehr immer ge=
nau den Fleck, den er treffen will, und auf jeden Hieb
durchschneidet die seidene Spitze das Fleisch des Schlacht=
opfers so haarscharf und sicher, wie das feinst geschliffene
Messer. Ein Neuling, oder überhaupt „ein Laie im
Handwerk", könnte vielleicht einem Nigger mit einem ein=
zigen Hiebe ein Auge ausschlagen, so daß der Schwarze
hieburch um Hunderte von Thalern weniger werth würde,
und jedenfalls wäre er nicht sicher, ob seine Hiebe den
Getroffenen nicht auf Wochen in's Bett und auf die Kran=
kenliste, wodurch dem Herrn ein bedeutender Schaden er=
wüchse, bringen würden; allein ein „Scientific Whipper"
läßt sich eine derartige Tollpatschigkeit nicht zu Schulden
kommen, sondern applicirt dem zu bestrafenden Nigger nur
solche Hiebe, welche „als unschädlich" betrachtet werden
dürfen. „Unschädlich" sagen wir, denn wenn auch ein
Peitschenhieb Haut und Fleisch bis auf den Knochen durch=
schneidet, so daß der Getroffene vor wahnsinnigem Schmerz
laut aufheult, so hindert eine solche Wunde denselben doch
nicht am Gebrauche seiner Glieder und überdieß läßt sie,
wenn wieder geheilt, fast keine Spuren zurück. Sieht man
nun ein, warum ein Overseer auf seine Fertigkeit in der
Führung der Peitsche fast noch stolzer ist, als ein Pisto=
lenschütze auf die Kunst, ein Licht mit der Kugel zu schneutzen,
ohne die Flamme auszulöschen?

Was nun die Anwendung der Peitsche betrifft, so
findet dieselbe beinahe tagtäglich statt, denn jede Nach=
lässigkeit eines Niggers zieht wenigstens einen, wenn nicht
zwei Hiebe nach sich. Etwas schwerere Vergehen werden
mit drei oder vier, Diebereien und Widerspenstigkeiten
aber mit sechs oder noch mehr Hieben geahndet. Ueber

zwanzig Streiche „auf einen Sitz" applicirt der Overseer jedoch nur äußerst selten oder gar nie, aus Furcht, es könnte eine solch' harte Strafe der Gesundheit schaden, denn hierauf natürlich, d. h. auf die „Nichtentwerthung" eines Sclaven, sowie auf seine „immerwährende Arbeits= befähigung" muß vor Allem Rücksicht genommen werden. In der Hitze der Leidenschaft mag hie und da etwas ge= schehen, was besser unterbliebe; allein auf „besseren" Plan= tagen wird gar kein „leidenschaftlicher" Overseer angestellt. Im Allgemeinen also wird sich das Maaß der Strafen, welche den Negern zuertheilt werden, nach der Bildungs= stufe des Herrn richten, welcher die Plantage eignet, so= wie auch nach den Sitten und Gebräuchen des Staates, in welchem derselbe lebt, und je mehr ein Pflanzer darauf Anspruch macht, ein Mitglied der feinen Gesellschaft d. h. ein Gentleman zu sein, um so weniger wird er erlauben, daß man seine Neger bei jeder Gelegenheit züchtige. Im Gegentheil weist ein Solcher seinen Overseer meistentheils an, die Strafen bei den Negern „zusammenkommen" zu lassen, d. h. die verschiedenen vorgekommenen Fehler, Nach= lässigkeiten und Vergehen alle Abende zu notiren und dann einmal in der Woche, also etwa am Samstage, einen gro= ßen Straf= und Gerichtstag abzuhalten. Das ist das beste und gerechteste Verfahren, und gerade auf den Pflan= zungen, wo dieser Brauch eingeführt ist, fühlen sich die Neger am wohlsten, denn ein Sclave kann, wenn er heute durch Leichtsinn oder Faulheit einen Fehler beging, densel= ben morgen durch Fleiß und sorgfältige Arbeit wieder ausgleichen und demnach erlebt man es nicht selten, daß der eine oder der andere Nigger auf einer solchen Plan= tage durch zehn Jahre hindurch nicht gepeitscht wurde.

Ob aber auch nur Einer aus der Sclavenbevölkerung „für sein ganzes Leben" total ohne Hiebe durchkommt, möchten wir doch sehr bezweifeln.

Härtere Strafen als die Peitschenstrafe kommen nur in schwereren Fällen, also bei größeren Diebstählen und besonders bei Entweichungsversuchen vor. Sobald nemlich ein Oberaufseher sich überzeugt zu haben glaubt, daß ein Sclave durchzubrennen beabsichtige, legt er ihm sogleich Fußeisen und Handfesseln an. Möglicherweise steckt er ihn auch in die sogenannten „Stocks", oder wendet er die „Neck-Yokes" an, lauter Tortur-Instrumente, welche er in seiner Spaßhaftigkeit „Jewelry" oder „Geschmeide" zu nennen pflegt. Die Fußeisen und Handschellen kennt der Leser ohne Zweifel wenigstens vom Hörensagen und wir brauchen daher keine Beschreibung derselben zu geben; um so unbekannter dagegen dürfte man in Deutschland mit den „Neck-Yokes und Stocks" sein, denn diese dürfen mit Recht als eine ureigenthümliche Erfindung der amerikanischen Sclaven-Aufseher bezeichnet werden. Erstere, die „Neck-Yokes" oder „Nacken-Joche" sind eine Art hölzerner Ochsen-Joche mit eisernen Ringen, zwischen welche der Nigger seinen Hals stecken muß, und wiegen immerhin ihre dreißig bis vierzig Pfund. Trotzdem nun aber ein Mensch, der einen solchen „Schmuck" zu tragen gezwungen ist, sich nur äußerst mühselig und schwerfällig bewegen kann, so wird er vom Overseer dennoch genöthigt, seine ganze gewöhnliche Arbeit zu verrichten, und wenn er je einmal nachlässig werden sollte, so geben ihm tüchtige Peitschenhiebe die nöthige Aufmunterung. Noch grausamer sind die „Stocks" zu deutsch die „Klötze". Diese bestehen eigentlich aus nichts anderem, als aus einem dicken, breiten eichenen Brette oder vielmehr aus einer unzerbrechlichen Diele, in welcher sich drei ein halb Fuß hoch vom Boden ein rundes Loch befindet, das groß genug ist, um Kopf und Hals eines Menschen durchzulassen. Wird nun der Nacken des zu Strafenden hier hinein gezwängt, so muß der arme Geselle natürlich ganz krumm gebückt stehen und schon „dieses Gebücktstehen" verursacht nach kurzer Zeit große Schmerzen. Damit ist aber der grausame Overseer noch nicht zufrieden, sondern er bringt vielmehr im Rücken seines Opfers noch ein anderes ähnliches Brett an, das mit zwei kleineren Löchern versehen ist, und durch diese zwei Löcher nun werden die Hände des Negers gesteckt, um sie sofort mit festen Stricken zusammen zu binden. Eine solche Stellung hält auch der kräftigste Mensch nur wenige Stunden aus, und die gewöhnliche Folge ist, daß er in Convulsionen und Krämpfe verfällt, welche seinem Leben bald ein Ende machen müßten, wenn man ihn nicht sofort losschnallte. Letzteres geschieht aber natürlich augenblicklich, sobald die Convulsionen eintreten, denn man will den Sclaven nicht „tödten", sondern blos „strafen". Zu bemerken ist noch, daß die Stocks, weil der Neger bei Tage arbeiten muß, stets nur zur Nachtzeit an= gewandt werden, und daß daher immer ein anderer Sclave bei dem Sträfling wachen muß, um den Overseer sogleich zu benachrichtigen, wenn die Krämpfe sich einstellen. Noch andere Strafen sind die sogenannten „Fußschrauben" oder das „Aufziehen am Daumen", zwei Tortur=Arten, die auch in Deutschland früher bekannt waren; allein man wendet sie längst im ganzen Süden nirgends mehr an, und, um die Wahrheit zu sagen, greift man auch nur in den äußerst seltensten Fällen zu den Stocks und Neck=Yokes. Ja sogar die Handschellen und Fußeisen kamen auf den meisten

Plantagen schon vor Jahren außer Brauch, denn selbst
der grausamste und jähzornigste Pflanzer denkt daran, daß
das Nachschleppen solcher eiserner Gewichte einen Neger
krank oder doch unfähig zur Arbeit machen muß, und —
kranke oder schwächliche Sclaven können einem Pflanzer
nichts nützen! Nur allein wenn ein Sclave sich flüchtig
gemacht hat, giebt es keine Gnade. Dann werden die Blut=
hunde losgelassen, welche augenblicklich die Spur des
schwarzen Wildes verfolgen, und nun beginnt eine Hetz=
jagd, von der man bei uns keinen Begriff hat. Hunderte
betheiligen sich daran und durch Dick und Dünn, bei
Sturm und Wind, bei Tageslicht oder Dunkelheit geht's
vorwärts, den suchenden Bluthunden nach. Wehe aber dem
armen Verfolgten, wenn er erwischt wird, denn entweder
muß er sein Leben auf der Stelle lassen, oder wird er so
mißhandelt, daß die Narben der empfangenen Schläge,
Schüsse, Hiebe und Risse, Zeitlebens an ihm sichtbar blei=
ben! Das „Fliehen" ist ja das ärgste Verbrechen, welches
ein Nigger begehen kann, und ebendeßwegen wird es als
keine Grausamkeit angesehen, wenn man einen solchen
„vogelfreien Höllenbraten" auf der Stelle wie einen Hund
niederschießt! In jeglicher anderen Beziehung aber wird zu=
gegeben werden müssen, daß sogar auf den heruntergekom=
mensten Pflanzungen die Behandlung der Schwarzen eine
keineswegs so furchtbar grausame ist, als man sich in
Europa gewöhnlich einbildet. Umgekehrt jedoch ist auch der
Satz richtig, daß alle Milde der Behandlung, selbst auf
den besten Pflanzungen, nicht etwa davon herrührt, weil
man „human" verfahren will, oder weil man dem Leib=
eigenen das „gesetzliche" Recht zugesteht, auf eine humane
Behandlung Anspruch machen zu dürfen, sondern nur allein

davon, daß man sein Eigenthum gesund, kräftig und preis=
würdig erhalten will!

So schmählich nun aber auch in dieser Beziehung der
schwarze Leibeigene im ganzen Süden dasteht, so ist doch
die Art und Weise, wie man den Neger „erzieht", noch
weit schmählicher. Von sittlicher und geistiger Ausbildung
desselben weiß man nemlich im ganzen Süden durchaus gar
nichts. Ein Sclave ist ja nur dazu da, um zu „arbeiten"
oder sich überhaupt so viel als möglich „nutzbar zu ma=
chen", und somit glaubt man allerdings für sein körper=
liches Wohlbefinden die größte Fürsorge treffen zu müssen,
allein alles Weitere wäre vom Uebel und könnte am Ende
statt zum Frommen nur zum Schaden gereichen. „Schul=
unterricht" giebt's also durchaus keinen, und man wird von
allen auf einer Plantage arbeitenden Negern auch nicht
Einen treffen, der vom Lesen und Schreiben oder gar vom
Rechnen und anderen dergleichen Dingen nur das Geringste
verstände. Lesen und Schreiben! Da könnte ja ein Nigger
sich selbst einen Paß schreiben und damit durchgehen! Man
muß nemlich wissen, daß ein jeder Sclave, der irgend
wohin (vielleicht im Auftrage seines Herrn) über die Plan=
tage, zu welcher er gehört, hinausgehen will, entweder vom
Herrn selbst oder doch vom Overseer, zum Beweise, daß
er Erlaubniß hat, von Hause abwesend zu sein, einen
Paß oder Ausweis besitzen muß, und daß jeder Weiße, er
mag sein, wer er will, nicht blos berechtigt, sondern sogar
verpflichtet ist, einem Neger, der ihm wandernd begegnet,
den besagten Ausweis abzufordern und ihn sofort, wenn
derselbe mangelt, selbst mit Gewalt in Verhaft zu nehmen,
— wie könnte man also so thöricht sein, einen Schwarzen
im Lesen und Schreiben unterrichten zu lassen, da sich ja

der Bursche dann seinen Ausweis mittelst der gefälschten Unterschrift seines Herrn selbst anzufertigen im Stande wäre?
Ueberdieß muß man nicht schon ohnehin vorauszsetzen, daß
ein Sclave, der im Stande wäre, Bücher zu lesen, bald
über die Erbärmlichkeit seines Daseins in's Klare käme,
und es also in der Sclaverei nicht mehr aushielte, sondern
auf jede Gefahr hin durchgienge? Kurz also, vom Lesen-
und Schreibenlernen darf beim Nigger keine Rede sein,
und (aus denselben Gründen) ebensowenig von moralischer
oder religiöser Ausbildung. Wo in aller Welt käme es
also vor, daß man den Niggern auf einer Plantage die
Erlaubniß ertheilte, in die nächstgelegene Stadt zur Kirche
zu gehen, und welcher Pflanzer wäre gar so thöricht, daß
er seine Sclaven zu einem solchen Gange „anhielte?" Ein
Schwarzer braucht nichts zu wissen, als daß er zum „arbeitenden Menschenthiere" geboren ist, und am Seelenheile
der „rußigten Satanskinder" (so nennt sie der Oberseer
gewöhnlich) ist ganz und gar nichts gelegen. Aber freilich,
der Sinn für Gehorsam und Unterwürfigkeit sollte doch in die
Nigger „hineingepumpt" werden, und darum läßt ein ordentlicher Plantagenbesitzer vier- oder fünfmal das Jahr hindurch
einen Prediger auf sein Besitzthum kommen, welcher der
schwarzen Brut das Wort Gottes zu verkünden hat. Doch
worin besteht nun dieses Wort Gottes? In der Predigt vom
Esau, welcher sein Erstgeburtsrecht um ein Linsengericht ver-
schacherte, und in dem Nachweis oder vielmehr in der Behauptung, daß die schwarzen Menschenkinder sämmtlich
Nachkommen des Esau und demnach zu Sclaven geboren
seien! In diesem Sinne muß der Geistliche predigen, oder
seine Freiheit, sein Wohlergehen und sogar sein Leben steht
in Gefahr denn vor nichts hat der Plantagenbesitzer mehr

bange, als vor dem Gedanken, seine Sclaven könnten ein=
mal zu dem Bewußtsein ihrer Lage kommen und aufrüh=
rerisch gestimmt werden. Gedenkt er doch unwillkürlich
hiebei der wahnwitzigen Gräuelscenen, welche seiner Zeit
auf Sanct Domingo vorfielen, wohl wissend, daß dieselben
Gräßlichkeiten auch in den südlichen Sclavenstaaten sich
wiederholen müßten, wenn einmal das schwarze Element
entfesselt und losgelassen wird! Darum geht auch all' sein
Streben dahin, die Neger in dem Zustande der Rohheit
und Stupidität zu erhalten, in welchem sie für jetzt noch
befangen sind, und wahrhaftig, davor braucht er keine Angst
zu haben, daß etwa der von ihm herbeicitirte Prediger die
Nigger eines Besseren belehre, denn die Geistlichen des
Südens sind ja zum größten Theile selbst Sclavenhalter,
und blasen also ganz in's Hörnlein der Baumwollenbarone.
So wird denn die Bibel dazu benützt, um den schwarzen
„Belialskindern“ den Segen der Sclaverei begreiflich zu
machen, und nie und nimmer fehlt es in jenen gloriosen
Predigten an dem Beweise, daß Gott selbst das Institut
der Leibeigenschaft geschaffen habe. Besonders aber unter=
läßt es die fromme Schwarzkutte nie, den Niggern vorzu=
stellen, wie sie allein ihrem Herrn Nahrung und Kleidung
verdanken, und wie sie ihm also dafür den tiefunterthänig=
sten Gehorsam und die hundewedelndste Verehrung schuldig
seien. Natürlich! Denn, wenn Einer auf diese Art pre=
digt, so wird er vom Edelherrn zur Tafel gezogen und er=
hält ein hübsches Trinkgeld mit auf den Weg; im umgekehr=
ten Falle aber liefe er Gefahr, mit den Hunden von der
Pflanzung fortgejagt zu werden. Wie wird es nun aber
unter so bewandten Umständen mit dem Christenthum der
armen Schwarzen stehen? Der Leser kann es sich denken!

Getauft werden sie; aber Christ ist keiner! Ja man weiß eigentlich gar nicht, was sie für eine Religion haben! Den reinen alten Fetischglauben nemlich, den ihre Väter oder Großväter mit aus Afrika herüber brachten, haben sie keineswegs mehr, sondern nur noch Bruchstücke davon; allein nun mischen sie diese Bruchstücke mit den europäischen Sagen von Zauberern und Hexen so wundersam toll zusammen, daß ein ganz neuer Fetischmus entstand, welcher an Aberglauben und Unsinn Alles übertrifft, was in dieser Richtung in der Welt existirt!

Auf diese Art, halb Thier halb Mensch, leben im südlichen Theile Nordamerikas mehr als drei und eine halbe Million Neger. Sie alle gehören nur „einer und derselben Gattung" von Sclaven an, nemlich der Gattung der sogenannten „Feldsclaven", d. h. derer, welche die Baumwolle, den Indigo, den Reis, den Tabak und den Zucker zu bauen haben. Eine ganz andere Gattung jedoch bilden die „Hausclaven", sowie die sogenannten „ausgemietheten Neger", und obwohl diese beiden letzten Spezies an Zahl verhältnißmäßig nicht sehr stark vertreten sind, denn es mögen ihrer zusammengenommen kaum mehr als achtmalhunderttausend sein, so müssen wir ihnen doch noch einen besondern Anhang widmen, da sonst der Leser das Niggerleben im Süden nicht „in allen seinen Theilen" kennen lernen würde. Sehen wir also zuerst nach den „Hausclaven" im engern Sinne des Wortes!

Im ganzen Süden Nordamerikas kennt man keinen weißen Diener und keine weiße Dienerin. Ein Angloamerikaner, ein Franzose, ein Deutscher, ja selbst ein Irländer müßte sich vor Scham verkriechen, wenn er sich so weit heruntergäbe, einem andern „seines Gleichen" und

„feiner Race" aufzuwarten oder körperliche Dienste zu thun.
Ueberdieß, wenn sich auch vielleicht ein Irländer oder eine
Irländerin fände, die sich zu einem solchen Dienste hergäbe,
so könnte sich doch die weiße Herrin und der weiße Herr
nicht darein schicken, von weißen Händen Leistungen anzunehmen, die sich einmal nach südlichen Begriffen „für den
Freien" nicht ziemen. In den nördlicher gelegenen Sklavenstaaten, d. h. in denen, welche an die freien Staaten grenzen (also in Delaware, Maryland, Nordvirginien,
Kentucky und Missouri) sind allerdings deutsche oder irländische Dienstmädchen, sowie auch männliche weiße Arbeiter
nichts besonders Seltenes; allein es kommt dieß daher,
daß die Sclaverei dort nur sehr schwach vertreten ist, indem der Grund und Boden zum großen Theil Familien
angehört, welche gar keine Sclaven halten. Wir wissen
ja aus dem früher Gesagten schon, daß die genannten
Staaten fähig sind, die meisten Erzeugnisse der gemäßigten
Zone hervorzubringen, und daß es demnach dem Farmer
des Nordens möglich war, bis hierher vorzubringen und
das von ihm erkaufte Land auf dieselbe Weise zu bebauen,
wie das Land in den freien Staaten. Hiedurch haben
diese Staaten einen ganz andern Charakter angenommen,
einen Charakter, welcher sich mehr und mehr dem der weiter
nördlich gelegenen Gegenden, in welchen gar keine Sclaverei
geduldet wird, nähert, und es kann uns daher nicht Wunder nehmen, wenn es in Maryland, Missouri und so weiter
viele Familien mit ihrer Dienerschaft gerade so halten, wie
die Bewohner Pennsylvaniens oder New-Yorks. Etwas
ganz Anderes dagegen ist es in den Baumwollenstaaten,
in welchen alles Land den Sclavenbesitzern gehört. Hier
schändet jede persönliche Dienstleistung den Weißen; denn

wozu hätte man sonst den Nigger, d. i. das menschenähn=
liche Gethier, welches zum „Dienen" geschaffen wurde?
Somit besteht die ganze Dienerschaft eines Hauses, absonder=
lich eines Herrenhauses, nur allein aus Niggern, und es ließe
sich ein Plantagen=Besitzer um keinen Preis von jemand
Anderem bedienen, als nur allein von seinem schwarzen
Kammerdiener. Ebenso hält's die „Edelherrin" mit ihren
Zofen und Kammerfrauen, und auch die Söhne und die
Töchter des Herrenhauses wissen es nicht anders. Jedes
Mitglied der Familie hat seinen eigenen schwarzen Leibdiener,
und sogar der Hauslehrer und die Gouvernantin, wenn
solche Individuen da sind, werden je mit einem eigenen
farbigen Aufwärter bedacht. Ebenso hält man es mit den
Gästen, welche längere Zeit bleiben, und es ist mit einem
Worte die ganze Bedienten= und Zofenwelt, also auch der
Stand der Reitknechte, der Kutscher, der Tafeldecker u. s. w.
u. s. w. aus dem schwarzen Volke gebildet. Natürlich
gestaltet sich nun aber das Schicksal eines Niggers, welcher
in den unmittelbaren Dienst der kleinen Hofhaltung des
Baumwollenbarons berufen ist, ganz anders als das Loos
des Feldsclaven, welchen der Herr kaum sieht und oft nicht
einmal mit Namen zu nennen weiß. Den letzteren kauft
man, wenn man ihn braucht, und verkauft ihn wieder,
wenn er unnütze geworden ist. Ueberdieß steht er nie un=
mittelbar unter dem Herrn oder einem Mitglied des Her=
renhauses, sondern vielmehr unter dem Sclavenaufseher
und seiner grausamen Ruthe. Der erstere aber, der
Haussclave, hat es nur mit dem Besitzer und der Be=
sitzerin der Plantage, nur mit dem jungen Herrn oder dem
Edelfräulein oder einem andern Angehörigen des Herren=
hauses zu thun, und dem Overseer steht keine Gewalt

über ihn zu. Seine „Stellung" ist also eine ganz
andere, als die des Feldsclaven, da er von Niemanden
Befehle anzunehmen hat, als nur allein von dem, den er
bedient. Eben deßhalb aber wird auch seine „Behand=
lung" eine ganz andere sein, da sich ja der Plantagen=
Besitzer mit seiner ganzen Familie und allen seinen Gästen
zu der aristokratischen Welt, d. h. zu der Classe der „allein
Gebildeten" rechnet und auch fast ohne Ausnahme dazu
gerechnet werden muß. Wie dürfte es sich aber ein Gentle=
man erlauben, seine Sclavenbedienten zu malträtiren? Es
wäre dieß eine Gemeinheit, so gut als eine Thierquälerei
eine Gemeinheit ist! Ueberdieß — hört nicht der Hausclave
Alles, was in der Familie gesprochen wird? Sieht er nicht
Alles, was daselbst vorgeht? Ist er nicht mit dem jungen
Herrn oder der jungen Lady aufgewachsen, gerade wie sein
Vater mit dem alten Herrn und seine Mutter mit der
verstorbenen Lady aufwuchs, und kennt er also nicht alle
die kleineren oder größeren Geheimnisse, welche es in einer
jeden Familie giebt? Weiter — gehörte nicht schon sein
Großvater in's Haus und ist nicht seine ganze Generation
mit dem Herrenhause so sehr verwachsen, daß er sich gar
nicht anders denken kann, denn als ein Mitglied der Fa=
milie? Ja haben sich nicht aus diesen und andern Grün=
den der Herr und die Dame des Hauses so sehr an ihn
gewöhnt, daß sie ihn nicht nur nicht mehr entbehren können,
sondern daß es ihnen sogar wahrhaft nahe gehen würde,
wenn z. B. dem alten Herrn sein „Sokrates oder Apollo",
dem jungen Herrn sein „Cäsar oder Cicero", der Lady
ihre „Phillis oder Diana", der Miß (dem Töchterlein des
Hauses) ihre „Lais oder Minerva" sterben würde? Der
Hausclave oder die Hausclavin sind also (wie wir bereits

in dem Aufsatz „über den Baumwollenbaron" andeuteten) weniger Sclaven im stricten Sinne des Worts, als vielmehr vertraute Kamerdiener oder Kammerfrauen, und daher kommt es auch, daß sie eine Anhänglichkeit an ihre Herrschaft haben, welche man in Europa lediglich nicht begreift. Diese Anhänglichkeit geht nemlich so weit, daß sich ein Hausclave von seinem Herrn selbst nicht um den Preis der Freiheit trennt; im Gegentheil, man hat Hunderte von Beispielen, daß ein solcher Nigger, wenn er mit seinem Herrn in einem freien Staate reiste und hiedurch das Recht bekam, sich von nun an als freien Mann zu betrachten, dessenungeachtet von der Freiheit keinen Gebrauch machte, sondern vielmehr dem Pflanzer wieder auf die Plantage zurückfolgte. Ja sogar dann, wenn es hie und da schon der Gesellschaft der Abolitionisten, als den geschworenen Feinden der Sklaverei, gelang, einen Hausclaven „zum Durchbrennen" nach dem Norden, d. h. in die Freiheit, zu veranlassen, kam die Reue fast regelmäßig über ihn, und er kehrte, sobald sich die rechte Gelegenheit fand, mit Lust und Freude in die Gefangenschaft zurück. War sie ihm doch als liebe Heimath mehr werth, als das Athmen in einem freien Lande! In der That aber, — kann man ihm eine solche Denkungsweise verübeln, da er ja, wenigstens in materieller Beziehung, sich meist weit besser stellt, als der freie Diener des freien Herrn in einem der freien Staaten? Seine Arbeit ist gering, fast für nichts anzuschlagen; die Behandlung ist sanft, sogar vertraulich, und über Essen und Trinken kann er sich noch weniger beklagen, da er ja den Abtrag von des Herrn Tische erhält. Somit mag ihm allerdings, theoretisch betrachtet, die Freiheit fehlen, aber die praktische Freiheit oder vielmehr das praktische Wohlergehen besitzt er in vollem Maße. Von körperlicher Mißhandlung weiß er kaum etwas, denn wenn je eine Strafe für ihn nöthig wird, so verhängt sie der Herr oder die Herrin selbst, und diese natürlich züchtigen nicht mit der Rohheit des Overseers, sondern vielmehr mit „gebildeten" Händen! Die härteste Strafe für ihn ist übrigens nicht körperliche Züchtigung (denn was kann ihm an ein paar Ohrfeigen, einem gelinden Rippenstoße oder was dergleichen mehr ist, viel liegen?) sondern vielmehr die Drohung, zu den Feldsclaven verstoßen zu werden. Eine solche Strafe betrachtet er gerade so, wie der Russe eine Verbannung nach Sibirien, und er würde sicherlich die allerhärtesten Schläge oder gar die Neck-Yokes und Stocks einer solchen Exilirung vorziehen. Zum Glück für ihn jedoch kommen solche „Verstoßungen" nur äußerst selten oder vielmehr nur dann vor, wenn der Haussclave sich „unverbesserlich" zeigt, d. h. wenn er eine üble Gewohnheit oder schlimme Eigenschaft, vielleicht eine perpetuirliche Trägheit oder eine noch schlimmere Hinneigung zur Dieberei und Nascherei, die ihm besonders gern eigen zu sein pflegt, nicht abzulegen vermag. Noch seltener sind die Verkäufe von Haussclaven, denn für gewöhnlich wird die ganze Familie eines solchen Niggers vom Jungen bis zum Greise, vom lallenden Mädchen bis zur alten Matrone, „als unveräußerliches Gut des Herrenhauses" betrachtet. Ja, es ist der Stolz nicht blos des Sclaven, sondern auch des Herrn selbst, daß ihre Großväter und Urgroßväter einander schon angehört haben, und es müßte ein Plantagen-Besitzer gar furchtbar tief herabgekommen sein, wenn er einen der Diener des Hauses, dessen Mutter oder Großmutter vielleicht seinen eigenen Vater oder Großvater auf den Armen getragen, um schnöden Gelderwerbs willen auf den Markt brächte. Wie könnte es also unter solchen Umständen einen Hausclaven nach der Freiheit, die ihm seiner Bildungsstufe gemäß eine ganz unbekannte Größe ist, gelüsten?

So steht es mit den Hausclaven, etwas anders aber ist es mit den sogenannten „ausgemietheten Sclaven", welche wir fast durchweg nur allein in den Städten des Südens zu suchen haben. In diesen nemlich (Dörfer, d. h. Gemeinschaften von Bauern, welche das Land bebauen, gibt es in den südlichen Staaten keine, weil der ganze Grund und Boden den Plantagenbesitzern gehört) leben viele reiche Leute, welche ihr Vermögen in „Sclaven" hinein stecken, gerade wie ein Anderer sein Geld in einem kaufmännischen Geschäft, in Häusern oder auch in Werthpapieren anlegt. Wir könnten derartige reiche Leute auch mit einem Stallmeister vergleichen, welcher sein Capital zum Erwerb eines Leibstalles verwendet, denn ein solcher hält seine Pferde, nicht um selbst darauf zu reiten, sondern vielmehr um sie „auszuleihen", und gerade so und nicht anders macht es auch ein Städter, der „in Sclaven" speculirt. Er „leiht seine Nigger aus", um sein Geld statt auf sechs oder zehn, auf zwanzig oder dreißig Prozent zu bringen! An Leuten aber, welche Sclaven miethen wollen, fehlt es nie, sondern im Gegentheil die Nachfrage ist immer sehr stark. Im ganzen Süden nemlich gibt es, wie wir schon oben bemerkten, keine weiße freie Diener, da sich ein jeglicher Weißer brandmarken würde, wenn er sich zu einem solchen Posten hergäbe, und darum sind z. B. in einem Hotel, einem Kaffeehaus, einer Badeanstalt u. s. w. alle Bediensteten ohne Unterschied Sclaven. Der Koch ist's ebenso gut als der Aufwärter, die Garderobeaufseherin wie die Wäscherin, der Marqueur wie der Zimmerkellner, und sogar die höheren Posten, wie eine Oberkellnerstelle, werden ohne Ausnahme nur von Farbigen verwaltet. Gerade ebenso steht es mit den Ausläufern und Hausknechten der kaufmännischen Geschäfte, sowie mit den Arbeitern in den Docks, an den Werften u. s. w., und die Diener und Dienerinnen der Privatleute, sowie die Kutscher und Portiers gehören ebenfalls nur allein der schwarzen Race an. Ja selbst die meisten Handwerker, als da sind die Schmiede, die Schreiner, die Barbiere u. s. w. u. s. w. können keine andere Gehülfen bekommen, als nur allein Nigger! Nun versteht es sich aber von selbst, daß nicht Jedermann so viel Geld besitzt, um die ihm nöthigen Schwarzen zu kaufen, sondern gar Viele sind darauf angewiesen, die Hände, deren sie bedürfen, zu „miethen", und zahlen dann für einen solchen gemietheten Sclaven „so und so viel" per Tag, per Woche, per Monat, per Jahr. Diesen Gehalt aber bezieht der Sclaveninhaber und stellt sich dabei gewöhnlich sehr gut, da schon für einen gewöhnlichen Diener selten unter dreißig bis vierzig Dollars nebst freier Station im Monat Miethzins bezahlt wird. Theurer natürlich sind die Nigger, welche sich nicht blos auf die gröbere Arbeit, also auf das Lasttragen u. s. w. verstehen, sondern welche mit Pferden umzugehen, das Rasiermesser zu handhaben, oder gar die Servirkunst auszuüben wissen. An einer Verlockung, Miethsclaven zu halten, fehlt es also nicht; allein damit der Sclave einen „Impuls" habe, recht fleißig zu sein und recht viel zu verdienen, nimmt ihm sein Herr nur eine gewisse, im Voraus unter ihnen abgemachte Summe ab, und den Ueberverdienst darf dann der Nigger in die

Tasche stecken. Allerdings hätte der Herr das vollkommenste
Recht, „Alles" zu nehmen, was der Sclave verdient, aber
wenn er dieß thäte, würde dann nicht der letztere am
Ende lässig? Oder würde er es nicht wenigstens unter=
lassen „ein Uebriges" zu thun? Darum liegt es nicht
bloß in der „Billigkeit", sondern sogar im „Vortheile"
des Herrn, seinem Sclaven einen Theil des Verdienstes
zu lassen, und eben aus demselben Grunde macht nicht
selten ein städtischer Sclaveneigenthümer einen Contract
mit seinen Niggern oder seinen Niggerinnen, kraft welches
sie ihm jährlich „so und so viel" abzuliefern haben, alle
Ueberschußeinnahme aber als Eigenthum behalten dürfen.
In diesem Fall ist es dem Sclaven gänzlich freigestellt,
ein Geschäft zu treiben, welches er will, und sich nutzbar
zu machen, auf welche Weise es ihm gut dünkt; natürlich
jedoch unter der Bedingung, daß die Arbeit eine „städtische"
ist, d. h. daß der Nigger oder die Niggerin die Grenzen
der Stadt, in welcher der Eigenthümer lebt, nicht über=
schreite. Letzteres ist strengstens verboten, und würde nicht
bloß als ein Fluchtversuch angesehen, sondern auch ebenso
streng geahndet, wie der Entweichungsversuch eines Schwar=
zen von einer Plantage. Trotzdem aber gibt ein Contract
der genannten Art einem Nigger mehr Freiheit, als je
irgend ein anderer Sclave hat, denn er macht ihn in ge=
wissem Sinne „zu seinem eigenen Herrn". Hat ja doch
ein solcher Sclave „eigenes Vermögen", welches er nach
Belieben zu seinem Nutzen oder Vergnügen verwenden darf!
Ist ja doch sogar in seinem Contracte „der Preis, um
den er sich loskaufen kann," regelmäßig schon zum Voraus
festgesetzt, so daß er jedes Jahr genau weiß, wie viel Zeit
er noch arbeiten muß, um seine Freiheit zu erlangen!

Hieraus folgt, daß der ausgemiethete Sclave auf der freiesten Stufe des Sclaventhums steht, denn es bleibt ihm sogar überlassen, Lesen und Schreiben zu lernen und sich überhaupt so auszubilden, wie es der Beruf, welchen er sich erwählt, mit sich bringt. Außer der wöchentlichen oder monatlichen Geldlieferung an seinen Herrn und außer der Verpflichtung, die Stadt nicht zu verlassen, ist er in allen seinen Bewegungen ungehindert, und, wenn es so ist, sollte man nun nicht meinen, er werde sofort alle seine Kräfte anstrengen, um so schnell als möglich so viel zurückzulegen, als er zur Erlangung seiner vollkommenen Freiheit bedarf? Sicherlich glaubt jeder Europäer, so und nicht anders müsse der Neger denken, und zwar um so mehr, als schon eine fortgesetzte Sparsamkeit von fünf Jahren einem tüchtigen Burschen die Freiheit erwürbe; allein dessen ungeachtet ist jener Glaube „erfahrungsgemäß" ein ganz falscher, denn der Neger denkt nicht an die Freiheit, sondern nur an den Genuß.

Dieß bringt uns auf den letzten Punkt, welchen wir noch bei unserer Schilderung des Sclavenlebens in Nordamerika zu berühren haben, wir meinen den Punkt, wie der Nigger seine Existenz auffaßt. Ohne Zweifel meint der Leser, das Gefühl, ein Leibeigener zu sein, werde auf jeden Sclaven so erdrückend wirken, daß derselbe seine Tage in Jammer und Elend hinbringe; allein um es ehrlich zu sagen, so gibt es im großen Allgemeinen keinen fröhlicheren und leichtsinniger in die Zukunft hineinlebenden Menschen auf der Welt, als einen Negersclaven. Es ist gerade, als ob er sein ganzes Leben hindurch ein gutmüthiges Kind bliebe, und es kann ihn daher schon die geringste Kleinigkeit, auch wenn er gerade erst eine harte

Strafe ausgestanden hat, zum lustigsten Menschen um=
stimmen. Man sollte es kaum glauben, aber deßwegen
ist es doch Thatsache, daß z. B. eine außerordentliche
Fleischration, welche man den Feldsclaven einer Plantage
reicht, oder auch ein Fäßchen Syrup, das man ihnen
spendet, einen gewöhnlichen „Werktag" in einen „Festtag"
umzuwandeln im Stande ist, und ohnehin wird der Samstag
Abend, weil nun die Wochenarbeit vollendet ist, auf fast
jeder Pflanzung gerade so fröhlich hingebracht, als bei uns
zu Lande der Abend einer Kirchweihe oder Hochzeit. Kom=
men aber gar vollends Tage, an welchen mit Erlaubniß
des Herrn vollständig gefeiert, d. h. gar keine Arbeit ge=
than werden darf, wie z. B. am Christtag, am Neujahr,
am Unabhängigkeitsfest (am 4. Juli), an Washingtons
Geburtstage u. s. w., oder auch bei der Hochzeit einer
Tochter des Hauses, bei einer Kindtaufe in der Herren=
familie u. s. w. u. s. w., und wird noch überdieß an
einem solchen Tage eine „Extraremuneration" in Trank
und Speise gegeben, so ist das Vergnügen so groß, daß man
sich bei uns zu Lande ganz und gar keinen Begriff davon
machen kann. Gleich am Morgen versammeln sich dann
die Nigger auf einem freien Platze ihres Dörschens, und
das „Bagno", ein Mittelding zwischen Guitarre und
Zither, wird hervorgeholt, wenn nicht gar eine alte Geige
oder ein anderes derartiges Instrument. Alsobald beginnt nun
das Tanzen, oder vielmehr das Hüpfen und Springen,
und bis tief in die Nacht hinein dauert die Lust, denn
am Tanzen, sowie am Musiciren und Singen kann ein
Farbiger nie genug kriegen. Ja, förmlich ausgelassen
werden diese Naturkinder, und zwar so toll ausgelassen,
daß ihre Fröhlichkeit uns Europäern geradezu verrückt er=

scheint. Alle früher erlittene Unbill ist urplötzlich ver=
gessen und aller Haß über ausgestandene Mißhandlungen
liegt tief im Meere begraben. Was kümmert einen Nigger
das „Gestern" und was kümmert ihn vollends das „Mor=
gen"! Er ist der Mann der Gegenwart und diese sucht er
sich so angenehm als möglich zu machen; für alles Uebrige
aber läßt er seinen Herrn sorgen! So treibt es der Feld=
sclave wie der Haussclave, und der Haussclave wie der
vermiethete Sclave, denn ihre Naturen sind sich durchaus
gleich. Aber glaubt nun noch Jemand, es werde es sich
ein Neger besonders angelegen sein lassen, so viel zu ver=
dienen, daß er seine Freiheit erwerben könne? — Thor=
heit! Ein ächtes Niggerkind denkt nur allein daran, sich
so vergnügt als möglich zu machen! Eines seiner haupt=
sächlichsten Vergnügen aber besteht, neben dem Singen
und Tanzen, „in der Sucht, sich zu putzen". Die Eitel=
keit ist des Negers Hauptpassion, und wenn auch ein
Plantagensclave derselben nicht nachhängen kann, so thut
es um so mehr der ausgemiethete Sclave. Ja ein solcher
geht oft so weit, daß er all seinen Ueberverdienst für eitlen
Tand verwendet, nur um Abends im Tanzhause recht
nobel gekleidet zu erscheinen! Mehr aber noch als der
männliche Neger verwendet die Niggerin auf ihren Putz,
und ihre Eitelkeitspassion ist so stark, daß sie keine Minute
zögert, an Jeden, der ihr einen Antrag macht, ihre Lie=
besreize zu verkaufen, nur um Geld dadurch zu verdienen.
Darum ist auch die Liederlichkeit der ausgemietheten Scla=
vinnen in den Städten des Südens sprüchwörtlich geworden;
allein es denkt deßwegen doch Niemand daran, dieser Lie=
derlichkeit Einhalt zu thun. Was kümmert es den Herrn
der Sclavin, ob das Geld, welches sie ihm allwöchentlich

ober allmonatlich abzuliefern hat, ehrlich und ehrbar oder
als Sündenlohn von Lüstlingen erworben wurde? Was
kümmert es aber vollends die Sclavin selbst, ob sie als
öffentliche Metze gilt oder nicht, wenn sie nur Samstags
auf dem Tanzboden in strotzendem seidenem Kleide und mit
einem elfenbeinernen Fächer in der Hand glänzen kann?*)

So verhält es sich mit dem Sclavenleben in Amerika,
aber — wird es wohl ewig so bleiben? Freilich der Süd=
länder meint's, denn er gibt ja die Sclaverei für den
richtigen „Normalzustand" aus und versichert, daß seine
Nigger selbst keine Veränderung ihrer Lage herbeiwünschen.
Aber eigenthümlich ist doch, daß er diese Versicherung jeden
Augenblick wiederholt, gerade wie wenn er fürchtete, man
schenke ihm keinen Glauben, und noch eigenthümlicher ist,
daß er stets die größten Vorsichtsmaßregeln trifft, um
seine Sclaven in der gewohnten Ordnung zu erhalten; ja
daß sogar in nur halbwegs unruhigen Zeiten auf jeder
Plantage des Nachts vom Herrenhause aus Patrouillen
mit großen Bluthunden an der Seite die ganze Pflanzung
begehen! Sollte dieses letztere etwa geschehen, weil man
fürchtet, die Neger tragen Uebles im Sinne, und wäre
man also wirklich auch im Süden zu der Einsicht gelangt,
daß etwas faul sei im Staate Dänemark, sowie daß die
Widernatürlichkeit der Sclaverei endlich doch zu einem
schlimmen Ende führen werde?

---

*) Zur Ergänzung dieses Artikels wird der Leser gebeten,
das Kapitel: „der Nigger in der Freiheit oder die schwarze Prosti=
tution", sowie auch das Kapitel: „New=Orleans und seine Bevöl=
kerung" mit dem eben Gesagten zu vergleichen.

7.

„Poſten" oder das Duell auf die neue Mode.

Die Art und Weiſe, wie man ſich in Europa duellirt, iſt bekannt. Man ſchießt ſich oder man ſchlägt ſich, d. h. man geht entweder auf Piſtolen oder auf Säbel los, und dann iſt die Geſchichte abgemacht. Einen tödtlichen Aus= gang hat ein ſolches Duell nur ſelten, beſonders wenn man den Säbel oder auch den Stoßdegen, zur Waffe ge= wählt hat, ſondern es kommen vielmehr für gewöhnlich nur Verwundungen vor, die nach einer Kur von vier Wochen höchſtens die Spur von einer kleinen Narbe zurücklaſſen.

Ganz anders dagegen iſt es in Amerika. Hier nem= lich kennt man weder ein Duell auf Piſtolen, noch ein ſolches auf krumme Säbel, und ſowohl ein Yankee als ein Südländer würde im höchſten Grade verblüfft ſein, wenn man ihn auf die in Europa übliche Weiſe zum Zweikampfe forderte. Deßwegen iſt das Duell aber doch eingebürgert, und wenn auch in den nördlichen Staaten derlei „Selbſtrechtverſchaffungen" etwas weniger oft vor= kommen, ſo ſind dagegen die Südländer um ſo mehr bereit, ſtatt mit Gründen der Vernunft — oder mit Beweiſen vor dem Tribunal — mit den Waffen in der Hand ihre

Behauptungen aufrecht zu erhalten. Ja dieselben besitzen sogar ein so feines Ehrgefühl, daß sie über die geringste Kleinigkeit in Wuth gerathen und ihren vermeintlichen Beleidiger in die andere Welt zu schicken bereit sind. Der gewöhnliche Mensch allerdings, d. h. derjenige, welcher nicht zur „feinen Gesellschaft" gehört, läßt es nur selten zu einem wirklichen Duell kommen, sondern nimmt sich vielmehr seine Genugthuung gleich auf der Stelle, d. h. er zieht im selben Momente, in welchem der Conflict entsteht, seinen Revolver — ein Revolver ist eine fünf, sechs oder acht Schüsse enthaltende Drehpistole, — und schießt seinen Gegner ohne Weiteres nieder. Der gebildete und höher stehende Mann dagegen, also der „Gentleman und Baumwollenbaron" hat (obwohl er sich durch seine Heftigkeit nur zu leicht ebenfalls zum Revolvergebrauch hinreißen läßt) eben so gut seinen Comment, als nur irgend ein Studenten= oder Offiziers=Corps in Europa. Dieser Comment heißt „the South Carolina-Code of honor", zu deutsch „die in Süd=Carolina übliche Zweikampfsregel", und ist zwar vielleicht noch nie abgedruckt worden, lebt aber doch in allen Herzen der Ritter der südlichen Staaten, denn man muß wissen, daß Süd=Carolina oder der Palmetto=Staat, wie man ihn gewöhnlich nennt, in der ganzen Sclavenregion für das Urbild der Ritterlichkeit gilt. Was schreibt nun aber dieser Comment vor? Nichts anderes, als das Duell „auf Rifles", oder das auf „Bowie=Messer", oder endlich „das Posten"; lauter Kampfarten, von denen man bei uns zu Lande ganz und gar nichts weiß.

Am meisten Aehnlichkeit mit unserem Pistolen=Duell hat noch der Zweikampf „auf Rifles", denn der Endzweck ist ebenfalls kein anderer, als der, daß man seinem Gegner womöglich vorher eine Kugel in den Leib jagt, ehe man von ihm todtgeschossen wird. Die Waffe dagegen ist keine Pistole, sondern vielmehr eine gut gezogene Büchse, mit der man ganz wohl auf drei= oder vierhundert Gänge sein Ziel zu treffen im Stande ist, obwohl natürlich bei einem Duell von einer „solchen" Entfernung der Gegner keine Rede ist. „Pistolen und zehn Schritte Distance" klingen allerdings recht mörderisch; allein das Fehlschießen kommt dabei weit öfter vor, als das Treffen. Büchsen dagegen finden bei einer Distance von dreißig oder vierzig Schritten ihr Ziel beinahe regelmäßig. Eben deßwegen schreibt auch der Comment vor, daß nicht etwa, wie bei uns, der Be= leidigte den ersten Schuß hat, sondern man drückt vielmehr auf das Commando des Unparteiischen „à tempo" los, ohne daß jedoch das förmliche Zielen verboten wäre, und somit ist das Resultat gewöhnlich keineswegs zweifelhaft, sondern es fällt entweder der Eine oder Andere, wenn nicht gar beide Gegner zum Tode getroffen werden.

Als einen Spaß darf man daher ein „Rifles=Duell" ganz und gar nicht betrachten; allein deßwegen ist doch der Zweikampf auf „Bowie=Messer" noch weit ernsthafter. Dieses letztere Instrument wurde am Ende des vorigen Jahrhunderts von einem edlen Südländer mit Namen James Bowie erfunden, und besteht aus einem kurzen starken Heft nebst einer Klinge, welche genau zwölf und einen halben Zoll lang ist und hinten am Schaft eine Breite von dreiviertel Zoll, auf dem Rücken aber eine Dicke von zwei Linien hat. An der Spitze wird sie zwei= schneidig und erhält dort zugleich eine leichte Krümmung, damit sie, wenn aus der Wunde herausgezogen, um so tödtlicher wirke. James Bowie lebte am Red=River, d. i. am rothen Flusse im damaligen Louisiana=Gebiete, wo es bekanntlich vor siebzig Jahren noch ziemlich wild her= ging, und stand zu einem mexikanischen Creolen, der so zu sagen den Teufel im Leibe hatte, in tödtlicher Feind= schaft. Er befürchtete also, von letzterem gemeuchelmordet zu werden, und legte sich nie schlafen, ohne bis an die Zähne bewaffnet zu sein. Allein in die Länge hielt er ein solches qualvolles Dasein nicht aus, sondern beschloß vielmehr, demselben auf diese oder jene Weise ein Ende zu machen. Demgemäß forderte er seinen Gegner auf Tod und Leben heraus, ließ ihm aber nach ächter Ritterart die Wahl der Waffen. Was that nun der wilde Mexi= kaner? Er erklärte, nur allein auf das von Bowie er= fundene Messer losgehen zu wollen, und zwar sollte Jeder von ihnen in vollkommen nacktem Zustande und mit keiner andern Waffe in der Hand, als dem besagten Bowie= Messer, mittelst eines langen Riemens an einen festen Pfahl gefesselt werden, jedoch so, daß man den Gebrauch seiner Hände und Füße frei hätte und sich in einem Um= kreis von zehn Schritten bewegen könnte, um dem Gegner zu Leibe gehen zu können. Ohne Zweifel glaubte er, James Bowie werde auf einen solchen tollen Zweikampf nicht eingehen; allein hierin irrte er sich vollkommen, denn der ritterliche Amerikaner war sogleich bereit, auf die be= sagte Weise zu fechten. Es wurde also Tag und Stunde ausgemacht und jeder der beiden Duellanten brachte fünf= undzwanzig Freunde mit, die dafür zu sorgen hatten, daß alles mit rechten Dingen zugehe. Man schlug nun in einer Entfernung von zehn Schritten auf offenem Felde zwei feste Pfähle, welche ein einzelner Mann unmöglich ausreißen konnte, in den Boden, zog sodann jedem der beiden Gegner seine sämmtlichen Kleider aus, und fesselte schließlich mit je dreißig Schuh langen ledernen Riemen den Einen an diesen, den Andern an jenen Pfahl. Darauf gab man ihnen die Bowie-Messer in die Hand und der Unparteiische kommandirte: „Los!" Wie die Katzen schlichen sie sofort um einander herum, und Jeder suchte seinem Feinde das Messer in den Leib zu stoßen. Allein so leicht ging die Sache nicht, denn sie waren Beide in der Führung der Waffen äußerst gewandt, und deckten sich überdieß mit dem linken Arme, wie mit einem Schilde. Längere Zeit schien es, als wollte gar nichts Ernsthaftes herauskommen, und obwohl sie beide aus leichten Wunden bluteten, so saß doch kein Stoß tiefer oder gar tödtlich. Endlich aber wurde der Mexikaner wild und jagte dem James Bowie sein Messer tief in den vorgestreckten linken Arm, so daß er ihm Muskeln und Adern zugleich zerschnitt, und nun hielten die meisten Umstehenden den Amerikaner für ver= loren. Doch fiel die Sache gerade umgekehrt aus und eben die tödtlich erscheinende Wunde war es, die denselben rettete. Er hatte nemlich eine so furchtbare Gewalt über sich selbst, daß er es durch das feste Anziehen der Muskeln, in welche sich das Messer eingebohrt hatte, dem Mexikaner unmöglich machte, seine Waffe zurückzuziehen, und nun stieß er demselben, der hiedurch wehrlos geworden war, das eigene Messer so tief in die Brust, daß er alsbald todt zusammensank! Auf diese Art endete das erste Bowie= Messer=Duell und man kann sich nun wohl denken, daß die ritterlichen Südländer diese neue Art zu fechten mit Begeisterung ergriffen, weßhalb auch noch jetzt Zweikämpfe der besagten Art nur zu häufig vorkommen.

Ist nun aber ein Duell auf Rifles „fast" regelmäßig und ein Duell auf Bowie=Messer „ganz" regelmäßig für den einen oder den andern der beiden Theile tobbringend, so muß die dritte Art von Zweikampf, welche man in Amerika im Brauche hat, geradezu „ein Morden" genannt werden. Diese dritte Art ist das sogenannte „Posten", ein Wort, für welches es weder einen deutschen, noch einen französischen, noch einen italienischen Ausdruck gibt. Ja nicht einmal die Engländer wissen, was „Posten" heißt, obwohl das Wort englischen Ursprunges ist! „Post" als Substantiv bedeutet nemlich einen Pfosten oder Pfahl, und als Zeitwort gebraucht heißt es anbinden oder anheften. So sagt man also: „to post a bill", wenn man irgendwo an eine Mauer oder an ein Haus einen Zettel anklebt, und dieses Zettelankleben kommt (wie auch bei uns) bei allen möglichen Gelegenheiten, z. B. wenn Jemand ein Concert gibt oder wenn sich eine Kunstreitergesellschaft produzirt u. s. w. u. s. w., vor. Ganz neu jedoch ist der Gebrauch, welchen man im südlichen Nordamerika (in den nördlichen Staaten weiß man nichts von der Sache) von dem besagten Zettelankleben oder „Posten" macht. Sobald nemlich ein ritterlicher Südländer einen Feind bekommt, den er nicht blos haßt, sondern auch verachtet, und den er daher auf die allerschimpflichste Weise aus der Welt bringen möchte, so thut er ihm die Ehre einer Heraus= forderung nicht mehr an, sondern er schreibt vielmehr alle die Schandthaten und Laster seines Gegners mit großen Lettern auf einen immensen Bogen Papier und klebt diese Schmähschrift irgendwo auf einem öffentlichen Platze an eine Mauer oder ein Haus, an welchem den Tag über recht viele Menschen vorüber kommen. Natürlich bleibt

nun Jeder, der vorüberkommt, unwillkürlich stehen, wenn
er den Zettel sieht, und studirt ihn von oben bis unten,
so daß die ganze Geschichte alsbald in der ganzen Stadt
ruchbar wird. Hieraus folgt mit Nothwendigkeit, daß derjenige, dessen Schande an die Mauer geklebt ist, hierüber
unmöglich lange im Ungewissen bleiben kann. Im Gegentheil wird er von seinen Freunden im Augenblicke davon
benachrichtigt, daß er ein „Geposteter" sei, und nunmehr
weiß er, was er zu thun hat. Alsbald macht er sich —
so schreibt es der Code of honor vor — mit Revolver
und Bowie-Messer, vielleicht sogar mit einer Büchse bewaffnet, auf und geht auf den Platz, an welchem der Zettel
angeklebt ist, um denselben herabzureißen. Allein das Ding
geht nicht so leicht, als man glaubt, denn — so schreibt
es der Code of honor abermalen vor — hart neben dem
Zettelanschlag steht der „Poster" mit der gespannten Pistole
in der einen und mit dem gezückten Messer in der andern Hand,
bereit, den Gegner, sobald derselbe die Hand zum Abreißen
des Zettels ausstreckt, zu erdolchen oder niederzuschießen.
Kaum jedoch sieht dieß der „Gepostete", so macht er ebenfalls von seinen Waffen Gebrauch, und nun geht's an ein
Schießen und Stechen, daß es eine wahre Freude ist. Man
rückt einander auf den Leib und sucht sich gegenseitig so
bald als möglich kalt zu machen; die vielen Umstehenden
aber (denn natürlich zieht ein solch' prächtiges Schauspiel
immer eine Menge von Neugierigen herbei) bilden einen
weiten Kreis, aus welchem die beiden Kämpfer unmöglich
ausbrechen können, und das Ende vom Liede ist fast regelmäßig, daß „Poster" wie „Gepposteter" entweder ganz oder
doch halb todt weggetragen werden. Also verlangt es der
berühmte „South Carolina code of honor", und wehe

dem, welcher feig genug wäre, sich nicht darnach zu richten! Er wäre verachtet sein Leben lang; ja er könnte sogar unmöglich mehr existiren, denn alle Gentlemen würden vor ihm ausspucken. Dennoch kommt es hie und da vor, daß ein „Geposteter" sein Leben mehr liebt, als seine Ehre, und der Leser erlaube uns, ihm einen derartigen Fall zu erzählen, damit er über die ganze Sitte oder vielmehr Unsitte in's Klare komme.

Der besagte Vorfall ereignete sich in Fayette-Ville im Staate Nordcarolina, unweit der Grenze von Südcarolina. Dort lebten zwei junge Männer, die sich persönlich sehr nahe standen, indem der Eine die Cousine des Andern geheirathet hatte; allein deßwegen gab es doch nie einen größeren Gegensatz, als den zwischen Colonel Armstrong und Major Aubry. Letzterer nämlich, dessen Voreltern (wie schon der Name besagt) Frankreich ihr Vaterland nannten, war von feuriger, nobler Gemüthsart, hatte aber dieses sein Temperament vollkommen in seiner Gewalt, und wurde von Jedermann als ein soliber und tüchtiger Bürger hochgeschätzt. Den Titel Major besaß er nicht, weil er ihn etwa auf dem Felde der Ehre verdient hätte, sondern vielmehr, weil er, wie alle Gentlemen des Südens, einen höheren Posten in einem Milizregimente begleitete, und es hinderte ihn dieser Titel also nicht, ein friedfertiges kaufmännisches Geschäft (wenn wir nicht irren, eignete er eine große Holzschneidemühle und verband damit einen Engros-Bretterhandel) zu betreiben. Der Colonel dagegen, ein Mann von kaum dreißig Jahren, verachtete als der Sohn eines reichen Pflanzers, dessen Besitzung nur wenige Meilen von Fayette-Ville entfernt lag, jede kaufmännische Handthierung auf's tiefste, und widmete sein Leben „dem edlen Nichtsthun". Seinen Auf-

enthalt hatte er nur „zeitweise" in der Stadt, indem er
für gewöhnlich auf der Plantage seines Vaters wohnte;
wenn er sich übrigens in Fayette-Ville aufhielt, so trieb er
sich ganz allein mit Gentlemen seines Gleichen herum und
schlug den Tag mit Jagen, Reiten, Spielen, Damenbe-
suchen und was dergleichen mehr ist todt. Das Wort
„Solidität" kannte er so zu sagen nur dem Namen nach,
um so mehr aber die Renommisterei und Bramarbasie, und
ob er gleich ebenso wenig Pulver gerochen hatte, als sein
Vetter Aubry, so pochte er doch auf seine Obristen-Würde,
als wäre das Heldenthum seine Haupteigenschaft. Kurz,
er war, was man sagt, ein Roué oder vornehmer Taugenichts, und wurde deßhalb von dem achtbaren Theil der
Einwohnerschaft mit ziemlicher Geringschätzung angesehen,
während er umgekehrt unter seinen Cumpanen, sowie unter
einem gewissen Theile der Frauenwelt eine um so hervor-
ragendere Rolle spielte. Warum auch nicht? Er hatte ja
Geld im Ueberfluß und fiel noch überdieß durch seine kräftigen Körperformen in die Augen!

Unter solchen Umständen kann man sich wohl denken,
daß Armstrong und Aubry, obwohl sie in naher Verwandtschaft zu einander standen, nur wenig zusammenkamen, indem der erstere am liebsten Kneipen liederlicher Art, sowie
Tanz- und Spielhäuser aufsuchte, während der letztere,
wenn er sein Geschäft abgemacht hatte, im eigenen Hause
bei Weib und Kindern die für ihn angenehmste Erholung
fand. Wollte es übrigens je der Zufall, daß sie sich in
Gesellschaft oder auf der Straße trafen, so grüßten sie sich
nur kalt und wechselten höchstens die allernothwendigsten
Worte. Eines Tages nun begab es sich, daß Aubry in
einem öffentlichen Kaffeehause auf einen Geschäftsfreund zu

warten hatte und gerade daselbst eintrat, als Armstrong mit mehreren seines Gelichters ebenfalls hereinstürmte. Die letzteren stellten sich am Schenktische auf, und Armstrong, welcher wie gewöhnlich den Splendiden spielte, forderte nicht nur seine Cumpane, sondern alle im Zimmer An= wesenden zu einem „Trink", d. h. zu einem gemeinschaftlichen Trunk, auf. Die sämmtlichen Herren folgten der Aufforde= rung; denn es gilt als Beleidigung, dieselbe auszuschlagen; nur allein Aubry, welcher sich mit einer Zeitung in der Hand an's Fenster gesetzt hatte, stand nicht auf, sondern fuhr ruhig fort zu lesen.

„Wollen Sie keinen Trink mit mir nehmen, Master Aubry?" fragte nun Colonel Armstrong mit lauter Stimme.

„Ich danke," erwiederte Aubry, „und ich hoffe, Sie werden mich entschuldigen, da mir meine Gesundheit nicht erlaubt, Morgens schon Brändy zu nehmen."

„Dann nehmen Sie Sodawasser oder was Ihnen sonst beliebt," entgegnete der Andere mit noch lauterer Stimme, der man den verhaltenen Zorn wohl anhörte.

„Ich danke nochmals," versetzte darauf der Major kaltblütig, „bitte aber, es als keine Beleidigung von meiner Seite anzusehen."

„You damned dirty french Puppy, Du gottver= fluchter schmutziger französischer Lümmel," schrie nun der Colonel wüthend, und warf das Glas, welches er in der Hand hielt, nach seinem Vetter, jedoch ohne ihn zu treffen.

Jedermann erwartete jetzt, der Major werde, wie es der Code of honor vorschreibt, einen Revolver aus der Tasche ziehen und auf den Beleidiger schießen, weßhalb auch die Freunde des Letzteren alsbald vorsprangen, um sich zwischen die beiden Kämpfer zu werfen; allein zum größten Erstaunen aller Anwesenden stand Aubry ganz ruhig auf und verließ den Salon, ohne ein Wort zu sagen.

„Der Feigling, der elende, niederträchtige Feigling," brüllte sofort Colonel Armstrong, und seine Kameraden pflichteten ihm, wie natürlich, bei.

„Du mußt den Kerl tüchtig durchprügeln," rief Einer von ihnen; „vielleicht bekommt er dadurch den Muth, sich wie ein Mann zu benehmen."

Hierauf gieng der Obrist augenblicklich ein, denn er glaubte sich nicht bloß seinem Vetter an Körperstärke durch=aus überlegen, sondern hoffte auch, daß dieser als ein Mann des Friedens sogleich nach dem ersten Schlag Fersen=geld geben werde. Somit wurde alsbald das Nöthige ver=abredet, d. h. man beschloß, daß Armstrong dem Aubry, wenn dieser Abends von seinem Comptoir nach Hause gehe, auflauern, und ihm, während die Andern zusähen, eine tüch=tige Tracht Schläge zukommen lassen solle, damit derselbe auf ewig von der Grobheit, einen Trink auszuschlagen, ge=heilt werde.

Gesagt, gethan! Am selbigen Abend noch stellte sich Armstrong an einer Straßenecke, welche Aubry nothwen=digerweise passiren mußte, auf, und seine Feunde warteten der Dinge, die da kommen sollten, hinter einem Thorgange verborgen. Ruhigen Schrittes und ohne etwas Arges zu denken, kam Aubry herbei, allein wie er um die Ecke bog, fiel sein Gegner über ihn her und schlug ihn mehrmals heftig in's Gesicht. So überrascht nun aber auch der Ueberfallene war, so faßte er sich doch gleich wieder und stellte sich seinem Feinde muthvoll entgegen. Ja, es gelang ihm sogar, obwohl er keineswegs den kräftigen Körper besaß, dessen sich Armstrong rühmen konnte, diesem letzteren, dessen ganzer Muth, wenn man die Sache beim rechten Licht betrachtete, in Großmauligkeit bestand, die Schläge heim=zugeben und ihn schließlich zur Flucht zu nöthigen. Der schändliche Ueberfall hatte also für Colonel Armstrong ein ganz anderes Resultat, als er gehofft hatte, und das Schlimmste bei der Sache war, daß nicht blos das große Publikum, als die Schlägerei ruchbar wurde, dem Aubry in jeglicher Beziehung Recht gab, sondern daß auch die Besseren unter den bisherigen Spießgesellen und Cumpanen des Colonel, denen dieser bisher durch seine anscheinende Ritterlichkeit sowie durch den Reichthum seines Vaters zu imponiren gewußt hatte, an ihm zu zweifeln anfingen. Doch brachte er es bei Vielen durch Freigebigkeit so ziem=lich wieder in's alte Geleis, und er spielte also nach wie vor den Roué und Taugenichts; die wahrhaft Gebildeten des Städtchens aber verachteten ihn von nun an nicht mehr blos wegen seines liederlichen Lebenswandels, sondern auch wegen der offenbaren Feigheit, die er in dem Handel mit Aubry bewiesen hatte.

Einige Wochen später hatte Aubry eines Prozesses wegen vor Gericht zu erscheinen. Um was es sich bei diesem Prozeß handelte, wissen wir nicht mehr, und es ist dieß auch von gar keinem Belang für unsere Erzählung. Um so mehr Gewicht aber müssen wir darauf legen, daß unter den Zeugen, welche sein Gegner stellte, sich auch der Name des Colonel Armstrong befand, denn dadurch wurde, wie wir gleich sehen werden, der Haß zwischen ihm und dem letzteren auf die höchste Höhe getrieben. Sobald nemlich Armstrong von dem vorsitzenden Richter aufgefordert wurde, sich auf den Zeugenstand zu begeben und den üblichen Eid zu leisten, protestirte Aubry laut und offen dagegen, indem er zugleich ohne Scheu erklärte, er schenke der Aussage seines Vetters, auch wenn sie dieselbe zehnmal beschwöre, lediglich keinen Glauben.

„Und warum thun Sie das?" fragte der Richter. „Sie wissen, daß man Niemanden ohne Grund als Zeugen verwerfen darf."

„Ich verwerfe ihn, weil er sein ganzes Leben hin= durch, wie ich mit Dutzenden von Beispielen belegen kann, gewohnt war, nur seiner Leidenschaft, nie aber den Gesetzen des Rechts und der Religion zu folgen," erwiederte Aubry äußerst gelassen, „und überdieß ist er so sehr mein per= sönlicher Feind, daß es ihm, wenn er mir dadurch schaden kann, nach seiner eigenen Aussage auf einen Meineid nicht ankommt."

Eine tiefere Beleidigung, als diese, konnte es nicht geben, und Armstrong mußte, wenn er nicht vor der Welt auf ewig entehrt und gebrandmarkt dastehen wollte, noth= wendig blutige Genugthuung nehmen. Er fühlte dieß auch und machte deßhalb Miene, als ob er seinen Revolver ziehen und auf seinen Vetter schießen wolle; allein die Gerichts=Personen, sowie verschiedene andere Anwesende sprangen dazwischen und verhinderten jeden persönlichen Angriff. Armstrong verließ also augenblicklich den Ge= richtssaal, schwur jedoch laut, daß Aubry seiner Rache nicht entgehen werde, und natürlich glaubte nun Jeder= mann nicht anders, als daß er seinem Vetter augenblick= lich eine Herausforderung zuschicken würde. Allein hievor hütete er sich gar wohl, und der ganze Tag ging vorüber, ohne daß Aubry irgend ein Zeichen erhielt, auf welche Art sich sein Gegner zu rächen gesonnen sei. Kaum aber

war er Abends nach Hause gekommen, so erhielt er
einen Brief, angeblich aus dem ersten Hotel des Städt=
chens, worin ihn ein Newyorker Kaufherr eines abzu=
schließenden größeren Handels wegen zu einer kurzen Be=
sprechung auf sein Zimmer einlud, indem es ihm Unwohl=
sein unmöglich mache, zu Aubry zu kommen. Letzterer
kannte den Schreiber des Briefes nicht persönlich und
ebenso wenig seine Handschrift, allein die Firma, in deren
Namen der Brief abgefaßt war, hatte einen guten Klang
und somit dachte er nicht im geringsten daran, daß ihn
Jemand mystifiziren wolle, sondern nahm seinen Hut, um
den Fremden sofort aufzusuchen. Seine Gattin allerdings
fand es auffallend, daß ihn der Fremde noch so spät Abends
zu sich in's Hotel bescheide, und wollte also das Weggehen
ihres Gemahles nicht dulden; allein dieser verwarf ihre
Bedenken und gab ihr nur in soferne nach, daß er, was
er sonst nicht im Brauche hatte, seine Waffen zu sich
steckte. Er ging also, doch kaum hatte er sich ein paar
hundert Schritte von seinem Hause entfernt, so fielen plötz=
lich vier Kerle über ihn her, welche unter einem hier be=
findlichen Schuppen verborgen auf ihn gelauert hatten.
Die Bursche waren zwar nicht mit Schießgewehren, wohl
aber mit Brügeln und Messern bewaffnet, und ihre Ab=
sicht schien, ihn zuerst niederzuschlagen, um ihm dann,
wenn er betäubt am Boden liege, die Messer in die Brust
zu stoßen. Das erstere gelang ihnen jedoch nicht; denn
sobald sie Aubry aus ihrem Versteck hervorrennen sah —
so weit man nemlich in der Dunkelheit sehen konnte —,
machte er einen Satz nach rückwärts und feuerte dann alle
fünf Schüsse seines schnell gezogenen Revolvers hinter ein=
ander auf sie ab. Alsobald fiel Einer der Angreifer, die

Andern aber gaben deßwegen doch nicht Fersengeld, son=
dern drangen, wie er jetzt beim Sternenlicht deutlich genug
erkennen konnte, mit blinkenden Messern auf ihn ein.
Schon glaubte er sich verloren, allein in diesem Augen=
blicke rannte sein Diener, welchen ihm die ängstliche Gat=
tin heimlich nachgeschickt hatte, unter großem Geschrei her=
bei, und nun wußten die Meuchelmörder nichts besseres zu
thun, als so schnell sie ihre Füße trugen, davon zu eilen.
Ja ihre Eile war so groß, daß sie sogar ihres gefallenen
Kameraden vergaßen und denselben liegen ließen, wo er
lag! Jetzt öffneten sich auch die Fensterläden der nächsten
Häuser und einige Stimmen fragten, was es gebe. Man
muß nemlich wissen, daß im ganzen Süden, in den größe=
ren wie in den kleineren Städten, nächtliche Ruhestörun=
gen und Pistolenschüsse etwas ganz Gewöhnliches sind und
daß sich deßhalb nicht leicht Jemand verlocken läßt, um
solcher Kleinigkeiten willen seine Wohnung zu verlassen.
Auch in dem gegebenen Falle würde also kein Mensch dem
Aubry beigestanden sein oder auch nur nach der Ursache
des Tumults gefragt haben, wenn nicht der Diener des=
selben ein so mächtiges Hülfegeschrei erhoben hätte. Nun
aber kamen, als Aubry die Frage: „was es gebe," mit
der Bitte, ihm Licht zu bringen, beantwortete und zugleich
seinen in der ganzen Stadt bekannten Namen nannte,
einige Männer mit Fackeln herbei und man leuchtete so=
fort dem Kerl, welchen der Schuß Aubry's niedergestreckt
hatte, in's Gesicht. Was zeigte sich nun aber? Nichts
anderes als das verzerrte Antlitz eines im Todeskampfe
ringenden Niggers! Dem Elenden war eine Kugel mitten
durch die Brust gedrungen und obwohl er noch Zeichen
des Lebens von sich gab, so konnte er doch keine der

an ihn gestellten Fragen mehr beantworten. Dessen un=
geachtet blieb man nicht lange im Zweifel, von wem der
Mordanfall ausgegangen sei; denn sowohl Aubry selbst,
als auch mehrere der herzugekommenen Männer erkannten
in dem Burschen einen der Sclaven aus der Pflanzung
des alten Generals Armstrong, des Vaters des Colonel,
und man durfte also mit Bestimmtheit annehmen, daß,
weil der alte Armstrong zu einer solchen Niederträchtigkeit
unfähig war, das Mordattentat von dem Colonel ausge=
gangen sei. Man benachrichtigte also den Coroner, das
ist die obrigkeitliche Person, welcher die Untersuchung aller
schnell eingetretenen Todesfälle obliegt, von der Sache,
und dieser ließ sofort den tödtlich Verwundeten in das
Courthouse bringen, um ihn womöglich wieder zum Leben
zurückzurufen und dann über den Vorfall zu inquiriren;
allein der Mensch starb schon auf dem Transporte und
konnte also keine Rede mehr stehen.

Man kann sich nun wohl denken, wie es dem Aubry
zu Muthe war, als er, in seine Wohnung zurückgekehrt,
über den Vorfall näher nachdachte. Da er jedoch gleich
darauf von seinem in das Hotel, aus welchem der bewußte
Brief datirt war, abgesandten Diener erfuhr, daß gar kein
Fremder aus Newyork daselbst logire, so schwand ihm auch
vollends der letzte Zweifel über den wahren Attentäter,
und nun verhehlte er sich nicht mehr, daß er, wenn er
nicht sein Leben der Willkür seines Vetters preisgeben
wollte, nothgedrungen zu einem energischen Mittel greifen
müsse. Worin sollte aber dieses Mittel bestehen? Sollte
er sich selbst Recht verschaffen oder aber den Schutz des
Gesetzes in Anspruch nehmen? Der letztere mußte ihm
werden, wenn er sofort Klage erhob; allein man weiß ja,

wie leicht es in Amerika ist, auch dem striktesten Gesetze
eine Nase zu drehen, besonders wenn man Familienverbin=
dungen hat und überdieß das Geld nicht zu sparen braucht.
Somit konnte Aubry so zu sagen gewiß sein, daß sein
Gegner, auch wenn er ihn noch in der Nacht verhaften
ließ, sich schon am andern Morgen gegen Bürgschaft wie=
der auf freiem Fuß befinden werde und dann abermals
Gelegenheit habe, ihm auf diese oder jene Weise nachzu=
stellen. Ueberdieß, auch den günstigsten Fall, nemlich den,
daß Armstrong vor die Geschworenen gestellt werde, ange=
nommen, — war er denn dann sicher, daß die Jury ein
Verdict gegen denselben ausspreche, besonders da wenig=
stens kein directer Beweis vorlag? Der Colonel brauchte
ja blos zu läugnen, daß er mit dem Attentate irgend etwas
zu thun gehabt habe; er brauchte blos Zeugen herbeizu=
bringen, daß er sich die ganze Zeit von der Scene in der
Gerichtssitzung an bis an den späten Abend auf einem
ganz entfernten Schauplatze befunden habe, ohne mit irgend
einem der Sclaven seines Vaters in Verbindung getreten
zu sein — und solche Zeugen herbeizubringen, konnte ihm,
wie Aubry recht wohl wußte, bei der großen Menge von
käuflichen Subjecten, die sich in den Städten des Südens
herumzutreiben pflegen, keineswegs schwer fallen, — —
wie dann? Dieses Alles überlegte der schwer Beleidigte
mit klarem Sinne, und somit kam er endlich zu der Ueber=
zeugung, daß ihm, wenn er für immer Ruhe haben wolle,
nichts übrig bleibe, als das Gesetz selbst in die Hand zu
nehmen. Er faßte also einen festen Entschluß und legte sich
dann auf einige Stunden zur Ruhe, allein schon vor Tages=
anbruch war er wieder auf den Beinen, und wir werden nun
sogleich sehen, warum er sich so frühe erhob, oder vielmehr

auf welche Weise er den die Nacht zuvor gefaßten Entschluß
in Ausführung brachte.

Das Städtchen Fayette = Ville hat, so klein es ist,
doch auch seine eigene City = Hall, das heißt sein Rath=
haus, vor welchem sich ein ziemlich freier Platz ausdehnt,
und hier auf diesem freien Platze, sowie auf dem mit
hölzernen Säulen verzierten Portikus desselben pflegen
sich gewöhnlich neugierige Tagdiebe vom frühen Morgen
bis zum späten Abend herumzutreiben. Kaum jedoch war
an dem auf das Mordattentat folgenden Tage die Sonne
aufgegangen, so sah man vor der City=Hall eine ganz un=
gewöhnlich große Menge Menschen versammelt, welche
sich alle auf's eifrigste besprachen und unverwandt nach
einer der Säulen des Porticus hinblickten. Was konnte
man denn nun aber da Besonderes erschauen? Nichts
Anderes, als ein ungeheures, mit großen Lettern beschrie=
benes Placat, das fast den dritten Theil der Säule bedeckte!
Und wer stand neben der Säule? Niemand anders, als
der Major Aubry, der dort einer Statue gleich Posto ge=
faßt hatte! Er sah bleich aus, wie wenn er die halbe
Nacht durch gewacht hätte; aber deßwegen lag doch ein
merkwürdiger Zug von Entschlossenheit in seinem Gesichte,
und sein scharfes Auge blickte so ernst umher, daß man
keinen Augenblick an seinem Muthe zweifeln konnte. In
der rechten Hand, welche er unter dem zugeknöpften Rocke
halb verborgen hielt, blitzte es wie der Lauf eines Pistoles
oder Revolvers, und ein anderes ähnliches Mordinstrument
sah gleich dem Hals einer Flasche aus einer seiner Brust=
taschen hervor. So stand er unbeweglich und ohne ein
Wort zu sprechen, sein düsteres Auge aber wandte sich

rastlos nach allen Seiten, wie wenn er einen Feind erwartete, von welchem er sich nicht überraschen lassen wollte.

»Posting, posting, der Major hat den Colonel gepostet,« flüsterten sich alle Umstehenden mehr oder minder laut zu und deuteten mit den Fingern nach dem Anschlagzettel.

Mit jeder Viertelstunde mehrte sich die Menschenmenge, und Weiße wie Schwarze drängten sich bunt durcheinander. Auf allen Gesichtern lag die höchste Aufregung, und kein Mensch dachte daran, den Platz zu verlassen, ehe die Tragödie ihren regelrechten Verlauf genommen habe.

„Hier kommt er," rief von Zeit zu Zeit Einer aus der Menge, indem er nach einer gewissen Richtung hindeutete, und dann richteten sich natürlich alle Augen dorthin. Aber immer zeigte es sich, daß man sich getäuscht habe, denn der, den man von dort her sich nähern sah, war nicht der erwartete Colonel, sondern irgend ein Anderer, welcher in der Körperstatur vielleicht einige Aehnlichkeit mit ihm hatte.

So vergingen mehrere Stunden und am Ende, als es gegen Mittag ging, hatte sich fast die ganze männliche Einwohnerschaft vor dem Rathhause eingefunden. Unbeweglich stand immer noch Aubry an seiner Säule, aber der Colonel war auch jetzt noch nicht gekommen! Sollte derselbe vielleicht gar nicht darüber unterrichtet sein, daß er gepostet war? Oder hatte er sich gar aus der Stadt entfernt und befand sich also in der Unmöglichkeit sich seinem Gegner zu stellen?

Keines von beiden! Der Obrist war nicht bloß genau von Allem unterrichtet, sondern befand sich auch in der Stadt, und zwar im Barroom, das ist in der Kneip-

und Rauchstube des Hotels, in welchem er mit seiner Gesellschaft alle Tage zusammen zu kommen pflegte. Hier hatte er sich schon in aller Frühe eingefunden und bei ihm waren seine gewöhnlichen Cumpane und Genossen, von welchen er natürlich über das Vorgehen Aubry's längst benachrichtigt worden war. Offenbar befanden sich Alle in großer Aufregung, denn sie gestikulirten und sprachen fast die ganze Zeit über wild durcheinander und mehr als zehnmal schon hatten sie am Schenk= tisch einen gemeinschaftlichen Trunk zu sich genommen, welchen regelmäßig der Colonel bezahlte. Merkwürdiger= weise jedoch machte der Letztere gar keine Miene, den Salon zu verlassen, um sich mit seinem Gegner zu messen, sondern er begnügte sich vielmehr damit, mit verschiedenen ruhmred= nerischen Worten, sowie mit Flüchen aller Art um sich zu werfen und hie und da einige Worte vom Mittag als der Zeit, wo er seine Rache nehmen werde, zu murmeln. In seinem Blicke lag jedoch etwas Scheues und Aengstliches, wie wenn es ihm nicht wohl bei der Sache wäre, und wenn auch sein Gesicht bis an die Schläfe hinauf geröthet war, so konnte man doch nicht leicht unterscheiden, ob dieß die Wirkung des Brandy oder aber ein Zeichen des Muthes sei. Genug, er ließ den Mittag vorübergehen, ohne daß er irgend etwas Entscheidendes unternommen hätte, und setzte dadurch die Geduld der Männer von Fayetteville auf eine harte Probe.

Inzwischen stieg die Aufregung in der ganzen Stadt mit jeder Minute höher und man schloß nicht blos alle Läden, sondern stellte auch in den sämmtlichen Werkstätten die Arbeit ein; in den Wirthshäusern dagegen herrschte die regste Thätigkeit, denn alle Welt wollte etwas Neues über den Stand der Dinge erfahren. Woher aber sollte man die Neuigkeiten bekommen, wenn nicht aus den Trink- stuben? Bald spaltete sich die ganze Einwohnerschaft in zwei Parthien, deren eine sich für Aubry erklärte, wäh- rend die andere zur Fahne des Colonel schwur, und die Debatten wurden oft so hitzig, daß man jeden Augenblick befürchten mußte, der Wortstreit werde in Thätlichkeiten übergehen. „Er wird sich stellen," schrien die Parthei- gänger des Obristen, die sogenannten „Gentlemen-Loafer", zu welchen der sämmtliche Troß und Anhang der vorneh- meren Sklavenzüchter zu rechnen war. „Nein, er wird sich nicht stellen, denn er ist nichts als ein feiger Bra- marbas," schrien die Anderen, welche meist der ehrsameren Bürgerklasse angehörten. Weil nun aber ein solcher Wi- derstreit herrschte, so wußten beide Theile am Ende, um die Wahrheit ihrer Behauptung zu beweisen, nichts besseres zu thun, als sich mit Bowiemessern und Revolvern zu be- waffnen, damit sie doch wenigstens nicht wehrlos da stün- den, wenn's über dem Wortstreit zum Handgemenge komme.

Ehe es jedoch so weit kam, verbreitete sich gegen drei Uhr Mittags das Gerücht, der Vater des Colonel, ein so ritterlich denkender Südländer, wie nur Einer, sei im Hotel, in welchem sein Sohn verweilte, angekommen, und nun eilte Alles vor dieses Hotel, weil man nun hoffen durfte, daß, wenn sich dieses Gerücht bestätige, endlich einmal zur That geschritten werden würde. In der That konnte man sich auch bald überzeugen, daß die Nachricht keine erfun- dene sei, denn der alte Pflanzer war wirklich in aller Eile von seiner Plantage hereingefahren, als man ihn durch einen Expressen von der Sache unterrichtet hatte. „Jetzt muß es doch endlich losgehen," riefen nun alle Zuschauer

wirr durch einander, „denn der alte Herr, welcher seiner
Zeit gegen die Indianer gefochten, läßt den Schimpf des
Postens nicht auf sich sitzen." Dessen ungeachtet ging wieder
Stunde um Stunde vorbei, ohne daß der Colonel erschienen
wäre, um den Zettel mit Gefahr seines Lebens abzureißen.

Was war nun aber, die wirkliche Ursache? Hielt
vielleicht der Vater den Sohn, um dessen Leben zu sparen,
davon ab, das Wagniß zu bestehen, oder war Letzterer in
der That zu feige, um seinem Gegner auf den Leib zu
rücken? Wir werden die Wahrheit sogleich erfahren, wenn
wir uns in das Innere des Barrooms selbst begeben.
Hier stand der alte Pflanzer, dessen Haare schon weiß zu
werden begannen, mit zorngerötheten Wangen und mit
Augen, die wie Blitze leuchteten. Mitten in der Stube
stand er und hielt mit der ausgestreckten Rechten den Sohn
fest; dieser Letztere aber sah unverrückt zu Boden und alle
Röthe war aus seinem Gesichte verschwunden. „Du
glaubtest vielleicht," rief der Alte mit tief rollender Stimme,
„du glaubtest vielleicht, ich werde nichts Besseres zu thun
wissen, als deine Sache zu der meinigen zu machen und
den Handel mit dem Aubry auf friedliche Weise beizulegen? Bei Gott, einen andern Grund konntest du nicht
haben, als du nach mir auf die Pflanzung hinaus schick-
test; aber ich sage dir zum letzten Male, durch friedliche
Worte wird ein solcher Handel nicht abgemacht. Die
Schmach, die dir dein Vetter angethan hat, kann nur
durch Blut abgewaschen werden! Und nun frage ich dich
vor allen diesen Zeugen, willst du handeln wie ein Mann,
oder ziehst du es vor, gebrandmarkt zu sein für dein Leben?"

Der Sohn schwieg und seine Augen suchten immer
noch unverrückt den Boden. Ja seine Kniee zitterten, als

wollten sie ihm den Dienst versagen. Nun aber überkam den alten Vater eine fast unnennbare Wuth und mit geballter Faust stieß er dem Jungen in's Gesicht, daß dieser wie ein Betrunkener zurücktaumelte und fast zu Boden gestürzt wäre.

„Elender Lotterbube," schrie er ganz außer sich, „ich erkenne dich nicht mehr als meinen Sohn an, denn du bist ein Feiger und Ehrloser. Fort mit dir aus meinen Augen und wage es nie mehr, die Schwelle meines Hauses zu übertreten! Ja verflucht sei ich und ehrlos mein Name, wenn ich dich nicht mit der Hundepeitsche von der Plantage jage, falls du dich noch einmal daselbst blicken läßt. So thue ich, so wahr mir Gott helfe!"

Vernichtet sank der Sohn zusammen, der Vater aber wandte ihm verächtlich den Rücken und schritt mit hoch aufgerichtetem Kopfe der Thüre zu. „Kommt mit mir, meine Freunde," rief er den sämmtlichen im Zimmer Anwesenden mit dröhnender Stimme zu: „Kommt mit mir, denn wer noch eine Minute in der Gesellschaft dieses Nichtswürdigen verweilt, der macht sich zum Theilhaber seiner Niederträchtigkeit."

Mit diesen Worten verließ er das Zimmer und hinter ihm drein gingen alle die bisherigen Genossen des Colonel, so daß auch nicht Einer zurückblieb. Sahen sie doch ein, daß derselbe zu feig sei, um sich zu ermannen, und daß er also von nun an von ihnen als ein Ausgestoßener behandelt werden müsse! Merkwürdiger Weise machte jedoch der alte Pflanzer, als er zum Hotel heraustrat, keine Miene, seine dort harrende Kalesche zu besteigen, sondern herrschte dem Kutscher nur kurz zu, zu warten, bis er zurückkomme und schlug dann den Weg nach

der City-Hall zu ein. Dort aber stand der Major Aubry
noch immer unbeweglich auf seinem Posten, denn der
Code of honor schreibt vor, daß Einer, der einen Andern
gepostet hat, seinen Platz neben dem angeschlagenen Sündenregister nicht etwa bloß ein paar Stunden lang, sondern vielmehr von Morgens in aller Frühe bis Abends nach
Sonnenuntergang behaupten muß, und zwar geschieht dieß,
um dem Gegner Zeit zu lassen, seine letzten häuslichen
Anordnungen zu treffen, ehe er sich auf den Kampfplatz
begibt. Demgemäß durfte sich auch Aubry nicht eher von
seinem Standpunkte entfernen, als bis die Nacht ange-
brochen war, und die Ehre des Colonel wäre gerettet gewesen, wenn er nur eine Minute vorher das Gefecht be-
gonnen hätte.

Mit festem Schritte ging der alte Pflanzer dem Porticus der City-Hall zu und hinter ihm drein marschirten
wohl mehr als zwei- oder dreihundert Männer, welche alle
im höchsten Grade begierig waren, zu sehen, was derselbe
beginnen werde; die große Masse der Umstehenden aber,
besonders derjenigen, welche sich auf dem freien Platze vor
dem Rathhause aufgestellt hatten, bildeten eiligst Spalier,
um den alten General durchzulassen. Dann jedoch drängten sie eben so gut hinten drein, als die früheren Begleiter desselben.

Aubry erstaunte im höchsten Grade, als er den merk-
würdigen Zug herankommen sah. „Will vielleicht,“ dachte
er, „der alte Herr im Namen seines feigen Sohnes Rache
an mir nehmen?“ Jedenfalls beschloß er, sich vorzusehen,
obwohl er auf der andern Seite aus Hochachtung für die
Stellung und die grauen Haare des Generals nur im
äußersten Falle zum Gebrauch der Waffen schreiten wollte.

So stellte er sich denn hart vor die Säule, an welcher der Zettel klebte, hin, und umfaßte seinen gespannten Revolver mit fester Hand, ohne ihn jedoch vollständig aus der Brusttasche zu ziehen. Näher und immer näher kam der alte Herr, aber siehe da, jetzt zeigte es sich, daß derselbe weder Pistole, noch Bowiemesser, noch überhaupt eine sichtbare Waffe bei sich trug. Somit ließ ihn Aubry bis in die nächste Nähe herankommen, ohne irgend zu einer Feindseligkeit zu schreiten. Endlich jedoch, als die Entfernung kaum noch vier oder fünf Schritte betrug, rief ihm Aubry ein kräftiges Halt zu und frug ihn zugleich, in welcher Absicht er sich ihm gegenüber stelle! „Ich habe alle Achtung und den tiefsten Respekt vor Ihnen, General Armstrong," setzte er dann mit einer tiefen Verbeugung hinzu; „aber wenn Sie als Stellvertreter Ihres Sohnes kommen, so muß ich Sie nothgedrungen gerade ebenso behandeln, wie ich diesen behandelt haben würde."

„Ich komme," erwiderte der alte Herr stehen bleibend und sich zugleich hoch aufrichtend, „ich komme, um Ihnen zu sagen, Aubry, daß ich Alles weiß. Verstehen Sie mich recht wohl: Alles, also auch den meuchlerischen Angriff von gestern Abend. Da ich nun aber Alles weiß, so kann es mir nicht in den Sinn kommen, die Stelle dessen, der sich ebenso niederträchtig als feig benommen, zu vertreten. Er ist mein Sohn nicht mehr, sondern ich habe ihn verstoßen für ewig; Sie aber, Aubry, handelten als Mann und dieß Ihnen zu sagen kam ich hierher. Sind Sie nun zufrieden, Vetter?"

Dieß alles sprach er in ernstem, festem Tone, ohne daß eine Muskel in seinem Gesichte gezuckt hätte; Aubry aber wurde durch diese ihm ganz unerwartet kommende

Ehrenerklärung so ergriffen, daß er dem General statt aller Antwort beide Hände entgegenstreckte. Nun jedoch war es auch mit dem Gleichmuth des Letzteren zu Ende.

„Mein Gott," sagte er tief aufseufzend, indem sich eine helle Thräne unter seinen grauen Augenlidern hervorstahl, „mein Gott, warum hatte Er, dessen Namen ich nicht mehr nennen will, nicht auch nur einen Theil des Muthes und der Ehrenhaftigkeit, die du besitzest, Vetter? Wie konnte der Mensch so sehr aus der Art schlagen, daß er allen Gentlemen des Landes nunmehr ein Abscheu sein muß? Und auch mein Name, mein alter seit Jahrhunderten geachteter Name ist für immer und ewig beschimpft, da er an einem Posten angeschlagen war, ohne daß Jemand den Muth gehabt hätte, ihn abzureißen!"

„Das ist er nicht, mein General," rief nun Aubry, dem der Schmerz des alten Herrn tief in's Herz schnitt, „das ist er nicht, denn ich, der ich den Namen angeschlagen, ich selbst werde ihn auch wieder abreißen."

Mit diesen Worten drehte er sich rasch um und riß das ganze Sündenregister mit einem einzigen Griffe herab, indem er zugleich dem alten Herrn nochmals die Hand hinstreckte.

„Ich danke dir, Vetter," sprach jetzt der General tief gerührt; „ich danke dir aus vollem Herzen, denn es darf nun doch Niemand sagen, daß der Name meines Hauses bis in die Nacht hinein gepostet blieb!"

Diese Worte richtete er an die ganze Versammlung, wie um zu hören, ob irgend Jemand eine Einwendung zu machen hätte; dann aber wandte er sich rasch ab und ging ohne ein Wort weiter zu sprechen nach dem Hotel zurück, wo seine Kalesche noch immer wartete. Eine Minute

darauf hatten ihn seine raschen Pferde der neugierigen
Menge entführt, aber von dieser Zeit an ließ er sich auch
nicht ein einziges Mal mehr in Fayette=Ville sehen. Ja
die Scham über das schmachvolle Schauspiel, das wir so
eben geschildert haben, so wie der Gram über den entarte=
ten Feigling, den er einst seinen Sohn genannt hatte,
lasteten so schwer auf ihm, daß er die wenigen Jahre,
welche ihm noch vergönnt waren, in vollkommenster Abge=
schlossenheit zubrachte. Auch hörte man ihn den Namen
des Colonel nie mehr aussprechen, ein ganz einziges Mal
ausgenommen, als er dem Notar sein Testament, in wel=
chem der feige Erstgeborene von aller und jeder Erbschaft
ausgeschlossen wurde, diktirte. Um so öfter dagegen sprach
man in Fayette=Ville, sowie in der ganzen Umgegend von
demselben, denn er hatte sich gleich den andern Tag nach
der oben beschriebenen Scene vollkommen unsichtbar ge=
macht und blieb auch für ewige Zeiten verschwunden. Ja
nicht einmal eine Spur ließ sich später von ihm entdecken,
selbst nicht, als man ihn nach dem Tode seines Vaters
öffentlich in den Zeitungen wegen der Anerkennung des
Testamentes aufforderte, vor Gericht zu erscheinen. Ohne
Zweifel war er also im Gefühl der tiefen Verachtung,
die auf ihm lastete, in eine ganz entfernte Gegend, wo
man seine Person nicht kannte, entflohen und vegetirte
dort unter irgend einem angenommenen Namen.

So außerordentlich nun aber auch der Eckel war,
mit welchem die südlichen Gentlemen schon bei der Nen=
nung der zwei Worte „Colonel Armstrong" ausspuckten,
so hoch stieg dagegen der Major Aubry wegen seiner be=
wiesenen Mannhaftigkeit in ihren Augen, und man über=
trug ihm daher augenblicklich die Obristenstelle, die durch

die Flucht Armstrongs erledigt worden war. Ja sogar mit
noch weit höheren Würden bedachte man ihn später, und
namentlich fiel es Niemanden mehr ein, wegen des Ge=
schäfts, das ihm gehörte (obwohl bekanntlich die südlichen
Gentlemen vor allem kaufmännischen Getriebe eine Art
von Horror haben), auch nur insgeheim die Achseln zu
zucken.

Das war das Ende des berühmten „Postingvorfalls",
der sich vor einigen Jahren in Fayette=Ville zutrug, und wir
sind nur deßhalb so weitläufig in seiner Beschreibung ge=
wesen, damit der Leser einen Begriff davon bekomme, wie
es bei solchen Gelegenheiten zugeht. Wiederholen aber
müssen wir, daß unter zwanzig Geposteten kaum ein Ein=
ziger sich so feige benimmt, wie der Colonel Armstrong.
Im Gegentheil sind die südlichen Edelherren, wenn sie ihre
Ehre angegriffen sehen, gewöhnlich nur zu schnell mit der
tödlichen Waffe bei der Hand und es kommt deßhalb bei=
nahe kein Posting=Duell vor, in welchem nicht wenigstens
Einer der beiden Kämpfer auf dem Platze bliebe. „Besser
ruhmvoll sterben, als entehrt leben," sagt der South Carolina Code of honor!

8.

Der Deutsche in Amerika.

Nach der Entdeckung Amerika's beeilte sich jede see=
fahrende Nation Europa's, sich ein mehr oder minder gro=
ßes Stück des neuen Welttheiles zu sichern, und wenn
sich auch Spanien von Seiner Heiligkeit, dem Pabste, das
ganze Gebiet für immer und ewig als alleiniges Eigen=
thum zuschreiben ließ, so setzten sich doch schon wenige
Decennien später die Engländer, die Franzosen, die Por=
tugiesen, die Holländer und die Dänen bald an diesem
bald an jenem Gestade fest. Nur allein Deutschland be=
theiligte sich an diesen Eroberungen nicht, denn es war
schon damals allzu sehr zersplittert und hatte überdieß viel
zu viel mit sich selbst zu thun, als daß es hätte Colonien
gründen können. Dennoch wäre beinahe eine ziemliche Por=
tion der neuen Welt deutsches Eigenthum geworden, aber
freilich nicht durch die Macht des deutschen Kaisers oder
eines der vielen Fürsten, welche sich in die Provinzen des
Reiches getheilt hatten, sondern vielmehr durch den Reich=
thum und den Unternehmungsgeist eines einfachen Bürgers
und Privatmanns. Bartholomäus Welser nemlich,
der Chef eines großen Augsburger Kaufmanns= und Ban=

kerhauses, eines Hauses jedoch, das damals mehr werth
war, als jetzt das Haus Rothschild, hatte an den Kaiser
Karl V. für geleistete Vorschüsse eine große Summe Gel=
des gut und ließ sich von ihm, weil derselbe, trotzdem er
zugleich König von Spanien und Herr von der neuen
Welt war, seinen Verpflichtungen nicht nachkommen konnte,
das Königreich Venezuela in Mittelamerika an Zahlungsstatt
abtreten. Diese Abtretung kostete die ungeheure Summe
von zwölf Tonnen Goldes, allein der Welser war damals
ein Mann, welcher eine solche „Kleinigkeit" wohl entbeh=
ren konnte. Somit kaufte er Schiffe und brachte eine
ziemliche Anzahl von Deutschen in sein wunderbar herr=
lich gelegenes neues Königreich hinüber, um daselbst Nie=
derlassungen zu gründen und einen großen Handelsverkehr
zwischen Amerika und Deutschland im Gang zu bringen.
Die Sache hatte Anfangs einen guten Fortgang und
Venezuela, trotzdem es seiner südlichen Lage wegen für die
Deutschen weniger paßte, als das nördlichere Amerika, wäre
sicherlich eine rein germanische Colonie geworden, wenn
nicht durch die Religionswirren, welche damals das deutsche
Reich zerrütteten, das Haus Welser so außerordentliche
Verluste erlitten hätte, daß es ihm in die Länge unmög=
lich war, seine überseeische Besitzung aufrecht zu erhalten.
Nachdem also dreißig Jahre seit dem Ankauf jener herr=
lichen Provinz verflossen waren, sah sich Welser gezwun=
gen, sein „Klein=Venedig" — denn dieß bedeutet das spa=
nische Wort Venezuela — an den ursprünglichen Besitzer,
oder vielmehr an dessen Nachfolger auf dem spanischen
Königsthron, Philipp II., gegen eine verhältnißmäßig ge=
ringe Entschädigung zurückzugeben, und auf diese Art kam
es, daß Deutschland auch der einzigen Niederlassung mit

Souveränitätsrechten, welche es je in Amerika besaß, ver-
lustig ging.

Und doch hätten wir Deutsche am ehesten Ursache gehabt, auf amerikanischen Grund und Boden Anspruch zu
machen, denn der erste Entdecker der neuen Welt war
(wie sich jetzt durch die neuesten Untersuchungen genau
herausgestellt hat) nicht Christoph Columbus, sondern vielmehr Martin Behaim, ein Nürnberger aus
ritterlichem Geschlecht. Er nemlich, ein so berühmter Seefahrer, daß ihm der König Johann II. von Portugal eine
Anzahl von Schiffen anvertraute, um damit auf Er-
forschungen auszuziehen, entdeckte nicht blos die Azorischen
Inseln, auf denen er sofort Niederlassungen gründete, sondern kam auch, im Jahre 1483, in welchem er von Fayal
nach Lissabon zurückfuhr, durch widrige Winde weit west-
wärts getrieben, an ein großes Flachland, dessen Küsten
er befuhr, um sie zugleich für die Krone von Portugal in
Besitz zu nehmen. Dieses große Küstenland bezeichnete er
auf den Karten, die er über unsre Erdkugel herausgab,
ganz genau und es ist jetzt erwiesen, daß dasselbe kein
anderes Land war, als der Theil von Brasilien, welchen
man die „Prajas von Pernambuco" nennt. Ja nicht blos
dieß ist festgestellt, sondern auch das, daß Behaim von
dieser seiner Entdeckung dem Bartolo Perestrella, dem
Schwiegervater des Columbus, sowie auch später dem letztern selbst (Columbus besuchte den Behaim auf der Insel
Madeira und dieser machte ihn dort auch mit seinem berühmten Steuermann, Alfonso Sanchez de Huelva, seinem
steten Begleiter auf allen seinen Reisen, bekannt) Mittheilung machte, und somit kann kein Zweifel darüber sein,
daß der Ruhm, die neue Welt zuerst aufgefunden zu

haben, von Rechts wegen nicht dem berühmten Genuesen, sondern vielmehr unserm Nürnberger Landsmann gebührt. Allein — was nützt uns all' dieser Ruhm, da wir es nicht verstanden, ihn praktisch auszubeuten?

Mehr als hundert Jahre lang, nachdem Venezuela für Deutschland verloren gegangen war, fiel es keinem unserer Landsleute ein, nach Amerika hinüberzuschiffen, um sich dort anzusiedeln, und wenn je vielleicht Einer ausnahmsweise die neue Welt besuchte, so that er dieß nur als weltfahrender Abenteurer, aber nicht als deutscher Colonist. Die vielen Kriege, welche Deutschland damals ausfocht, besonders der breißigjährige, ließen den Gedanken an Auswanderung gar nicht aufkommen, und überdieß gab es ja auf der heimischen Erde, welche sich in Folge jener Kriege auf die Hälfte der frühern Einwohnerzahl reducirt sah, des unangebauten Landes, das man um einen Spottpreis bekommen konnte, die Hülle und Fülle. Endlich aber im letzten Viertel des siebenzehnten Jahrhunderts änderte sich die Sachlage und es wurden religiöser Gründe halber Viele unserer Landsleute veranlaßt, ein neues Vaterland über'm Wasser drüben zu suchen. Der berühmte William Penn, der Stifter oder wenigstens der Hauptverbreiter der Lehre der Quäker, fand nemlich auch in Deutschland, das er zu diesem Behufe mehrmals besuchte und dessen Sprache er sogar erlernte, um deutsch predigen zu können, eine Menge von Anhängern, und als er nun von der englischen Regierung einen großen Landstrich am Delaware (England schuldete seinem Vater die damals große Summe von sechszehntausend Pfund Sterling und war froh, diese Schuld mit einem Stück Amerika's, halb so groß als Frankreich, bezahlen zu können) erwarb, um daselbst einen neuen Staat „nach den Grundsätzen christlicher Duldung und Bruderliebe" zu gründen, so waren natürlich auch viele der deutschen Quäker bereit, ihm in das Eldorado der Glaubensfreiheit zu folgen. Die Reise nach Amerika aber machten sie nicht planlos und in ungeregelter Weise, son=dern sie sammelten sich vielmehr unter eigenen Anführern, wie z. B. unter Heinrich Frey und Christoph Plattenhardt, und ließen sich vorher von Penn ein bestimmtes Stück Land unter äußerst günstigen Bedingun=gen, damit sie daselbst „in eigenen Niederlassungen ver=einigt" leben könnten, abtreten. Auf diese Art kamen anno 1682 die ersten Deutschen nach Amerika und sie alle siedelten sich in dem nach Penn genannten Staate Pennsylvanien an, d. h. sie gründeten daselbst einige rein deutsche Gemeinden.

Das Unternehmen gedieh über Erwarten und da nun natürlich die Kunde hievon sich schnell in Deutschland ver=breitete, so fühlten sich nicht Wenige, welche in religiöser Beziehung gerade so dachten, wie die zuerst Ausgewander=ten, in ihrem Innersten gedrungen, ebenfalls den Wander=stab zu ergreifen, und ihnen folgten dann wieder Andere, welche zwar keine Quäker waren, aber sich ihrer Religion wegen verfolgt sahen. So ging es also an ein fortgesetztes Auswandern aller Sektirer, Separatisten und Mystiker, deren es in Deutschland bekanntlich immer in Masse gab, und besonders Süddeutschland stellte ein starkes Contin=gent. Zu letzterem gehörte z. B. auch der Württemberger Alexander Mack, welcher keinen, der nicht den Sonn=tag am Samstag, dem Sabbathtage der alten Juden, feierte, für einen Christen gelten ließ und zugleich jeden verdammte der nicht die Taufe als Erwachsener zum zweitenmale empfangen wollte. Natürlich stellte er sich durch diese seine Lehre in einen ziemlichen Gegensatz gegen den Lutheranismus und wurde deßhalb von der lutherischen Geistlichkeit heftig angefeindet; allein eben diese Anfeindung erwarb ihm das Märtyrerthum und somit mehrten sich seine Anhänger, trotzdem man sie spottweise nur die „Tunker" (weil sie als Wiedertäufer ihre Proselyten noch einmal in's Wasser tunkten) oder auch die „Heiligen des siebten Tages" (weil sie den Samstag zum Sonntag machten) nannte, mit jedem Tag um ein Beträchtliches. Natürlich wurde nun der Scandal immer ärger und es blieb der neuen Sekte am Ende, wenn sie nicht mit dem Gefängnisse nähere Bekanntschaft machen wollte, nichts übrig, als ebenfalls nach Amerika auszuwandern. Auch sie zogen nach Pennsylvanien, um daselbst eigene „Tunkergemeinden" zu gründen, und ebenso thaten kurze Zeit darauf die S ch w e n ck f e l d i a n e r, als sie sich aus Schlesien vertrieben sahen. Ganz dieselbe Bewandtniß hatte es mit den H e r r e n h u t e r n und M ä h r i s ch e n B r ü d e r n, welche sich zwar zuerst in Georgien niederließen, allein schon nach kurzer Zeit, weil sie sich mit dem System, Sclaven zu halten, nicht vereinigen konnten, ebenfalls nach Pennsylvanien gingen und dort eine Menge von Niederlassungen (als da sind Bethlehem, Nazareth, Ebenezer u. s. w. u. s w.) gründeten. Kurz es gingen am Ende des siebenzehnten und im Anfange des achtzehnten Jahrhunderts eine Menge von Deutschen aus religiösen Gründen nach Amerika und siedelten sich dort fast durchgängig in dem freisinnigen „Lande Penn's" an.

Bald jedoch sahen sich sehr Viele aus ganz andern Gründen zur Auswanderung veranlaßt. Die Französen=

kriege nemlich), am Ende des siebzehnten Jahrhunderts, welche bekanntlich von den Feldherrn Ludwigs XIV. auf die gräuelhafteste Weise geführt wurden, hatten die Folge, daß ein großer Theil der Pfalz, sowie Badens und Würtembergs in das tiefste Elend, ja bis zum Bettelstab herabsank. Dazu kam dann noch der furchtbar strenge Winter von siebenzehnhundert und neun, wo die Vögel in der Luft und die wilden Thiere im Walde erfroren, während die Menschen von Kälte und Hunger zugleich zur Verzweiflung getrieben wurden. Was Wunder also, wenn Tausende und Abertausende das Jahr darauf dem Rufe der Königin Anna von England, die ihnen freie Ueberfahrt nach Amerika von London aus, sowie eine entsprechende Landschenkung versprach, Folge leisteten, so daß am Ende nicht weniger als zwei und dreißig tausend Deutsche auf der schwarzen Heide bei London, wo man sie in elenden Baracken unterbrachte, versammelt waren! Freilich die Königin Anna hatte zu viel versprochen, und man konnte, da die englische Regierung nicht Schiffe genug besaß, nur zehn oder zwölftausend von ihnen nach Amerika befördern, die übrigen aber mußten entweder in ihr Vaterland zurückkehren oder wurden sie in Irland und auf den Scilly-Inseln untergebracht, während zugleich nicht Wenige schon in den Lagerhütten bei London durch Hunger und Krankheiten aller Art zu Grunde gingen. Allein obwohl nur zwölftausend nach Amerika selbst hinüber kamen, was hätte sich nicht mit ihnen anfangen lassen, wenn sich eine deutsche Regierung ihrer angenommen und sie alle auf einem zusammengehörenden Stück Lande untergebracht hätte? Man bedenke nur, daß im Jahre siebenzehnhundert und zehn der Staat Pennsylvanien, obwohl er zu den bevölkertsten

Nordamerika's gehörte; noch keine vierzigtausend Einwoh=
ner zählte und daß man also mit einer Masse von Zwölf=
tausenden gar leicht hätte den Grundstock zu einem rein=
deutschen Staate legen können! So aber vertheilten sich
die Neueingewanderten auf Befehl der englischen Regie=
rung, welche zwar „Kolonisten" aber keine „fremdländische
Kolonie" begehrte, in ganz Nordamerika herum, und das
deutsche Element konnte also durch sie nicht zur Geltung
gebracht werden.

Ebenso zerstreut und ohne Zusammenhalt waren auch
die meisten der späteren Einwanderungszüge, indem sich
die Einen da, die Anderen dort niederließen. So lud z. B.
der französische Finanzminister Law, von Geburt ein
Schotte und von Charakter ein Schuft, die Deutschen zu
einem Zug nach dem jetzigen Louisiana (damals Eigen=
thum Frankreichs) ein und versprach Jedem außer freier
Ueberfahrt ein herrliches Besitzthum „in diesem schönsten
Lande der Welt", wie er das Gelbfiebergebiet des Missi=
sippi nannte. In der That schifften sich wirklich ihrer drei
oder vier Tausend — lauter Elsäßer und Schwaben — nach
New=Orleans ein, aber als sie nun, sechs Stunden ober=
halb dieser Stadt, einen Bezirk angewiesen bekamen, wel=
chen sie bebauen sollten, da riß „Yellow Jack", so heißt
man in Louisiana das gelbe Fieber, solch' schreckliche Lücken
in ihre Reihen, daß sie sich genöthigt sahen, wenn sie nicht
alle zu Grunde gehen wollten, einen gesünderen Landstrich
aufzusuchen. Somit machte sich Einer nach dem Andern
heimlich davon (wenn er nemlich noch so viel Kraft besaß,
um zu fliehen), und jetzt erinnert nur noch der Name
„Bayou Allemand" daran, daß hier einstens eine deutsche
Niederlassung versucht wurde. Einen größeren Erfolg hatte

die Auswanderung der sogenannten „Salzburger", d. h.
der ihres Glaubens wegen aus dem Salzburg'schen ver=
triebenen Protestanten, von denen einige Hunderte unter
ihren wackern Predigern Boltz und Gronau nach Georgien
übersiedelten, denn sie erbauten die Stadt Ebenezer am
Savannahflusse und fügten, als sie sich einige Jahre später
durch eine Schaar schwäbischer Auswanderer verstärkt sahen,
dieser ersten Niederlassung noch die weitere von Frederika
an der Meerenge von St. Simon hinzu. Allein trotzdem
sie als deutsche Gemeinden zusammenhielten, verschwanden
sie doch gegenüber den vielen Niederlassungen, welche schon
früher von den Englisch=Redenden gegründet worden waren,
so zu sagen in ein Nichts und von einer eigentlichen deut=
schen Kolonie war also auch hier nicht die Rede.

Die folgenden Einwanderungen waren übrigens noch
weit mehr ohne Zusammenhalt, als die bisherigen. Es
gingen nemlich von der Mitte des siebzehnten Jahrhunderts
an gar viele Deutsche in das gelobte Land hinüber, nur
allein um ihr Glück zu machen, und diese zerstreuten sich
natürlich über alle Staaten und Provinzen des Landes.
Besonders die Hungerjahre von siebenzehnhundertsiebzig
und einundsiebzig brachten gar Manchen auf den Gedan=
ken der Auswanderung; allein es waren meistens blutarme
Leute und sie konnten oft über so wenig baare Mittel ver=
fügen, daß sie sich um den Preis der Ueberfahrt zu einer
Dienstbarkeit von einer bestimmten Reihe von Jahren ver=
pflichteten, d. h. daß sie den Schiffskapitainen, weil sie
kein Passagegeld bezahlen konnten, contraktlich das Recht
gaben, sie bei der Landung in Amerika den Sclaven gleich
an irgend einen Grundbesitzer auf so und so viel Jahre
zu verkaufen. Solche Leute hießen „Servants" oder Diener,

und standen natürlich bei den Amerikanern in äußerst ge=
ringer Achtung. Deßwegen hatte auch das deutsche Element
an ihnen keinen Gewinn, sondern im Gegentheil, der
deutsche Name wurde durch sie in ganz Amerika verschimpfirt.
In einen fast noch schlimmeren Ruf kam das Deutschthum
durch eine andere Sorte von Auswanderern, nemlich durch
die auf Kosten der Gemeinden Herüberbeförderten. Es
waren dieß meist alte Kriegsgurgeln, oder sonst verkommene
und verwahrloste Subjecte, deren man um jeden Preis
zu Hause los sein wollte. Ja es befanden sich sogar nicht
selten Verbrecher unter ihnen, oder doch wenigstens Vaga=
bunden und Landstreicher, für die man nur deßwegen das
Ueberfahrtsgeld bezahlte, weil man ihnen sonst für ihre
Lebenszeit Unterhalt im Zuchthause hätte geben müssen!
Wie hätte nun aber die deutsche Colonisation durch solche
Subjecte nur irgend gewinnen können?

Man sieht hieraus, daß die seit dem Schluß des
siebenzehnten bis zum Schlusse des achtzehnten Jahrhun=
derts nach Amerika auswandernden Deutschen zwar in
Anbetracht ihrer Anzahl gar leicht im Stande gewesen
wären, verschiedene eigene reindeutsche Staaten zu bilden,
daß sie aber, statt zusammenzuhalten, sich über das ge=
sammte Nordamerika zerstreuten und sich bald da bald dort
niederließen; ja daß sie sogar wenigstens theilweise viel
Armuth, Elend und Verachtung mit herüber brachten und
also gar nicht befähigt waren, das deutsche Element zur
Geltung zu bringen. Somit ist es kein Wunder, wenn
dieses Letztere gegenüber dem englischen nicht aufkommen
konnte, obwohl das Factum, daß die Bevölkerung Nord=
amerika's vor der Trennung von England zum vollen
dritten Theil aus Deutschen bestand, nicht in Abrede ge=

zogen werden kann. Nun kam aber noch ein weiterer Um=
stand hinzu, der das Deutschthum völlig in den Hinter=
grund drängte und jeden Gedanken an eine größere selbst=
ständige deutsche Colonie in Nordamerika für immer und ewig
zu einem frommen Wunsch qualificirte. Im Jahre 1789
nemlich ging in Frankreich bekanntlich eine Sonne ganz
eigener Art auf, welche ihren Schein fast über ganz Europa
hin erglänzen ließ und besonders in Deutschland wie ein Blitz
zündete. Aus diesem Sonnenstrahl entstand die große Re=
volution, welche das ganze frühere staatliche und politische
Leben umänderte, und es hatten nun sowohl die Franzosen
als die Deutschen so übermäßig viel in ihrem eigenen
Vaterlande zu thun, daß über die ganze Zeit von 1789
bis 1815 wenigstens in Deutschland kein Mensch an's
Auswandern dachte. Ueberdieß verboten die Regierungen
das Fortziehen in fremde Länder; denn die Kriege, welche
damals Europa erschütterten, nahmen alle jungen Kräfte
in Anspruch und man konnte also keine derselben an
Amerika abtreten. Somit hörte die Auswanderung so zu
sagen ganz auf, und da dieselbe schon während des Un=
abhängigkeitskriegs, d. h. während der Zeit, als die ame=
rikanisch=englischen Kolonien ihren siebenjährigen Kampf mit
dem Mutterlande ausfochten, um sich endlich im Jahre 1782
gänzlich von England loszureißen, eine nur äußerst schwache
gewesen war (denn wer hätte sich auch dazu entschließen
mögen, in ein Land überzusiedeln, in welchem die Kriegs=
furie wüthete und jede friedliche Niederlassung unmöglich
machte?), so kann man sich wohl denken, daß das deutsche
Element während dieser ganzen langen Zeit keinen beson=
deren Aufschwung entfaltete, sondern vielmehr in einer Art
von Stagnation begriffen war. Die frischen, anregenden

Kräfte aus Europa blieben aus und die alten Säfte hat=
ten nicht Nahrungsstoff genug, um ein wirklich deutsches
Leben in Amerika zu begründen! Umgekehrt aber erhielt
das englische Element, welches, weil es sich schon vor dem
Unabhängigkeitskriege zu dem Deutschthum wie $^2/_3$ zu $^1/_3$
verhielt, ohnehin die Uebermacht hatte, während dieser Zeit
einen fast außerordentlichen Zuwachs und man hat berech=
net, daß nur allein während der Kriegsjahre von 1790
bis 1814 nicht weniger als $1^1/_2$ Mill. Engländer, Irlän=
der und Schottländer auf nordamerikanischem Grund und
Boden landeten. Ein solcher Zuwachs für die Englisch=
Redenden war allzu bedeutend, als daß nicht dadurch die
Deutsch=Redenden vollkommen überflügelt worden wären,
und ebendeßwegen wurde nun auch die englische Sprache
ohne weiteres „zur Landessprache" erhoben, d. h. man
verhandelte an allen Gerichtshöfen nur englisch und in den
Legislaturen der einzelnen Staaten, so wie im Kongreß
selbst, wurde ebenfalls keine andere Sprache geduldet.

Hierin lag der Todesstoß für das deutsche Element,
und von nun an konnte nur noch ein Leichtgläubiger
hoffen, daß dasselbe jemals in den Vereinigten Staaten zur
selbstständigen Geltung kommen könnte. Alle Stellen und
Aemter durften ja nur mit solchen besetzt werden, welche sich
als der englischen Sprache mächtig erwiesen, und es war nicht
gestattet, vor Gericht anders zu sprechen als englisch, wie
auch alle Gesetze in dieser Sprache promulgirt wurden,
wie wäre es also möglich gewesen, größere reindeutsche
Kolonien oder gar reindeutsche Staaten zu bilden? Den
besten Beweis für diese Unmöglichkeit liefert der Staat
Pennsylvanien. Dort bestand nemlich im Jahre 1786,
also fast unmittelbar nach Beendigung des Unabhängigkeits=

krieges, die ganze Bevölkerung nur aus etwas über 350,000 Köpfen, von welchen fast 250,000 zu den Deutschen zählten, denn die Haupteinwanderung aus Deutschland war ja, wie wir schon oben des Weiteren auseinandergesetzt haben, hieher gezogen. Man sprach also im ganzen Penn= sylvanischen bei weitem mehr deutsch, als englisch, und eben= deßwegen glaubten sich auch die Deutschen berechtigt, zu verlangen, daß ihre Sprache bei Gericht, bei den Landtagen, in Schule und Kirche u. s. w. u. s. w. die herrschende sein solle. Dem äußeren Anscheine nach war keine Forderung naturgemäßer als diese, und es wurde deßwegen in der Legislatur d. h. in der Sitzung der Volksvertreter Penn= sylvanniens ein dahin gehender Antrag gestellt. Wie es nun aber zur Abstimmung kam, zeigte es sich, daß obwohl die meisten der Abgeordneten Deutsche oder wenigstens Ab= kömmlinge von Deutschen waren, ebensoviel Stimmen für ihn, als gegen ihn standen und der Nachentscheid gehörte daher dem Sprecher oder Präsidenten des Hauses. Zu= fälliger Weise war dieser ebenfalls ein Deutscher, mit Namen Mühlenberg, und man hätte nun also hoffen können, daß er sein Votum für die deutsche Sprache in die Wagschale werfen würde. Allein das gerade Umge= kehrte trat ein, und er entschied sich dafür, daß auch im Pennsylvanischen das englische Idiom vor Gericht, in der Schule, auf der Canzel u. s. w. das herrschende sein solle. Warum nun aber? Einfach deßwegen, weil in den zwölf übrigen Staaten (im Anfang bestand die Union bekannt= lich nur aus 13 Staaten) derselbe Grundsatz zum Gesetze erhoben worden war! Oder wie? Sollte denn Pennsyl= vanien dadurch, daß es das Deutsche zur Landessprache erhob, mit dem ganzen übrigen Nordamerika in Zwiespalt treten? Eines solchen „Unpatriotismus" konnte man sich doch unmöglich schuldig machen, da ja derselbe am Ende, weil auf dem Congresse zu Washington nur das englische eine Geltung hatte, zu einem Ausscheiden aus der Union geführt haben würde! Sieht man nun, warum das deutsche Element in den Vereinigten Staaten unmöglich zur selbst=ständigen Geltung kommen kann?

Mit dem Jahre 1815 begann die deutsche Einwan=derung von neuem; allein der Zuwachs, welchen hieburch die amerikanisch=Deutschen bis etwa zum Jahre 1830 erhielten, konnte kein sehr erfreulicher genannt werden. Der Hauptgrund der Auswanderung lag nemlich in der „Verarmung" unseres Vaterlandes und es kamen deß=halb zum bei weitem größten Theile nur solche Deutsche nach Amerika hinüber, welche sich zu Hause nicht mehr fortbringen konnten. Man bedenke nur die zwei großen Hungerjahre von 1816 und 1817! Damals gab es Tau=sende und Abertausende, die von Nahrungsstoffen leben mußten, welche man sonst für Thiere zu schlecht hält, und man kann sich also wohl denken, daß dieselben mit außer=ordentlichem Eifer den einzigen Rettungsweg, der sich ihnen darbot, nemlich die Auswanderung nach Amerika, ergriffen. Dort gab es ja Brod und Fleisch in Hülle und Fülle! Dort war ja das Land so wohlfeil, daß man sich mit wenigen Gulden eine Heimath sichern konnte! Somit ver=kaufte man, was man verkaufen konnte, und ging noch nebenbei die Gemeinden um einen Zuschuß an; diese aber sagten von Herzen Amen, dieweil sie mit diesem „ein=maligen" Zuschuß ihre Armen für immer los zu werden hoffen durften. Aus diesem Grunde stieg die Zahl der Auswanderer im Jahre 1817 nur allein aus Schwaben bis auf die enorme Höhe von 16,000 Köpfen und das Jahr darauf gingen abermals 12,000 nach dem gelobten Lande ab. Auch die übrigen Staaten Deutschlands liefer= ten kein geringes Contingent; allein es waren ebenfalls fast lauter arme, brod= und beschäftigungslose, meist tief herabgekommene Menschen, an welchen Nordamerika keine große Freude haben konnte, besonders auch weil mit der Armuth meistentheils Unwissenheit und mit der Unwissenheit schlimme Gewohnheiten verbunden zu sein pflegen. Natür= lich übrigens fällt es uns nicht ein, behaupten zu wollen, daß unter Denen, welche von anno 1815 bis 1830 den Wanderstab ergriffen, nicht auch werthvollere Individuen gewesen seien, denn es verließen ja nicht Wenige, zum Theil ganze Gesellschaften, ihren heimathlichen Boden aus religiösen Gründen, wie z. B. die württembergischen Se= paratisten und Andere. Ueberdieß ging mancher ehrenwerthe Mann nur allein vom Unternehmungsgeiste getrieben nach Amerika; allein deßwegen bleibt es doch eine ausgemachte Wahrheit, daß im großen Allgemeinen die deutsche Ein= wanderung bis zum Jahre 1830 für die Emporbringung des Deutschthums in Amerika weit mehr hinderlich als förderlich gewesen ist, denn die meisten Neuangekommenen standen auf der Stufe derjenigen, welchen es um nichts zu thun ist, als darum, „die zum Leben nöthige Nahrung, Wohnung und Kleidung zu erwerben."

Eine ganz neue Aera begann für die Einwanderung mit den 1830er Jahren. Damals nemlich regte es sich allüberall in Deutschland und das Volk kam zu der Ein= sicht, daß es das Recht habe, die Erfüllung dessen, was ihm zur Zeit der Freiheitskriege versprochen worden war, zu verlangen. Hiegegen aber setzten sich die Machtinhaber

mit allen ihnen zustehenden Mitteln, und da dieselben sich
als die stärkeren erwiesen, so gab es bald eine große An=
zahl von politisch Verfolgten, welche am Ende sämmtlich
gezwungen waren, auf amerikanischem Boden eine Heim=
stätte zu suchen. Ueberdieß fühlten sich Viele, wenn sie
auch nicht gerade zur Flucht „gezwungen" waren, unter dem
politischen Drucke, welcher damals in Deutschland aus=
geübt wurde, nicht mehr recht wohl und suchten freiwillig
das Land „der Freiheit und Gleichheit" auf. Auf diese
Art kam ein ganz neues Element in die Auswanderung
und wenn auch die Zahl dieser Europamüden vielleicht
nicht gerade eine beträchtliche genannt werden konnte, so
gab doch sicherlich die Bildung, welche sie mit sich brachten,
dem Deutschthum in Amerika einen neuen Halt. Die
Hauptsache aber war, daß eine große Menge junger Hand=
werker und Bauernsöhne, unzufrieden mit den materiellen
Verhältnissen Deutschlands und einsehend, daß man es in
Amerika, wo man der frischen Kräfte äußerst bedürftig
war, in wenigen Jahren weiter bringen könnte, als im
alten Vaterlande in ebenso viel Decennien, frischweg
übers Meer hinüber segelten, um von nun an in den
Vereinigten Staaten zu leben, denn diese Gattung von
Auswanderern gehörte keineswegs zu derjenigen, welche
Amerika sonst zu sehen sich angewöhnt hatte. Brachten
sie doch sämmtlich eine mehr oder minder große Baarschaft
mit! Waren sie doch beinahe ohne Unterschied jung, ge=
schickt, ehrbar und kräftig! Freilich hörte deßwegen die
Auswanderung, welche „in der Verarmung" ihren Grund
hatte, ebenfalls nicht auf und es kamen sogar viele schlechte
Subjecte, welche entweder dem Gesetze entliefen, weil sie
irgendwo ein kleineres oder größeres Verbrechen begangen

hatten, oder welche vom Zuchthause, in das sie gesprochen waren, so zu sagen „zur Deportation begnadigt wurden", mit herüber; allein man überzeugte sich doch bald, daß in der ganzen Einwanderung ein anderer Geist wehe. Ueberdieß war die Zahl der Einwanderer von jetzt an eine ganz andere, als früher, denn sie belief sich von 1831 an bis zum Ende der 1850er Jahre im Durchschnitt jährlich auf mindestens 50,000 Köpfe. Ja sie stieg nach der Revolution von 1848 und 1849 auf jährliche 100,000 und anno 1853 gar auf 143,000, während sie dagegen vom Jahr 1855 an durch das Stocken aller Geschäfte in Nordamerika wieder in eine bedeutende Abnahme gerieth. Das Deutschthum wuchs also wieder fast riesenhaft an und wenn man die ganze Einwanderung von 1815 bis 1860 zusammenrechnet, so dürfte einer, der die Gesammt= zahl auf etwa 2½ Millionen anschlägt, kaum fehl gehen. Wie wäre es nun gegangen, wenn diese ungeheure Masse zusammengehalten und sich nach einer einzigen vorher schon bestimmten Richtung hin geworfen hätte? Wie wäre es gegangen, wenn diese 2½ Millionen Menschen, die doch zum größten Theil aus erwachsenen und kräftigen Persön= lichkeiten bestanden, auch nur zur Hälfte eines jener Terri= torien im Westen, die noch der Cultur harren, zum gemeinschaftlichen Wohnsitze ausgewählt haben würden? Die Antwort hierauf ist leicht und besteht einfach darin, daß in dem gegebenen Fall sich aus dem besagten Terri= torium mit der Zeit acht oder neun rein deutsche Staaten hätten herausbilden müssen; allein zum Glück für die Yankees dachten die deutschen Einwanderer an ein solches Unternehmen mit keiner Silbe und überdieß wäre es auch „zu riesenhaft" gewesen, als daß man es ohne die groß=

artigste Unterstützung der deutschen Regierungen hätte in
Ausführung bringen können. Was lag aber den Letzteren
an der Gründung eines Neu-Deutschlands über dem Ocean
drüben, und wenn auch vielleicht der Eine oder der Andere
der deutschen Fürsten sich dafür interessirte, so konnte er
für sich allein nichts machen; ein „gemeinschaftliches"
Handeln aber verbot sich, da Deutschland bekanntlich seit
1815 in etliche und dreißig Staaten zersplittert ist, so zu
sagen von selbst. So ging es denn mit der neueren
Auswanderung, wie mit der älteren, und wenn auch in
einem einzigen Jahre Hunderttausende in Neuyork landeten, so ging doch jeder von diesen Hunderttausenden seinem
eigenen Ziele nach, d. h. die ganze Einwanderung von
1831—1855 verzettelte sich gerade so, wie sich auch die
Einwanderung des achtzehnten Jahrhunderts verzettelt hatte.
Einige religiöse Genossenschaften allerdings hielten fest zusammen, allein wie hätten sie der Centralpunkt für ein
deutsches Gemeinwesen werden können, da sie ja jeden
„anders Denkenden" von selbst ausschlossen? Ueberdieß nagte
nicht auch an ihnen schon nach wenigen Jahrzehnten der
Wurm der Zersplitterung, wenn nicht etwa zufälliger
Weise eine kräftige Persönlichkeit unter ihnen lebte, welche
sie durch despotischen Zwang zusammenhielt? Auf diese
Art konnte es gar nicht anders kommen, als daß es jetzt
in der ganzen Union keinen Staat und in keinem Staat
eine Stadt oder Grafschaft gibt, in welcher nicht Deutsche
sich eingebürgert hätten, während umgekehrt ebensowenig
eine Stadt, eine Grafschaft, oder ein Staat existirt, worin
das Deutschthum eine übermächtige Rolle spielte.

Davon ist übrigens keine Rede, daß das deutsche
Element überall in den Vereinigten Staaten „gleichmäßig"

vertheilt wäre, sondern es herrscht vielmehr hierin die größte Ungleichheit. Rechnet man nemlich alle Einge= wanderten nebst ihren Nachkommen, also das ganze Deutschthum zusammen, so wird die jetzt in Amerika lebende Generation auf ungefähr fünf Millionen ange= schlagen werden dürfen. Einige Statistiker gehen aller= dings weit höher hinauf und sprechen von sieben oder gar acht Millionen, allein es ist wohl zu bedenken, daß eine Menge der Enkel und Enkelkinder der schon vor hundert oder hundertfünfzig Jahren Eingewanderten sich so sehr mit dem Yankeethum oder wenn man lieber will mit dem Amerikanerthum vermengt haben, daß sie lediglich nicht mehr für Deutsche zu rechnen sind. Ja sogar von den fünf Millionen, die ihre deutsche Abstammung nicht verläugnen, kann ein volles Fünftheil nicht mehr deutsch sprechen und gehört also ebenfalls nicht mehr zum eigent= lichen deutschen Element! Wo wohnen und leben nun aber die übrigen 4 Millionen? Etwa vielleicht so, daß auf jeden der 34 Staaten der Union 120,000 Deutsche kämen? Mit nichten, sondern der Deutsche ist nur da zahlreich, wo es ihm von jeher wohl ging. Somit kann man zum Voraus annehmen, daß in der Region der Baumwollen= staaten, allwo die Sclaverei zu Hause ist, sich nur gar Wenige unserer Landsleute ansiedelten und daß sie, wenn sie sich je dorthin verirrten, nur allein in den größeren Städten zu finden sind. So zählt z. B. die ganze deutsche Bevölkerung Louisianas kaum 48,000 Deutsche, trotzdem daß New=Orleans, die Hauptstadt Louisianas, in welcher die bei weitem größte Mehrzahl derselben wohnt, eine Welthandelsstadt ist. In Georgien, Alabama, Mis= sissipi und Arkansas wohnen nur je 10,000 Deutsche, einfach weil diese Staaten keine große Handelsmetropolen besitzen, und in Florida leben aus demselben Grunde gar nur fünftausend unsrer Landsleute! Etwas mehr Anziehungskraft hatte Süd=Carolina, denn es zählt zwanzigtausend Deutsche, von denen aber auf Charleston allein zehntausend kommen, sowie Tennessee, woselbst zum mindesten 50,000 Deutsche leben, deren Knotenpunkt die Städte Nashville, Knoxville, Memphis und Clarksville bilden. Noch zahlreicher erscheint das Deutschthum in Nord=Carolina und Kentucky, denn beide Staaten zählen je etwa siebenzigtausend unserer Landsleute; allein der Grund dieser starken Einwanderung ist nicht blos in den großen Städten, wie es daselbst giebt, nemlich in Louisville, Lexington, Frankfort, Wilmington, New=Bern (Neu=Bern) u. s. w. zu suchen, sondern auch hauptsächlich darin, daß die Sclaverei in jenen Staaten im Abnehmen begriffen ist und der Plantagenbau zum Theil wenigstens schon dem Landbau Platz gemacht hat. Aus eben diesem Grunde haben auch die Staaten Virginien, Maryland und Delaware eine bedeutende deutsche Bevölkerung, und man darf annehmen, daß von den 250,000 Deutschen, die in Virginien leben, gut die Hälfte sich mit Ackerbau beschäftigt, während die Anderen in den großen Städten Richemond, Norfolk, Alexandria, Petersburg und Wheeling ihr Auskommen finden. Ebenso ist's in Maryland, wo sich etwa 125,000 (nur allein in Baltimore über fünfzigtausend) Deutsche ansiedelten, sowie in dem winzig kleinen Delaware, in welchem sich über 24,000 Deutsch=Redende vorfinden. Verhältnißmäßig eben so sehr von Deutschen bevölkert ist der Staat Missouri, denn er zählt unter seinen 700,000 Ein=

wohnern etwas mehr als 100,000 unsrer Landsleute. Sie
wohnen jedoch sämmtlich nicht in dem Theile des Staates,
in welchem Sclaven gehalten werden, sondern vielmehr am
untern Missouri, wo sie größere Niederlassungen gegründet
haben, sowie in der mächtigen Stadt St. Louis, deren
halbe Einwohnerzahl (50,000) deutschen Ursprungs (eine
der Vorstädte führt den Namen „Neu-Bremen", weil blos
Deutsche dort wohnen) ist.

So steht es in den „Sclavenstaaten"; ganz andere
Zahlen aber weisen die „freien Staaten" auf, denn hierher ging vor allem das Ziel der deutschen Einwanderung.
So besteht die Bevölkerung des Staates Neuyork gut
zum vierten Theile (800,000) aus Deutschen und die von
Pennsylvanien gar zu zwei Fünftheilen. Ja Viele
wollen wissen, daß von den 2,500,000 Einwohnern dieses
letzteren Staates über 1,400,000 von Deutschen abstammen; allein diese Annahme dürfte doch allzuhoch gegriffen
sein, und stimmt wenigstens nicht mit den offiziellen Poli-
zeiberichten überein. Gelegentlich müssen wir übrigens hier
bemerken, daß nicht blos deßwegen sich so viele Deutsche
im Pennsylvanischen und Neuyorkischen ansiedelten, weil
es ihnen dort gar gut erging, sondern auch deßwegen, weil
sie dort gewissermaßen „hängen blieben". Hat man ja
doch berechnet, daß regelmäßig fast der dritte Theil der
Einwanderer in den Staaten und Städten, in welchen sie
zunächst landen — und die Hauptstädte von Neuyork und
Pennsylvanien waren bekanntlich stets Hauptlandungsplätze,
obwohl zugegeben werden muß, daß die Frequenz Philadelphia's in jetziger Zeit mit der von Neuyork gar nicht
mehr verglichen werden darf —, theils aus Mangel an
Geld zur Weiterreise, theils weil man ihnen dort Beschäf-

tigung anbietet, liegen bleibt, während von den zwei Rest-
Drittheilen, welche nach dem Innern Amerika's aufbrechen,
die Hälfte unterwegs — daher kommt auch die starke
deutsche Bevölkerung in Stadt und Umgegend von Albany,
Buffalo, Cleveland, Pittsburg, Wheeling, Cincinnati, Detroit,
Chicago, Milwaukie u. s. w. u. s. w., weil der Zug nach
dem Westen durch diese Städte führt — Dienste nimmt
oder sich ansiedelt, so daß nur ein einziges Drittheil im
wirklichen Innern ankommt. Nach Pennsylvanien und
Newyork werden Newjersey und Ohio als die am meisten
von Deutschen bevölkerten Staaten bezeichnet werden dürfen.
Ersterer, der an Pennsylvanien und Newyork gränzt, zählt
nemlich unter seinen 500,000 Einwohnern zum mindesten
125,000 Deutsche, also ein volles Viertheil, während von
den 2¼ Millionen Einwohnern Ohio's sicherlich 600,000
unserer Landsmannschaft angehören. Ja nur allein in
Cincinnati leben gegen 70,000 derselben, und man darf
sagen, daß gerade die Deutschen es waren, welche jene
Stadt, wie auch den Staat selbst, zu dem machten, was
sie jetzt sind. Ebendasselbe gilt auch von den übrigen westlichen Staaten, nemlich von Indiana, Illinois, Michigan, Wisconsin, Jowa, denn überall haben sich daselbst eine Menge von Deutschen als Bauern oder Farmer
angesiedelt und überall das Land in hohen Aufschwung
gebracht. Besonders ist dieß bei Michigan und Wisconsin der Fall, deren Bauern-Bevölkerung zu vollen
Zwei-Fünftheilen deutsch ist, während ihre städtische Einwohnerschaft, besonders die von Detroit, Ann-Arbor, Milwaukie fast zur Hälfte unsere Sprache spricht. Uebrigens
auch in Jowa, Indiana und Illinois gehört der dritte
Theil der Bauernschaft zur deutschen Race, wie man denn

einzelne Gegenden, z. B. die um Belleville gegenüber von
St. Louis, trifft, wo beinahe alles deutsch ist. Ja sogar
über das Felsengebirge hinüber nach Californien und
Oregon ist das deutsche Element gedrungen und besonders
in den großen Städten San-Francisco, Sacramento u. s. w.
sowie auch in den Minen-Distrikten trifft man Tausende
von unsern Landsleuten. Am geringsten ist die deutsche
Bevölkerung in den sogenannten „Neuenglandstaaten," also
in Vermont, Neuhampshire, Connecticut, Massachussetts,
Maine und Rhode-Island, denn es leben dort Alles in
Allem keine 30,000 unserer Landsleute, während die Einwohnerschaft jener sechs Staaten sich doch auf mindestens
2½ Millionen beläuft. Der Grund dieser auffallenden
Erscheinung ist übrigens leicht zu finden, und liegt nirgends
anders als darin, daß dort die Heimath „der Yankees und
der Natives" ist. Warum sollten die Deutschen auch in
Länder ziehen, in welchen man zum Voraus gegen sie
eingenommen ist und sie auf alle Weise zu unterdrücken
sucht? Schließlich kommen wir noch auf die interessanteste
aller deutschen Bevölkerungen zu sprechen, nemlich auf die
von Texas. Im Jahre 1844 nemlich thaten sich verschiedene deutsche Fürsten und Standesherren zu einem Vereine
zusammen, welcher laut großartiger Ankündigung die Absicht hatte, in jenem fernen Lande ein neues Deutschland
zu gründen. Der Verein erwarb also von der damaligen
Regierung von Texas (dieses bildete zu jener Zeit bekanntlich einen vollkommen unabhängigen Staat) ungeheure
Ländereien, und versprach nun jedem Deutschen, der dorthin auswandern wolle, gegen Einzahlung von fl. 300. —
vollständig freie Ueberfahrt, sowie ein fertiges Blockhaus
nebst 160 Acker Landes, während eine Familie, welche
fl. 600. — einzahlte, die doppelte Anzahl von Aeckern

bekommen sollte. Ueberdieß versprach der Verein, Kirchen, Schulen, Apotheken, Spitäler und Straßen auf seine Kosten herzustellen, und verlangte dagegen von dem Einwanderer nichts weiteres, als daß derselbe auf seinem neu erworbenen Grund und Boden wohne und innerhalb drei Jahren fünfzehn Acker davon urbar mache. Natürlich glaubte man nun in Deutschland endlich einmal zum Ziele einer deutschen Colonie in Amerika zu kommen, und es begeisterte sich nicht bloß alle Welt für den Plan, sondern es meldeten sich auch mehrere Tausend vermögliche Leute, welche dorthin überzusiedeln bereit waren. Ja es gingen in der That vom Dezember 1845 bis zum März 1846 gegen 3000 Deutsche auf den von den Fürsten gemietheten Schiffen nach Texas ab und wurden dort in der sogenannten Matagordabai gelandet. Von da sollten sie sofort in das von dem Verein erworbene Gebiet, welches weit entfernt in dem gebirgigeren und also gesünderen Theile von Texas lag, befördert werden; allein wie hielt man dieses Versprechen? Man ließ den größten Theil der Neu-Angekommenen, weil es an der nöthigen Anzahl von Fuhrwerken fehlte, oder vielmehr weil die Fuhrleute zu viel Lohn forderten, und weil zugleich die schlechte Witterung die Wege unfahrbar machte, so lange in der furchtbar ungesunden sumpfigten Matagordabai liegen, bis eine nicht geringe Anzahl von ihnen durch Krankheiten aller Art, sowie durch Hunger und Elend aufgerieben und der Rest hiedurch so mürbe geworden war, daß er auf alle Bedingungen einging, um nur fortzukommen. Mehr als tausend fanden, da es an Aerzten und Apotheken vollkommen mangelte und da sogar nicht einmal hinlänglich Lebensmittel vorhanden waren, auf diese Weise elendiglich ihren Tod, aber

auch die, welche gerettet wurden, kamen nicht auf das
ihnen zugesagte Vereinsgebiet, weil dieses viel zu weit
entfernt lag. Im Gegentheil kaufte nun der Vorstand des
Vereins, Prinz Carl von Solms-Braunfels, einen
kleinen Strich Landes am obern Guadelupe und gab jedem
Einwanderer statt der versprochenen 160 — zehn Acker
Landes nebst einem weitern halben Acker, um darauf ein
Haus zu bauen; Familien dagegen erhielten 20 Acker.
Was wollten die armen Getäuschten machen? Sie mußten
sich in Gottes Namen begnügen und sich selbst helfen, so
gut es ging! So entstand die deutsche Stadt Neu-Braun-
fels und wenige Meilen davon entfernt eine zweite deutsche
Niederlassung, welche den Namen Friedrichsburg erhielt.
Von der Gründung eines Neu-Deutschlands aber war nun
natürlich lediglich keine Rede mehr, sondern man kam vielmehr nach und nach zu der Ueberzeugung, daß das ganze
Unternehmen von Anfang an nichts viel Besseres gewesen
sei, als eine großartige Geldspekulation. Es waren nemlich dem besagten hochadeligen Vereine von der Texas'schen
Regierung für jede Familie, die sich in dem Vereinsgebiete
ansiedle, 640 Acker zugesichert worden, so daß also den
Herren Fürsten, weil sie laut Ankündigung an eine Familie
nur 320 Acker abgegeben hätten, die 320 übrigen Acker
als freies Eigenthum verblieben wären. Somit würden
sie, wenn z. B. nur 2000 Familien nach Texas gebracht
worden wären, über 640,000 Acker Landes zu verfügen
gehabt haben und bei 4000 Familien über 1,280,000 Acker.
Natürlich aber hätte dieses Land, wenn die Ansiedelung
gelungen wäre, einen ungeheuren Werth bekommen und
würde die Herren Fürsten und Standesherren zu Millio-
nären gemacht haben. Das war der Plan, und nun natür-

lich) wird kein Mensch mehr so thöricht sein, zu glauben, daß der Zweck des Vereins „ein rein nationaler", wie man die Welt glauben machen wollte, gewesen sei? Trotz allem dem gediehen übrigens die neuen Ansiedelungen besser, als man erwarten konnte, und es leben jetzt in Texas etwa 30,000 Deutsche, meist vom Ackerbau und der Vieh= zucht. Ob es ihnen übrigens, da Texas nicht blos ein Sclavenstaat, sondern vielmehr gerade derjenige Sclaven= staat ist, in welchem mit den Niggern am grausamsten gewirthschaftet wird, möglich ist, daß sie sich dort inner= lich wohl fühlen, lassen wir dahin gestellt.

Der Leser kennt nun in Kurzem die Geschichte der Deutschen in Amerika und weiß also, daß heutzutage Leute unserer Nation in jedem Staate und jedem Städtchen der Union getroffen werden. Nun fragt es sich aber, von was diese unsere Landsleute daselbst leben oder vielmehr auf welche Weise sie ihre Existenz dort zu begründen ge= wohnt sind. Bekanntlich herrscht in Nordamerika voll= kommenste Freizügigkeit nebst ebenso unbedingter Gewerbe= freiheit und somit kann jeder, der in jenes Land kommt, ein Geschäft ergreifen, welches er will. Demgemäß steht es auch unsern Landsleuten frei, ihre Handthierung nach Belieben zu wählen, allein die Erfahrung zeigt, daß sie sich doch nicht in Allem und Jedem versuchen, sondern daß sie vielmehr nur solche Branchen des Lebenserwerbs culti= viren, welche ihrem Charakter und ihrer Erziehung am besten entsprechen. Besuchen wir also einmal irgend eine beliebige Stadt der Union, um zu sehen, wie es unsere Landsleute dort treiben.

Der erste und bedeutendste Geschäftszweig einer Stadt ist immer der Handel. Derselbe theilt sich aber wie be=

kannt, in Groß= und Kleinhandel, und diese beiden Genera oder Gattungen spalten sich dann wieder in eine Menge von Species oder Unterarten. Nun fragt es sich, welche Gattung von Großhandel und welche Art von Kleinhandel der Deutsche besonders liebt. In Beziehung auf die erste Frage ist die Antwort leicht, denn unsere Landsleute werfen sich fast alle durchschnittlich nur allein auf den „Import", d. h. auf das Einführen ausländischer Waaren auf den inländischen Markt. Wenn wir übrigens von „ausländischen" Waaren sprechen, so verstehen wir dar= unter keine solche, welche aus „allen" außeramerikanischen Ländern herkommen, sondern vielmehr ganz allein die „europäischen", ja sogar vorzugsweise nur die „deutschen". Auf diese letzteren versteht sich unser Landsmann am besten; von ihnen weiß er, wo er sie am wohlfeilsten und solidesten ankaufen kann, für sie kennt er die sichersten Absatzquellen. Warum sollte er sich also auf das Wagniß einlassen, seine Magazine mit andern Artikeln und Fabrikaten, als solchen, welche im alten Vaterlande erzeugt werden, zu füllen? Höchstens fügt er noch französische und italienische Erzeug= nisse hinzu, wenn er nemlich in seinem früheren Leben Italien oder Frankreich besucht hat. Mit englischen Fa= brikaten dagegen befaßt er sich selten oder nie, denn er weiß wohl, daß er hierin mit dem klugen Yankee nicht concurriren kann. Besonders gerne wirft er sich auf deutsche landwirthschaftliche Produkte, als da sind Wein, Käse u. s. w., sowie auf gestrickte Waaren, welche be= kanntlich nirgends so wohlfeil zu haben sind, als in un= serem guten Vaterlande, wo die Mädchen schon fast im Mutterleibe zum Stricken angehalten werden. Auch mit den Zuchthäusern Deutschlands hat er viel zu thun, denn diese liefern ihm wollene Leibchen und was dergleichen mehr ist, und er macht deßhalb, besonders wenn er noch ein Anfänger ist, alle Jahre eine Reise nach Deutschland, um seine Einkäufe in eigener Person zu besorgen.

Geld gehört natürlich zu einem solchen Geschäfte und ein „ganz" Mittelloser kann es nie beginnen, außer — wenn ihm die Handlungshäuser seines früheren Vaterlandes Credit schenken. Hierin jedoch, in dem Creditschenken nemlich, hat schon manche deutsche Firma ein Haar ge= funden, denn der angehende amerikanisch=deutsche Groß= händler nimmt es hie und da mit dem Bezahlen des Creditirten nicht so gar genau und Einzelne schämen sich sogar ganz und gar nicht, es dem Yankee „im Bankerot= tiren" gleich zu thun. Dessen ungeachtet gelingt es dem deutschen Großhändler in Newyork oder Neworleans, oder wo er sonst leben mag, doch fast immer durch den Nimbus, in welchen er sein Geschäft einzuhüllen versteht, und durch die großartigen Zahlen, mit welchen er umzuwerfen pflegt, das Vertrauen deutscher Häuser zu gewinnen, und wenn er seinen Verpflichtungen nur halbwegs nachkömmt, so wird ihm sogar mehr geborgt als er selbst in Anspruch nimmt. Auf diese Art gelingt es also Manchem, oft sogar einem Mittellosen, nach wenigen Jahren schon, wenn nemlich die Geschäfte in Amerika gut gehen, zu einem nicht unbedeutenden Vermögen zu kommen, um dann „mit Recht" auf den Namen eines reichen Großhändlers Anspruch zu machen. In der Regel aber sind diese Herren von Haus aus vermöglich oder zählen sie gar eine große deutsche Firma zu ihrer Verwandtschaft und in diesem Fall macht sich das „Weitererwerben" gleichsam von selbst. Was übrigens dieses letztere betrifft, so schwebt jedem von ihnen das Bild des bekannten Joh. Jacob Astor aus Wall= dorf bei Heidelberg vor, welcher im Jahre 1783 als zwan= zigjähriger, aber fast vollkommen mittelloser Bursche mit einigen wenigen Kürschnerwaaren nach Newyork hinüber kam und daselbst im Jahre 1848 im Besitz eines Ver= mögens von 30 Millionen Dollars, das ist von 75 Mil= lionen Gulden verstarb. Muß solch' ein Beispiel nicht zur Nacheiferung anspornen?

Ein Großhändler beschäftigt natürlich immer eine Anzahl von Commis und wählt hiezu beinahe regelmäßig frisch eingewanderte junge Leute. Ob er gleich nemlich für seine eigene Person fast ganz als Amerikaner lebt und vom eigentlichen Deutschthum wenig mehr wissen will, so sieht er doch ein, daß ein deutscher Buchhalter meistentheils treuer ist, als Einer, den eine Yankee=Mutter gebar. Ueber= dieß arbeiten die frisch aus Deutschland herübergekommenen Kaufmannsjünglinge viel fleißiger, sowie auch zugleich viel wohlfeiler, als amerikanische Commis, und schließlich würde sich ein im Lande Geborener nicht mit der wegwerfenden Vornehmheit behandeln lassen, welche der Herr Importer gegen seine deutschen Clerks anzunehmen gewohnt ist. Man darf jedoch nicht glauben, daß nur „gebildete Kauf= leute" in seinem Comptoir oder Magazine arbeiten, son= dern im Gegentheil besteht nicht selten die Hälfte seiner Commis aus Leuten, welche in Deutschland zu einem ganz andern Berufe erzogen wurden, in Amerika dagegen froh sind, in einem Magazine um schlechten Lohn zu dienen, und da somit, wenn eine Commißstelle aufgeht, der An= drang von Bewerbern immer sehr groß ist, so wäre es in der That ein Wunder zu nennen, wenn der Großhändler= Principal seine Leute nicht ein wenig »en bas« behandelte.

Die eine Art von Beschäftigung der Deutschen in größeren Städten ist also die Großhändlerschaft in Verbindung mit der Commißschaft. Weit ausgedehnter jedoch ist die zweite Handelsbranche, nemlich die des „Kleinhandels," denn da gibt es, wie sich von selbst versteht, der „Zweige", in welchen man sein Fortkommen finden kann, eine schwere Menge, und der Deutsche hat so gut das Recht, den einen oder den andern dieser Zweige zu erwählen, als ein Anderer. Doch wirft er sich mit Vorliebe nur auf zwei, nemlich auf die Gewürz = Krämerei und das Kleidergeschäft. Der Gewürz = Krämer oder „der Grocer," wie man ihn in Amerika nennt, beschränkt sich übrigens, wie bekannt, keineswegs auf den Verkauf von Zucker, Kaffee, Pfeffer, Nelken, Thee und was dergleichen mehr ist, sondern führt in seinem Laden so zu sagen Alles, was man nur irgend in einer Haushaltung braucht. *) Ja er ist ein förmlicher „Allerweltskrämer" und eben diese Allseitigkeit scheint es zu sein, welche den Deutschen besonders anzieht. Ueberdieß braucht man ja keine besondern Vorkenntnisse, um ein solches Geschäft zu treiben, während man zugleich, wenn man umsichtig zu Werke geht und mit der Umsicht Sparsamkeit verbindet, sicher sein kann, immer sein gewisses Brod zu verdienen. Was Wunder also, wenn die Yankees, welche das „schnelle" Reichwerden dem „langsamen" wenn auch noch so soliden Erwerb vorziehen, den Gewürzhandel dem Deutschen allein überließen? Aus demselben Grunde will auch ein Yankee selten etwas vom Handel mit fertigen Kleidern. Der Erwerb erscheint

---

*) Das Nähere hierüber findet der Leser unter der Ueberschrift „der Grocer" in den lebenden Bildern aus Amerika von Theodor Griesinger.   Anmerk. des Setzers.

ihm viel zu kleinlich und das Geschäft zu detaillirt. Darum wenn er je einen Kleiderstore errichtet, thut er dieß nie, um nur den Handel »in loco,« d. h. an Ort und Stelle zu betreiben, sondern er dehnt denselben viel= mehr in einen „Engros-Verkauf" aus und fournirt mit seinen Vorräthen eine Menge von andern Kleinhändlern, die weiter im Westen oder Süden wohnen. Weit genüg= samer dagegen ist der Deutsche, besonders der deutsche Jude, und darum sieht man auch die meisten Detail=Kleider= läden fast immer in den Händen der letztern Menschenklasse.

Vom Handel gehen wir auf die Industrie und die Gewerbe über; allein auch hierin cultivirt der Deutsche nur seine besondern Zweige. So werden wir z. B. fast die ganze „Zündhölzchenfabrikation", sowie die Herstellung von „Tinte", „Wichse" und was dergleichen mehr ist, immer in seinen Händen finden, und mit ebensoviel Vor= liebe wirft er sich auf „Sattlerarbeiten", mit welchen regelmäßig ein „Möbelhandel" verbunden zu sein pflegt. Auch das „Bijouteriefach" sowie jedenfalls die „Uhren= macher=Kunst" gehören nur ihm an, und es dürfte sich vielleicht in ganz Nordamerika kein Yankee finden, der eine zersprungene Feder oder ein abgenütztes Rad zu repariren verstünde. Wie die Uhrenmacherei, so gehört auch die „Goldleisten=Fabrikation" ganz allein dem Deutsch=Amerikaner an, denn er führte sie aus Deutschland ein, und eben so geschickt erweist er sich im „Cigarrenmachen", sowie im Klein= handel mit diesem seinem Fabrikate. In fast allen andern Fabrikationszweigen dagegen wagt er es nicht, dem Ame= rikaner Concurrenz zu machen; denn er weiß wohl, daß dieser ihm sowohl in Beziehung auf das Capital als auch besonders in Hinsicht der Technik überlegen ist. Doch

Einen Fabrikationszweig gibt es, welcher ihm, dem Deutschen, ganz alleinig, mit Ausschluß aller Yankees sowie
aller übrigen in Amerika lebenden Nationalitäten, angehört, und dieser ist „das Brauen des Lagerbiers". Anderes Bier als z. B. Porter, Ale, Strongbeer, Smalbeer,
Gingerbeer und was dergleichen mehr ist, kann der Amerikaner herstellen, aber — Lagerbier, das geht über seinen
Horizont. Man darf übrigens nicht glauben, daß dieser
Fabrikationszweig ein geringfügiger sey und daß wir Deutsche
deßhalb keine Ursache hätten, einen besondern Werth darauf
zu legen; im Gegentheil steckt ein ungeheurer Werth in
den amerikanisch-deutschen Lagerbierbrauereien und das Geschäft hat sich nunmehr über alle Städte und Staaten der
Union verbreitet. Ist ja doch das Lagerbier beinahe das
einzige gesunde geistige Getränke (den verhältnißmäßig nur
sehr sparsam importirten ächten Wein ausgenommen), welches man in Nordamerika haben kann, so daß es jetzt von
einem großen Theile der eingeborenen Amerikaner fast mit
derselben Vorliebe genossen wird, wie von den fünf Millionen Deutschen!

In „gewerblicher Beziehung" sieht es in Amerika ganz
anders aus, als in Deutschland, denn da man dort gewohnt ist, Alles fix und fertig zu kaufen, so können „selbst-
ständige Kleingewerbe" fast unmöglich aufkommen. Es
gibt also dort keine Wagner, keine Schreiner, keine Glaser,
keine Schmiede, keine Schuhmacher, keine Schneider u. s. w.,
die unter dem Titel von „Meistern" selbstständig für sich
mit der Unterstützung von einem oder ein paar Gesellen
arbeiten, sondern es gibt vielmehr Kleider- und Hemden-
fabriken, Schuh- und Stiefelfabriken, Fenster- und Thüren-
fabriken u. s. w. u. s. w., in denen man große Vorräthe

zur Auswahl hält, und somit sind die eingewanderten Hand=
werker, wenn es ihnen nicht (was übrigens nicht allzu oft
der Fall ist) gelingt, eine eigene derartige Fabrik anzu=
legen, darauf angewiesen, „als Gesellen" zu arbeiten. In
der That gibt es nun auch solcher deutschen Gesellen oder
Arbeiter, wie man sie in Amerika heißt, in allen größern
Städten eine schwere Menge und man darf mit Recht
sagen, daß die Fabrikherren zu allen feineren Arbeiten, d. h.
zu denjenigen, bei welchen man nicht blos Kraft, sondern
auch Geschicklichkeit und Geschmack nöthig hat, fast nur
allein Deutsche verwenden. Ueberdem kennt der Amerikaner
den deutschen Fleiß gar wohl, sowie die deutsche Ordnungs=
liebe, und wird daher als Manufakturist, wenn er die Aus=
wahl zwischen einem Irländer oder Deutschen hat, fast
immer — er müßte denn ein starker Native sein — nach
dem letztern greifen. Aus diesem Grunde geht es den
meisten deutschen Arbeitern, vorausgesetzt, daß gerade keine
beschäftigungslose Zeit vorherrscht, in Amerika ziemlich gut
und sie sind größten Theils im Stande, sich nicht blos
mit ihrer Familie durchzuschlagen, sondern auch noch alle
Jahre eine kleine Summe zu erübrigen. Freilich müssen sie
dann den blauen Montagen absagen und können auch sonst
des Guten nicht zu viel thun. Ueberdem darf keine „Stop=
zeit", d. h. keine Zeit, wo der „Boß" oder Prinzipal aus
Mangel an Bestellung nicht arbeiten läßt, eintreten, denn
sonst geht das Wenige, das man in ein paar Jahren er=
sparte, in wenigen Wochen wieder den Weg alles Fleisches,
und man ist genöthigt, abermals von vorne anzufangen, —
ein Umstand, der sich in den Vereinigten Staaten nur zu
oft wiederholt!

Wenn nun aber auch die deutschen Handwerker, so=

bald sie „als Gesellen" arbeiten, im Allgemeinen genommen in Amerika ihr gutes Auskommen haben, so empfindet es doch derjenige unter ihnen, welcher in Deutschland als selbstständiger Meister zu existiren gewohnt war, äußerst schmerzlich, wenn er nun auf einmal diese Selbstständigkeit aufgeben soll. Er verdiente vielleicht draußen mit all' seiner „Meisterschaft" kaum die Hälfte von dem, was ihm nun „als Geselle" ausbezahlt wird, und hatte also mit Sorgen aller Art zu kämpfen, allein er war doch sein eigener Herr und durfte commandiren statt commandirt zu werden. Eben=deßwegen versucht er es auch hie und da, sich auf dieselbe Weise, wie draußen, als Meister = Handwerker niederzu=lassen, und wird also Schlosser, Schreiner, Wagner oder Schneider „auf eigene Faust". Allein wie ergeht es ihm dann? Möglicherweise eine Zeit lang nicht gerade allzu schlecht, wenn er mitten unter Deutschen wohnt; denn von diesen werden immer wenigstens Einige ihm ihre Kund=schaft zuweisen. Allein die Meisten überzeugen sich doch bald, daß sie das, was sie bei dem deutschen Meister „auf Bestellung" machen lassen, weit höher zu stehen kommt, als wenn sie denselben Gegenstand „fix und fertig" im Laden kaufen würden, und dann hat es natürlich mit ihrer Kundschaft sogleich ein Ende. Somit sieht sich der besagte Meister nach kurzer Zeit „auf reine Reparatur=Geschäfte" reduzirt, und wendet sich, weil die Reparaturen allzu wenig eintragen, nothgedrungen wieder dem Gesellenstande zu. Ausnahmen mögen natürlich immerhin vorkommen, in der Regel jedoch geht es so, wie wir eben sagten, mit alleiniger Ausnahme des „Barbiergeschäfts", welches nicht fabrikmäßig betrieben werden kann, und dessen sich die Deutschen total bemächtigt haben.

Wenn nun aber Einer es als unselbstständiger Ar=
beiter durchaus nicht mehr aushält, sollte es denn dann
nicht doch noch einen Ausweg geben, um als eigner Herr
sein Leben zu machen? Sicherlich ist dieß der Fall, denn
derselbe kann ja „Wirth" werden! Wirth werden und
wirthschaften — welch ein Vergnügen! Concession braucht
man keine, denn jeder darf ja in Amerika thun und trei=
ben, was er will, und auch die Abgaben sind gering, ja
oft fast auf Null reduzirt. Ueberdieß erfordert es nur ein
ganz geringes Capital, um eine deutsche Bierstube zu
etabliren. Warum sollte man also diesen Erwerbszweig
nicht ergreifen, besonders wenn Einer viele Kameraden und
gute Freunde hat, die ihm ihren Besuch zukommen lassen
werden? Aus diesem Grunde gibt es in jeder Stadt Ame=
rika's, in welcher sich Viele unserer Landsleute niederge=
lassen haben, der deutschen Wirthschaften eine unendliche
Menge, allein sie halten sich beinahe durchaus auf einer
ziemlich niedrigen Stufe. Die meisten sind nichts anderes,
als gewöhnliche Kneipen, und höchstens bringt's Einer zu
einer ordentlichen Restauration oder zu einem guten Lo=
girhause. Allerdings wird er letzteres stets ein Hotel
nennen, allein „Hotels im wahren Sinne des Worts"
findet man nur äußerst selten in den Händen unsrer Lands=
leute. Das übrigens läßt sich nicht in Abrede ziehen, daß
es auch dem bloßen Kneipier manchmal recht gut geht und
daß es ihm, besonders wenn er einen Sommerbiergarten
mit seinem Salon zu verbinden im Stande ist, nicht selten
gelingt, ein ordentliches Stück Geld zu verdienen. Die
meisten Bierwirthe jedoch nehmen alljährlich nicht mehr ein,
als sie brauchen und somit geben beinahe zwei Drittheile
nach wenigen Jahren das Handwerk wieder auf, um (vor=

ausgesetzt, daß sie durch den starken Bierconsum, welchem sie als Wirthe fröhnen, noch nicht zur Arbeit unfähig geworden sind) zu ihrem alten Geschäfte zurückzukehren. *)

Von den Wirthen kommen wir durch eine regelrechte Ideenassociation auf die „Künstler und Gelehrten" zu sprechen, an denen es, wie man sich wohl denken kann, unter einer deutschen Bevölkerung nie fehlt. Leider jedoch ist Amerika nicht der Ort, wo Kunst und Wissenschaft gedeiht und es gelingt Einem nur selten, sich in einer dieser beiden Branchen eine gesicherte Existenz zu verschaffen. Umgekehrt aber findet man es nur zu häufig, daß z. B. ein Maler zum Handwerk des Anstreichers greifen muß, wenn er nicht Hungers sterben will, **) während der Philosoph, der Jurist, der Finanzmann und der Schriftsteller sich nicht selten als Bauernknecht verdingt, oder irgend ein Handwerk lernt, da er sich durch seine Intelligenz unmöglich fortbringen kann. Höchstens bringt er's zum Zeitungsschreiber, wenn er nicht etwa die Errichtung einer Bierkneipe vorzieht, und jedenfalls darf er froh sein, wenn er nicht (was schon manchem deutschen Professor begegnete) gezwungen ist, durch seiner Hände Arbeit an Eisenbahnen oder Straßenbauten sein Brod zu verdienen. Besser geht es denen, welche etwas von der „Theologie" verstehen, denn sie können als Prediger auftreten und am Ende von

---

*) Der geneigte Leser vergleiche hiemit die drei Artikel der lebenden Bilder aus Amerika, nemlich den „Emigranten-Wirth", den „Boarding-Wirth" und vor allem den: „Draußen Doctor Juris Utriusque, in Amerika Bierwirth."

Anmerk. des Setzers.

**) Man vergleiche gefälligst den Artikel in Griesingers Lebenden Bildern: „Der Künstler in Amerika."

Anmerk. des Setzers.

irgend einer Gemeinde zum Pfarrer gewählt werden. Auch „Sprachkenntnisse" führen nicht selten zu einem gesicherten Broderwerb, denn man kann ja dann entweder Privat= stunden geben oder auch eine öffentliche Schule für die Kinder wohlhabenderer deutscher Eltern errichten. Ueber= dieß kommt mancher Sprachlehrer, vorausgesetzt, daß er mit dem Englischen vertraut ist, auch in amerikanischen Erziehungsanstalten unter und hat dann wenigstens eine Existenz. Weit besser stehen sich Solche, welche etwas von der Gärtnerei oder von der Musik verstehen, denn in bei= den Fällen darf es ihnen nicht bange sein, am Hungertuche nagen zu müssen. Die Gärtnerei ist nemlich so zu sagen durch die Deutschen erst nach Amerika gekommen und wird auch jetzt noch beinahe einzig und allein von ihnen betrie= ben. Die Musik aber — nun wer einen Stock=Amerika= ner nur ansieht, der wird sogleich merken, daß derselbe durch und durch unmusikalisch ist und also das „Musik= machen" Andern überlassen muß.*) Dennoch liebt es der Yankee, Musik zu hören, freilich keine Concert=Musik, son= dern vielmehr ein recht lautes Gedudel, das eigentlich gar keine Musik ist, aber eben deßwegen kann jeder, der nur irgend ein Instrument versteht oder das Clavier zu schla= gen im Stande ist, mit ziemlicher Leichtigkeit ein Unter= kommen finden, d. h. er kann wenigstens so viel erwerben, daß er nicht zu Grunde geht. Ein Anderes aber ist's freilich, ob er sich in dieser seiner Musikantenstellung, die oft eine verächtlichere ist, als in Deutschland die eines herumziehenden Bänkelsängers und Schnurrpfeifers, wohl

---

*) Näheres hierüber erfährt der Leser in dem später folgenden Artikel „Musik und Musikanten in Amerika."

fühlt, oder ob er es nicht am Ende für ehrenvoller hält, von seiner Hände Arbeit, auch wenn sie ihm noch so schwer fällt, zu leben! Eigentliche Musiker dagegen, d. h. wirk= liche Künstler, haben in Amerika schon sehr oft einen äußerst anständigen Wirkungskreis erhalten, obgleich nie oder wenigstens selten unter den Yankees, sondern viel= mehr fast immer unter den Reicheren des deutschen oder auch französischen Elementes. Einen weit besseren Stand haben die deutschen „Apotheker und Aerzte", denn von ihnen sichern sich die Meisten nicht blos ein ordentliches Auskommen, sondern werden auch in der Gesellschaft sehr respectirt. Deutsche Apotheken fehlen nemlich nirgends, wo Deutsche wohnen. Im Gegentheil trifft man ihrer in man= cher Stadt so viele, daß man glauben sollte, sie könnten sich unmöglich mehr fortbringen. Auch mag es hie und da vorkommen, daß der Eine oder der Andere, weil der Stand übersetzt ist, nur ein sehr beschränktes Einkommen hat; allein diese Fälle sind sicherlich die selteneren, denn seit den letzten zehn Jahren fängt auch der Amerikaner an einzusehen, daß die Arzneimittel, welche man sich in einer deutschen Apotheke zurecht machen läßt, ganz anders prä= parirt sind, als das Mixtum compositum des Yankee= Quacksalbers, und zieht es daher vor, in Krankheitsfällen seine Recepte in die deutsche Apotheke zu senden. Ja es ist an manchen Orten schon so weit gekommen, daß die eingeborenen Apotheker ihre Läden geradezu schlossen, weil die Deutschen das Uebergewicht über sie erhielten, und es wird selbst von englisch=amerikanischen Aerzten zugestanden, daß erst durch die Deutschen die Apothekerkunst eine solide Basis erhalten habe. Ganz dasselbe oder vielmehr noch ein höheres Verdienst haben sich die deutschen Aerzte er=

worden. Zugestanden muß allerdings werden, daß früher nur zu oft irgend ein deutscher Pflasterstreicher oder auch ein anderer unwissender Strolch sich da oder dort als Arzt aufthat und unter Riesen=Ankündigungen zu prakticiren begann, während er doch von der Medizin so wenig ver= stand, als der Blinde von der Farbe. Ja es muß sogar zugegeben werden, daß noch jetzt in mancher Stadt solche erbärmliche Windbeutel in die Arzneikunst hineinpfuschen; allein nie und nimmer wird sich ein derartiger Giftmischer inmitten der deutschen Bevölkerung niederlassen, sondern er wird sich vielmehr immer in einem amerikanischen Viertel herumtreiben. Warum aber dieß? Einfach deßwegen, weil die jetzigen Deutschen Amerika's sich, ehe sie sich einem Arzte anvertrauen, immer vorher genau erkundigen, ob derselbe ein „wirklicher", d. h. ein auf deutschen Universi= täten gebildeter Arzt sei oder nicht, und nur einem solchen, nicht aber einem Quacksalber ihre Kundschaft zuwenden! Es ist ja kein Mangel an guten deutschen Aerzten, son= dern im Gegentheil, das letzte Jahrzehnt hat deren eine große Menge nach Amerika gebracht, warum sollte man also Gesundheit und Leben einem unwissenden Betrüger Preis geben? So halten's wenigstens die „Vernünftigeren" unter den Deutschen (die Unvernünftigen lassen sich in der ganzen Welt an der Nase herumführen) und ebendeßwegen haben die „guten" deutschen Aerzte immer auch auf eine „gute" Praxis zu rechnen. Ja sogar unter den Amerika= nern wußten sich Viele derselben Bahn zu brechen, wenn sie der Sprache nur halbwegs mächtig waren, und es ist daher wirklich oft komisch mit anzuhören, mit welch thö= richtem Hasse die von Eifersucht und Neid erfüllten ameri=

kanischen Doctoren gegen ihre germanischen Collegen zu Felde ziehen.

Dieß ungefähr sind die Beschäftigungen, welchen die in den Städten lebenden Deutschen obliegen und für gewöhnlich wird es daher keinem allzu schlimm ergehen, der ein ordentliches Handwerk gelernt hat oder ein paar kräftige Arme besitzt, um sich damit zur Noth als Pack- oder Kohlenträger fortzuhelfen. Die andern Alle aber, welche derlei Eigenschaften nicht besitzen und auch nichts von der Medizin und Musik verstehen, mögen sich die Sache vorher wohlweislich zwei- oder dreimal überlegen, ehe sie dem ungewissen Schicksal, das ihrer in Amerika wartet, entgegen gehen und zwar um so mehr, als die Meisten, wenn sie die Energie, den Fleiß, die Geduld und die Ausdauer, welche sie in Amerika brauchen, um zu etwas zu kommen, in Deutschland aufgewandt hätten, ohne Zweifel zu Hause ebenso weit, wenn nicht weiter gekommen wären, als in dem Lande der Yankees. Eben diesen Rath möchten wir aber nicht blos den Jünglingen und Männern, sondern auch den Weibern und Mädchen geben. Ihnen nemlich, wenn sie darauf angewiesen sind, ihr Brod durch eigene Arbeit zu verdienen, bleibt nichts übrig, als entweder mit Sticken und Nähen kaum so viel zu erwerben, daß sie dem Hungertode entgehen, oder aber sich „als Dienstboten" zu verdingen. Als solche sind sie übrigens stets gesucht, und sogar nicht blos gesucht, sondern auch sehr gut bezahlt, weil eine amerikanische Familie den Fleiß, die Treue und die Ordnungsliebe eines deutschen Dienstmädchens dem Schmutz und der Trunksucht einer Irländerin bei weitem vorzieht. Wer also nach nichts Besserem begehrt, als nach dem Loose „des Dienens", der mache sich immerhin auf

nach dem Lande „der Freiheit und Gleichheit", die andern
Mädchen und Jungfrauen aber, die etwas Höheres im
Sinne tragen, werden klüger handeln, wenn sie die Hei=
math der Fremde vorziehen.

Einen ganz andern Standpunkt nehmen die auf dem
Lande lebenden Deutschen ein, denn wenn unsere Lands=
leute in den Städten, die wenigen Groß= und Kleinhänd=
ler, sowie die Aerzte und Apotheker ausgenommen, so zu
sagen eine „untergeordnete" Rolle spielen und „der
großen Mehrzahl nach" dem Yankee „als Gesellen"
dienen, so sind sie dagegen auf dem Lande so gut oder
vielmehr noch besser „die Herren", als die Amerikaner.
Auf dem Lande leben nemlich in Amerika nur allein
Bauern oder „Farmer", wie man sich dort ausdrückt, und
zugleich stehen die Gehöfte immer so vereinzelt, daß sie nie
„Dörfer" bilden können. Ja man weiß in ganz Nord=
amerika so zu sagen gar nichts von einem Dorfe, oder
von einem gemeinsamen Zusammenleben der Bauern, son=
dern es gibt nur „Stadtgemeinden," worunter freilich auch
ganz kleine und unbedeutende. Ebendeßwegen existiren auch
nirgendwo Gewerbe, als in den Städten, und der auf dem
Lande lebende Deutsche ist nur allein Bauer und nichts,
als Bauer, gerade wie auch der neben ihm ansäßige Yankee
oder eingeborene Amerikaner. Allein welcher Unterschied
herrscht zwischen dem Hofe unsres Landsmanns und dem
des Amerikaners? Dort ist Reinlichkeit und Ordnung; dort
erhebt sich das Wohnhaus zu einer stattlichen Höhe und
an dasselbe reihen sich Scheunen und Stallungen in Menge;
dort prangt ein großer Garten mit herrlichen Obstbäumen
und an Zierpflanzen sowie an Gemüsen fehlt es auch nicht.
Hier aber, beim Yankee, findet man von allem dem ganz

wenig oder auch gar nichts, denn wozu braucht er Stal=
lungen und Heuschober, da ja sein Vieh Tag und Nacht
auf der Waide zubringt? Warum soll er sich die Mühe
machen, Gemüse zu pflanzen und Obstbäume zu cultiviren,
da ja in seiner Küche kein Gemüse verbraucht wird und
da er das Obst weder zu börren noch in haltbaren Most
zu verwandeln versteht? Geht man nun aber vollends gar
auf die Felder hinaus und sieht sich zugleich die Viehheer=
den an, so wird der Gegensatz zwischen Deutschthum und
Amerikanerthum noch schärfer hervortreten. Der Ameri=
kaner nemlich pflanzt nichts, als Mais und Waizen, und
wenn er sich hoch versteigt, so cultivirt er noch Tabak,
Kartoffeln, Hopfen und Gerste. Auch sehen seine Felder
fast durchaus mager aus, gerade wie auch sein Vieh, wel=
ches auf den nassen Wiesen nebenan kampirt. Ueberdieß
merkt man wohl, daß er auf seine Rinder und Kühe keinen
allzu großen Werth legt, denn sie sind vielleicht seit Wochen
nicht gereinigt worden und ihr Haar ist so struppig, wie
die Borsten eines Igels. Ebenso heruntergekommen neh=
men sich die paar Pferde aus, welche mitten unter dem
Rindvieh auf der Waide laufen und nur allein den Säuen,
die in großen Heerden in dem nahen Maisfelde sich güt=
lich thun, scheint es wohl zu sein. Welch' ganz andern
Eindruck aber macht das Vieh unseres Landsmannes auf
uns! Da waidet weder Kuh noch Roß auf dem Felde,
sondern sie stehen sämmtlich in guten, warmen Stallungen,
und wenn man diese Stallungen betritt, so freut man sich
ordentlich über das runde, glänzende Aussehen der Thiere.
Freilich kostet es mehr Mühe, dieselben im Stalle zu füt=
tern, als sie Tag und Nacht im Freien zu lassen, aber
dagegen gedeihen dieselben auch sichtlich. und haben beim

Verkaufen wohl einen doppelt so hohen Werth, als die des Yankee=Nachbars. Ueberdieß — warum stehen denn die Felder unsres Landsmannes so fett und schön da? Warum treibt sein Mais und sein Waizen weit höhere Kolben und Aehren, und warum erntet er von seinen übrigen Aeckern fast doppelt so viel, als der Amerikaner daneben? Das kommt von seiner fleißigen Bewirthschaftung und insbesondere von der Stallfütterung her, denn durch diese gewinnt er den Dünger, vermittelst welchem er sein Land in immer gleich fruchtbarem Zustande erhält. Kurz der Unterschied zwischen der Art und Weise, wie der Deutsche und wie der Amerikaner seinen Hof umtreibt, ist handgreiflich, und daß sich der Vortheil auf deutscher Seite befindet, geben jetzt selbst die Yankees zu. Freilich nicht mit dem Munde, denn wie könnte man einen Yankee dazu bringen, in irgend einer Sache seine Untergeordnetheit zuzugeben, aber mit der That und in der Praxis, indem deutsches Vieh als „Mustervieh" gekauft wird und deutsche Produkte auf land= wirthschaftlichen Ausstellungen Preise erhalten.

Uebrigens nicht blos im gewöhnlichen Feldbau ist der Deutsche dem Amerikaner total überlegen, sondern es hat ersterer auch Culturpflanzen in Amerika eingeführt, von denen man früher glaubte, daß sie dort gar nicht fort= kommen. Nehmen wir nur an — um von den Schafen, von denen man vor der Einwanderung der Deutschen so zu sagen gar nichts wußte, während sie jetzt in mächtigen Heerden gehalten werden und ihren Eigenthümern großen Nutzen bringen, gar nicht zu sprechen, — welch' elende Obstsorten vor fünfzig Jahren noch in den Vereinigten Staaten zu Hause waren und wie wunderbar herrliche Früchte dagegen die von den Deutschen veredelten Apfel=

und Birnbäume tragen! Nehmen wir an, wie viel tausend und aber tausend Gallonen vortrefflichen Weines nunmehr in Amerika erzeugt werden, während die Yankees steif und fest behaupteten, der Weinstock könne in den Staaten der Union unmöglich zum Gedeihen gebracht werden! Freilich sind die Nordamerikaner auch heut zu Tage noch nicht fähig, die Weinrebe zu cultiviren, obwohl dieselbe nun schon seit dem Jahre 1710 von unsern Landsleuten daselbst eingebürgert wurde.*) Allein diese Yankee'sche Unfähigkeit ist um so ruhmvoller für uns, als darin das Geständniß liegt, daß wir Deutsche dem Amerikaner wenigstens in Einer Beziehung, nemlich in der Cultur der edelsten Pflanze, die es gibt, überlegen sind!

Doch genug! Die Thatsache steht fest, daß wenn die Yankees in den Städten das Dominium führen, die Deutschen auf dem Lande den Amerikanern zum Muster dienen könnten, und es wird daher keinem „unbefangenen" Amerikaner einfallen, unseren Landsleuten in dieser Beziehung nicht Gerechtigkeit widerfahren zu lassen. Nur muß man hiebei, wie sich von selbst versteht, die Farmen oder Bauern-

---

*) Die Pfälzer, welche anno 1710 in Folge der Franzosengräuel ihr Vaterland mit Amerika vertauschten, waren die ersten, welche in Verbindung mit einigen Schweizern in ihren Niederlassungen zu Friedrichsburg und Neubern in Virginien Weinberge anlegten, und ihnen folgten dann andere deutsche Ansiedler in Nordcarolina. Neuester Zeit haben sich besonders die Deutschen in Ohio dem Weinbau gewidmet und auch in Missouri (hauptsächlich in und um Herrmann) sind sie nicht zurückgeblieben. Die meiste Aussicht, weinproducirende Staaten zu werden, haben jedoch Californien und Oregon, da sie weit günstiger gelegen sind, als alles Land westlich vom Felsengebirge, und es widmen sich daher seit neuester Zeit sehr viele der dorthin eingewanderten Deutschen mit großem Vortheil dem Winzergeschäfte.

höfe ausnehmen, welche den sogenannten „lateinischen Bauern"
oder „Gentlemen-Farmers" angehören. Es kommt nemlich
nicht selten vor, daß Männer aus den gebildeten Ständen
Deutschlands, welche durch das Schicksal oder durch ihren
eigenen Willen nach Amerika hinüber geschleudert wurden,
in der Verzweiflung, weil sie einsahen, daß sie sich mit
dem, was sie erlernt haben, unmöglich fortbringen können,
zu dem Auskunftsmittel greifen, eine kleinere oder größere
Farm zu kaufen, um von deren Erträgniß zu leben. Sie
sind nemlich der Ansicht, die Sache mache sich in Amerika
so leicht als im alten Vaterlande, wo Einer, der ein
Landgut kauft, einen Verwalter oder wenigstens Oberknecht
einstellt, welcher dann alles Nöthige besorgt, so daß auch
solche, die von der Landwirthschaft gar nichts verstehen,
zur Noth als Gutsbesitzer existiren können. Leider aber
sind die Verhältnisse in Amerika total anders, denn hier
gibt es keine „Oberknechte" und keine „Verwalter," sondern man muß vielmehr den Pflug selbst in die Hand
nehmen und das Vieh mit eigenen Händen melken, wenn
man nicht in wenigen Jahren schon ein ruinirter Mann
sein will. Ist aber die Farm so groß, daß man ohne
Beihülfe nicht umkommen kann, so wird man allerdings
genöthigt, einen oder zwei Knechte, wenn man sie nemlich
anders bekommen kann, zu miethen; allein die Kosten derselben sind so groß, daß man jedenfalls „mitarbeiten"
muß, und überdieß, wie werden solche Knechte mit dem
Landgute umgehen, sobald sie einsehen, daß der Besitzer
von dem Betrieb desselben nichts versteht? Es ist daher
eine Erfahrungssache, daß die gebildeten Deutschen, die sich
in Amerika der Oekonomie widmen, ohne daß sie dieselbe
vorher „praktisch" erlernt haben, meistentheils, auch wenn

sie ein ziemliches Vermögen besaßen, schon nach wenigen Jahren elendiglich zu Grunde gingen, oder daß sie sich wenigstens nur mit großer Mühe und unter übermäßigen Anstrengungen durch's Leben brachten. Mancher wird dieß unbegreiflich finden, denn in Deutschland stellt man sich das Ding ganz anders vor, als es in Wirklichkeit ist, und Mancher meint, es werde genügen, wenn er ein paar Dutzend landwirthschaftliche Bücher durchlese. Ja der Eine oder der Andere geht in seiner Illusion sogar soweit, daß er glaubt, das Leben auf einer Farm habe etwas „Idyllisches" an sich, und wenn man den Tag durch seine Geschäfte spielend besorgt habe, so sitze man Abends vor'm Hause im Schatten der Bäume und lasse sich den kühlenden Trank im Kreise seiner Familie wohl schmecken. Aber wenn dann die „Wirklichkeit" beginnt und wenn die Schwielen an den Händen und der Schweiß auf der Stirne daran erinnert, daß man „solche Arbeit" noch nie verrichtet hat, so wird man sich urplötzlich bewußt, daß ein himmelweiter Gegensatz zwischen Theorie und Praxis besteht. Würde aber Einer „durch sich selbst" dessen nicht bewußt werden, d. h. würde er Alles ohne Murren und Wehklagen ertragen, so müßte er durch das schlechte Aussehen seiner Pferde und Kühe, sowie durch das geringe Erträgniß und die Magerkeit seiner Felder mit Nothwendigkeit daran erinnert werden. Kein Wunder also, wenn „derartige" Hofbesitzer von ihren bäuerischen Collegen, die ihre Handthierung gründlich verstehen und von Jugend an mit dem Selbstarbeiten vertraut sind, mit ziemlich verächtlichem Spott behandelt und deßwegen mit dem Titel „lateinische Bauern" oder „Gentlemen-Farmers" beehrt werden!

Nachdem wir nun gesehen, wie die Deutschen in

Amerika ihr Leben machen, und welche Art von Geschäften sie treiben, kommen wir auf ihre „Denk= und Lebens= weise," sowie auf den „Charakter," den sie dort zur Schau tragen. Mancher wird nun meinen, daß hierüber nicht viel zu sagen sein könne, da unsere Landsleute über'm Wasser drüben ohne Zweifel gerade so denken und leben wie im alten Vaterlande, und in gewisser Beziehung ist der Satz richtig, denn auch in der neuen Welt sind die Deutschen meist fleißig, arbeitsam, ehrlich, bieder, wie zu Hause, und überdem essen und trinken sie, wenn sie es anders möglich machen können, gerade ebenso, wie sie es von Jugend an gewohnt waren. Dennoch aber werden ihre Charaktereigenschaften durch das Land, in welchem sie leben, unwillkürlich (vielleicht sogar ohne daß sie sich dessen selbst bewußt sind) modificirt, und sie erhalten durch die Verhältnisse, in denen sie stehen, sowie durch den Umgang mit einer ihnen ganz unähnlichen Menschenrace einen ganz absonderlichen Anstrich, so, daß einzelne ihrer ursprüng= lichen Eigenschaften total verschwinden, während andere um so greller hervortreten. Betrachten wir nur einmal die niederere Volksklasse, d. h. diejenige, aus welchen die Mehrzahl der amerikanischen Deutschen besteht (denn man darf, auf statistische Quellen gestützt, unbedingt behaupten, daß unter hundert Eingewanderten im höchsten Falle fünf zu den sogenannten höheren Ständen gerechnet werden dürfen) — betrachten wir also diese Leute, so fällt uns im Augenblicke auf, daß sie sich in Amerika viel „freier und rücksichtsloser" betragen, als sie es in Deutschland zu thun gewohnt waren. Sind sie nemlich total arm, d. h. kom= men sie, wie leider nur zu oft der Fall ist, nur mit we= nigen Gulden in der Tasche (die von den Gemeinden

Deportirten besitzen in der Regel nicht mehr und auch viele Andere, welche freiwillig auswandern, sind oft und viel, wenn sie in Amerika an's Land treten, fast ganz ohne Geld, da sie zu Hause glaubten, man habe genug gethan, wenn man nur die Ueberfahrt bezahlen könne) auf dem ihnen gänzlich fremden Boden der neuen Welt an und erhalten sie nicht im Augenblicke (was natürlich nur selten geschieht) Beschäftigung, so bleibt ihnen nichts übrig, als Andern zur Last zu fallen. Sie machen sich also, wenn sie nemlich gesund sind, alsbald auf die Sohlen und verlegen sich ohne Weiteres auf den Bettel. Zu Hause hätten sie dieß nicht gewagt, denn sie würden die auf das bettelhafte Vagabundiren gesetzte Strafe gefürchtet und sich überdem vor ihren Nachbarn geschämt haben; in Amerika aber — was bedarf es da eines Schamgefühls und überdieß warum wäre man denn in einem freien Lande, wenn man dasselbe nicht einmal „ausbeuten" dürfte? Darum kann man auch in den Straßen der Städte, in welchen sich die Einwanderung zusammendrängt, immer Dutzende von verkümmerten Gestalten, besonders von erbärmlich gekleideten und hungrig blickenden Weibern mit noch elender dreinschauenden Kindern auf dem Arme sehen, die gegen jeden Vorübergehenden ihre Hand ausstrecken, um sein Mitleid in Anspruch zu nehmen. Andere aber, die vielleicht schon zu Hause das Bettelhandwerk verstanden, schleichen sich in die Häuser und begehren von den Inwohnern (merkwürdiger Weise wissen sie die deutschen Quartiere gleichsam instinktmäßig herauszufinden) die nöthige Unterstützung. Zugegeben muß allerdings werden, daß auf hundert Einwanderer, besonders in der neueren Zeit, kaum ein einziger Bettler kommt, allein dieser ist dann auch um so

frecher und tritt mit einer Zudringlichkeit und Scham=
losigkeit auf, von der man in Deutschland keinen Begriff
hat. Thut er doch gerade, als ob man ihm die Unter=
stützung „schuldig" wäre, und wird grob, wenn man ihm
nicht genug gibt! Nicht viel anders verhält es sich mit
denjenigen, welche krank, siech und elend aus dem Schiffe
steigen, und von denen man glauben sollte, sie müßten in
solcher Lage förmlich verzweifeln. Du lieber Gott, sie
und verzweifeln! Sie „rechnen vielmehr darauf," daß
sie in Krankenhäusern untergebracht und so lange verpflegt
werden, bis sie im Stande sind ihr Brod zu verdienen!
In der That geschieht dieß auch meistentheils, freilich nicht
auf Kosten Amerika's, sondern auf Kosten der Einwanderer
selbst, von denen jeder ohne Ausnahme vor seiner Einstei=
gung in's Auswandererschiff einen Dollar zu amerikani=
schen Spitalzwecken (das sogenannte Hospital=Money)
hinterlegen mußte, und überdieß weiß man ja, daß es in
jeder größeren Seestadt der neuen Welt, in welcher Ein=
wanderungsschiffe ankommen, sogenannte „deutsche Gesell=
schaften" gibt, welche keinen andern Zweck haben, als das
Elend der Frischherübergekommenen zu mildern. Eine solche
Gesellschaft wurde schon im Jahre 1764 in Philadelphia
gestiftet und das Jahr darauf kam durch die Bemühungen
des deutsch=lutherischen Pfarrers Kuntze in Neuyork ein
ganz gleiches Institut zu Stande. Was braucht sich also
ein armer Deutscher lange zu grämen? Er bekommt ja
Unterstützung und hat sogar ein Recht zu dieser Unter=
stützung!

Sehen wir nun aber von dieser verhältnißmäßig ganz
kleinen Anzahl von Einwanderern ab, und werfen unsern
Blick auf die große Masse derer, welche in guter Gesund=

heit, sowie mit dem Willen zu arbeiten und sogar mit hin=
länglichen Geldmitteln versehen nach Amerika herüberkom=
men. Müssen wir uns da nicht augenblicklich überzeugen,
daß sie wenigstens zum großen Theil ganz anders auftre=
ten, als früher, und namentlich den Charakter der Beschei=
denheit gänzlich verloren zu haben scheinen? Schon auf dem
Schiff während der Ueberfahrt benahmen sie sich freier oder
vielmehr ungezogener, als zu Hause, und erlaubten sich, Frech=
heit mit Freiheit verwechselnd, nicht selten eine Sprache
gegen höher stehende Mitreisende, vor der sie in ihrem
Heimathdorfe selbst erschrocken wären. Sind sie nun aber
erst in Amerika gelandet, und haben sie durch ihre Ge=
schicklichkeit als Handwerker oder auch durch die Kraft ihrer
Hände als Arbeiter ihr gutes Auskommen gefunden, so
wächst ihre Rohheit mehr und mehr und sie betragen sich
oft (besonders gegenüber von solchen, die ihnen an Ver=
stand und Bildung weit überlegen sind, dagegen aber, weil
sie kein Handwerk verstanden, nicht so gut unterkamen als
sie) auf eine Weise, die man nur mit dem Wort „brutal"
richtig bezeichnen kann. „Ich bin, wer Du bist," rufen
sie, „denn in Amerika ist sich Alles gleich." In Deutsch=
land hätten sie sich eine derartige „Dutzanrede" nie er=
laubt, denn dort lebt noch das Gefühl, daß der Gebildete,
auch wenn er pecuniär minder gut daran ist, doch immer
hoch über dem Ungebildeten steht; aber in Amerika braucht
man dem Anstand keine Rechnung mehr zu tragen, sondern
man hat vielmehr nun Gelegenheit, den lang verhaltenen Zorn
„auf die Herren" loszulassen. Mit dem „Sich=kuschen" ist's
jetzt zu Ende und warum sollte auch Einer, der „als Ar=
beiter" zehn oder zwölf Dollar in der Woche verdient, sich
nicht hoch über den „Studirten", der vielleicht mit Mühe

seine vier oder fünf Dollar erwirbt, erheben? Er, der Zwölf=Dollarmann, kann ja im Wirthshaus „beim Lager= bier" weit mehr daraufgehen lassen, als der arme Schlucker mit seinen vier Thalern! So denken leider nur zu Viele der deutschen Eingewanderten. Sie vermögen sich nicht in der Freiheit zu bewegen, da sie nicht in derselben erzogen worden sind, und kehren nun ungescheut ihre innerste Na= tur, die Rohheit, heraus. Deßwegen wollen wir aber natür= lich nicht behaupten, daß die „ganze" niedere Klasse unsrer Landsleute der Rohheit huldigt, sondern im Gegentheil nicht Wenige wissen das Gesetz der persönlichen Freiheit, welches in Amerika beinahe keine Schranke hat, so ausge= zeichnet zu benützen, daß sie sich aus der unterthänigen Servilität, die ihnen in Deutschland anklebte, zu männ= licher Selbstständigkeit emporarbeiten, ohne deßwegen grobe Klötze zu werden. Nur leider sind nicht sie, sondern die Andern in der Mehrzahl.

Noch auffallender, als das Benehmen des eingewan= derten Deutschen in „socialer" Beziehung erscheint, ist seine Denk= und Handlungsweise „in Sachen der Religion". Draußen in Deutschland war er gewöhnt, Sonntags die Kirche zu besuchen und sich überhaupt so zu betragen, als ob er ein gut gläubiger Christ sei. Zum „Nachdenken" über seine Religion kam er vielleicht nie und ebensowenig lag ihm möglicherweise an der „Uebung" derselben; aber es hätte ja Anstoß erregt, wenn er nicht alle kirchlichen Gebräuche mitgemacht hätte, und er wäre am Ende sogar vor den Pfarrer oder Kirchenconvent beschieden worden. Um so froher ist er aber, daß dieser „Zwang" nun endlich einmal ein Ende hat, und er gedenkt sich auch recht ordentlich dafür zu revanchiren. Was Kirche? Er hatte

draußen Langeweile genug darin, und den will er nun
sehen, der ihn wieder zum Anhören einer Predigt bringt!
Der Katholik allerdings wird, wenigstens zum Theil, die=
sen Standpunkt nicht einnehmen, denn die Leiter der ka=
tholischen Kirche waren so klug, wenn nicht überall in
Amerika, so doch wenigstens in den größeren Städten
deutsche Kirchen mit deutschen Pfarrern zu errichten, und
diese Pfarrer wissen den katholischen Theil der deutschen
Einwanderung recht wohl aufzufinden. Auch unterlassen
sie es nicht, den Aufgefundenen die Hölle so heiß zu
machen, daß dieselben meistentheils zerknirscht in sich gehen
und auch in Amerika fortfahren, dem gewohnten Bigottis=
mus zu huldigen. Wo aber in ganz Nordamerika beküm=
mert sich ein protestantischer oder vielmehr lutherischer
Geistlicher um seine neu eingewanderten confessionellen Mit=
brüder? Ohnehin gibt es der lutherischen Prediger nur
wenige, da in Amerika der presbyterianische und methodi=
stische (von den vielen Dutzend andern Sekten nicht zu
sprechen) Protestantismus vorherrscht, und überdieß sind
diese wenigen, wie sich von selbst versteht, nicht vom Staate,
sondern vielmehr von ihren Beichtkindern, die zusammen
eine Gemeinde bilden, angestellt. Was haben sie sich also
um andere Lutheraner, welche nicht zu ihren Beichtkindern
gehören, zu bekümmern? Die Schlingel von Neueingewan=
derten sollen sich bei ihm, dem Pfarrer, melden, wenn sie
der Gemeinde beitreten wollen, aber ihm wird man doch
nicht zumuthen, denselben nachzulaufen, um vielleicht mit
Grobheiten empfangen zu werden? So kommt es denn,
daß gar Viele, wenn nicht gar die Meisten der neu einge=
wanderten Deutschen Jahre lang keine Kirche sehen und
noch weniger einem Gottesdienste beiwohnen. Sie müßten

ja, wenn sie zur Kirche gehen wollten, einen Stuhl darin kaufen und überdieß zur Besoldung des Geistlichen etwas Jährliches beitragen. Eine solche Thorheit aber wird man ihnen, den nunmehrigen freien Bürgern Amerika's, doch nicht zumuthen? „Wir können unsern Wein im Wirthshause trinken," rufen sie, indem sie mit der Faust auf den Tisch hineinschlagen, „und brauchen das Abendmahl nicht dazu." Aus denselben Gründen denken sie auch, wenn sie Kinder bekommen, oft Jahre lang an keine Taufe derselben, und nur erst, wenn der Frau die heimliche Angst keine Ruhe mehr läßt, citiren sie einen Geistlichen in's Haus, damit er den heiligen Actus an drei oder vier Sprößlingen zumal vornehme. „Es kostet Ein Geld," sagen sie, „ob man den Hokus-Pokus an Einem oder an Vieren vornimmt, und somit ist's doch vernünftiger, lieber gleich ein Häuflein zusammen kommen zu lassen." Solche Redensarten sind nur allzu vielfach im Schwange und wir könnten sogar, wenn wir wollten, noch weit frivolere anführen, dagegen aber dürfen wir auch nicht verhehlen, daß viele von denen, welche sich ihres Unglaubens mit so vollem Munde rühmen, in Krankheiten oder Unglückstagen in die traurigste Gemüthsverfassung fallen und längstvergessene Stoßgebetlein hervorsuchen, um sich mit ihrem Herrgott wieder zu versöhnen. Man sieht, es fehlt ihnen an dem innern Fond, sowie an der moralischen Durchbildung, womit philosophische Naturen ihre Christenthumsverläugnung zu ersetzen wissen, und der ganze deutsch-amerikanische Atheismus ist nichts anderes als eine „Forschur", wie man auf der Universität sagt.

Die „Gebildeten" unter den Einwanderern haben natürlich mit einem solchen Gebahren, durch welches sich

die Ungebildeteren, obwohl nicht zu ihrem Vortheile aus=
zeichnen, nichts zu thun. Dagegen aber klebt ihnen eine
andere Eigenschaft an, welche die ersteren nicht kennen,
nemlich die Eigenschaft „des Heimwehs". Wir haben schon
oben auseinandergesetzt, daß es einem gebildeten Deutschen
in Amerika nur äußerst selten möglich gemacht wird, von
seiner Intelligenz und den in Europa gemachten Studien
zu leben, sondern daß im Gegentheil die Meisten ange=
wiesen sind, entweder ein Handwerk zu erlernen oder aber
Bauern zu werden. Sie sehen also, daß sie es trotz aller
geistigen Vorzüge nicht weiter bringen können, als ihre
Nachbarn, die sich vielleicht durch besondere Rohheit aus=
zeichnen, und nun kommt ein Gefühl von Scham über sie,
welches sie fast zu Boden drückt. Ueberdem fehlt ihnen
natürlich fast jeder Umgang „mit Ihresgleichen" und folg=
lich müssen sie sich entweder total von der Welt abschließen
oder aber sind sie gezwungen, ein paar Stufen herabzu=
steigen und die Gesellschaften der Ungebildeten aufzusuchen.
Muß ihnen aber da nicht der Gedanke kommen, wie ganz
anders es draußen war, und wird ihnen also nicht vor
Heimweh das Herz fast brechen? Wohl suchen sie sich in
etwas damit zu helfen, daß sie auf das alte Vaterland
mit Donnerkeulen losziehen und auf die „Tyrannen Deutsch=
lands," sowie auf die feilen „Fürstenknechte," welche es unter
solcher Tyrannei aushalten, auf eine greuliche Weise
schimpfen; allein was wollen sie mit diesem Schimpfen?
Ist's ihnen vielleicht wirklicher Ernst damit? Ei Gott
bewahre, sondern sie wollen bloß ihr Heimweh übertäuben!
Darum beneiden sie auch innerlich Jeden, der wieder in's
alte Vaterland zurückkehren kann, obwohl sie's keineswegs
gestehen, sondern vielmehr mit dicken Backen behaupten, sie

würden es draußen unmöglich mehr aushalten. Welche
Freude dann, wenn Einer, der nach Deutschland hinaus
reiste, um wieder daselbst zu leben, durch irgend welche
Umstände getrieben nach Amerika zurückkommt! „Ich wußte
es," ruft dann der Eine oder der Andere triumphirend
aus, „daß es dir im Lande der Knechtschaft nicht mehr ge=
fallen konnte, und gerade so würde es auch mir ergehen,
wenn ich mich verleiten ließe, hinaus zu fahren, wovor
mich aber Gott bewahren wolle!" Trotz aller dieser groß=
sprecherischen Rodomontaden aber — wie gern, wie unend=
lich gern würde er sich noch in derselben Stunde zur
Hinausfahrt entschließen, wenn er es nur anders möglich
machen könnte! Am übelsten sind in dieser Beziehung die=
jenigen daran, welche in kleineren Städten zu leben ge=
zwungen sind oder welche sich gar als lateinische Bauern
ankauften, denn sie haben oft gar Niemanden, mit dem
sie ihre Ideen austauschen könnten. Ihr einziges Ver=
gnügen besteht vielmehr darin (die Jagd etwa ausgenommen),
daß sie Sonntags ihre freie Zeit zum Lesen eines guten
Buches verwenden; aber bei jeder Zeile, die sie lesen,
kommt ihnen eine Thräne der Erinnerung ins Auge, und
sie sterben fast vor Sehnsucht, nur noch einmal die deutsche
Sonne scheinen zu sehen. Und doch — was bleibt ihnen
anders übrig, als — Resignation?

In dieser Beziehung hat sich übrigens in neuester
Zeit gar Vieles zum Besseren gewendet, und es fehlt jetzt
wenigstens in keiner der größeren Städte mehr an jenen
gesellschaftlichen Einrichtungen, welche uns in Deutschland
das Leben so sehr versüßen. Da gibt's Musikvereine, Lese=
vereine, Turnvereine und wie sich diese geselligen Verbin=
dungen sonst noch nennen mögen. Auch Bälle werden

abgehalten, sowie Concerte und noch viele andere dergleichen Unterhaltungen. Ja sogar Liebhabertheater veranstaltet man, wenn es nicht zu einem förmlichen Theater mit einer stehenden deutschen Truppe langt! Insbesondere aber dürfen wir der reindeutschen Feste nicht vergessen, welche sich seit den letzten paar Jahren in Amerika eingebürgert haben, wir meinen die „Turnfeste", die „Maienfeste," und insbesondere die „Gesangfeste", an welchen sich die ganze deutsche Bevölkerung der amerikanischen Städte zu betheiligen pflegt. Welche Lust, ein solches Fest mitzumachen! Welch' prächtige Aufzüge mit Fahnen und Standarten! Welch' entflammende Reden von der Tribüne herab und welch' herrliche Gesänge von Freiheit und Vaterland! Welch' immense Anzahl von Theilnehmern aus Nah und Fern und welche Verbrüderungen zwischen bisher Wildfremden! Freilich an Schattenseiten fehlt es auch nicht und man könnte vielleicht, wenn man dem Spott und der Satyre den Lauf lassen wollte, ein jegliches derartiges Fest mit folgenden Worten charakterisiren. „Erster Tag: Empfang der auswärtigen Gäste nebst viel Singen und Trinken. Zweiter Tag: Probe nebst recht viel Trinken und Singen. Dritter Tag: Concert nebst ungewöhnlich viel Trinken. Vierter Tag: so lange die Sonne scheint Pick-Nick oder Kneiperei im Freien nebst merkwürdig viel Singen und noch mehr Trinken. Nach Sonnenuntergang solenner Ball nebst allen Genüssen die dazu gehören, worunter absonderlich Trinken. Fünfter Tag: Katzenjammer mit falschen Tönen und mit unendlich vielem Trinken. Sechster Tag: Schluß des Festes und Abreise nebst einem ansehnlichen Abschiedstrunke." So könnte man sagen und es läge vielleicht in dieser satyrischen Schilderung nicht

einmal allzu viel Unwahres, denn wenn einige fünfzig oder
sechzig deutsche Liederkränze ihre alljährliche Zusammen=
kunft haben, so machen sie es sich, wenigstens dem äußeren
Anscheine nach, zur Hauptaufgabe, recht viel zu singen
und noch mehr Lagerbier zu vertilgen. Allein deßwegen
haben doch derartige Festivitäten einen ungemein vortheil=
haften Einfluß auf den Charakter und die Bildung unserer
Landsleute. Dieselben werden nemlich hiedurch nicht nur
einander näher gebracht, so daß sie sich gegenseitig achten
und lieben lernen, sondern sie kommen auch zur Erkennt=
niß, daß es außer dem Dichten und Trachten nach mate=
riellem Wohlergehen auch noch ein Streben nach etwas
Höherem und Geistigem gebe. Ja sogar auf die Bildung
und Denkungsweise der Amerikaner selbst haben die deut=
schen Gesangfeste eine sehr wohlthätige Einwirkung, denn
die jungen Yankees, welche sich nicht selten durch Neu=
gierde verleiten lassen, Theil zu nehmen, werden dadurch
aus ihrem egoistischen Wesen, sowie aus ihrer Prüderie
und Scheinheiligkeit wenigstens in Etwas herausgerissen.
Die älteren Amerikaner dagegen gerathen vor Erstaunen
geradezu außer sich, wenn sie sich überzeugen müssen, daß
zehn= oder zwanzigtausend Menschen (an einem großartigen
Liederfeste betheiligen sich sogar oft noch weit mehrere)
mehrere Tage lang vergnügt und froh bei einander sein
können, ohne daß es zu Mord und Todtschlag, ja nicht
einmal zu Händeln und Keulereien kommt! Man sieht
hieraus, von welch' großer Tragweite derartige Festlich=
keiten sind, und ohne Zweifel würde diese Tragweite sich
noch bedeutend mehr ausdehnen, wenn alle Deutschen ohne
Unterschied jene Tage der Fröhlichkeit und Brüderlichkeit
mitmachen würden, allein leider kostet eine solche Gesangs=

woche nicht wenig Geld, so daß gar Viele unserer Lands=
leute aus Sparsamkeitsgründen wegbleiben müssen, und
überdieß betheiligen sich nicht wenige Andere nicht, weil
sie sich zu vornehm dünken, um mit den gewöhnlichen
Arbeitern und Handwerksgesellen an Einem Tische zu
sitzen oder gar zu fraternisiren.

Dieser letztere Umstand bringt uns auf eine andere
Charakter=Eigenschaft, welche den Deutschen auch in der
neuen Welt anzukleben pflegt, nemlich „auf die be=
rühmte deutsche Einigkeit." Merkwürdiger Weise
wissen sich nemlich unsere Landsleute in keiner Stadt und
keinem Städtchen, wo sie sich mehr oder minder zahlreich
niedergelassen haben, mit einander in die Länge zu ver=
tragen, sondern immer gibt's Haß und Zwietracht, sowie
Neid, Verhetzung und Verkleinerung. Ja sogar rein
deutsche Niederlassungen, deren Amerika doch wenigstens
einige zählt, *) gedeihen nur deßwegen nicht in dem Maß=
stabe, als sie vermöge ihrer guten Lage und wegen des
Fleißes ihrer Bewohner gedeihen sollten, weil diese letzteren
sich gegenseitig anfeinden und einander, wenn nicht öffent=
lich, doch heimlich in ihrer Entwicklung hinderlich sind.
Kurz es ist kein rechter Zusammenhalt unter den ameri=
kanischen Deutschen, gerade so wenig als unter denen,
welche im alten Vaterlande leben, und wenn zehn „links"
wollen, so rufen zwanzig „rechts." Dreißig oder vierzig
Andere aber begehren gar rückwärts statt vorwärts! Die

---

*) Wir unterlassen es absichtlich, Namen zu nennen (obwohl
wir es könnten), da wir Niemanden vor den Kopf stoßen wollen,
aber von unsern Lesern in Amerika werden sich Manche unwillführ=
lich getroffen fühlen.

Ursache dieser ewigen Anfeindungen ist übrigens leicht auf=
zufinden, denn sie liegt zum ersten in der „Religion,“ zum
Zweiten in der „Landsmannschaft“ und zum Dritten in der
„Politik“. In der Religion trennen sich die Katholiken
von den Protestanten und je weniger die Letzteren von
ihrem Protestantismus Gebrauch machen, um so mehr
lassen sich die Ersteren von ihrer Geistlichkeit aufstacheln,
die Andern als Ketzer oder gar Atheisten zu hassen. Wäre
die Geistlichkeit nicht, so möchte vielleicht eher „ein Hand=
in Handgehen“ möglich sein, aber die Kuttenträger schüren
überall, wo sie hinkommen, und erlauben in Amerika z. B.
ebensowenig gemischte Ehen, als bei uns, sobald sich nicht
der akatholische Theil vorher verpflichtet, die etwaigen Kinder
in der alleinseligmachenden Religion taufen zu lassen. Ein
Glück freilich ist's, daß man sie nicht braucht, wenn die
Brautleute so vernünftig sind, die Einsegnung „solcher“
Geistlichen nicht zu begehren, aber wie viele Brautleute
und besonders wie viele Bräute sind so vernünftig? Noch
mehr übrigens als der Religionshaß thut der „Nationali=
tätenhaß“, denn Nord= und Süddeutsch, sowie insbesondere
Platt= und Hochdeutsch stehen sich in Amerika fast schroffer
gegenüber als in Deutschland. „Was will der naseweiße
Preuß?“ ruft der Baier, und jener beehrt dann diesen
wieder mit dem Titel „eines ungeschlachten groben Klotzes“.
„Der blinde Hesse!“ schreit ein Anderer; „der superkluge
Sachse!“ ein Dritter, und zum Schluß meint der West=
phale: „Ihr seid alle Swoaben.“ Dem Plattdeutschen
ist es nemlich nicht möglich „Schwab“ zu sagen, weil er
das „Sch“ nicht aussprechen kann; dagegen aber umfaßt
er all' die Verachtung, welche er gegen den Hoch= und
Süddeutschen in sich trägt, in dem Wort „Swoabe“,

natürlich ohne daran zu denken, daß nur ein ganz kleiner Theil Deutschlands zu Schwabenland gerechnet werden darf! Dieser Nationalitäten= oder vielmehr Landsmann= schaftshaß erstreckt sich übrigens nicht blos auf die „un= gebildeteren" Klassen des deutsch=amerikanischen Elementes, sondern selbst die ihre Nase so gar hochtragenden Herren Importers und Großhändler sind davon angesteckt und man kann sich bei uns zu Lande von dem Kastengeist und Cliquenwesen, welches z. B. unter den vornehmen Kauf= herren New=Yorks herrscht, gar keinen Begriff machen. Einmal bestimmt die Größe des Reichthums sowie, wenn man sich so ausdrücken darf, der kaufmännische Stamm= baum den Rang und zum Andern gibt's Hamburger, Bremer, Lübecker, Kieler u. s. w. Absonderungen. Sie fühlen sich allesammt nicht als „Deutsche," sondern viel= mehr als Abkömmlinge eines besondern deutschen Stammes und wollen Einer über dem Andern stehen!

Der dritte Grund, warum die Deutschen in Amerika einander befeinden, liegt in den politischen Ansichten, in welchen sie befangen sind. Die nordamerikanische Union ist nemlich bekanntlich immer in mehrere politische Frac= tionen und Parteien getheilt, von denen jede die andere deßwegen befeindet, um selbst ans Ruder der Regierung zu kommen. Nun sollte man aber meinen, die Deutschen müßten schon ihres Interesses wegen sämmtlich ohne Un= terschied auf der Seite derjenigen Partei stehen, welche der Einwanderung am günstigsten ist und zugleich das Panier der wahren Freiheit (also der Unterdrückung der Sclaverei) aufgepflanzt hat. Ist es ja doch eine unumstößliche That= sache, daß unter allen Nationen Europas die germanische sich von jeher als die Hauptfeindin des Sclavenwesens erwiesen hat! Ist es ja doch eine weitere Thatsache, daß überall, wo sich die Deutschen in Amerika nur irgend an= siedelten, also selbst in den sogenannten Sclavenstaaten, wie z. B. in Nord=Virginien, Maryland, Kentucky, Mis= souri u. s. w., das Niggerinstitut wenigstens in ihrer näch= sten Nachbarschaft der freien Arbeit Platz machen mußte! Allein sind deßwegen die amerikanischen Deutschen in ihrer Parteiergreifung für den Abolitionismus einig? Nicht im Geringsten, sondern die Einen halten es mit den Demo= kraten, während die Andern mit den sogenannten Repu= blikanern gehen, ohne daß sie merken, wie die Amerikaner eigentlich nur ihr Spiel mit ihnen treiben. Ja noch mehr! Die Yankees, wenn sie auch ganz entgegengesetzte Politik treiben, hassen sich deßhalb nicht persönlich; die Deutschen aber befeinden sich in solchem Falle geradezu und führen einen Krieg auf Tod und Leben gegen einander. Sieht man nun, warum es auch in Amerika mit der berühmten deutschen Einigkeit gerade so steht, wie in Deutschland selbst? Dazu kommen dann noch die persönlichen Feind= schaften, welche man hie und da mit aus Europa herüber gebracht hat, die Eifersüchteleien der Neueingewanderten gegen die sogenannten „Grauen", d. h. gegen die schon längst im Lande Ansäßigen, welche sich das oft etwas absprechende Gebahren der Andern nicht gefallen lassen wollen, sowie endlich das Mißtrauen, von denen die große Mehrzahl der Eingewanderten gegen alle diejenigen beseelt ist, die draußen eine Beamtenrolle spielten. Kurz und gut, ein vollständiges Zusammengehen des amerikanischen Deutsch= thums ist unmöglich, eben weil das Deutschthum — Deutsch= thum ist!

Nur in Einem scheinen die sämmtlichen Deutschen

beinahe ohne Unterschied Hand in Hand zu gehen, nemlich
darin, sich so schnell als möglich „zu amerikanisiren".
Jeder nemlich sieht, sobald er in die neue Welt eingetre=
ten ist, ein, daß er sein Unterkommen um so weniger gut
findet, je weniger er von der englischen Sprache versteht.
Man kann doch dem Amerikaner nicht zumuthen, daß er
der eingewanderten Deutschen wegen „deutsch" lernt! In
dieser Erkenntniß liegt etwas vollkommen Wahres und
wir glauben selbst, daß Keiner unsrer Landsleute fehl geht,
wenn er sich so schnell als möglich das fremde Idiom an=
eignet, allein muß denn Einer deßwegen, weil er englisch
zu verstehen sich bemüht, auch darauf ausgehen, sein gan=
zes „Deutschthum" zu verleugnen? Muß er sich denn den
Anschein geben, als sei Er, der Eingewanderte, ein Ein=
geborener und Stock=Amerikaner, d. h. mit andern Worten:
muß er sich „englisiren" (gerade wie man in Deutschland
Landpferde englisirt) und seine deutschen Sitten, seine
deutschen Gewohnheiten und seine deutschen Ansichten sämmt=
lich über Bord werfen? Auf dem Lande, d. h. unter den
Bauern merkt man von dieser Manie des Sichamerikani=
sirens noch am wenigsten, denn die meisten deutschen Far=
mer begnügen sich damit, so viel vom Englischen zu lernen,
als ihnen zur Verständlichmachung mit ihren englischen
Nachbarn unumgänglich nothwendig ist. Ja viele derselben
lernen bis zu ihrer Sterbestunde kein Englisch, besonders
wenn sie in einer blos deutsch=redenden Umgebung leben!
Ganz anders aber ist es in den Städten, denn dort sind
die sämmtlichen Arbeiter oder „Gesellen", sowie auch die=
jenigen, welche sich als Barbiere, als Wirthe, als Grocer,
oder als Importer selbstständig etablirt haben, so zu sagen
„gezwungen", sich wenigstens leidlich englisch ausdrücken

zu lernen. Allein was thun sie nun? Studiren sie wirk=
lich die englische Sprache und geben sie sich Mühe, nicht
blos englisch „reden“, sondern auch englisch „schreiben“ zu
lernen? Gott bewahre, sondern sie suchen vielmehr das
Sichamerikanisiren ganz wo anders! Vor Allem wirft der
Kaufmannsjüngling oder Commis gleich von Anfang an
den deutschen Rock ganz ab und „äfft“ den Yankee in
Allem nach. Ja er geht sogar, wenn irgend möglich, mit
keinem Deutschen mehr um und meint um so schneller
den Amerikaner anzuziehen, wenn er blos amerikanischen
Schnaps trinke und amerikanisch gekochtes Fleisch esse,
so daß er sich, weil er den Deutschen nie gründlich
los wird, immer mehr oder weniger lächerlich macht. Weit
leichter wird es dem, der als blutjunger Bursche nach
Amerika hinüber kam, seine deutsche Abstammung zu ver=
läugnen, und am allerleichtesten gelingt dieß den in Ame=
rika von deutschen Eltern Gebornen. Die Kinder der
Deutschen wollen nemlich durchaus nicht mehr deutsch sein
und Eines verspottet das Andere, wenn dieses sich je noch
der „ausländischen“ Sprache bedient. Ja nicht einmal den
deutsch=sprechenden Eltern gegenüber brauchen sie andere
als englische Ausdrücke und man findet nur zu häufig,
daß das Töchterlein oder Söhnlein der eigenen Mutter
in's Gesicht lacht, wenn diese das Englische nicht versteht.
Ebendaher kommt es auch, daß sogar im Pennsylvanischen,
wo doch die deutsche Sprache so zu sagen Landessprache
war, diese immer mehr ausstirbt oder vielmehr blos noch
von den älteren Personen und den Neueingewanderten ge=
sprochen wird, und daß also das Sichamerikanisiren auch
hier immer weiter um sich greift. Allein wenn wir auch
hierüber kein Wort weiter verlieren wollen, so müssen wir

uns um so mehr darüber auslassen, wie die große Masse
der frisch Herübergekommenen dieß zu bewerkstelligen sucht.

Der Deutsche lernt, wenn er über das Alter der
Jugend hinaus ist, nur sehr schwer englisch; allein da er,
einmal auf amerikanischem Boden angekommen, um keinen
Preis als ein „Greenhorn", d. h. als ein unerfahrener
mit Landesart und Landessitte nicht vertrauter Junge er=
scheinen will, so nimmt er so schnell als möglich verschie=
dene amerikanische Brocken in den Mund und wirft nun
mit diesen um sich, gerade wie wenn er den deutschen Aus=
druck dafür nicht mehr fände. Er sagt also z. B. „Store"
statt „Laden", „Butcher" statt „Metzger", „Spring" statt
„Quelle" und was dergleichen mehr ist. Auch geht er nie
in den „Hof", sondern immer in die „Yard", und „läutet"
an keiner „Glocke", sondern er „ringt" die „Bell" (ring
the bell). Noch weniger weiß er, wie er „Fancy work",
oder „Fancy=Artikel" auf deutsch ausdrücken soll, und wenn
er Einem sagen will: „Du kannst mich zu beliebiger
Stunde besuchen", so sagt er nie anders als: „Du magst
in einiger Zeit (any time) kommen". Ja sogar Liebeser=
klärungen macht er auf halb=englisch und sagt zu seiner
Angebeteten sicherlich nie: „ich liebe Dich", sondern: „ich
gleiche Dich", weil das englische Wort „like" ebensowohl
„Liebhaber" als „sich gleichen" bedeutet. Kurz der deutsche
Frischling bestrebt sich, so schnell als möglich „halb=eng=
lisch radzubrechen" und meint nationalisirter Amerikaner
zu sein, wenn er mit einem solchen Gallimathias um sich
werfe.

Damit hat er aber noch nicht einmal genug, sondern
er amerikanisirt nicht selten sogar „seinen Namen". Dieß
mag zum Theil darin seinen Grund haben, daß der Ame=

rikaner, wenn er den Namen eines Deutschen geschrieben vor sich hat, diesen immer auf englische Manier ausspricht und z. B. Einen, welcher „Binder" heißt, immer so anredet, als ob derselbe „Beinder" hieße, während er einem Andern, der „Lauber" heißt, „Lober" ruft, weil im Englischen das „au" wie „oh" ausgesprochen wird. Was ist also natürlicher, als daß sich der Herr Lauber, damit man seinem Namen den richtigen Klang gebe, von Stund an „Lowber" (was auf englisch wie „Lauber" klingt) schreibt u. s. w. u. s. w. Ebendaher mag es rühren, daß sich Einer, der „Gräter" heißt, in einen „Grater" und ein „Leipoldt" in einen „Liepolt", ein „Jäger" in einen „Dyaguer" und was dergleichen mehr ist, umtauft. Allein woher kommt es denn, daß Einer mit dem Familiennamen „Zimmermann" oder „König" oder „Weber" sich nunmehr „Carpenter", „King" oder „Weaver" unterschreibt? Woher kommt es, daß ein „Löwenstein" sich in einen „Livingstom" und ein „Kober" in einen „Cooper" umwandelt? Geschieht es nicht deßwegen, weil diese Namen altenglischen Ursprungs sind und weil also der Deutsche, der sich dieselben anmaßt, dem Amerikaner gegenüber „als ein Eingeborener" erscheinen will? Aehnliche Beispiele könnten wir noch zu vielen Hunderten anführen, allein zur Ehre unserer Landsleute müssen wir doch constatiren, daß nur der geringere Theil derselben seine Devotion gegen das Yankeethum bis zur Amerikanisirung des angeborenen Familiennamens steigert. Im Gegentheil ist es Thatsache, daß nicht sowohl die eigentlichen „Deutschen" als vielmehr die „Juden" unter denselben, die ja ohnehin mit dem Yankee am meisten Aehnlichkeit haben, solcher Schamlosigkeit obliegen.

So sehr sich nun aber auch viele Deutsche anstrengen, sich auf diese oder jene Weise zu amerikanisiren, so gelingt es ihnen doch nur selten, und der großen Mehrzahl nach merkt man ihnen ihre deutsche Geburt hinten und vornen an. Ja nicht einmal das erreichen sie, daß sie sich hiedurch bei dem Amerikaner beliebt machen, sondern sie geben vielmehr der Verachtung, welche fast jeder Yankee dem deutschen Elemente gegenüber fühlt, nur neue Nahrung. Wenn man nemlich von der Stellung der Deutschen zu den eingeborenen Amerikanern sprechen will, so darf man ohne weiteres den Satz aufstellen, daß unter ihnen keine gegenseitige Liebe und Hochachtung besteht, sondern, daß vielmehr von allen Eingewanderten der Deutsche am wenigsten die Sympathie des Eingebornen für sich hat. *) Ausnahmen kommen allerdings vor und vielleicht sogar recht viele Ausnahmen, sowie sich überhaupt der Amerikaner den Anschein gibt, als ob er die deutsche Nation, die einem Humbold und Göthe, sowie einem Luther und Melanchthon das Leben gab, überaus hoch stelle. Allein er macht einen himmelweiten Unterschied zwischen dem „europäischen Deutschland" und zwischen dem „Deutschthum, welches nach Amerika herüberkommt", und ist in seinem Innern vollständig überzeugt, daß dieses letztere zum bei weitem größten Theil aus einer „Art von Abschaum" bestehe, welchen man nur deßwegen über's Wasser befördere, um ihn zu Hause los zu werden. Wie könnte er nun aber diesen „Abschaum" mit einem andern Auge betrachten, als dem des Hasses

---

*) Warum im „Allgemeinen" die Amerikaner den Eingewanderten, sie mögen nun einer Nation angehören, welcher sie wollen, nicht hold sind, haben wir schon in dem kurzen Aufsatze: „Verbrechen, Einwanderung und Nativismus" gesehen.

und der Verachtung? Man darf übrigens ja nicht glau=
ben, daß diese Gesinnungsweise erst etwa in neuerer Zeit
in Amerika Platz gegriffen habe, sondern dieselbe war viel=
mehr schon lange vorher, ehe die Yankees sich von Eng=
land losschälten, dort zu Hause, und wir erlauben uns
zum Beweise dieser Thatsache statt aller weitläufigen Aus=
einandersetzungen nur allein auf ein bekanntes Rescript hin=
zudeuten, welches seiner Zeit die Colonialregierung von
Massachussetts dem englischen Parlamente zu London vor=
legte. Etwa zwanzig Jahre vor der amerikanischen Revo=
lution nemlich wollte die englische Regierung in den soge=
nannten Neuengland=Staaten ein Regiment Soldaten aus
protestantischen Deutschen (lauter frisch Eingewanderten oder
Söhnen von solchen) errichten; allein die Colonien wehrten
sich mit Händen und Füßen dagegen und zwar aus fol=
genden Gründen. „Erstens weil es Grundsatz sei, daß ein
Fremder kein Amt erhalten könne. Zweitens weil die
Deutschen die englische Sprache nicht verständen und in
Sitten wie Gewohnheiten von den Neuengländern abwichen.
Drittens weil sie unmöglich von derselben Vaterlandsliebe
beseelt sein könnten, wie die Eingeborenen. Viertens end=
lich, weil sie allgemein in den Colonien nicht als Gleich=
berechtigte, sondern nur als Diener und Gehülfen betrachtet
würden." So sprach man damals und ganz dieselben Gründe
des Hasses und der Verachtung walten auch jetzt noch vor,
obwohl nunmehr hundert oder hundert und zehn Jahre
dazwischen liegen. Der Deutsche ist dem Amerikaner mög=
licher Weise willkommen, so lange er nichts sein
will als ein Diener und Gehülfe, dagegen betrach=
tet er ihn immer „als einen Fremden", der nie so denken
und handeln könne wie ein Eingeborener. Die Schuld

hievon liegt vor Allem „in der deutschen Sprache", sowie „in der deutschen Lebensweise", welche unsre Landsleute, trotz aller Manie sich zu amerikanisiren, nie ablegen, und darum ist sogar der Irländer, obwohl derselbe in Beziehung auf Brauchbarkeit, Geschicklichkeit und Sittlichkeit tief unter dem Deutschen steht, dem Yankee (in mancher Beziehung wenigstens) lieber, einfach weil derselbe „englisch spricht". Ueberhaupt hält das gemeine Volk unter den Yankees jeden, der sich nicht „amerikanisch" auszudrücken versteht, für ebenso „dumm" als „roh", und überdieß will es ihm nie in den Sinn, daß man, wie der Deutsche thut, an der Natur, an geselliger Fröhlichkeit, an Musik und Gesang, und was dergleichen mehr ist, eine Freude haben kann. Noch mehr stößt es sich an dem vielen „Lagerbiertrinken" der Deutschen, da es ja beinahe durchaus der Temperenz-Heuchelei huldigt, und am allerwiderwärtigsten ist es ihm, daß unsre Landsleute Sonntags die Kirche so wenig frequentiren, dagegen um so mehr die Wirthshäuser, aus denen — oh des Greuels — sogar am Tage des Herrn lustige Walzer heraustönen! Uebrigens nicht blos die Ungebildeten unter den Yankees verfolgen den Deutschen mit ihrem Hasse und Vorurtheile, sondern auch die Gebildeten, indem sie den Satz aufstellen, daß Leute, aus deren Mitte sie alle ihre Dienstmädchen nähmen, unmöglich andere Seelen, als Bedienten-Seelen haben könnten und demnach nicht würdig seien, dieselben politischen Rechte auszuüben, wie sie, ihre Herren. Ja manchem Amerikaner ist der Nigger lieber, als der Deutsche, weil er jenen seiner Hautfarbe wegen ungenirt mit Geringschätzung behandeln darf, während er gegen diesen wenigstens noch „einige" Rücksicht zu nehmen hat! Zugegeben übrigens, daß dergleichen

Amerikaner jedenfalls als bornirte Nativisten anzusehen sind, so werden aber umgekehrt selbst diejenigen Eingeborenen, welche zu den Aufgeklärten zählen und die Einwanderung mit günstigem Auge betrachten, nie zu dem Geständniß zu bringen sein, daß die Deutsch-Amerikaner auf den Bildungsgrad und die geistige Entwicklung der eingebornen Amerikaner je irgend einmal einen thatsächlichen Einfluß ausgeübt hätten. Kurz es ist nicht wegzudisputiren, daß der größte Theil der Amerikaner den eingewanderten Deutschen mit Haß und Verachtung betrachtet, und zwar mit einem Hasse und einer Verachtung, die sich bei jeder Gelegenheit auch äußerlich geltend machen. Nicht daß etwa ein neuenglischer Farmer, der einen Knecht braucht, oder ein Yankee-Fabrikherr, welcher Arbeiter nöthig hat, das deutsche Element nicht benützte! Im Gegentheil, er thut dieß regelmäßig, einfach weil er seinen Vortheil dabei findet; aber er wird, wenn er „unter Seinesgleichen“ von einem dieser seiner geschickten und fleißigen Arbeiter spricht, doch nie unterlassen, denselben „einen Dutchman“ oder gar „einen Regular-Dutch-Blockhead“, d. h. einen eingefleischten deutschen Querkopf zu nennen. Noch weit häufiger bedient sich, wie man sich wohl denken kann, die große Masse des ungebildeten Amerikanerthums solcher Schimpfausdrücke und dieselbe läßt den Deutschen bei jeder Gelegenheit fühlen, daß derselbe „einer untergeordneten Race“ angehört. Man besteige z. B. in der guten Stadt Newyork oder Boston oder selbst Philadelphia einen der vielen Eisenbahnzüge, welche auf Pferdebahnen die Straßen durchkreuzen, so wird man finden, daß jeder einsteigenden Dame von den im Wagen sitzenden Stock-Amerikanern aus Höflichkeit im Augenblicke Platz gemacht wird. Sieht man dagegen die-

ser Dame, trotz ihrer eleganten Kleidung, an, daß sie eine
Deutsche ist — und notabene ein Yankee hat in dieser
Beziehung ein ungemein scharfes Auge —, so wird es Nie=
manden einfallen, sich zu erheben, um der Lady einen Sitz
anzubieten. Liegt nun hierin nicht ein klarer Beweis, wie
die Neu=Engländer unsern Landsleuten gegenüber denken?
Noch klarer aber wird dem Leser vielleicht die Sache, wenn
wir ihm erzählen, wie es vor einigen Jahren bei dem
Untergang des großen Dampfschiffes „Central=Amerika“
zuging. Damals kam dem untergehenden Schiffe, gerade im
entscheidenden Momente, die von Kapitain Hernton befeh=
ligte Barke Marion zu Hülfe und es wurden sofort alle
Anstalten getroffen, um die Passagiere und Mannschaft
der Central=Amerika zu retten. Zu allererst kamen die
Damen an die Reihe, wohl verstanden aber die deutschen
Ladies nicht zugleich mit den amerikanischen, sondern erst
nachdem die Letzteren bereits in Sicherheit gebracht waren.
Kaum hatte man übrigens die Frauenwelt durch die hoch=
gehende See, in welcher die Rettungsnachen sich oft fast
gänzlich mit Wasser füllten, glücklich auf die Marion hin=
über gebracht, so versah man die amerikanischen Damen
auf's Zuvorkommendste mit Mänteln und andern Klei=
dungsstücken, wie sie sich eben vorfanden, und wies ihnen
zugleich die besten Kajüten an, damit sie sich daselbst von
dem kalten Bade erholen könnten. Dagegen aber, wie be=
nahm sich Kapitain Hernton gegen die deutschen Ladies?
Er ließ sie, ohne sich irgend Gewissensbisse darüber zu
machen, drei Tage und drei Nächte lang in ihren nassen
Kleidern auf dem Verdecke kampiren, unter dem Vorwande,
daß in den Kajüten alles überfüllt sei! Ja noch mehr:
die sämmtlichen deutschen Passagiere, Herren wie Frauen=

zimmer, mußten für ihre Ueberfahrt in den nächsten Seehafen
je fünfundzwanzig Dollars als Passagegeld bezahlen, während
die sämmtlichen Amerikaner vollkommen gratis befördert und
noch überdieß mit einer Rücksicht behandelt wurden, von
welcher die Deutschen nichts erfuhren! So ging es damals
auf der Barke Marion zu. Nun wird uns aber vielleicht
der geneigte Leser den Einwand machen, daß solches ein
Ausnahmsfall gewesen sei, und daß man von dem Benehmen des Kapitain Hernton noch nicht auf das Betragen der übrigen Amerikaner schließen dürfe, allein die
Zweifelnden mögen sich nur in eigener Person nach der
neuen Welt begeben, so werden sie sich schon nach sehr
kurzem Aufenthalte überzeugen, daß die Herrn „Herntons“
daselbst nicht die Ausnahme, sondern vielmehr die Regel
bilden. Man besuche einmal eine der vielen öffentlichen
Gerichtssitzungen, welche alltäglich in den größeren und
kleineren Städten stattfinden, und sehe da zu, wie die verschiedenen Partien behandelt werden. Wird man da nicht
alsbald die Gewißheit erlangen, daß, wenn Deutsche gegen
Amerikaner prozessiren, die letzteren immer besser wegkom-
men? Wir wollen damit nicht sagen, daß die „sämmtlichen“
Richter Nordamerika's „wissentlich und absichtlich“ unge-
recht urtheilen, aber wir behaupten ungescheut, daß sie
beinahe immer, vielleicht ohne daß sie sich dessen bewußt
sind, innerlich Partei nehmen und geneigt sind, den Deutschen eher für den Schuldigen zu halten, als ihren Sprach-
genossen und Landsmann. Ja schon aus den bloßen
Zeugenverhören ist dieß ersichtlich, denn man beobachte nur
die Rücksicht und Artigkeit, mit welcher ein Amerikaner,
wenn er als Zeuge auftritt, behandelt wird, während der
Deutsche in diesem Falle nicht selten eine kalte, abstoßende,

an seiner Aussage zweifelnde Anrede hören muß! Ueber=
dieß ist es nicht eine durch langjährige Erfahrung bewie=
sene Thatsache, daß man die Deutschen, wo nur immer
möglich, bei allen Anstellungen und Aemterverleihungen
übergeht? Fünf Millionen Deutsche könnten doch gegen=
über von zwanzig Millionen Neuengländern, Südländern,
Irländern u. s. w. verlangen, daß der fünfte Theil der
Beamtungen Leuten aus ihrer Mitte überwiesen werde,
allein weder der fünfte, noch der zehnte, noch der zwan=
zigste Theil kommt ihnen zu, sondern kaum der hundertste
oder gar nur der zweihundertste. Als Vorwand solcher
Nicht=Anstellung wird stets angeführt, die Deutschen hätten
nicht die nöthige Sprachkenntniß und verstänben überdieß
als Eingewanderte die Verhältnisse zu wenig, als daß man
sie mit Aemtern betrauen könnte; der eigentliche Grund
aber liegt darin, daß man das deutsche Element
um jeden Preis nicht aufkommen lassen will,
denn selbst in den Fällen, in welchen Deutsche bei weitem
besser passen würden, als ihre amerikanischen Concurrenten,
zieht man die letzteren vor und wirft die ersteren kurzweg
bei Seite. Man lese nur einmal eine unparteiisch ge=
schriebene Geschichte des Unabhängigkeitskrieges, d. h. des
Krieges, in welchem sich Nordamerika von England los=
machte, wer zeigte sich da am tapfersten und wem war der
schließliche Sieg hauptsächlich zu verdanken? Sicherlich
Niemanden anders, als den tapfern Regimentern, welche
die Deutschen Pennsylvaniens, Virginiens und Neuyorks
stellten. Dieß ist eine „bewiesene" Thatsache, und der
berühmte Obergeneral Washington erkannte die Tapferkeit
unsrer Landsleute auch dadurch an, daß er, wo etwas
Kühnes auszuführen war, immer oder wenigstens haupt=

sächlich die deutschen Regimenter dazu verwandte. Wer nahm aber den Lohn und den Ruhm in Anspruch? Nun natürlich nur allein die Neuengländer oder Eingeborenen, und sobald der Krieg zu Ende war, schüttelte man die „Germanfriends" mit einem Topf voll Undank von sich ab. Dieß erfuhren außer den Generalen Kalb und Steuben, außer den Obristen Mühlenberg, Helfenstein, Müller, Bonner, Schmeißer, Hiester, Ludwig, Fersen, Ziegler, Glaßbeck u. s. w. u. s. w. noch eine große Menge von andern Deutschen, und wenn man jetzt eine „im amerikanischen Sinne" verfaßte Geschichte jenes Krieges zur Hand nimmt, so sollte man geradezu meinen, die Neuengländer hätten alles „ganz alleinig" zu Wege gebracht. Gerade ebenso verfuhren die Amerikaner auch im letzten mexikanischen Kriege, in welchem die nordamerikanische Armee zu vollen zwei Fünftheilen aus deutschen Freiwilligen bestand. Der Krieg dauerte bekanntlich vom Jahre 1846 bis zum Jahre 1848 und endigte nur allein durch die deutsche Tapferkeit (ohne welche General Taylor zugestandenermaßen gar kein Resultat hätte erlangen können) mit dem vollständigen Siege der vereinigten Staatentruppen. Allein wer erntete den Ruhm und wer den Vortheil? Nun natürlich die amerikanischen „Helden" und keine andern! Den Deutschen ließ man die Mühe sowie das Bewußtsein, die meisten Todten auf dem Platze gelassen zu haben, weil „sie" kämpften, während „die Yankees" flohen, und — damit mußten sie sich begnügen! *)

---

*) Der Curiosität halber wollen wir folgendes Stücklein erzählen. Ein deutscher Trompeter, mit Namen Wenzel, nahm in

So steht es mit den Deutschen in Nordamerika, aber dennoch geben wir die Hoffnung nicht auf, daß unser landsmännisches Element trotz allem dem mit der Zeit sich Bahn brechen werde. Damit wollen wir allerdings nicht sagen, daß in diesem oder jenem Theile der Union deutsche Staaten mit deutscher Gesetzgebung, mit deutscher Sprache und mit deutschen Einrichtungen in Aussicht stehen (obwohl z. B. die Schweiz den Beweis liefert, daß zweierlei oder gar dreierlei Nationalitäten ganz gut in einer und derselben Republik vereinigt sein können); aber wir wollen die Erwartung aussprechen, daß nach und nach deutsche Sitte und Geselligkeit, deutsche Bildung und Wissenschaft, sowie endlich deutsche Ehrlichkeit und Charakterfestigkeit auch unter den Amerikanern Platz greife und allgemach das Yankeethum, wenn nicht „verdränge", so doch „veredle". Es sind dieß allerdings nur schwache Hoffnungen und es gibt Leute, die auch jetzt noch steif und fest behaupten, in Amerika müsse alles Deutschthum, sobald es vom Yankeewurme benagt sei, mit Nothwendigkeit vermodern, damit auf seinem Grabhügel das Amerikanerthum aufblühe; aber ist nicht umgekehrt anzuführen, daß nunmehr nicht bloß in jedem „Staate" der Union, sondern sogar in jeder nur halbwegs

---

einem Scharmützel den mexikanischen General Vega gefangen und führte denselben, nachdem er ihm den Degen abgenommen hatte, zu dem Rittmeister seiner Schwadron, einem Yankee mit Namen May. Was geschah nun? May wurde zum Obersten befördert, da er die Gefangennahme des Generals für seine eigene Heldenthat ausgab, und galt überdieß von nun an als der Tapferste der Tapfern im ganzen amerikanischen Heer. An den deutschen Trompeter aber dachte kein Mensch und obwohl der wahre Sachverhalt später durch Zeugen vollständig bewiesen wurde, so blieb derselbe doch ganz und gar unberücksichtigt. Was will man mehr?

bedeutenden „Stadt" deutsche, und zwar recht weit verbreitete
deutsche Zeitungen existiren, welche das Deutschthum ver=
treten?*) Ist nicht weiter anzuführen, daß sogar die
deutsche Literatur aufzublühen beginnt, und daß in Neu=
york, Cincinnati, Philadelphia, St. Louis u. s. w. deutsche
Buchhandlungen erstanden, welche unsere Landsleute über'm
Wasser drüben mit allen neueren besseren Erscheinungen
Europa's bekannt machen? Ist nicht endlich anzuführen,
daß seit dem letzten Jahrzehnt eine Menge von deutschen
Schulen und darunter sogar nicht wenige bessere Unter=
richtsanstalten gegründet worden sind, in welchen deutsche
Söhne und Töchter eine ebenso gründliche Ausbildung er=
halten, als im alten Vaterlande? Solche Zeichen können
doch nicht trügen, sondern es liegt in ihnen der Beweis,
daß das Deutschthum in der Union im faktischen Aufblühen
begriffen ist und am Ende doch noch den ihm längst ge=
bührenden Einfluß auf Nordamerika gewinnt!

---

*) Die erste deutsche Zeitung wurde im Jahre 1729 in der
deutsch=pennsylvanischen Niederlassung German=Town unter dem Titel
„der pennsylvanisch=deutsche Berichter" von einem Württemberger,
Namens Christoph Sauer, gegründet. Etwas später, anno 1743, kam
das hochdeutsche „Pennsylvania=Journal" heraus, und noch später,
anno 1771, „der pennsylvanische Staatsbote". Der „Readinger
Adler" erschien anno 1797 in Reading, also ebenfalls im Pennsylva=
nischen, und besteht jetzt noch; die meisten der jetzigen deutschen
Zeitungen aber verdanken ihren Ursprung nur erst der Einwanderung
von 1830 bis 1860.

9.

Wie speist man im Lande der Yankees.

Die Franzosen behaupten, ihre Küche habe die Runde durch die ganze Welt gemacht, und sie vermeinen hierin, wie in der Kleidung, vollkommen den Ton angeben zu können. Allein sie täuschen sich, denn im Essen und Trinken gehören jeder Nation ihre Eigenthümlichkeiten, welche sie nicht so leicht fallen läßt, und Klima, Naturerzeugnisse und was dergleichen mehr ist, richten sich nicht nach dem Pariser Tone.

Dem Deutschen, welcher Nordamerika besucht, fällt es besonders auf, daß er fast nirgends eine „Suppe" findet. In seinem Heimathland ist es Styl, den Freund „auf einen Teller Suppe" einzuladen und diese paar Worte bedeuten nicht mehr und nicht weniger als die Mittags= mahlzeit; in den Vereinigten Staaten dagegen ist dieses Sprüchwort vollständig unbekannt und wenn man es brauchte, so verstände man es nicht, einfach deßwegen, weil man von einer Suppe nichts weiß. Eine gewöhnliche Hausfrau nemlich kann es sich gar nicht denken, wie man eine solche nur überhaupt bereitet, und selbst in den rei= cheren Privathäusern, die Gasthöfe ebenfalls nicht ausge= nommen, war bis vor Kurzem jenes Wort eine ganz un= bekannte Größe. In neuester Zeit jedoch haben einzelne

größere Hotels angefangen, auch Suppe auf den Speise=
zettel zu setzen, allein es geschieht dieß nur der Fremden
wegen und außer ihnen macht fast Niemand von der neu=
modischen Speise Gebrauch. Ein Wunder ist dieß aber
nicht, denn „diese" Art von Suppe hat keineswegs beson=
ders viel Einladendes, schon deßwegen nicht, weil man
keine Abwechslung in sie zu bringen versteht. Man kauft
nemlich, um sie zu bereiten, das allerwohlfeilste und aller=
schlechteste Stück vom Ochsen, das Halsstück oder den un=
tersten Theil des Fußes, siedet dasselbe aus, um es nach=
her als unbrauchbar zum Essen wegzuwerfen, bringt sofort
verschiedene Pflanzen, als da sind Thymian, Pfefferkraut,
Zwiebeln und Kartoffeln in die Brühe, fügt dann noch
einiges Gewürz, wie z. B. Nelken und Muskatnüsse hin=
zu, mischt zuletzt noch etwas gehackten Fisch nebst einem
Becher voll Rothwein hinein und — die Suppe ist fertig.
Man gibt einer solchen Brühe den großartigen Namen
„Chowder," allein deßwegen bleibt dieselbe doch ein so
unschmackhaftes Gemengsel, daß ein Deutscher oder Fran=
zose sie kaum hinunterzubringen vermag. Welch' ganz
anderes Labsal gewähren da die dutzenderlei von Suppen=
arten, welche unsere europäischen Hausfrauen zu bereiten
verstehen! Doch daß wir es nicht vergessen, im Yankee=
lande wird nunmehr auch die Schildkrötsuppe nachge=
macht, jene berühmte Suppe, welche bei dem großen Fest=
essen des Lordmajors von London eine so hervorragende
Rolle spielt, und sie ist wirklich gut, diese Suppe! Allein
in den Privathäusern, die allerreichsten ausgenommen,
weiß man nichts von ihr, und in den Gasthöfen oder Re=
staurationen wird sie mit einem Preise bezahlt, daß nur der
Feinschmecker, welcher das Geld nicht anschlägt, nach ihr

greift. Ueberdieß sind nicht die Präliminarien, welche einem Schildkrötsuppenessen in den großen Städten Amerika's voranzugehen pflegen, in der That eckel= wenn nicht gar schaudererregend? Sobald nemlich der Inhaber eines Lokals, der eine solche Suppe seinen Gästen vorsetzen will, die Schildkröte um sein gutes Geld gekauft hat, legt er sie schon Morgens früh auf den Rücken vor dem Straßen= eingang seines Speisesalons, und läßt das große mächtige Thier den ganzen Tag lang in der Sonne zappeln, ohne ihm auch nur einen Trunk zu reichen. Die Vorüber= gehenden sollen sich durch den Augenschein überzeugen, daß er wirklich eine „lebende" Schildkröte zu der Suppe ver= wendet, und neben dem erspart ihm ja eine solche Aus= stellung jede gedruckte Einladung vermittelst der Zeitungen! Was kümmern ihn also die zwölfstündigen Qualen des armen Thieres?

Eben so schlecht wie mit der Suppe ist es in Nord= amerika mit den Gemüsen bestellt. Spinat, Gelberüben, Schwarzwurzeln, Spargeln, Kohl, Carviol, Mangold, süße Rüben, Bohnen, Linsen, Erbsen, sogar Sauerkraut — was weiß der Nordamerikaner von all' diesen Delikatessen? Ja, wenn er derlei Gartenerzeugnisse auch „sieht", oder wenn er sie sogar „kauft", so versteht er es doch nicht, sie zu bereiten! Höchstens nimmt er einen ganzen Kohl= kopf, reinigt ihn, brüht ihn im Salzwasser ab und bringt ihn in dieser Form auf den Tisch, jedem Gaste Gelegen= heit gebend, sich seine Portion, nach Belieben, groß oder klein, vom ganzen Haupte abzuschneiden. Ganz auf die= selbe Art zubereitet werden auch Kartoffeln als Gemüse aufgetragen. Ebenso grüne noch im Saft stehende Welsch= kornkolben, sowie auch Bohnen, Spargeln, Blumenkohl u. s. w.;

allein der Deutsche findet natürlich derlei Speisen voll=
kommen geschmacklos. Auch der Amerikaner liebt sie nicht,
sondern läßt sie meist verächtlich stehen; dagegen aber fängt
er an in den Gegenden, wo viele Deutsche wohnen, ein
starker Sauerkrautesser zu werden und wenigstens insge=
heim die Restaurationen zu besuchen, in welchen dieses
Labsal zu haben ist. Es schmeckt ihm gar wohl, das
Sauerkraut, und ich habe viele der eingefleischtesten Yankees
bemerkt, die davon zwei und drei Portionen, was man
sagt, auf einen Sitz verzehrten. Davon jedoch kann nicht
die Rede sein, daß Einer diese seine Verirrung öffentlich be=
kennen oder gar seine Frau auffordern würde, für die Zu=
kunft die Tiefen des Sauerkrautbereitungssystems zu ergründen!
Eben deßwegen hat auch jede Amerikanerin einen wahren
Horror vor der besagten Speise und sogar in einem Gast=
hofe würde ein amerikanischer Koch seine Ehre für verletzt
halten, wenn man ihm zumuthete, das Lieblingsessen der
Deutschen auf den Tisch zu bringen. Kurz, der Yankee
muß sich damit begnügen, alle seine Gemüse „in Salz ab=
gesotten" zu genießen, und wer sie so nicht essen will, der
mag sie stehen lassen. Eine Amerikanerin hat keine Zeit,
einen halben Tag mit Kochen zuzubringen, und wenn sie
auch Zeit dazu hätte, so würde sie sich doch keinesfalls
einem solch langweiligen Geschäfte unterziehen. Ueberdieß
ist wohl zu bemerken, daß die meisten der oben genannten
Gemüse von amerikanischen Gärtnern gar nicht gepflanzt
werden, sondern nur allein von eingewanderten Deutschen,
und man kann sie also an vielen Orten, selbst wenn man
wollte, nicht bekommen. Ja einzelne derselben, wie z. B.
Linsen, sind überhaupt nur importirt zu haben, weil sie,

bis jetzt wenigstens, noch gar nicht unter die amerikanischen Cerealien gehören.

So bleibt also, da Suppe und Gemüse fehlen, in Nordamerika als Hauptspeise nichts übrig, denn Fleisch, allein auch dieses wird auf eine ganz andere Art zubereitet, als bei uns. Hiegegen spricht allerdings die Wortbenennung der verschiedenen Fleischsorten, denn es ist eine eigenthümliche Erscheinung, daß dieselben sämmtlich „französisch" klingen, so daß man versucht wäre, zu glauben, die amerikanische Küche könne nur eine französische sein. So heißt z. B. das Ochsenfleisch: »Beef« (Boeuf), während der Ochse selbst auf amerikanisch oder englisch »Ox« benannt wird. So heißt das Schaffleisch »Mutton« (Mouton), das Schaf aber »Sheep«; so das Schweinefleisch »Pork« (Porc) und das Schwein »Swine«; so das Kalbfleisch »Veal« (Veau) und das Kalb »Calf«. Ohne Zweifel kommt dieß daher, daß die Normannen, als sie England eroberten, dort die vorgefundenen Ochsen, Schafe, Schweine und Kälber unter der Benennung nehmen mußten, wie sie ihnen von den unterjochten Angelsachsen geliefert wurden, daß sie dagegen das Fleisch der geschlachteten Thiere auf ihre Art zubereiteten und demselben daher auch den gewohnten vaterländischen, d. h. französischen Namen gaben. Allein wenn man hieraus den Schluß ziehen wollte, daß die jetzige amerikanische Küche auch noch im französischen Style geführt werde, so würde man sich vollkommen täuschen, denn nie gab es einen größern Gegensatz. Nehmen wir nur z. B. das französische „Boeuf", — ist dieses etwa in dem amerikanischen „Beef" wieder zu erkennen? Wahrhaftig wo denkt denn ein Yankeekoch daran, je einmal Ochsenfleisch zu „sieden" und wo wäre vollends ein eingeborener Amerikaner dahin zu bringen, ein solches Zeug zu verspeisen? Beef in allen Formen, nur um Gotteswillen nicht gesotten! Da wird ja alle Kraft ausgesogen und es bleiben nur die zähen Fasern übrig! Die beste Bereitungsart des Ochsenfleisches nach amerikanischen Begriffen ist also, wenn man dasselbe in Beefsteak, Cornbeef oder Roastbeef, verwandelt, und wer es in anderer Form genießt, der muß schon dem Hungertode nahe sein. „Ein Beefsteak?" fragt nun der Deutsche, und meint, ein solches könne er sich auch wohl gefallen lassen; allein er denkt nicht daran, daß ein amerikanisches Beefsteak in zwei Minuten fertig ist, weil man es noch blutig in halbrohem Zustande verzehrt. Ein wirklich durchgebratenes hätte für einen Yankee allen Wohlgeschmack verloren und er würde es als kraft- und saftloses Zeug ausspucken! Das „Cornbeef" besteht aus großen ausgebeinten Stücken Rindfleisch, welche man einige Wochen lang in Salz oder Salpeter legt, damit sie recht haltbar werden, und die Bereitung ist äußerst einfach. Man bringt nemlich das besagte Fleisch, sobald man es genießen will, mit etwas Schmalz über ein gelindes Feuer und läßt es da so lange dampfen, bis es weich genug ist, um geschnitten werden zu können. Nun stellt man es an die Luft und verzehrt es kalt zu jeder Mahlzeit, besonders zum Frühstück und zum Abendessen. Auch schmeckt es in der That, wenn von einem kräftigen Ochsen genommen und nicht zu arg gesalzen, gar nicht schlecht, und der Amerikaner zieht es daher jeder andern kalten Speise vor; wenn es dagegen, was gewöhnlich der Fall ist, lange Zeit in einer Salpeterlauge lag, so ist es für einen andern Menschen, als einen Yankee kaum zu genießen. Am wohlschmeckendsten dürfte noch das „Roastbeef" genannt werden. Es ist dieß eine Art Lendenbraten, der vom saftigsten Theile des Ochsen genommen und entweder kalt oder warm verspeißt wird, nachdem man denselben auf dem Roste über Kohlen langsam gahr gemacht hat. Allein so mürbe und kräftig auch ein solcher Braten schmeckt, so kommt er doch, weil seine Preise sich ziemlich hoch stellen, fast nur dem Reichen zu gut. Man kann nemlich nur die allerbesten Stücke des Ochsen dazu verwenden, d. h. entweder das „Tender-loin", zu deutsch „das zarte Lendenstück", oder das „Sir-loin", zu deutsch dasjenige Lendenstück, welches nur auf den Tisch eines „Sire" oder Reichsbaronen paßt. Kein Wunder also, wenn das Sirloin am ganzen Ochsen bei weitem am theuersten bezahlt wird! Ueberhaupt dürfte hier die Bemerkung nicht überflüssig sein, daß die Preise des Ochsen-fleisches sich in Amerika stets nach der Qualität der Theile rich-ten, die man zu haben wünscht, und daß also die besseren Stücke nur allein auf die Tafel des Reichen kommen. Deßwegen ist auch weder ein Beefsteak, noch ein Cornbeef, noch ein Roastbeef zu verachten, wenn man zu dem ersten den Hinterschenkel, zu dem zweiten den Brustkern, und zu dem dritten das Nieren-stück verwendet; allein für die große Masse des Volkes sind die übrigen Theile des Schlachtviehs gut genug und der gewöhnliche Yankee muß sich daher mit dem sogenann-ten „Saltbeef", d. h. mit den geringsten Sorten des Och-sen, welche von den Mezgern dick mit Salpeter getränkt fässervollweise eingemacht werden, begnügen. Besser aber Hunger leiden, denn Saltbeef essen!

Nach dem Ochsen kommt in Nordamerika sogleich das „Schwein" und man darf mit Recht sagen, daß „wenn in den größern Städten das Ochsenfleisch die Hauptnahrung

der Menschen bildet, auf dem Lande alle Welt nur von
Schweinefleisch lebt. Besonders in den westlichen Staa=
ten herrscht dieser Nahrungszweig vor und man wüßte
dort gar nicht, mit was man seinen Hunger stillen sollte,
wenn es kein Schweinefleisch gäbe. Selbst die Juden
machen von dieser Regel in den weiten Revieren des We=
stens keine Ausnahme und jener alte Hebräer hatte ganz
Recht, als er einem Spötter die Antwort gab: „Na schnei=
den Sie mich auf, und Sie werden finden, daß ich schon
bin halb Schweinefleisch.“   Daran ist jedoch nicht zu
denken, daß man es die ganze Zeit über „frisch“ oder
„süß“ bekäme, sondern es wird im Gegentheil fast durch=
aus in eingepöckeltem Zustande, als „Saltpork“ genossen.
In den Städten allerdings wird jeden Tag gemezget, aber
wie wäre dieß auf dem Lande möglich? Dort leben ja die
Farmer oder Bauern in einzelnen Höfen zerstreut und
müssen sich, weil sie viel zu weit in die Stadt haben, ihr
Fleisch selbst schaffen. Es bleibt ihnen also nichts Anderes
übrig, als alle sechs oder acht Wochen ein Schwein zu
schlachten, dasselbe einzusalzen, und so nach und nach zu
verzehren. Daher kommt es denn auch, daß nicht sowohl
Schweinefleisch, als vielmehr „schweinenes Pöckelfleisch“ die
einzige Nahrung des amerikanischen Bauern bildet, und
daß oft Monate lang nichts Anderes auf seinen Tisch
kommt. Er genießt es zum Frühstück wie zum Mittag=
essen, zum Mittagessen wie zum Abendbrode, und die
einzige Abwechslung besteht darin, daß es wenigstens ein=
mal des Tages warm aufgetragen wird. Gut geschmort
schmeckt es nun allerdings nicht so gar übel und besonders
die deutschen Einwanderer machen sich im Anfang mit
einem ungeheuern Appetite darüber her; allein wenn man

sich gezwungen sieht, es Monate lang dreimal des Tages fort und fort zu genießen, so erzeugt es am Ende einen förmlichen Ekel und mancher sehnt sich dann nach seiner abgenommenen Milch mit Kartoffeln im alten Vaterlande zurück. Ja sogar Krankheiten entstehen aus dem fortgesetzten Genusse, insbesondere der Skorbut, denn die amerikanischen Schweine werden außerordentlich fett und man bekommt daher nicht sowohl „Fleisch“ als „Speck“ zu essen. Der letztere aber muß außerordentlich stark gesalzen werden, um ihn genießbar zu machen und lange zu erhalten! Abgesehen übrigens von dem Saltpork gewährt auch das „frische“ Schweinefleisch nicht den Genuß, welchen man bei uns davon hat. Man versteht es nemlich in Amerika nicht, einen guten Schweinsbraten, welcher durch und durch fertig wäre, herzustellen; sondern man ißt das Fleisch in der Regel nur halb geschmort, so daß bei jedem Schnitt das Blut nachläuft. Noch weniger kennt man unsere Schweins-Coteletten, welche den Köchen allzu viele Mühe machen würden; dagegen aber werden in den Gasthöfen oft und viel Schweinsköpfe mit Citronen und verschiedenen andern Zierrathen geschmückt in geröstetem Zustande mit weit aufgesperrten Mäulern aufgetragen, und merkwürdiger Weise heißt man diese Speise weder „Porkhead“, noch „Swinehead“, sondern vielmehr „Hogshead“, zu deutsch Saukopf. Es sind dieß übrigens mehr Schaustücke und man trägt sie gewöhnlich, weil ja doch kein Mensch etwas davon essen könnte, unzerlegt wieder ab.

„Hammelsbraten“ ist in den Städten Amerika's nicht unbeliebt, allein man darf auch hier weniger an ein gebratenes als an ein geschmortes Stück Fleisch denken und es wird daher, weil es sonst nicht zu genießen wäre, meist kalt verzehrt. Gesottenes Hammelfleisch, wie wir es zu grünen Bohnen u. s. w. lieben, kommt gar nicht vor und noch weniger eingebeiztes. Was verstünde auch eine amerikanische Hausfrau einen ordentlichen „Lack", wie man ihn zu einer guten Beize braucht, zu bereiten, und wer wollte ihr vollends gar zumuthen, das „Spicken" zu erlernen? Nicht einmal ein Koch läßt sich auf dergleichen Dinge ein und höchstens versteigt er sich zu einem soge= nannten »Leg of Mutton«, d. h. zu einer gebratenen Hammelskeule. Freilich in den feinern Gasthöfen, die in der neuesten Zeit entstanden sind, findet man auf dem Speisezettel auch »Mutton chops«, d. h. kleine Hammels= Coteletten, welche mit einer eisernen Gabel über dem Feuer geröstet werden und in einer halben Minute gahr sind, allein diese Neuerung wurde bloß von den aus Deutsch= land und Frankreich importirten Köchen eingeführt und die Herren Yankees wußten es ihnen nicht einmal Dank. Im Gegentheil lassen diese derlei künstliche Speisen ohne Weiteres stehen und halten sich an ihr Beef oder an ihr Pork.

Noch weniger als mit dem Hammelfleisch wissen die Amerikaner mit dem „Kalbfleisch" umzugehen. Gesotten hat es überall keinen Werth und gebraten? Pah, selbst in diesem Zustande erscheint es einem Yankee zu kraft= und saftlos! Ueberdieß — von unserer Art, einen Kalbsbraten herzustellen, wissen die Amerikanerinnen ohnehin nichts; einfach, weil sie das Geheimniß einer guten Sauce noch nicht ergründet haben. Für letztere gibt es sogar nicht einmal eine amerikanische Benennung und das Wort Bratenbrühe ist ihnen also eine unbekannte Größe. Eben deßwegen schlachtet man in den kleineren Städten, in welchen nur Yankees wohnen, gar keine Kälber und auf den amerikanischen Farmen kommt dieß ohnehin nicht vor. In den größeren Städten dagegen, in denen sich viele Deutsche niedergelassen haben, können die Mezger freilich nicht umhin, auch diese Fleischsorte auszubieten, denn unseren Landsleuten geht ja bekanntlich, nach Sauerkraut und Schweinefleisch, Kalbsbraten über Alles. Doch machen sich die Yankee-Butcher offenbar nur mit Widerwillen daran und es erregt ihnen deßhalb auch gar kein Bedenken, ein halbjähriges Rind ebenfalls noch für ein Kalb auszugeben. Wenn nun aber auch in amerikanischen Privathäusern Kalbfleisch unter gar keiner Form vorzukommen pflegt, so kann man in den nach europäischem Styl eingerichteten Gasthöfen doch nicht so barbarisch sein, diese Fleischsorte ohne Weiteres mit Geringschätzung gänzlich von der Hand zu weisen, und man liest daher nicht selten auf dem Speisezettel eines feinen Restaurateurs die Worte »Fillet of Veal«, oder »Veal-Steaks«, oder endlich »Fricassée of Veal«. Wer aber, durch die Namen getäuscht, glaubt, daß „Fricassee" sei nach deutscher oder französischer Art eingeschnitten, die „Steaks" oder Karbonaden haben den saftigen mürben Geschmack, wie in Europa, und das „Fillet" oder die kleinen gerollten Pastetchen, welche die Franzosen so unübertrefflich darzustellen wissen, seien auch nur zur Hälfte so viel werth, als die welche man bei uns aufträgt, der wird sich bitter getäuscht finden. Nach Amerika passen einmal dergleichen feinere Speisen nicht, denn der Yankee ist kein Freund von ihnen und übergeht sie entweder gänzlich oder aber verschlingt er sie, als wären sie ein Stück gemeinen kalten Rindfleisches.

Geflügel gibt es in Amerika eine Menge, und zwar

sowohl zahmes als wildes. Von letzterem nennen wir die Rebhühner, die Schnepfen, die Spechte und die sogenannten Robins, eine Art von Krametsvögel, welche in großen Massen getroffen werden. Besonders zahlreich sind übrigens wegen der vielen Sümpfe und Seen im Innern des Landes die Wildenten, und es gibt deren so viele Species, daß europäische Ornithologen oft ganz verblüfft dastehen. Hier z. B. sind die sogenannten „Bergenten" zu Hause, dort die „Schellenten", da die „Eisenten", an einem andern Orte die „Löffelenten", wieder anderswo die „Schwalbenenten" u. s. w. u. s. w. Die allerverbreitetsten sind jedoch die sogenannten „Canvaß=Black=Enten", welche am Potomak und andern großen in den atlantischen Ocean mündenden Flüssen oft in unabsehbaren Zügen getroffen werden und deren Fleisch, wenn man es gut zubereitet, ganz vortrefflich schmeckt. Dessen ungeachtet machen die amerikanischen Hausfrauen, wenn sie auf den Markt gehen, nur ganz selten Geflügeleinkäufe und man muß eine gute Restauration aussuchen, wenn man nach dergleichen ein Gelüste hat. In den Gasthöfen allerdings vergeht beinahe keine Mittagstafel, ohne daß man wenigstens eine Wildente zu sehen bekäme, allein die Eingeborenen des Landes legen auf derlei Gerichte offenbar nur wenig Werth und belächeln sogar die Fremden, wenn diese ihr Wohlgefallen darüber allzulaut äußern. Noch weniger in Gnaden steht das „zahme" Geflügel und ein Amerikaner macht sich weder aus einem fetten Hahnen noch aus einer jungen Gans allzuviel. Nur allein bei einer einzigen Geflügelsorte findet eine Ausnahme statt, nemlich bei dem sogenannten „Turkey", oder dem wälschen Hahnen, welcher bei uns auch den Namen Truthahn führt. Am »Thanks-

givings-day«, das ist am Erndtefeste, welches gewöhnlich
an einem und demselben Tage in ganz Nordamerika ab=
gehalten wird, muß Jedermann, der Aermste wie der
Reichste, einen Turkey haben, und ein Amerikaner würde
glauben, wenn dieser Vogel fehlte, so fehle auch das Fest
selbst. Ja wenn man die Sache beim rechten Licht be=
trachtet, so besteht eigentlich die ganze Feier des Tages
darin, daß man in jedem Hause einen wälschen Hahn
verzehrt, und man kann sich daher wohl denken, welche
unendliche Massen dieser Thiere auf diesen einen Tag zu
Markt gebracht werden. Es gibt aber auch der Turkeys
in Nordamerika weit mehr, als in irgend einem andern
Reiche der Welt, und außerdem, daß der Vogel in den
Ausläufern des Felsengebirges in großen Heerden wild
nistet, wird er von jedem Farmer, selbst dem geringsten,
zu Duzenden, Hunderten und sogar Tausenden gezüchtet.
Ein paar Tage vor dem Thanks-givings-day beginnt so=
fort ein allgemeines Schlachten und man versendet dann
die armen Opfer zu Millionen in große Fässer gepackt
auf Hunderte von Meilen mit Eisenbahnen und Dampf=
booten, um der außerordentlichen Nachfrage Genüge zu
thun. Trotzdem jedoch steigen die Preise eines Turkeys
zur Zeit des Erndtefestes oft ums Doppelte des gewöhn=
lichen Werthes, besonders wenn die Witterung kühl und
trocken ist; tritt aber Wärme und Regenwetter ein, so
gehen die in den großen Fässern fest zusammengepackten
Vögel leicht in Gährung über und man muß sie dann um
jeden Preis so schnell als möglich losschlagen, so daß in
solchem Falle selbst der fetteste Truthahn dem Pfunde
nach nur auf wenige Cents zu stehen kommt.

Fische liebt der Amerikaner nicht besonders, obgleich

die vielen Flüsse und Seen dieselben wahrhaft im Ueber=
flusse liefern. Noch mehr erzeugt das Meer und zwar in
den wunderlichsten, oft grundhäßlichsten Formen, die aber
auf den Geschmack keinen Einfluß haben. Eben deßwegen
sind dieselben auch so zu sagen „spottwohlfeil", allein
trotzdem kommen sie nur selten auf eine amerikanische
Tafel, die Wirthstafeln natürlich ausgenommen, und eine
Yankeehausfrau weiß sie auch gar nicht zuzubereiten.
Wenigstens hat sie von „Fischsaucen" oder vom „Blau=
absieden" ganz und gar keinen Begriff, und höchstens kennt
sie das „Braten" oder vielmehr „Schmoren", wobei dann
der Fisch wörtlich genommen im Schmalze schwimmt.
Dagegen gibt es der Menschen eine Menge, welche sich
mit dem „Räuchern" oder „Anderlufttrocknen" der ge=
nannten Wasserthiere abgeben, und viele der auf diese
Art präparirten Fische ißt man, wie z. B. die Bücklinge,
nach Art des Brodes aus der Hand. Auch geräucherte
Aale, natürlich See=Aale, sind sehr beliebt, obgleich sie
einen ziemlich widerwärtigen, thranigten Geschmack haben;
dagegen weiß der Amerikaner weder etwas vom „Stock=
fische", wie man ihn bei uns genießt, noch auch vom „La=
berdan" oder „Klippfisch", wie man das Thier im einge=
salzenen Zustande heißt, obgleich dasselbe bei Neufundland,
nur wenige Tagreisen von der atlantischen Küste Amerikas,
in unendlichen Massen gefangen wird. Er kennt es nur
als „frischen" Fisch oder als „Kabeljau", d. h. um uns
seines eigenen Ausdrucks zu bedienen, als „Codfisch", und
seine ganze Zubereitungsweise besteht abermals im unver=
meidlichen Schmoren. Ist er nun aber auch kein beson=
derer Freund der Fische, so liebt er die Krebse und Austern
um so mehr. Von den erstern kennt er übrigens blos

die Hummern oder Lobster, d. h. die Seekrebse, welche bekanntlich zwanzigmal so groß werden als die Landkrebse, und obgleich außer den Scheeren oder „Pinchers" nichts Gutes an ihnen ist, so betrachtet er sie doch als ein Leckermahl. Seine Hauptliebhaberei bilden aber die Austern und zwar ißt er sie besonders gern roh aus der Schaale mit etwas spanischem Pfeffer, Salz und Essig. Doch verachtet er auch weder einen Oysterstew, d. h. eine Austernsuppe, noch Fryed oysters, d. h. geschmorte Austern, und man hat daher, um diese Thiere recht groß und saftig zu bekommen, an vielen Theilen der Seeküste Austernparke oder Austernmastungen angelegt, gerade wie man bei uns Geflügelmastungen und Gänsestoppanstalten hat.

Wildpret wird in den meisten Staaten Nordamerika's immer mehr zur Rarität, allein der Eingeborene entbehrt es auch recht gern; er müßte denn in einer Einöde wohnen, wo er Hungers sterben würde, wenn der Wald ihm keine Nahrung böte. In den cultivirten Gegenden nemlich hat man das Wild beinahe systematisch ausgerottet, gerade wie man auch die Wälder selbst nur zu oft schonungslos vernichtete, und man findet daher dort selten mehr etwas Anderes, als höchstens kleine, elende Hasen, die aber sowohl in Farbe als in Geschmack mehr den Kaninchen gleichen, als den Feldhasen. Mittelst der Eisenbahnen jedoch bringt man wenigstens im Winter, wenn der Frost stark ist, selbst bis nach Neuyork und Philadelphia Rehe und Hirsche, die vielleicht wenige Tage zuvor in einer Entfernung von mehreren hundert Meilen von Hinterwäldlern erlegt wurden. Ja sogar Bärenfleisch ist nichts Seltenes, und die Restaurateure kündigen in der Zeit von Weihnachten bis Ostern fast jede Woche Bärenbraten oder am Spieß geröstete Bärentatzen an. In den Privathäusern dagegen, selbst in den wohlhabendsten, sieht man oft jahreweise kein Wildpret auf dem Tische und man findet von Seiten der Yankees um so weniger Geschmack daran, als die Köchinnen ihm so wenig als dem Hammelfleische eine „Beize" zu geben verstehen.

Noch schlimmer als mit dem Wildpret steht es mit den sogenannten Kunstfleischwaaren, das ist mit den Würsten und Rauchwaaren, von den Füllen und Gelées gar nicht zu sprechen. Die letzteren kennt man nicht einmal dem Namen nach und die ersteren sind geradezu als noch in der Kindheit begriffen zu bezeichnen. Wo gäbe es z. B. einen amerikanischen Mezger, der nicht förmlich perplex dareinschauen würde, wenn man ihm von einer geräucherten Gänsebrust vorspräche? Geräucherte Zungen sowie Schinken gibt es allerdings, allein sie sind meist zäh und faserig, und zwar einfach deßwegen, weil man sie vor dem Räuchern verschiedene Tage lang in eine Lauge von Salpeter legte. In der Bereitung der Schinken übrigens, d. h. in der Genießbarmachung derselben ist neuerdings, wenigstens in den größern Städten, durch die Einwirkung der Deutschen eine Besserung eingetreten und man kann sich nun welche verschaffen, welche fast so gut schmecken, als die bei uns präparirten. Sie heißen jedoch zum Unterschied von denen, welche für gewöhnlich auf den Markt gebracht werden, »Cityhams«, d. h. Stadtschinken, und man bezahlt sie fast doppelt so theuer, als die andern. Wenn es nun aber trotzdem, daß jährlich in Nordamerika Millionen von Säuen dem Schlachtbeile verfallen, um die Schinkenbereitung so schlimm aussieht, so versteht es sich wohl von selbst, daß die große Wissenschaft der Wurstbereitung dem Amerikaner noch ein böhmisches Dorf ist. Knackwurst, Leberwurst, Blutwurst und wie die hunderterlei andern Sorten von Würsten heißen, kommen nie auf eine Yankeetafel und man hat sogar nicht einmal einen Namen für sie. Die einzige Wurst, die man in Amerika kennt, ist vielmehr die »Sausage«, eine Art von Bratwurst, welche, obgleich aus purem Schweinefleisch bereitet, doch äußerst schlecht schmeckt, weil ihr die gehörigen Gewürzingredienzien fehlen und das Hacken des Fleisches nur sehr oberflächlich besorgt wird. Man sieht hieraus, wie weit die Amerikaner noch in der Kultur zurück sind, doch gestehen wir gerne zu, daß die eingewanderten Franzosen und Deutschen aus Kräften nachhelfen, um das Fehlende zu ersetzen, leider aber ohne bei den Eingeborenen die gehörige Würdigung und Nachahmung zu finden.

Bei solchen Urzustandsverhältnissen können natürlich die „Beigaben", auf welche man bei uns so großen Werth legt, unmöglich große Abwechselung und Mannigfaltigkeit darbieten und in der That befindet sich Amerika hierin förmlich auf der Primitivstufe. Zu allen Braten und Gemüsen gibt man nemlich nichts, als entweder Kartoffeln, natürlich immer auf die eine und dieselbe Art in Salzwasser abgekocht, oder Eier, aber nie anders als hartgesotten, oder endlich grünen Salat, d. h. damit wir uns richtig ausdrücken, Salatkraut in der reinsten Naturform, denn man überläßt es dem Gaste, sich dasselbe nach Belieben süß oder sauer mit Zucker oder Essig anzumachen. Das ist aber auch Alles! Eines jedoch darf ich nicht vergessen, nemlich die sogenannten „Mixpickles", d. h. Gurken, Bohnen, Kornähren, Zwiebeln, grünes Wälschkorn und dergleichen mehr zusammen in Essig, mit spanischem Pfeffer eingemacht, ein Mischmasch, der so scharf schmeckt, daß er Einem fast die Zunge verbrennt. Dessenungeachtet bildet dieses äßende Gemüse die einzige gewürzhafte Beilage und muß all' unser Eingemachtes mitsammt Saucen ersehen.

Mehlspeisen kennt der Amerikaner keine, den Pfann= kuchen und den Pudding ausgenommen. Pfannkuchen wird aber fast nur allein am Fastendienstag aufgetragen, weß= wegen dieser Tag auch der „Pancake-tuesday", das heißt der Pfannkuchen=Dienstag heißt; um so häufiger dagegen findet man den Pudding, ein Mittelding zwischen einem Auflauf und einem Kloße. Ja, der Pudding darf, als Lieblingsgericht der Damen, so zu sagen bei keiner ordent= lichen Mahlzeit fehlen, und wenn es heute „Plumpudding" d. h. Pflaumenkloßauflauf gibt, so hat man morgen „Applepudding" oder Apfelkloßauflauf, übermorgen Rosi= nenpudding, am vierten Tage Traubenpudding und am fünften Stachelbeer=, Quitten=, Melonen= oder gar Herings= pudding. Auch wird bei keinem dieser Aufläufe der Zucker gespart, sondern man verwendet ihn vielmehr in so großem Ueberfluß, daß der Geschmack des eigentlichen Inhalts in der Süßigkeit ganz verschwindet. Hiebei ist übrigens zu bemerken, daß die gewöhnlichste und beliebteste Sorte immer der „Plumpudding" bleibt, sowie daß, wenn man je Trauben, Stachelbeeren und dergleichen mehr zu der Fülle verwendet, diese Früchte sich nicht in reifem, sondern nur in halb= reifem Zustande befinden dürfen, — eine Kochweise, über welche unsere deutschen Hausfrauen nicht wenig staunen werden. Ausnahmsweise kommen auf eine Wirthstafel hie und da auch noch Maccaroni oder gar gebackener Reis, und in den westlichen, an Wälschkorn so überreichen Staaten, wartet man noch extra mit dem sogenannten

„Homony" auf, d. h. einem groben mit Wasser angemach=
ten Maisbrei, der zwar sehr nährend sein mag, aber gar
keinen Geschmack hat.

Den Nachtisch einer guten Tafel bilden theils Obst,
theils Cakes und Pies. Obst gibt es in Amerika in Hülle
und Fülle, und wenn auch vielleicht die Feinheit der dort
wachsenden Aepfel und Birnen nicht so groß ist, als die
unserer einheimischen Sorten, so ersetzen sie diesen Mangel
durch ihre äußere Schönheit und Größe. Ueberdieß werden
Erdbeeren in unendlicher Masse gezogen und in den Me=
lonen sowie in den Pfirsichen können wir mit Nordame=
rika nicht wetteifern. Bedenkt man dann noch, daß Süd=
amerika, sowie insbesondere Westindien durch tägliche Dampf=
schifffahrtsverbindungen den größeren Städten der Union
ganz nahe gerückt ist, und daß also Orangen, Ananas,
Kocosnüsse und Pisang beinahe zu den Alltäglichkeiten ge=
hören, so wird man zugeben müssen, daß das Füllhorn der
Pomona sich über kein Land der Welt reichlicher ergossen
hat, als über Nordamerika. Um so schlimmer dagegen ver=
hält es sich mit dem „gebackenen" Nachtisch, nemlich mit
den Cakes und Pies. Die ersteren sollen nemlich unsere
Kuchen vertreten, sind aber nichts Anderes, als gewöhn=
liches Weißbrod in Kuchenform, und das Durchkneten mit
Butter fehlt gänzlich. Wer wollte sich auch in Amerika
die Mühe des Knetens machen und überdieß gibt es ja
nur gesalzene Butter, welche man bekanntlich zum Backen
nicht verwenden kann! Kaum besser als die Cakes schmecken
die Pies, denn sie sind eigentlich nichts Anderes, als mit
Aepfeln, Pflaumen, Birnen, Kirschen, Pfirsichen, Erdbeeren
oder dergleichen mehr angefüllte runde Weißbrodstücke, und
wenn auch die Fülle gut sein mag, so schmeckt das Back=

werk selbst um so zäher. Torten kennt der eingeborene
Amerikaner gar nicht, ebensowenig als Biscuit, obwohl er
das ungenießbare, ohne Sauerteig und Salz gemachte
schwarze Schiffsbrod mit dem stolzen Namen „Biscuit"
belegt; wie weit aber dieses von unserem Zuckerbrode ab=
sticht, davon wissen die am besten zu sagen, welche schon
Monate lang zur See von solch' gräßlichem Brode leben
mußten. Doch wenn auch den eigentlichen Amerikanern,
das ist den im Lande Geborenen, alle diese Dinge gänz=
lich unbekannt sind, so muß man dagegen zugeben, daß in
dieser Branche des Wissens von Ausländern, insbesondere
von eingewanderten Deutschen und Franzosen, fast Unend=
liches geleistet wurde. Haben doch, wenigstens in den
größeren Städten, die Conditoreien einen Aufschwung ge=
nommen, wie sonst nirgends in der Welt, selbst nicht in
Paris! Sie bereiten die feinsten Confituren, welche von
den das Süße liebenden Amerikanerinnen in Unmasse ver=
schlungen werden, und bei ihnen findet man Pasteten mit
so kühnen Aufsätzen, daß denselben selbst ein Bildhauer
seine Anerkennung nicht versagen würde. Kunst, Geld und
Gewandtheit haben sich vereinigt, um das Unmögliche mög=
lich zu machen, und weil nun die Conditoreien einen sol=
chen Flor erreichten, so konnten auch die größeren Gast=
höfe, sowie die Restaurants ersten Ranges, nicht länger
zurückbleiben, sondern mußten, wenn sie den Gaumen ihrer
Kunden befriedigen wollten, eigene „Pastrybaker", zu
deutsch Pastetenbäcker, anstellen, welche gar nichts anderes
zu thun haben, als nur allein das Kunstbackwerk auf die
Tafel zu liefern. Demgemäß steht nun seit einigen Jahren
die Kunstbäckerei in Amerika auf einer Stufe, die sehr
viel Aehnlichkeit mit der Vollkommenheit hat; allein wem

verdankt man dieses Resultat? Wie gesagt, fast ein=
zig den Deutschen oder Franzosen, welche recht gerne
nach Amerika hinüberschiffen, weil allda eine Backwerks=
Notabilität weit besser bezahlt wird, als im alten Vater=
lande. Die Eingeborenen selbst verstehen sich auf diese
Kunst durchaus nicht und am allerwenigsten haben die
amerikanischen Hausfrauen einen Begriff davon. Im Gegen=
theil, wenn dieselben in der Bildung so weit gekommen
sind, um einen zähen Cake bereiten zu können, so glauben
sie Alles zu leisten, was ein schleckhafter Ehemann nur
immer von ihnen fordern mag. Man sieht, auch hierin,
wie in so vielem Anderen, liegt in Amerika die Welt noch
im Argen.

Wir wissen nun aus diesem flüchtigen Schattenrisse,
„was" in Amerika gekocht wird. Auch „wie" gekocht wird,
haben wir gesehen, nemlich meist weder gesotten noch ge=
braten, sondern geschmort und in Fett schwimmend. Das
Fett bildet überhaupt eine Hauptingredienz der amerikani=
schen Küche und zwar immer und immer das gleiche Fett.
Wir in Deutschland bedienen uns zur Bereitung der einen
Speise der Butter, und zum Fertigmachen eines andern
Artikels des Schweinefettes, während zu einer dritten
Mahlzeit, wenn der richtige Geschmack erzielt werden soll,
nothwendig Rindsschmalz, wenn nicht gar Gänsefett oder
Olivenöl gehört. In Amerika dagegen kennt man nur
Schweineschmalz und dazu noch nicht einmal reines, son=
dern vielmehr meist solches, das betrügerischer Weise mit
talgartigen Gegenständen gemischt ist. Sogar das Oel be=
steht aus „Lard", d. i. aus ausgelassenem Schweinefett,
in welches, damit es sich in flüssigem Zustande erhalte,
einige Tropfen von der Olive gemischt werden. Wer dächte

aber daran, Rindsschmalz zu bereiten und Butter auszu=
lassen? Gesalzene Butter kann man ja gar nicht auslassen
und wenn man einem amerikanischen Farmer zumuthen
wollte, seine Butter nicht zu salzen, so würde er Einem
in's Gesicht lachen. Wie soll sich denn die Butter ohne
Salz halten? Ueberdieß, zu was denn Rindsschmalz?
Lauter Unsinn, denn Fett ist Fett und Schweinefett kostet
nur wenige Cents, während die Butter einen drei oder
viermal größeren Werth hat. Aus dem zuletzt Gesagten
darf man übrigens keineswegs den Schluß ziehen, daß der
Hauptgrund, weßhalb in Amerika keine Butter ausgelassen
wird, im Geize liegt. Nein, Geiz ist es nicht, sondern
der eigentliche Grund liegt vielmehr darin, daß dem Ame=
rikaner der Wohlgeschmack Nebensache ist. Pflegt er doch
mit der Butter nicht nur nicht karg umzugehen, sondern
sie vielmehr auf eine wahrhaft Entsetzen erregende Weise
zu verschwenden! Morgens zum Kaffee kommt Butter und
ditto Abends zum Thee. Ja sogar Mittags zum Nach=
tisch darf dieses Ingredienz nicht fehlen! Ohne Butter
wird gar kein Brod gegessen und selbst der allerärmste
Yankee wäre unglücklich, ohne seine täglichen drei großen
Butterbrode! Butter muß her um jeden Preis; aber
darauf kommt es nicht viel an, ob dieselbe rein und un=
verfälscht, oder ob sie mit Schweineschmalz vermengt und
nachher gefärbt ist. Dieß ist ihm so ziemlich gleichgültig,
gerade wie er sich auch nichts darum bekümmert, ob die
Fleischsorten kalt oder warm auf den Tisch kommen, denn
die „Quantität" ist die Hauptsache, nicht die „Qualität".
Auf diese Art ißt der Amerikaner und es wird sich
also kein Mensch darüber wundern, warum derselbe immer
über einen schlechten Magen und über Verdauungslosigkeit,

sowie überhaupt über Unterleibsbeschwerden klagt. Er stopft ja seinen Leib tagtäglich mit lauter schlecht gekochten und schlecht schmeckenden Speisen von oben bis unten an, so daß es ihm immerfort aufstößt, — wie könnte er da gesund bleiben? Noch bleibt uns übrig, einige andere Eigenthümlichkeiten der Amerikaner beim Essen kurz zu berühren. Die Zeit, wann gespeist wird, ist die in der ganzen Welt übliche, d. h. die arbeitende Klasse nimmt das Frühstück ungefähr um sieben Uhr Morgens, das Mittagbrod um zwölf Uhr und das Abendessen zwischen sechs und acht Uhr ein. Nur die Reicheren und Vornehmeren unter den Bewohnern der größern Städte ahmen die französische oder englische Sitte, um fünf Uhr Abends oder noch später den Haupttisch zu halten, nach, und ersetzen das Mittagessen um eilf Uhr durch ein solennes Gabelfrühstück, allein etwas Besonderes können wir hierin nicht sehen. Um so eigenthümlicher aber ist die Art und Weise, wie in Amerika gespeist wird. Der Yankee nimmt nemlich seine Mahlzeit nie mit Behagen ein, sondern er verschlingt sie vielmehr mit einer Hast, wie wenn er seit acht Tagen dem Hungertode ausgesetzt gewesen wäre. Diese Manier zu „schlingen" hat für einen Europäer, der gewohnt ist „zu beißen und zu kauen", ehe er schluckt, etwas mehr als Abstoßendes und zwar um so mehr, als der Amerikaner sogar an den feineren Wirthstafeln, ohne irgend Rücksicht auf die Nebensitzenden zu nehmen, mit der Freßwuth eines Wehrwolfs alle Schüsseln, die er mit den Händen erhaschen kann, an sich reißt, um deren Inhalt sofort verschwinden zu machen. Dabei kümmert sich derselbe ganz und gar nichts darum, ob Eins zum Andern paßt oder nicht, sondern er macht es vielmehr wie ein Hund, der Angst hat, ein

anderer Vierfüßler seiner Race wolle ihm seine Speise
wegnehmen. Ebenso eigenthümlich ist, daß der Amerikaner
während der Mahlzeit stets den Hut auf dem Kopfe be=
hält, und zwar nicht blos zu Hause in seinen vier Wän=
den, sondern auch an einer öffentlichen Wirthstafel, wenn
nicht gerade die Gegenwart höherer Gäste oder gebildeter
Damen mehr Rücksicht von ihm verlangen. Auch vom
„Tellerwechseln" ist der Yankee kein Freund und sowohl
im Familienkreise, als auch im Gasthofe, natürlich die gro=
ßen Tafeln in den Hotels ersten Ranges ausgenommen,
begnügen sich die Speisenden mit einem einzigen Teller.
Es würde ja viel zu viel Zeit hinwegnehmen, zu warten,
bis der beschmutzte Teller mit einem frischen ersetzt wäre,
und so nimmt man denn nach einander was nur immer
kommt, also Süß und Sauer, Kalt und Warm, Trocken
und Naß, alles durcheinander. Was einem nicht schmeckt,
das schiebt man auf den Rand hinaus und holt sich
flugs eine neue Portion von einem andern Artikel, bis
man am Ende den Teller so voll hat, daß man keine wei=
tere Speisen darauf unterbringen kann. Mit dieser, allen
unseren Gesetzen des Anstandes zuwiderlaufenden Sitte
stimmt eine weitere amerikanische Eigenthümlichkeit voll=
kommen überein, nemlich die, daß bei jeder Mahlzeit (na=
türlich wieder mit Ausnahme der ersten Gasthöfe und
Restaurants) alle Speisen „zumal" aufgetragen werden.
Es gibt nicht verschiedene „Gänge" mit den gehörigen
Zwischenpausen, sondern man stellt vielmehr die ganze Be=
scheerung auf einmal auf den Tisch, so daß jeder die voll=
kommenste freie Wahl hat, zu nehmen was er will. „Herz
was willst Du?" heißt es da, warum sollte man also
nicht zulangen?

So wird man in Amerika meist schon in wenigen
Minuten mit der Mahlzeit fertig, und die Speisenden
stürzen sofort, während sie noch den letzten Bissen in der
Kehle stecken haben, mit einer Hast zum Zimmer hinaus,
als ob Leben und Tod von ihrer Eile abhinge. Es wäre
ein Luxus, seine Zeit mit der Gastronomie zu verschwen=
den und somit verliert natürlich auch Niemand einen
Augenblick damit, daß er sich den Mund ausspült oder die
Hände wascht. Nicht einmal die Lippen wischt man, denn
man sieht ja nirgends eine Serviette und sogar die Tisch=
tücher werden noch in manchen Gegenden für einen Ueber=
fluß angesehen. Ja nicht Wenige sind der Ansicht, daß
das Sitzen zum Essen ebenfalls ein Luxus sei und ver=
zehren daher ihre Mahlzeiten stehend.

10

Musik und Musikanten in den Vereinigten Staaten.

Herrgott im Himmel, wie unendlich unmusikalisch hast du doch die Nordamerikaner erschaffen! Millionen von Menschen ohne Sang und Klang; Millionen von Menschen ohne Poesie und Melodie; Millionen von Menschen ohne die Gabe, ein Liedchen trällern oder ein solches auch nur pfeifen zu können! Wer kann das begreifen?

Bei uns in Europa, wenigstens in Frankreich, Deutsch= land und Italien, gibt es fast keinen einzigen Menschen, der nicht wenigstens in seiner Jugend der Lust zum Sin= gen fröhnte. Bauernbuben und Bauernmädchen, Städter und Städterinnen, Handwerksbursche und Soldaten, Gym= nasiasten und Studenten, kurz alles, was jung ist, bethä= tigt seine Fröhlichkeit damit, daß es ein frisches Lied an= stimmt, wenn es ihm recht wohl ist, und selbst die Alten, deren graues Haupt von ihrem gesetzten Wesen zeugt, stimmen zeitenweise fröhlich mit ein oder summen doch wenigstens die Melodie vor sich hin, wenn sie auch viel= leicht dem lauten Johlen abgeschworen haben. Ja sogar bei der Arbeit singt man bei uns, nicht blos in den Er= holungsstunden oder bei lustigen Gelagen, und man darf also wohl sagen, daß der Gesang zu unserer innersten

Natur gehört, weßhalb wir auch so reich an Volksliedern und Volksmelodien sind. Wie ganz anders aber verhält es sich hiemit in Nordamerika! Da gibt es keinen Menschen, der, wenn er über Wald und Flur wandert, ein frisches Lied anstimmte oder auch nur eins pfiffe, und nicht einmal in den Wirthshäusern sitzen die Leute zusammen, um sich durch einen fröhlichen Gesang das Herz wieder zu stärken. Ja in ganz Nordamerika gibt es weder ein Volkslied, noch eine Volksmelodie, und daraus erklärt sich der mangelnde Sinn für's Singen hinlänglich.

„Wie," fragt der Leser erstaunt, „kein Volkslied und keine Volksmelodie? Haben denn die Amerikaner nicht das berühmte Nationallied genannt: Yankee Doodle und die noch berühmtere Nationalhymne Hail Columbia?" Gewiß haben sie diese beiden Gesänge, aber hat der Leser vielleicht einmal schon den Yankee-doodle gehört und weiß er vielleicht auch, wie die Amerikaner zu demselben gekommen sind? Es war in der berühmten Schlacht von Bunkershill, mit welcher bekanntlich der nordamerikanische Freiheitskrieg seinen Anfang nahm, da verlangten die Männer von Massachusetts beim Vorrücken gegen die Engländer, daß ihnen ein Sturmmarsch vorgeblasen werde; allein es fehlte gänzlich an Musikanten und nur ein eingewanderter Deutscher befand sich in ihren Reihen, der sich auf die Handhabung der Pfeife verstand. Dieser Deutsche nun — die Einen sagen, es sei ein Bayer, von der Grenze der Tyrolerberge, die Andern, es sei ein Rheinländer aus Westphalen gewesen — mußte sich an die Spitze stellen und auf seiner Pfeife aus Leibeskräften blasen, auf daß die Yankees zum Angriff begeistert würden. Im Drange des Augenblicks jedoch erinnerte sich unser armer Landsmann keiner andern

Melodie, als eines lustigen Tanzes, welchen er oft früher bei Hochzeiten geblasen hatte, und diesen Tanz nun gab er mit schrillen Tönen zum Besten, fort und fort blasend bis das ganze Treffen zu Ende gekommen war. Bekanntlich siegten die Nordamerikaner, und weil sie siegten, kam auch die Melodie, nach welcher sie marschirt waren, nicht mehr aus ihrem Kopfe, sondern sie mußte ihnen von nun an in jedem Treffen, das sie den Engländern lieferten, vorgeblasen werden. Auch kümmerten sie sich gar nichts darum, daß die Letzteren diesen ihren Schlachtmarsch spottweise nur „das Dudeldumdei der Yankees" nannten, sondern sie nahmen vielmehr das Spitzwort als einen Ehrennamen an und hießen die Melodie mit freudigem Herzen den „Yankee doodle". Auf diese Art entstand die besagte amerikanische Nationalhymne, allein wenn man die Wahrheit sagen will, so ist sie ein erbärmliches Tonstück ohne irgend etwas Ergreifendes und Herzerhebendes, wie sich, dieß auch von einem „Hopser" nicht anders erwarten läßt. Einen ganz ähnlichen Ursprung nahm auch das „Hail Columbia", auf welches die Nordamerikaner so stolz sind, wie die Deutschen auf die Kompositionen ihres Mozart. Dieses Hail Columbia nemlich wurde während des zweiten amerikanisch=englischen Kriegs anno 1812 von einem deutschen Musiker in Neuyork, Namens Feil, componirt und zuerst in einem der dortigen Theater aufgespielt. Die Melodie fand stürmischen Beifall und dieser Beifall erhielt bald ein Echo in den ganzen Vereinigten Staaten, so daß man in Kurzem nach jeder günstigen Nachricht, welche über die Kriegsoperationen einlief, nichts mehr hören wollte, als das Hail Columbia. Freilich des deutschen Componisten vergaß man dabei gänzlich und jetzt würden es die Herren Yankees für eine schwere Beleidigung ansehen, wenn man ihnen sagte, daß ihre zweitgrößte Nationalhymne eben so gut deutschen Ursprungs sei, als ihr Yankee doodle.

Wie steht es nun aber mit den übrigen Volksliedern und Volksmelodien? Man mag suchen, so lang man will, so wird man nirgends in der ganzen Union etwas dergleichen finden! Einige Liedchen sind allerdings im Gebrauch und haben sich sogar bei gewissen Menschenklassen so beliebt gemacht, daß man sie bei jeder Lustbarkeit zu hören verlangt. So z. B. das bekannte: »O Susannah don't cry for me,« zu deutsch: „O Susanna jammre nicht für mich." Allein woher stammt dieses Lied? Aus keinem andern Lande, als aus England, und ebenso verhält es sich auch mit verschiedenen andern ähnlichen Poesien und Melodien. Mehrere derselben verdanken sogar ihren Ursprung dem tief verachteten Geschlechte der Neger und in allen Theatern, sowie bei sonstigen Gelegenheiten müssen „Negerlieder" vorgetragen werden. Wie diese klingen und welchen Inhalt die ihnen zu Grunde liegenden Texte haben, darüber will ich lieber ganz schweigen, und der Leser kann sich das Nöthige denken, wenn er sich erinnert, auf welcher Kulturstufe die Schwarzen in Nordamerika stehen. Allein abgesehen hievon, — ist es nicht bezeichnend genug, daß die Herren Neuengländer aus Mangel an eigener Productivität sich die Erzeugnisse einer Menschenklasse aneignen müssen, welcher sie das Menschenthum so zu sagen absprechen?

Fragt man nun aber nach der Ursache, warum die Nordamerikaner gar keinen musikalischen Gedanken haben, so darf man nicht zu weit gehen, um dieselbe zu finden. Bei uns zu Lande ist alles lebendig in Wald und Flur.

Ueberall zwitschert es im Laube und wo man geht und steht, erschallen die herrlichsten Vogelstimmen. In Amerika dagegen ist sowohl der Wald als das Feld todt und nirgends läßt sich in der Luft ein gefiederter Sänger hören. Da gibt es weder Drosseln noch Finken, weder Lerchen noch Nachtigallen, weder Wachteln noch Amseln, und wenn auch Vögel in Menge herumfliegen, so besitzen sie doch keinen Kehlkopf zum „Singen", sondern nur zum „Kreischen". „Wie?" fragt der Leser. „In ganz Nordamerika keine Singvögel? Steht ja doch beinahe kein Haus in den atlantischen Städten, in welchem nicht ein Vogelbauer mit einem zwitschernden Thierchen hienge, — wie kann man also sagen, es fehle in der amerikanischen Union an Singvögeln?" Ja freilich, „diese" Art von Singvögeln, die Canarienvögel nemlich, sind da, aber sie sind sämmtlich aus Europa importirt und zwar eben deßwegen, weil Amerika selbst keine derartigen Thiere producirt. Es fragt sich übrigens noch sehr, ob die Herren Yankees ihre Vogelbauer des Vogels oder des Bauers wegen in ihren Zimmern aufhängen, denn jedenfalls ist mancher Eingeborne auf seinen schönen luxuriösen Käfig weit stolzer, als auf den kleinen Sänger, welchen er darin eingesperrt hält. Auch sieht er, wenn er von einem der deutschen oder holländischen Importeure einen Vogel kauft, mehr auf dessen gleichmäßige goldgelbe Farbe, als auf die übrigen Eigenschaften, und eine Nachtigall mit ihrem unscheinbaren Aeußern hat für ihn weit weniger Werth, als ein glänzender Colibri. Sei dem nun aber, wie ihm wolle, so ist jedenfalls so viel sicher, daß die Singvögel in Amerika nicht heimisch sind, und es werden wohl noch Jahrhunderte vergehen, bis man so viele derselben über das Wasser her-

übergeschleppt hat, daß sie im Stande sind, die Felder und
Wälder zu beleben. Wie kann man aber von den Ein=
wohnern eines Landes, das in dieser Beziehung von der
Natur so sehr benachtheiligt wurde, verlangen, daß sie
musikalisches Talent besitzen?

„Doch wenn auch die Natur den Yankees das musika=
lische Genie versagt hat, so wird man ihnen doch nicht
absprechen wollen, daß sie wenigstens Freunde der Musik
sind und die Kunst auf alle Weise unterstützen? Sieht
man dieses nicht schon aus dem Kaufen der Singvögel
und geht es nicht noch deutlicher daraus hervor, daß in
jeder größern Stadt eine eigene Oper existirt, sowie ferner
daraus, daß es beinahe keine gebildete Familie gibt, welche
sich nicht ihr eigenes Piano hielte?" Gewiß diese Facta
lassen sich nicht abläugnen und es geht z. B. die Masse
der Piano's, welche in Amerika fabricirt oder dahin impor=
tirt werden, wirklich in's Unendliche. Aber handelt es sich
nicht in nur zu vielen Fällen weniger darum, daß die
Familienglieder eine Freude am Klavierspielen haben, als
vielmehr darum, daß sie sagen können, „wir besitzen ein
Instrument, welches wir mit 500 oder gar mit 1000
Dollars bezahlt haben?" Freilich die Tochter des Hauses
muß das Instrument spielen lernen, und wenn ihr das
Ding noch so schwer eingienge, allein wie weit bringt sie
es gewöhnlich? Ei nun, bis zum Yankee doodle, sowie
bis zur Kunstfertigkeit, am Sonntag einen Psalm choral=
mäßig abspielen zu können! Ausnahmen gibt es allerdings,
denn wo in der Welt gäbe es keine Ausnahmen, und
ohnehin muß zugegeben werden, daß in den gebildeten Fa=
milien der südlichen Pflanzer meistentheils ein so stark
ausgeprägter musikalischer Sinn herrscht, als nur irgendwo

in einem europäischen Hause. Was wir also behaupteten, geht nur die Bewohner der nördlichen Staaten an, aber — wird ein Mensch läugnen wollen, daß dort die Ausnahmen von der Regel sehr selten sind? Dort ist das Pianohalten „Modesache" und nichts weiter! Oder wie? Stimmt nicht hiemit das ganze übrige Leben zusammen? Man gehe einmal des Sonntags in eine Kirche, wird man da eine ordentliche Musik oder auch nur einen kräftigen Choral, welchen die ganze Gemeinde zusammensingt, zu hören bekommen? Ei Gott bewahre, sondern es gibt vielmehr nicht einmal eine gute Orgel und ein eingeborener Amerikaner, der die Orgel zu spielen verstände, könnte sich als ein Wunderthier sehen lassen. Nur allein die katholischen Kirchen machen eine Ausnahme, und hier trifft man auch ein systematisches Geläute, was man bei den sämmtlichen protestantischen oder vielmehr akatholischen Gotteshäusern nur allzu schmerzlich vermißt. Wäre aber dieß alles nicht längst anders geworden, wenn die klavierspielenden Yankeedamen in Amerika eine wirkliche Freude an der Musik hätten?

Aber wenn diese Freude selbst den Damen fehlt, wie kann sich dann irgendwo eine Oper halten? Du lieber Gott, warum denn nicht? Müssen denn die Leute, welche ihr Geld für ein Opernbillet ausgeben, nothwendiger Weise Sinn für Musik haben? Geht man nicht vielmehr dorthin, weil es einmal fashionable ist, seine Schritte nach jenem Hause zu lenken, und weil man für einen ungebildeten Menschen gelten würde, wenn man nicht dort gewesen wäre? Man muß nemlich wissen, daß die Herren Opernunternehmer in Newyork, Philadelphia u. s. w. klug genug sind, für jede Saison eine oder einige vielbekannte

Gesangsnotabilitäten aus Europa zu verschreiben, damit sie einen Angelpunkt haben, an dem sie die Nordamerikaner festhäkeln können. Somit zahlen sie einer Grisi, einer Jenny Lind, einer Sonntag u. s. w. u. s. w. ungeheure Preise, um sie zu verlocken, in Nordamerika aufzutreten, und wenn es ihnen gelingt, eine solche Berühmtheit auf die Bühne zu bringen, so können sie sicher sein, stets ein volles Haus zu haben. Oder welcher amerikanische Gentleman und welche neuenglische Lady möchte den herben Vorwurf über sich ergehen lassen, eine Jenny Lind oder eine Sonntag nicht gehört zu haben? Könnte denn da nicht am Ende gar jemand glauben, man gehöre nicht in die Klasse der höher Gebildeten oder man habe nicht so viel Geld in der Tasche, um den erhöhten Eintrittspreis zu bezahlen? Beim Himmel, man muß doch mit der übrigen Haute volée ausrufen können: „sie hat einzig, ja sie hat göttlich gesungen," denn sonst würde man für einen Barbaren gelten! Man sieht hieraus, warum der Nordamerikaner die Oper besucht, und es handelt sich also keineswegs um die Freude an der Musik, sondern vielmehr um den Zwang, welchen die Mode ausübt. Mag daher auch, was nicht selten vorkommt, die aus Europa herübergekommene Notabilität eine ausgesungene Primadonna oder ein abgelebter alter Tenor sein, — all' eins, wenn nur die Namen pompös klingen! Auf das, was solch' ein Sänger „jetzt" zu leisten vermag, kommt es nicht an, sondern auf „das Renommé", in welchem er in Europa steht; denn die Nordamerikaner werden es sich doch nicht nachsagen lassen, daß die in der alten Welt ihnen in irgend etwas voraus seien? Eben deßwegen fragt der Nordamerikaner auch gar nichts darnach, wie die Oper

„jonſt" beſetzt iſt, und es kann ihm im Ganzen höchſt
gleichgültig ſein, ob das Orcheſter die Fähigkeit hat, ſeinen
Verpflichtungen nachzukommen, oder ob der Chor ſtark
genug iſt, um die Räume auszufüllen. Ja ſogar dann,
wenn Verſtöße gegen das muſikaliſche Gehör vorkommen,
erbost er ſich nicht, denn er geht ja nicht hin, um Muſik
zu hören, ſondern um nachher ſagen zu können, er habe
die bewußte europäiſche Notabilität mit eigenen Augen ge=
ſehen! So ſteht es mit der Oper in den größeren Städten
Amerika's, und wir werden wohl kaum nöthig haben, hin=
zuzuſetzen, daß unter ſolchen Umſtänden ein an gute Muſik
gewöhnter Europäer ſich meiſt nur gar wenig befriedigt
findet, und unwillkürlich gezwungen iſt, Vergleiche zwiſchen
der alten und neuen Welt anzuſtellen, welche keineswegs
zum Vortheil der letztern ausfallen.

So ſchlimm es nun aber auch in dieſer und anderer
Beziehung mit der Muſik in Amerika ſteht, ſo wird doch
in der That und Wahrheit nirgends mehr Muſik gemacht,
als in den größeren Städten Amerika's. Dem Amerika=
ner geht nemlich gar nichts über öffentliche Aufzüge, und
er ſtattet dieſe ſo prunkend als nur immer möglich aus.
Jede Miliz=Kompagnie, ſelbſt die kleinſte, hält jährlich
drei= oder viermal eine große Scheibenſchießen=Parade ab,
wobei ſie unter dem Schalle einer pompöſen Muſik durch
die Hauptſtraßen der Stadt zieht, und mit nicht geringe=
ren Feierlichkeiten treten die verſchiedenen Freimaurerlogen,
die geſellſchaftlichen oder politiſchen Vereine, die Feuer=
wehrmänner u. ſ. w. u. ſ. w. auf. Immer iſt vor Allem
eine ſtarke Muſikbande erforderlich, welche voranzuziehen
hat und einen Höllenlärm machen muß, damit die Welt
auf das Schauſpiel aufmerkſam werde. Sogar bei Be=

gräbnissen dürfen die Musikanten nicht fehlen, und bei Umzügen in Wahlangelegenheiten u. s. w. spielen sie ohnehin eine Hauptrolle. Kurz, es vergeht in einer größeren Stadt Nordamerika's kein Tag, oder vielmehr fast keine Stunde, in welcher man nicht Straßenmusik hörte, und wenn man vielleicht auch über das „Musikalische" dieser Musik den Kopf schüttelt (denn wie gesagt, „der Lärm" ist das, was vor Allem gefordert wird, und die große Trommel sowie die Querpfeife übertönen daher fast immer alle anderen Instrumente), so ist die Musik deßwegen doch vorhanden. Dazu kommen dann noch die vielen Institute, welche „stehende" oder vielmehr bleibende Musikchöre halten und dem Publikum fast den ganzen Tag über mit schmetternden Melodien die Ohren zerreißen. Es ist nemlich in Amerika Sitte, daß jeder Circus und jede Menagerie, ja sogar jedes Schauspielhaus und Museum (unter Museum versteht man übrigens im Lande der Yankees keine Gesellschaft, deren Mitglieder sich des geselligen Vergnügens wegen, sowie um sich durch Zeitungslectüre u. s. w. einen Genuß zu verschaffen, geeinigt haben, sondern vielmehr eine Anstalt, in welcher gegen ein billiges Entré alle möglichen Sehenswürdigkeiten und Merkwürdigkeiten, insbesondere Abnormitäten, Naturwunder u. s. w. gezeigt werden) auf den Balkon über die Eingangsthüre eine Bande von Musikern placirt, welche den Tag über einen ungeheuren musikalischen Lärmen aufzuschlagen haben, um das Publikum anzulocken, und da es nun an Museen, Theatern, englischen Reitern u. s. w. in keiner größeren Stadt der neuen Welt zu mangeln pflegt, so kann man sich wohl denken, wie viele Musiker erforderlich sind, um das immense Bedürfniß zu befriedigen. Ueberdieß gibt es in den besagten Städten auch noch zahlreiche andere Anstalten, welche zwar ihrer Immoralität wegen gesetzlich verboten sind, aber deßwegen doch alle Abende von einem großen Theil der männlichen Einwohnerschaft frequentirt werden — ich meine jene Häuser, in welchen verächtliche Weiber ihre Reize zur Schau und zum Genuß ausstellen —, und an allen diesen Orten, sie mögen einen Namen führen, welchen sie wollen, wird ebenfalls Musik gemacht. Allerdings ist es keine schmetternde Trompetermusik, welche man da zu hören bekommt, und ebenso wenig wird das Ohr durch das schrille Pfeifen des Flageolets oder durch den Brummbaß der großen Trommel beleidigt, aber um so gewisser darf man darauf zählen, daß ein Piano in dem Empfangsalon steht, hinter welchem ein gemietheter Klavierspieler sitzt und seine Musikstücke abhämmert. Ohne Tanzmusik wären ja die Schönheiten, die man dort trifft, nicht im Stande, jene graziösen Bewegungen zu machen, welche die Sinne aufreizen sollen, und deßwegen muß der Inhaber einer solchen Anstalt schon seines eigenen Vortheils wegen darauf bedacht sein, einen Klaviervirtuosen zu acquiriren, der allnächtlich zur bestimmten Stunde erscheint, um das Instrument mit dem Yankee doodle und andern ähnlichen Stücken zu quälen. In jenen andern Häusern aber, welche mit den eigentlichen Prostitutionsanstalten so genau verwandt sind, in den öffentlichen Tanzhäusern nemlich, in denen sich die Matrosen und anderes ähnliche Volk mit den Straßendirnen vergnügen, genügt nicht einmal ein simpler Klavierspieler, sondern es gehört zum allerwenigsten noch ein Geiger und Clarinettist dazu. Kurz, in den größern Städten Amerika's ist an allen Ecken und Enden Musik los und am

allermeiſten noch wird in jenen Straßen muſicirt, in wel=
chen die Bierlokale der Deutſchen liegen. Da gibt es
nemlich faſt jeden Abend ſogenannte „Gratis=Concerte“,
d. h. muſikaliſche Aufführungen, die den Gaſt nichts koſten,
ſondern vom Wirthe bezahlt werden, und aus dieſem
Grunde vom Publikum äußerſt ſtark beſucht ſind. Hierin
aber, in dem ſtarken Beſuche, liegt gerade die Urſache,
warum der Wirth einen „muſikaliſchen Abend“ abhält; denn
er miethet die paar Sängerinnen, welche ihre ſtark mit
Zoten gewürzten Lieder abzuleiern haben, oder die ſechs
Trompeter, die „altvaterländiſche“ Weiſen blaſen müſſen,
natürlich nicht, um ſich ſelbſt ein Vergnügen zu machen
oder um ſeinen gewohnten Gäſten etwas zum Beſten zu
geben, ſondern um recht viel „ungewohnte“ Gäſte herbei=
zulocken, die ihm das Bier abtrinken und hiedurch die
Auslage für die Muſikanten doppelt und breifach erſetzen.
Warum ſoll er alſo nicht eben ſo gut Muſik machen laſſen,
als der berühmte Barnum vor ſeinem Muſeum?

Aus dieſer kurzen Skizze wird der Leſer erſehen
haben, daß in jeder größern amerikaniſchen Stadt unend=
lich viel Muſikanten nöthig ſind, um das allgemeine Be=
dürfniß zu befriedigen, und es fragt ſich nunmehr, woher
dieſe Muſikanten kommen. Amerika ſelbſt producirt ſie
nicht, und wenn je unter tauſend Schnurranten ſich ein
im Lande geborener befindet, ſo darf man ſicher barauf
rechnen, daß entweder ſeine Mutter oder ſein Vater einer
andern Menſchenrace angehörte, als dem reinen Yankee=
ſtamme. Um es übrigens kurz zu machen, ſo verdankt
Amerika all ſeine Muſik nur allein den eingewanderten
Deutſchen. Einige Franzoſen, vielleicht auch hie und da
ein Italiener oder ein paar Böhmen u. ſ. w. mögen aller=

dings mit unterlaufen; allein der Hauptstamm ist deutsch, und man geht daher nie fehl, wenn man einen Musikanten mit deutscher Zunge anredet. Hierin also, d. h. in der Musik, ist das deutsche Element Meister und man hat daher Amerika schon oft das Paradies der deutschen Musiker genannt. Auch geht es daselbst in der That keinem einzigen unserer Landsleute schlecht, sobald er nur irgend ein Instrument versteht. Ja Mancher hat es schon hieburch, wenn auch nicht zu einer angesehenen Stellung, so doch zu einem guten Auskommen und sogar zu einigem Vermögen gebracht. Gewöhnlich bilden nemlich sechzehn oder zwanzig solcher Gesellen eine eigene Bande mit einem sogenannten „Leader" oder Oberanführer, welcher das Materielle der Gesellschaft besorgt und zugleich als Musikdirektor fungirt. Sobald nun ein Deutscher, welcher die Trompete zu blasen oder den Fidelbogen zu führen im Stande ist, nach Amerika hinüber kommt, so verfügt er sich alsobald zu irgend einem der verschiedenen Leader und fragt an, ob in der Bande keine Stelle vacant sei, d. h. ob man ihn nicht als weiteres Mitglied aufnehmen wolle. Die Antwort fällt gewöhnlich bejahend aus, denn je vollzähliger eine Musikkompagnie ist, um so mehr wird sie für Bälle und Paraden gesucht, und überdieß macht ja auch der Tod manche Lücke, so daß neue Rekruten von Nöthen sind. Sobald aber ein „Ja" erfolgt, so hat der Ankömmling eine vollkommen gesicherte Stellung und braucht um sein Fortkommen nicht mehr besorgt zu sein. Vergeht doch fast kein Tag, an welchem die Gesellschaft nicht da= oder dorthin engagirt wird, während ein ordentlicher Leader sich nie schlechter bezahlen läßt, als mit drei bis fünf Dollars für den Kopf, je nachdem kürzer oder

länger Muſik gemacht werden muß! Freilich — von
einer wahrhaft künſtleriſchen Stellung iſt hiebei nicht die
Rede, ſondern nur von der Stellung eines „Muſikanten",
allein in Amerika muß ein Menſch froh ſein, wenn er
nur wenigſtens ſein Auskommen hat! Etwas ſchlimmer
haben es diejenigen Muſiker, die auf keinem Blas= oder
Streichinſtrumente eingeübt ſind, ſondern ſich vielmehr auf
das Klavierfach verlegt haben, und hieher gehören insbe=
ſondere die Tauſende von Dilettanten, welche in Deutſch=
land das Pianoſpiel nur als Liebhaberei trieben, aber nach
ihrer Ankunft in Amerika durch die Noth gezwungen ſind,
dieſe ihre Kunſt handwerksmäßig auszubeuten. Bei uns
in Deutſchland glaubt man nun freilich, auch dieſer Sorte
von Künſtlern könne es nicht fehlen; denn da ja faſt in
jedem Haus ein Piano ſtehe, ſo dürfe man ſich nur als
Klavierunterrichtgeber annonciren, um alſobald genug zu
thun zu bekommen, und es gingen deßhalb ſchon Viele in dieſer
Abſicht über's Waſſer hinüber. Aber wie bitter fühlten ſie
ſich enttäuſcht, als ſie es nun verſuchten, Schüler zu be=
kommen! Erſtens gibt es ja der Klavierſpieler, wenig=
ſtens in den Seeſtädten, faſt mehr als der Pflaſterſteine,
und zweitens nimmt ein Amerikaner, durch die Erfahrung
gewitzigt, nicht leicht Jemanden zum Lehrer ſeiner Tochter
in's Haus, wenn derſelbe nicht die beſten Empfehlungs=
briefe aufzuweiſen vermag. Ja ſogar „wirkliche" Künſtler,
d. h. ſolche, welche das Klavierſpiel gründlich erlernt haben,
finden es nur zu oft rein unmöglich, ihr Leben durch
Lectionen zu friſten, und müſſen am Ende froh ſein, wenn
ſie als Klavierſpieler in einem der feineren Proſtitutions=
häuſer ihre zehn Dollars in der Woche verdienen. Wie
viel öfter aber paſſirt dieß einem bloßen Dilettanten, alſo

einem früheren Beamten oder Offiziere, der von den Noten nur so viel versteht, daß er ein Stückchen abspielen kann? Es ist freilich ein hartes Loos für einen gebildeten Mann, in einem solchen Locale tagtäglich die Tasten rühren zu müssen, allein die Noth lehrt einen Eingewanderten gar Manches, an das er im alten Vaterlande nicht dachte. Ueberdieß, bleibt einem solchen Herrn nicht wenigstens der Trost, daß er sich, ohne deßhalb von irgend Jemanden zur Rede gestellt zu werden, in seinen Visitenkarten „Professor of Musik" nennen kann? Ja darf er sich nicht sogar die Freiheit nehmen, nach Deutschland hinauszuschreiben, daß er nun „Professor der Musik" geworden sei, und als solcher bis Nachts zwei Uhr zu thun habe? Den Bekannten in der alten Heimath braucht man den wahren Sachverhalt nicht aufzudecken, denn es ist schon genug, das Bewußtsein der Schmach in sich selbst herumtragen zu müssen!

So steht es mit der Musik und den Musikanten in den Vereinigten Staaten.

———

11.

Der Irländer in Amerika.

Unter allen den europäischen Nationen, welche ihr Contingent nach Nordamerika hinüberschickten, ist außer der deutschen die irländische am zahlreichsten vertreten. Genaue statistische Notizen besagen, daß nur allein in den Jahren 1691 bis 1745 263,000 Männer und Frauen aus Irland in den Häfen von Neuyork und Philadelphia angekommen sind, und in den Jahren 1783 bis 1820 betrug diese Anzahl mehr als das Vierfache. Im Ganzen genommen hat „Grün = Erin" oder „die Smaragdinsel", wie man Irland gewöhnlich zu bezeichnen pflegt, nicht weniger als vier Millionen seiner Einwohner nach den Vereinigten Staaten hinübergeschickt und es ist deßhalb auch seine Bevölkerung in stetem Abnehmen begriffen, während umgekehrt in Nordamerika die größeren Städte ganze Quartiere aufweisen, die nur von Irländern bewohnt werden. Hieraus folgt, daß das irische Element einen bedeutenden Einfluß in der nordamerikanischen Union haben muß, und wir können daher nicht umhin, demselben einen kleinen Aufsatz zu widmen.

Dem Aussehen nach besitzt der Irländer viel Kraft und Muth, denn seine Gestalt ist stämmig, sein Wuchs

derb und sein Blick kühn. Viel Feinheit darf man aller=
dings bei ihm nicht suchen und am allerwenigsten paßt er
dazu, einen Stutzer oder Dandy vorzustellen; dagegen
aber dürfen unsere Leserinnen deßwegen doch nicht glauben,
daß seine Erscheinung eine widerliche sei; sondern sie
macht eher einen guten Eindruck, besonders wenn man die
leibarme Erscheinung des Neuengländers mit seinen fleischig=
ten Armen und Beinen vergleicht. Noch schöner als die
Männer sind fast die Frauen und man trifft selten eine
Irländerin, die sich nicht durch eine römisch gebogene
Nase, durch ein paar große dunkle Augen, durch eine hohe
offene Stirne, durch einen lächelnden gutgeformten Mund,
durch blühende rosigte Wangen, durch eine volle wogende
Brust, sowie endlich durch einen schwellenden üppigen
Wuchs auszeichnete. So große Vorzüge dieß nun aber
auch sind, so fehlt ihr doch immer das, was man in
Amerika das „Ladymäßige“ nennt, d. h. die feine Noblesse,
welche sich in jeder Bewegung einer Dame von Stand
und Erziehung kund gibt. Sonst sagt man: „Kleider
machen Leute“, allein bei dem irländischen Volksstamm
bewährt sich dieses Sprüchwort doch nicht ganz; denn man
mag ein männliches Mitglied desselben anziehen, wie man
will, so bekommt er doch nie das Aussehen eines „Gent=
leman,“ und ebensowenig läßt sich eine Irländerin durch
seidene Kleider und Crinolinen in eine „Dame“ verwandeln.
Deßwegen sieht aber doch jedes irische Mädchen recht appe=
titlich und einladend aus, besonders wenn es sich die
Mühe nimmt, seine Kleider reinlich zu halten. In dieser
Beziehung nemlich, das heißt in Beziehung auf die Rein=
lichkeit des Anzugs, lastet ein schwerer Vorwurf auf den
irländischen Weibern und man kann deren theils in Irland

selbst, theils in den englischen Städten eine Menge sehen, welche Jahr aus Jahr ein mit Bürste, Wasser und Seife in keine nähere Berührung treten. Ja sogar so weit gehen sie in der Vernachlässigung ihres „Aeußern", daß sie Sommers und Winters „barfüßig" einherschreiten, und ich habe in Liverpool Hunderte gesehen, welche Hut und Schleier trugen, dagegen Strümpfe und Schuhe für einen Luxus= artikel, der füglich ganz entbehrt werden könne, hielten. In Amerika jedoch legen sie sämmtlich diese Unsitte ab und geben dem Schuhmacher gerade so viel zu lösen, wie die Amerikanerinnen selbst.

Dem Aussehen des Irländers entspricht sein Cha= rakter. Man sieht ihm an, daß ein frisches feuriges Blut durch seine Adern kreist, aber nicht minder klar ist, daß sein Ungestüm ihn oft zur Rohheit und sein Feuer nicht minder oft zur Liederlichkeit hinreißt. Eigentliche Ausdauer und Energie besitzt er nicht und seine Willens= kraft geht nicht so weit, um ein ehrgeiziges Ziel consequent zu verfolgen; dagegen lodert er als ächter Sanguiniker augen= blicklich in hellem Brande auf, sobald ihn etwas afficirt, sowohl in Freundschaft als in Feindschaft. Für den Feind hat er stets seine Faust oder den Knittel parat und wenn es zum Dreinschlagen kommt, so wächst da, wo sein Hieb hinfällt, kein Gras mehr. Auch flucht er ganz entsetzlich dazu und braucht Ausdrücke, welche einem gebildeten Menschen Schauder einflößen. Umgekehrt jedoch beweist er sich dem Freunde gegenüber so treu und anhänglich, als man nur immer von einem Freunde fordern kann. Ja es kommt ihm sogar nicht darauf an, einem Kameraden oder Verwandten durch einen falschen Schwur aus der Patsche herauszuhelfen, und vor kleineren Lügen scheut er

sich ohnehin nicht. Die Landsmannschaft geht ihm über=
haupt über Alles und es gibt keinen Irländer, der nicht
im Augenblicke bereit wäre, seinem Stammgenossen beizu=
stehen, ohne lange zu untersuchen, ob derselbe im Recht sei
oder nicht. Auch treibt er die Anhänglichkeit an sein
früheres Vaterland sowie an seine Familie so weit, daß
er den armen Verwandten zu Hause an Geld und Gelds=
werth, soviel er nur immer entbehren kann, schickt, um
auch ihnen die Möglichkeit zur Auswanderung nach Amerika
zu verschaffen, — eine Eigenschaft, die um so mehr her=
vorgehoben werden muß, als er der Lustigkeit sehr ergeben
ist und seinen Verdienst gern bei Spiel und Tanz darauf=
gehen läßt. Ganz ebenso wie der Mann zeigt sich auch
die Frau. Auch sie flucht wie ein Dragoner und geht
bei jedem Streite nur zu gerne in Thätlichkeiten über.
Allein trotz dieser ihrer Rohheit sinkt sie, wenn verhei=
rathet, doch selten zu liederlicher Gemeinheit herab und
eine grundsätzlich untreue Gattin darf eine Seltenheit ge=
nannt werden. Freilich als Mädchen, d. h. als eine un=
verheirathete Person, die noch Niemanden Treue gelobt
hat, nimmt es eine Irländerin nicht so genau und ihre
lebhaften Sinne reißen sie nur zu leicht so weit hin, daß
man von ihr haben kann, was man will.

Was die Lebensweise des Irländers in Amerika
betrifft, so unterscheidet sie sich von derjenigen, die er im
alten Vaterlande führte, hauptsächlich dadurch, daß er
nunmehr weit besser ißt, als früher. In Irland mußte
er sich für gewöhnlich mit Kartoffeln begnügen und Fleisch
war eine Rarität; in Amerika dagegen kommt letzterer
Artikel jeden Tag dreimal auf den Tisch und die Kar=
toffeln werden schnöde verachtet. Auf eine gute Zube=

reitung des Fleisches kommt es ihm aber nicht an und ebensowenig sieht er auf eine gute Qualität desselben. Die Hauptsache ist die Quantität, sowie daß das Fett nicht gespart wird, und wenn er sich z. B., was eine besondere Liebhaberei von ihm ist, Fische auftragen läßt, so müssen diese geradezu im Schmalz schwimmen. Von „Fein= schmeckerei" kann man also bei ihm nicht reden und eben so wenig sieht er auf „Feinheit" in der Wohnung. Im Gegentheil sind die irländischen Behausungen immer die schlechtesten in der ganzen Stadt und wo es recht schmutzig und heruntergekommen aussieht, da darf man sicher sein, auf ein irländisches Quartier zu stoßen. Ordnung und Ordnungssinn kennt nemlich eine irländische Frau nur vom Hörensagen und es ist ihr gar nicht wohl, wenn sie eine reinliche gutgesäuberte Stube betritt. Für gewöhn= lich ist daher in einem irischen Haushalt die „Vernachläs= sigung" eingebürgert und nur selten denkt ein Ehepaar jenes Volksstammes daran, sich gute Meubles anzuschaffen. Ja sogar auch dann, wenn solches einmal ausnahmsweise geschieht, verliert die Einrichtung gar bald allen Glanz der Neuheit und schon nach einem Jahre sehen die kost= baren Sophas, Sessel, Commoden u. s. w. u. s. w. gerade so aus, wie wenn sie aus einem Trödlerkram angekauft worden wären. Wie könnte dieß übrigens anders sein, da der Sinn des Irländers und seiner Frau nur allein auf das Trinken gerichtet ist? Schon zu Hause in Alt= irland gab es für ihn keinen höheren Genuß, als sein Unglück in einem Rausche zu begraben und in Amerika, allwo der Schnaps so gar wohlfeil ist, verschafft er sich diesen Genuß natürlich so oft, als nur immer möglich). Man darf nemlich nicht daran denken, daß ein Irländer je sich in Bier oder Wein übernehme, sondern er verachtet vielmehr das erstere von ganzem Herzen und unter Tausenden wird kaum Einer zu finden sein, der je einen Tropfen „dieses schmählichen Getränkes" zu sich genommen hätte. Einen nicht minder großen Abscheu hat er vor dem Weine, denn dieser kostet ja ein höllenmäßiges Geld, und man müßte drei oder vier Flaschen zu sich nehmen, um eine gehörige Wirkung zu verspüren. Da ist es doch etwas ganz anderes beim Schnapse, besonders beim „Whisky", von welchem einige wenige Gläser hinreichen, um selbst den stärksten Mann zu werfen! Somit ist der Whisky das Lieblingsgetränke des Irländers, dem er sein Lebenlang treu bleibt; denn selbst wenn er Abends toll und voll betrunken zu Bette ging, so erregt ihm der Schnaps doch keinen Eckel, sondern er sehnt sich vielmehr schon in aller Frühe wieder darnach, mit einem abermaligen Becher voll Feuerwasser Bekanntschaft zu machen. An einen ordentlichen Genuß, d. h. an ein ruhiges, behagliches Schlürfen denkt er dabei nicht, sondern er trinkt vielmehr immer stehend und stürzt den Whisky, selbst den stärksten, glasvollweise mit einem Eifer hinab, als wäre es Brunnenwasser. Ja wenn es ihm gelingt, sich einer ganzen Flasche zu bemächtigen, so ruht er nicht, als bis er den Boden derselben sieht, und wenn er auch gleich den Tod davon hätte! Hierin ergeht es ihm, wie dem Löwen, der auch nicht aufhören kann, wenn er einmal Blut verschmeckt hat, und man mag ihm sein Laster noch so eindringlich vorstellen, so läßt er doch nicht davon, sondern entschuldigt sich vielmehr mit seinem schlechten Magen, der ihn nöthige, hie und da „einen Tropfen Medicin" zu sich zu nehmen. Uebrigens gilt das, was wir hier sagen, nicht bloß vom

Irländer, sondern ebenso gut von der Irländerin und man darf sogar kühnlich behaupten, daß diese dem Laster des Schnapstrinkens fast noch leidenschaftlicher ergeben ist, als ihr Herr Gemahl. Gibt es doch Frauen, welche all das Geld, das der Mann vielleicht mit saurer Mühe verdient, regelmäßig in den Schnapsladen tragen, und sich sogar nicht schämen, all' ihr Mobiliar mit sammt den Kleidern und überhaupt allem, was zu Geld gemacht werden kann, nach und nach zu versilbern und in Whisky zu verwandeln! Der Gatte versucht es vielleicht im Anfang mit guten Worten, sie von diesem Laster abzubringen oder er wendet möglicher Weise auch, wenn die Worte nichts fruchten, etwas kräftigere Mittel an und prügelt seine Ehehälfte am Ende so lange, bis sie verspricht, von nun an eine gute Haushälterin zu werden; allein was hilft ein solches Versprechen bei einer Irländerin? Sie kann es nicht halten, selbst wenn sie auch wollte; denn sowie sie nur irgendwo einen Tropfen Whisky riecht, erwacht auf einmal die alte Gierde und sie muß, von ihrer Leiden= schaft überwältigt, so lange trinken, bis sie bewußtlos umfällt. Ausnahmen mögen allerdings stattfinden, aber leider sind die Beispiele der Trunkenboldie allzuhäufig, als daß die Ausnahmen zur Regel werden könnten.

Aus dem Bisherigen schon ersieht man, daß es mit der Bildung des Irländers nicht weit her sein kann, und in der That ist die Stufe der Cultur, auf welcher er steht, eine sehr niedere. Selten kommt Einer von der Smaragdinsel nach Amerika herüber, der sich rühmen könnte, in den Wissenschaften des Lesens und Schreibens besonders bewandert zu sein, und derjenige, welcher im Stande ist, seinen Namen auf ein Papier zu krizeln oder einen empfangenen Brief buchstabenweise zu enträthseln, gehört schon unter die Besten seiner Stammesgenossen. Hand in Hand hiemit geht die übrige Unwissenheit und es hat selten Einer etwas mehr gelernt, als das Aussteckcn der Kartoffeln, sowie das Tragen der schweren Fruchtsäcke. In die Lehre zu irgend einem Handwerker ist er ja nie gekommen, ebenso wenig als in eine Schule, und seine ganze Bildungslaufbahn beschränkte sich darauf, daß er entweder auf dem Felde oder in einer Fabrik arbeitete. Ueberdieß kam er nicht weit in der Welt herum, sondern blieb bis zu seiner Abreise nach den Vereinigten Staaten stets in Irland, es müßte denn sein, daß er eine Zeit lang in der großen Seestadt Liverpool gearbeitet hätte. Wie kann man ihm also zumuthen, geistig oder körperlich über die allerersten Anfangsgründe hinübergekommen zu sein? So tief er nun aber auch in der Nacht der Un= wissenheit begraben ist, so sieht er sich hiedurch doch keines= wegs gedemüthigt, sondern er meint vielmehr, das Wissen sei förmliche Nebensache. „Wenn man nur den wahren Glauben hat", denkt er, „so ist man des Himmels gewiß, was braucht man also viel zu lernen?" Den wahren Glauben aber hat er, denn er ist römisch=katholisch durch und durch, und der Priester, welcher sich seines Seelen= heils annahm, sorgte dafür, daß der gute Mann alles Nichtkatholische für eitel Teufelswerk hält. Zwar aller= dings gibt es auch protestantische Irländer, allein ihre Zahl ist äußerst gering, und sie stehen in tödtlicher Feind= schaft zu dem eigentlichen Mutterstamm, welcher eben wegen dieses Abfalls eines Theils seiner Glieder um so eifriger darauf bedacht ist, dem Bigottismus zu huldigen. Ihm also, dem wahren Irländer, geht nichts über die

katholische Religion, d. h. über das, was ihn der Priester
gelehrt hat, „Religion" zu nennen, und er wird sich z. B.
um keinen Preis nachsagen lassen, daß er je einmal am
Palmsonntage die Beichte versäumt habe. Ebensowenig
darf das Bildniß seines Schutzheiligen, des heiligen Patrik,
an der Wand seiner Wohnung fehlen, und zwar in der
Regel recht bunt bemalt, dieweil die grellen Farben seinen
Schönheitsbegriffen am meisten entsprechen. Ueberdieß
lüpft er bei der bloßen Nennung des heiligen Vaters in
Rom stets ehrfurchtsvoll den Hut, ob er gleich keine
eigentliche Vorstellung davon hat, wer und was der Pabst
ist; allein sein Beichtiger lehrte ihn, den besagten Ober-
hirten der katholischen Kirche höher zu schätzen, als selbst
unsern Herrgott im Himmel, warum sollte er es also
nicht thun? Geht ihm doch der Ausspruch seines Paters
über Alles! Gehorcht er doch diesem so zu sagen blindlings! Opfert er ihm doch geradezu sein eigenes Ich!
Wäre er doch sogar bereit zu stehlen, nur um den Priester
gut zu versorgen! Noch bigotter fast, als die Männer, sind
die Frauen und der Religion oder vielmehr dem Priester
zu lieb kommt es ihnen auf keinerlei Art von Opfer an.
Allein wie sie hierin das männliche Geschlecht zu über-
bieten suchen, so auch in der Unwissenheit und Unbildung.
Ja die letztere steigert sich bei ihnen nicht selten bis zur
Unfläthigkeit, und es macht z. B. einen überaus eckelhaften
Eindruck, wenn man ein paar Mädchen oder Frauen neben
einander sitzen sieht, mit nichts Anderem beschäftigt, als
sich gegenseitig vor aller Welt jene ungeflügelten Insecten
zu fangen, welche auf dem Hinterkopfe unreinlicher Menschen vorzukommen pflegen. Einen solchen Liebesdienst aber
erweisen sich die Irländerinnen fast bei allen ihren Zu-

sammenkünsten und aus der Unbefangenheit, mit welcher sie dabei zu Werke gehen, ersieht man deutlich genug, daß sie keineswegs glauben, durch eine derartige Handlungs=weise gegen den Anstand zu handeln. Noch schamloser aber erscheint es in den Augen eines gebildeten Menschen, wenn er sehen muß, wie eine irische Mutter, die mit ihrem Säugling an der offenen Straße vor dem Hause sitzt, sobald der letztere schreit, ohne sich lange zu besinnen, das Kleid öffnet, die Brust heraushängt und das Kind ohne Rücksicht darauf, ob zwei oder zwanzig Männer zusehen, öffentlich saugen läßt. Sollte man da nicht meinen, man habe eine Kuh vor sich, welche den Durst ihres Kalbes stillt?

Dieser letztere Umstand bringt uns darauf, über die Kindererziehung der Irländer einige wenige Worte zu sagen. Eigentlich übrigens ist das Wort „Erziehung" hier übel angebracht, indem von einer solchen in einem irlän=dischen Haushalt nur wenig oder gar nichts zu bemerken ist. Der Vater kümmert sich nichts um seine Rangen, denn er muß seinem Geschäfte nachgehen, und hat, wenn er dieses beendigt, die Schnapskneipe zu besuchen. So=mit bleibt alles der Mutter überlassen, allein diese hat auch keine Zeit, sich viel mit dem jungen Geschmeiß zu befassen; sondern sie überläßt dasselbe vielmehr den ganzen Tag lang sich selbst, fest überzeugt, genug gethan zu haben, wenn sie der kleinen Brut das nöthige Essen und Trinken reichte. Die Folge hievon ist, daß die Knaben und Mädchen, sobald sie nur halbwegs krabbeln können, auf die Straße hinabgehen, um allda im Sonnenschein zu spielen, und sobald man auf ungewaschene oder vielmehr mit Schmutz überzogene, in halbnacktem Zustand herum=

streichende Kinder stößt, so darf man mit Bestimmtheit
darauf zählen, daß sie dem irischen Stamm angehören.
Auf diese Art wachsen die Söhne und Töchter der Ir=
länder halb wild auf und sie würden vielleicht total ver=
wildern, wenn nicht mit dem siebenten Jahre in Amerika
die Schulzeit begänne. Freilich, würde der Schulunter=
richt Geld kosten, so dürfte man sicher darauf zählen, daß
nur wenige irische Elternpaare daran dächten, ihre Kinder
desselben theilhaftig werden zu lassen, allein zum großen
Glück für die letzteren sind fast in allen Staaten der
Union „Freischulen“ errichtet, und man hat nicht nur kein
Unterrichtsgeld zu bezahlen, sondern die Kinder bekommen
auch noch die nöthigen Bücher, Landkarten, Schreibmate=
rialien u. s. w. umsonst. Warum sollte man sie also
nicht hinschicken? Ist ja doch der weitere Vortheil damit
verbunden, daß die wilden Dinger, so lange sie in der
Schule sitzen, gut aufgehoben sind, ohne irgend einer
weitern Beaufsichtigung zu bedürfen! Somit werden die=
selben jeden Morgen regelmäßig mit einem kleinen Früh=
stück in der Tasche nach der Schule abgesandt und die
Mutter ist froh, nunmehr der Last überhoben zu sein,
allein sieht sie vielleicht auch darnach, ob die junge Brut
in der That und Wahrheit in die Lehranstalt geht oder
nicht? Straft sie vielleicht die Kinder, wenn der Lehrer
ihr berichtet, daß dieselben tagweise ausbleiben, um sich
auf den Straßen herumzutummeln, und bekümmert sie
sich überhaupt etwas darum, ob ihre Sprößlinge im Lernen
weiter kommen? Ei Gott bewahre; weder sie noch ihr
Mann lassen sich dergleichen Kleinigkeiten anfechten, denn
sie denken Beide, daß man die armen Racker nicht allzu=
hart anspannen müsse, dieweil allzuviel Wissen Kopfweh

mache. Umgekehrt aber, wenn einer der Buben oder eines der Mädchen schreiend nach Hause kommt, und sich darüber beklagt, daß es der Lehrer geschlagen habe, so macht sich der zärtliche Vater, statt daß er das Kind, welches die Schläge ohne allen Zweifel gar wohl verdiente, seinerseits ebenfalls abstrafte, alsbald auf die Socken, steigt dem Leh= rer auf die Stube und droht ihm mit einer tüchtigen Tracht Prügel, wenn er sich je unterstehe, dem Kinde noch einmal etwas zu thun. Ist das nicht eine prächtige Er= ziehung?

Die Beschäftigung des Irländers entspricht dem, was wir bisher über ihn bemerkten, vollkommen. Er er= greift nemlich nie eine feine Arbeit, sondern liebt vielmehr das Rohe, sowie überhaupt dasjenige, wobei man nicht viel zu lernen braucht. Somit wird man in ganz Nordamerika keinen einzigen irländischen Uhrmacher, Goldarbeiter und was dergleichen mehr ist, treffen, und ebensowenig ist seine Race unter den Malern, Musikern, Steinmetzen u. s. w. u. s. w. vertreten. Die Kunst geht über seinen Horizont, um so mehr aber liebt er eine Arbeit, bei welcher körper= liche Kraft erforderlich ist, und ein großer Theil der Ka= näle, Eisenbahnen, Brücken, Straßen u. s. w., welche in Amerika existiren, sind durch seine kräftige Beihilfe ent= standen. Ueberdem fungirt er gerne als Lastträger beim Ein= und Ausladen der Schiffe, oder als Knecht in einer Kohlenhandlung und was dergleichen mehr ist. In den Fabriken, welche mit schwerer Handarbeit zu thun haben, ist er ohnehin zu Hause und als Fuhrmann, besonders wenn es sich um die Weiterbeförderung von schweren Kauf= mannsgütern handelt, leistet er ebenfalls das Seinige. Kurz, er weiß sich als tüchtiger Arbeiter geltend zu machen, und

wenn man nicht mehr von ihm fordert, als was vermit=
telst Anstrengung der Muskeln und Gliedmaßen geleistet
werden kann, so wird man beinahe immer mit ihm zufrie=
den sein. Nur muß man ihm nie zumuthen, selbstständig
d. h. ohne Aufsicht und Anleitung zu arbeiten. Zur Selbst=
ständigkeit nemlich paßt er durchaus nicht, einfach deß=
wegen, weil er seine eigenen Leidenschaften nicht zu beherr=
schen versteht, und wenn er daher irgend einmal aufhört,
anderer Leute Diener zu sein, um ein eigenes Geschäft zu
betreiben, so geht er regelmäßig nach kurzer Zeit zu Grunde.
Ja sogar nicht einmal als selbstständiger Bauer oder
„Farmer" kommt er fort und man sieht es einer Hof=
wirthschaft alsobald an, ob sie von einem Irländer betrie=
ben wird oder nicht. Zeichnet sich doch solch' ein Anwesen
stets durch ungewöhnlichen Schmutz aus! Darf man doch
bei ihm sicher sein, immer zerbrochene, mit Papier geflickte
Scheiben zu finden! Wird doch sein Vieh stets ungeputzt
mit zottigen Haaren halbwild herumstreifen! Tragen doch
seine Felder, weil nur roh und oberflächlich bearbeitet, kaum
die Hälfte der Frucht, welche sein Nachbar, wenn dieser
ein Yankee oder ein Deutscher ist, erzielt! Ebenso nach=
lässig und schmutzig sieht es aus, wenn man die innern
Zimmer seiner Wirthschaft besucht, denn seine Frau läßt
sich keineswegs besser an, als er selbst, und man ist da=
her stets froh, wenn man einer irländischen Farm den
Rücken kehren kann. Ausnahmen kommen allerdings hie
und da vor, und gar Mancher, dessen Besitzthum in der
Mitte von deutschen Ansiedlungen lag, hat sich in kurzer
Zeit auffallend gebessert. Ja es ereignete sich sogar schon
das Wunder, daß Einer ein nüchterner und geordneter
Mann wurde, bloß weil er kein böses Beispiel mehr sah;

allein sobald irgend ein Landsmann bei ihm einkehrte oder
sich gar in der Nachbarschaft niederließ, so nahm es mit
der Tugend und Enthaltsamkeit bald ein Ende und die
frühern Gewohnheiten stellten sich in verstärktem Maße
wieder ein. Kurz ein Irländer wird es als Bauer selten
besonders weit bringen und es ist daher ein wahres Glück
für Nordamerika, daß nur wenige der irischen Einwande=
rer sich auf's Land begeben, um daselbst dem Ackerbau
obzuliegen, sondern daß vielmehr die meisten sich in den
größern Städten als Handarbeiter niederlassen.

Wie sich in Folge dessen das Verhältniß der Ir=
länder zu den eingeborenen Amerikanern gestaltet
oder vielmehr gestalten muß, dürfte nicht schwer zu errathen
sein. Der Irländer ist der Knecht, der Amerikaner aber der
Herr! Was braucht man weiter? Freilich sollte man mei=
nen, ein gebildeter Yankee werde einen unwissenden, rohen,
ungeschlachten und trunksüchtigen Burschen, wie der Ir=
länder meistens ist, nicht einmal als Knecht gern um sich
sehen, und in der That wird auch der Amerikaner beim
Anblick eines Sohnes Grün=Erins nicht selten von seinen
Gefühlen so hingerissen, daß er in die harten Worte:
„damned dirty irish Puppy, du verdammter schmutziger
irischer Bengel" ausbricht; allein wen sollte man denn zu
den gemeineren und schwereren Arbeiten verwenden, wenn
nicht den Irländer? Ein Eingeborener gibt sich ja be=
kanntlich nicht leicht zu derlei Geschäften her und hat auch
die Kraft nicht, dieselben zu versehen; ein eingewanderter
Deutscher aber, der allerdings weit fleißiger, weit ge=
wandter und weit solider seyn mag, als ein Irländer, paßt
deßwegen nicht so gut, weil ihn der Amerikaner nicht ver=
steht. Ueberdem erweist sich nicht der Sohn der Smaragd=

Insel weit fügsamer, als jeder andere Eingewanderte? Ja ist der Irländer trotz seines rauhen, plumpen Wesens nicht sogar kriechend-unterwürfig gegen den Yankee und redet er ihn nicht stets mit den Worten: „Your honor" oder „Your reverence", d. h. Euer Ehren oder Euer Hochwohlgeboren an? Eine solche Ansprache thut wohl, selbst wenn sie aus dem Munde eines so ungebildeten Menschen, wie der Irländer ist, kommt, und man über= sieht über diesem Respekt manches andere Widerwärtige. Zudem wo wäre ein Deutscher oder auch ein Franzose in der Union zu finden, welcher sich beeilte, sein Deutschthum und Franzosenthum abzulegen? Wollen diese Menschen nicht vielmehr ihre Nationalität beibehalten und erfrechen sie sich nicht sogar, dem Yankee gegenüber ihren eigenen Gang zu gehen? Da ist der Irländer ein ganz anderer Mensch, denn er fügt sich in allem und jedem und erkennt die Superiorität des eingeborenen Amerikaners ohne Wider= streben an. Kein Wunder also, wenn der Letztere lieber einen Sohn Grün=Erins beschäftigt, als einen Nachkom= men Teuts!

Dazu kommt noch ein anderer Umstand, welcher nicht wenig dazu beiträgt, das gegenseitige Verhältniß zwischen eingeborenen Amerikanern und Irländern freundlich zu ge= stalten, nemlich die gemeinsame Abneigung, welche beide Theile gegen die englische Nation hegen. Diese Abneigung hat, wie wir schon bei der Schilderung des Stockamerika= ners gezeigt haben, bei dem Eingeborenen ihren Grund im Neide, den er gegen Altengland fühlt; bei dem Irländer aber entspringt sie aus dem Rachegefühl, von dem derselbe gegen Alles, was englisch heißt, beseelt ist. Das irländische Volk gehört nemlich, wie bekannt, unter die schwerstgedrückten

Nationen der Welt; denn die Engländer begnügten sich, als sie Irland eroberten, nicht damit, Land und Leute in Unterwürfigkeit zu erhalten, sondern sie nahmen vielmehr allen Grund und Boden als ihr Eigenthum hinweg und behandelten die früheren Besitzer desselben wie Sclaven. So besaß denn der Irländer im eigenen Vaterlande kein Stück Feld mehr, das er sein eigen nennen konnte, und sogar seine Religion wurde kaum geduldet. Kurz man be=trachtete ihn als einen Auswürfling, und er genoß nicht einmal den Schutz der Gesetze, die doch für jeden Unter=than die gleiche Rechtskraft haben sollten. Ist es also ein Wunder, wenn sich endlich in dieser schwer gebeugten Nation ein tiefer Haß gegen ihre Unterdrücker festsetzte, und wenn Millionen über's Wasser hinüber nach Amerika zogen, nicht blos um ihre Lage zu verbessern, sondern auch, weil sie hofften, daß es doch mit der Zeit nothwendig zu einem Kriege zwischen England und der Union kommen werde, durch welchen sie dann Gelegenheit erhielten, ihre Wuth an den Britten auszulassen? Hierin also, in der Abneigung gegen Großbritannien, stimmen Amerikaner und Irländer überein, und diese Uebereinstimmung ist kein ge=ringer Grund für ihre gegenseitige Annäherung. Daher kommt es denn auch, daß das Irländerthum schon in der zweiten und dritten Generation sich mit dem Yankee=thum so zu sagen verschmilzt und zu dem wird, was man das jetzige Amerikanerthum nennen muß. Der Irländer denkt ja nicht daran, eine eigene Nation in Amerika zu bilden, und somit will sein Sohn oder wenigstens sein Enkel nichts anderes sein, als ein Amerikaner! Hat er aber vollends in eine Yankeefamilie hineingeheirathet, so ist der Verschmelzungsproceß wenigstens bei seinen Nach=

kommen ein durchaus vollständiger und das Irländerthum hat dann gänzlich aufgehört.

So steht es mit dem Irländer in Amerika und es bleibt uns nun nur noch übrig, über einige wenige Eigenheiten zu berichten, welche ihm, so lange er sich noch im frisch eingewanderten Zustande befindet, ankleben. Hieher gehört vor Allem die Feier des St. Patrikstages, welche alljährlich am 17. März von allen in der Union wohnenden Irländern auf's Festlichste begangen wird. St. Patrik war nemlich, wie dem Leser ohne Zweifel bekannt ist, der Apostel Irlands, und es gibt keinen in jenem Lande Geborenen, der nicht mit tiefster Ehrfurcht auf denselben hinblickte. Warum sollte man also seinen Ehrentag nicht feiern? Hiegegen hat nun sicherlich auch kein Mensch etwas einzuwenden und wir würden den bewußten 17. März ganz mit Stillschweigen übergehen, wenn das Fest anders ausfiele, als es auszufallen pflegt. Worin besteht aber dasselbe? Einfach darin, daß alle Irländer an diesem Tage so viel und so lange Whisky trinken, bis sie vollständig zum Thiere geworden sind! Am frühen Morgen scheint es allerdings, als ob große Feierlichkeiten stattfinden sollten, denn es rücken die sämmtlichen irischen Milizregimenter aus, um mit schallender Musik in großer Procession durch die Straßen zu ziehen. Auch finden große Zweckessen statt, bei welchen die sämmtlichen Theilnehmer im Sonntagsstaate erscheinen, und zugleich werden solenne Bälle angezeigt, damit die Damen ebenfalls Gelegenheit hätten, ihre Pracht zu entwickeln. Allein der gewöhnliche Verlauf des Tages ist, daß jedes Mitglied des irischen Volksstammes, sei es nun männlichen oder weiblichen Geschlechts, schon vor Tisch eine weit größere Portion Schnaps in sich hineingießt, als es zu ertragen vermag, und in Folge dessen gibt es dann am Mittag nur äußerst selten noch einen nüchternen Irländer. Sobald es aber so weit gekommen ist, müssen sich alle diejenigen, welche sich nicht gerne in Händel verwickelt sehen, so schleunig als möglich in ihre sicheren Häuser retiriren, und die Wirthe, welche nicht der irländischen Nation angehören, thun wohl daran, ihre Lokale sofort zu schließen, denn sie dürfen darauf zählen, daß, sobald ein betrunkener irischer Hause hereinbringt, alles kurz und klein geschlagen wird. Noch toller werden die Excesse gegen den Abend hin und bei einbrechender Nacht durchziehen die St. Patriksverehrer unter furchtbarem Geschrei die Straßen, attaquiren jeden, der ihnen begegnet, und schießen dazu so toll aus Revolvern, Pistolen oder Büchsen, daß man glau=ben könnte, sie liefern einander eine Feldschlacht. Kurz es ist eine Heiligen=Feier, von der man bei uns in Deutsch=land keinen Begriff hat, und noch am Morgen kann man Hunderte von ihnen im bewußtlosen Zustand in den Gassen liegen sehen, welche dann von der Polizei, die sich den Tag vorher wohlweislich nicht blicken ließ, in die Stations=häuser „zum Rauschausschlafen" geschleppt werden; aus den Zeitungsberichten aber erfährt man sofort, wie viele friedliche Bürger von den viehisch Besoffenen niedergeschla=gen und wie viele andere Brutalitäten von ihnen begangen worden sind.

Eine zweite Eigenheit des Irländers ist „die Groß=thuerei, welche er bei allen Begräbnißfeierlichkeiten ent=wickelt." Gewöhnliche Menschen begraben ihre Todten dem Stande gemäß, welchem dieselben im Leben angehört hatten, und es wird dabei kein größerer Aufwand gemacht, als der Geldbeutel es erlaubt. Ganz anders der Irländer.

Zuerst nemlich bestellt er eine solenne Leichenwache, welche er natürlich mit Speise und Trank, absonderlich aber mit Whisky so freigebig als möglich versorgt. Sobann läßt er den Todesfall bei allen Freunden, Bekannten und Verwandten in der ganzen Runde ansagen und ladet die ganze Sippschaft auf's Feierlichste sowohl zum Leichenbegängniß, als auch zum Leichenschmause ein. Sein Zweck bei dieser Einladung ist, so viel Menschen als möglich zu Leidtragenden zu bekommen, denn je größer der Zug ist, der einer Bahre folgt, und insbesondere je mehr es der Chaisen sind, welche hintendrein fahren, um so größer ist die Ehre und die Genugthuung. In der That finden sich deßhalb auch immer, selbst bei einem ganz armen Irländer, unverhältnißmäßig viele theilnehmende Herzen ein, und es wird unendlich viel geweint, geschluchzt und gejammert, ehe man auf den Kirchhof hinauszieht; kaum aber ist die Beerdigung vorbei und kaum hat man das Trauerhaus wieder erreicht, so beginnt auch alsobald der Leichenschmaus oder vielmehr der Leichentrunk, und nun kann man sich leicht denken, warum sich so viele Leute zu der Feierlichkeit gedrängt haben. Der Whisky fließt nemlich in Strömen und dem Todten zu Ehren werden so viele Libationen gebracht, daß bald die ganze Gesellschaft, Männer, Weiber, Buben und Mädchen, ja selbst Vater, Mutter, Gatte, Gattin, Schwester, Bruder, Sohn und Tochter nicht ausgenommen — mit einem Worte Alles, was da ist, sich im „aufgeregtesten" Zustand befindet. Auch endet ein solcher Leichenschmaus oft und viel mit einer allgemeinen Prügelei und jedenfalls geht man in einer ganz andern Stimmung auseinander, als man zusammengekommen ist, denn „nüchtern" oder auch nur annähernd nüchtern, entfernt sich kein Einziger.

Unter die Dinge, welche der Irländer am meisten
liebt, gehört der Name „Paddy", ein Diminitivum des
Wortes Patrik, und wenn man nicht weiß, wie ein Sohn
Grün=Erins getauft ist, so rufe man ihn nur immerhin
mit dem besagten Namen, denn man darf dann gewiß
sein, daß er sich wenigstens umschaut. Dasjenige Ding
aber, das er am meisten haßt, ist das Wort „Temperenz"
oder „Mäßigkeit". Daß er den Engländer nicht liebt,
haben wir oben gesehen, und wir können ihm dieß auch
nicht verübeln. Ebenso gut mag es noch hingehen, daß
ihm der Deutsche ein Dorn im Auge ist, denn dieser bil=
det ja so zu sagen seinen Concurrenten und in nur zu
vielen Fällen handelt es sich darum, ob der eingeborene
Amerikaner ihm oder dem Sohne Teuts den Vorzug geben
will. Allein wie geringfügig erscheint die Abneigung gegen
Deutschthum und Engländerthum gegenüber der furchtbaren
Rache, welche er dem „Temperenzthum" geschworen hat,
denn dieses letztere will ihm ja das einzige Labsal, das er
im Leben besitzt, den Whisky, rauben! Bekanntlich gibt
es in Nordamerika eine große religiös = politische Partei,
die sogenannte Temperenz=Partei, welche es sich vorgesetzt
hat, den Genuß aller geistigen Getränke durch ein allge=
meines gesetzliches Verbot geradezu unmöglich zu machen,
und die Mitglieder derselben, hauptsächlich methodistische
Geistliche und exaltirte Damen, drängen sich mit ihren
Traktätlein allüberall ein, um neue Proselyten zu gewin=
nen. Allein es soll sich einmal eine derartige Dame (die
Geistlichen sind klug genug wegzubleiben) in das Haus
eines Irländers verirren, — Herrgott im Himmel, wie
wird sie da empfangen! Mit einer Legion von Flüchen
donnert sie der Sohn Grün=Erins nieder und nicht blos

sie verflucht er, sondern auch die Mutter, welche sie ge=
boren, sowie den Vater, der sie gezeugt! Ja ihre Groß=
eltern sogar entgehen seinen Verwünschungen nicht und mit
Entsetzen ergreift sie die Flucht, um nie mehr wiederzu=
kehren! Aus diesem Grunde wird man auch in den soge=
nannten Neuenglandstaaten, also in Connecticut, Massa=
chusetts, Maine u. s. w., in welchen die Temperenzpartei
besonders mächtig ist, nur äußerst wenige Irländer treffen,
und wenn je Einer durch die Verhältnisse gezwungen dort
seinen Aufenthalt nimmt, so betrachtet er die Stadt, in
der er wohnt, keineswegs als seine Heimath, sondern viel=
mehr als eine Art von Verbannungsort, welchen er je eher
je lieber mit Neuyork, Baltimore, Philadelphia, Louis=
ville, St. Louis oder einer andern Metropole, in welcher
der Schnaps nicht verboten ist, zu vertauschen im Sinne
hat. Ueberdieß hält er sich, so lange er in Hardford,
Concord, Portland und wie die andern Städte in Neu=
england heißen, zu verbleiben genöthigt ist, in Ermange=
lung eines Wirthshauses, in welchem er für sein Geld
Whisky bekommen kann, immer an einen Apotheker, der
so freundlich ist, ihm den Schnaps, freilich ums doppelte
Geld, „als Arznei" zu verkaufen.

Die „Hauptkrankheiten", an welchen die Irländer ster=
ben, sind der Sonnenstich und der Säuferwahnsinn. Der
erstere kommt, wie sich von selbst versteht, nur in den
heißesten Monaten des Sommers vor und es sind demsel=
ben die Abkömmlinge aller Nationen ausgesetzt; eigenthüm=
licher Weise aber erkranken besonders die Söhne Grün=
Erins daran, und unter zehn Fällen, welche einen tödt=
lichen Ausgang haben, betreffen neune immer den irischen
Volksstamm. Diese auffallende Erscheinung erklären die

Aerzte daraus, daß die Gehirnnerven der Irländer, ihres ewigen Schnapstrinkens wegen, bei weitem mehr afficirt sind, als die anderer Amerikabewohner, und ohne Zweifel haben die gelehrten Herren hierin auch vollkommen Recht. Oder woher käme es denn, daß so viel irisches Volk vom Säuferwahnsinn befallen wird? Die Ursache hievon liegt ebenfalls nirgends anders als im Whisky!

Zum Schluß bemerken wir noch, daß der frisch aus seinem alten Vaterlande herübergekommene Irländer immer leicht an seiner schnarrenden Sprache zu erkennen ist, daß er diese aber mehr und mehr ablegt, je länger er im Lande wohnt. Die zweite Generation spricht schon nicht mehr mit irischem Accente und die dritte bewegt ihre Zunge ganz so wie der Amerikaner, dessen Voreltern schon vor zweihundert Jahren in Amerika ansässig waren.

12

Singsing, das große Zuchthaus.

Wenn man von Neuyork den Hudson hinauffährt, so wird man unwillkürlich an den Rhein erinnert. Links ist das Ufer des majestätischen Stromes von einem hohen Bergrücken, welchen von unten bis oben ein dichter Wald bedeckt, eingefaßt; rechts dehnt sich eine herrliche Landschaft aus, besäet mit freundlichen Städten, oder auch mit einzelnen Farmen und Landhäusern, die in ihrer weißen Festkleidung mit den grünen Jalousien so einladend und frisch aussehen, wie ein liebliches Kind am ersten Mai! Es fehlen nur die alten Burgruinen, nebst den saftig grünen Weinbergen, sowie die lieblichen Vogelstimmen, welche an beiden Ufern ihre Lerchentöne erschallen lassen. Insbesondere aber vermißt man die frohen, fröhlichen Gesichter, denen man überall am Vater Rhein begegnet und diese lassen sich durch keine auch noch so herrliche Natur ersetzen.

Ist man den Strom etwa vierzig Meilen (d. h. englische Meilen, von welchen fünf auf eine deutsche gehen) aufwärts gefahren, so hat man zur Rechten ein großes Dorf, dessen Häuser und Häuschen an der Uferhügelkette zerstreut sich wohl eine Stunde weit ausdehnen, umgeben

von fruchtbaren Feldern, zum Theil versteckt unter Bäu=
men und Laubwerk; am Fuße des Dorfes aber, fast hart
am Hudsonflusse, erheben sich hohe, massiv steinerne Ge=
bäude, welche auf drei Seiten von einer nicht minder
hohen und massiven Mauer umgeben sind. Nur die Strom=
seite ist ohne Umfassungsmauer, denn der Hudson, welcher
hier eine Breite von zwei englischen Meilen einnimmt
und in reißender Schnelligkeit dahinfließt, gewährt sicher=
lich mehr Schutz, als die höchste Mauer thun würde.
Das besagte Dorf nun heißt Singsing und innerhalb der
hohen massiven Mauern befindet sich das berühmte gleich=
namige Zuchthaus des Staates Neuyork, welches schon so
vielen andern Zuchthäusern der alten und neuen Welt zum
Muster gedient hat.

Eigentlich sind es zwei Zuchthäuser, das für Männer,
sowie das für Weiber, und beide liegen ganz getrennt von
einander. Zwischen ihnen hindurch nemlich führt die
Hudson-river-rail-road, jene berühmte Eisenbahn, welche
hart am Ufer des Hudson, oft in denselben hineingebaut
oder über breite Strombuchten hingeleitet, nach Albany
hinaufführt und als ein Wunder der Baukunst gilt. So=
mit kann von einer Gemeinsamkeit der beiden Zuchthäuser
nicht die Rede sein und überdieß ist auch das eine der=
selben um soviel größer und umfangreicher, als das an=
dere, daß das letztere gegenüber von dem ersteren eigent=
lich ganz verschwindet. Betrachten wir uns also eines
nach dem andern, und zwar zuerst das männliche Zucht=
haus, um dann am Schlusse auch des weiblichen mit eini=
gen Worten zu gedenken.

Wenn man am Landungsplatze der Dampfboote,
welcher sich am Fuße des Dorfes Singsing unweit des

Eisenbahnstationshauses befindet, ausgestiegen ist und so=
fort dem Zuchthause ein paar hundert Schritte weit zuge=
wandelt ist, so wird man von ein paar Männern in lan=
gen grauen Kutten, mit noch längeren Gewehren über den
Schultern, in Empfang genommen und gefragt, wohin
man zu gehen begehre. Es sind dieß die Privatschutz=
wächter des Zuchthauses (stehendes Militär, das „hiezu"
zu verwenden wäre, gibt es bekanntlich in Amerika nicht),
also so zu sagen die Außenposten der Festung, denn sie
haben ihren Standpunkt ringsum auf den kleinen Ufer=
hügeln, von denen aus sie das Zuchthaus, den Hudson,
sowie die ganze Umgebung übersehen und jede verdächtige
Bewegung überwachen können. Ihre Anzahl beträgt im
Ganzen etliche und fünfzig, aber sie wechseln alle vier Stunden
mit einander ab, so daß bei Tage stets nur fünfzehn, bei
Nacht aber nie weniger als sechs auf den Beinen sein
müssen. Diesen Schildwachen nun nennen wir natürlich
unser Begehr und sofort begleitet uns Einer von ihnen
bis an's Thor der hohen Mauer. Dort befindet sich ein
kleines Häuschen, in welchem der Thorschreiber sitzt und
von diesem eingeladen verewigen wir unsere Namen in ein
großes Buch, worin schon Tausende vor uns ebenfalls
eingeschrieben stehen. Zugleich aber hinterlegt Jeder von
uns zwei Schillinge, das ist nach süddeutscher Währung
siebenunddreißig Kreuzer, welche als Entreegebühr gelten
können. Das Geld — und es macht jährlich eine Summe
von mehreren tausend Thalern aus — wird zum Nutzen
der Anstalt verwendet und vertritt nebenbei auch die Stelle
des Trinkgeldes an den Führer, welcher, von dem Thor=
schreiber durch eine Glocke citirt, nach wenigen Minuten
erscheint, um uns als Cicerone zu dienen.

Wir machen uns also auf den Weg, voraus den Führer, der uns ebenso freundlich als höflich begegnet. Er verspricht uns sämmtliche Merkwürdigkeiten zu zeigen und erklärt sich bereit, auf alle unsere Fragen Antwort zu ertheilen; nur ersucht er uns, nirgends, wo wir uns in der Nähe der Zuchthausgefangenen befinden, am allerwenigsten aber in den Arbeitslokalen ein lautes Wort zu sprechen. Ja nicht einmal „flüstern" sollen wir, denn „schweigen" ist die erste Regel in Singsing, und diese Regel hört blos auf, wo keine Gefangenen sind! Wir besehen zuerst das eigentliche Gefängniß, das Gebäude, worin sich die Zellen der Sträflinge befinden, also das große Schlafzimmergefängniß oder die „Halle", wie man dasselbe gewöhnlich nennt. Sie ist fünf Stockwerke hoch, fünfhundert Fuß lang, vierundvierzig Fuß tief und durchweg massiv aus dicken Quadern erbaut. Jedes Stockwerk enthält zweihundert Zellen, nemlich hundert gegen Mittag und andere hundert gegen Mitternacht, so daß sich in allen fünf Etagen im Ganzen genommen tausend Zellen befinden. Schmal und eng ist jede Zelle, nur drei Fuß breit, sechs Fuß drei Zoll lang, sowie sechs Fuß acht Zoll hoch. An der Wand sieht man eine eiserne Bettstätte aufgeschlagen, welche Abends, wenn man den Sträfling einsperrt, heruntergelassen wird, und das ganze Ameublement besteht aus einem einfachen niederen Schemel oder Stuhl nebst einem schmalen Gesims, auf welchem eine Bibel nebst einem Gesangbuche liegt. Sobald die Bettstelle heruntergelassen ist, nimmt sie fast den ganzen Raum ein und der Gefangene hat dann nur die Wahl entweder auf dem Bette zu liegen oder auf demselben zu sitzen. Besonders einladend sieht letzteres aber nicht aus, denn es besteht aus nichts als aus einem Strohsack, einer Strohmatratze und einem Strohkissen, sowie aus zwei wollenen Teppichen, den Leib zu bedecken. Doch ist Alles reinlich und auch die Zelle selbst hat einen properen Anstrich, denn man gypst die Wände regelmäßig alle Jahre, so daß sie bei Lichte ganz weiß glänzen. Eine schwere eiserne Thüre verwahrt den Eingang zu jeder Zelle und in der Thüre befindet sich ein kleines Loch für Luft und Licht; alle die hundert Thüren aber, welche gegen Norden oder Süden hinaus= laufen, schließen sich vermittelst einer einfachen Mechanik durch einen einzigen Druck, so wie sie sich auch wieder durch nur einen Druck öffnen, und somit können die sämmt= lichen tausend Zellen von einem einzigen Manne gar leicht hinter Schloß und Riegel gehalten werden. Ist das nicht sinnreich? Im Uebrigen jedoch dürfte über die besagten Zellen wenig mehr zu bemerken sein, außer daß die Wände hinten und auf beiden Seiten, so wie der Fußboden und die Decke oben aus mächtig dicken Quadern bestehen, ohne Zweifel damit keiner der Gefangenen von seinem Nachbar ein Wort oder auch nur einen Laut hören könne. So herrscht denn in diesen Räumen eine tiefe grabähnliche Stille, und der Tritt des Wächters, der in dem breiten Gange vor den Zellen auf und ab wandert, klingt hohl und schaurig, wie der eines finstern Gespenstes.

Wir sind froh, das Zellengefängniß hinter uns zu haben, denn das Unheimliche desselben hat uns die Herzen zusammengeschnürt. Treten wir nun aber in den Hof hinaus, so stehen wir alsobald vor einem anderen Ge= bäude; doch macht dieses einen bei weitem bessern Ein= druck, schon deßwegen, weil es nicht so „massig" ist und nur zwei Etagen hat. In seinem zweiten Stockwerk

enthält es einen Betsaal für etliche hundert Personen, so=
wie einen Spital für etwa den dritten Theil dieser An=
zahl, welche beide Lokalitäten mit hellen, hohen, wenn auch
fest vergitterten Fenstern versehen sind. Aus dem ersten
Stockwerk, also aus dem Parterre steigt Rauch auf, denn
es befindet sich hier die mächtige Zuchthausküche, in wel=
cher das Essen für die sämmtlichen Gefangenen bereitet
wird, und gleich daneben liegt der Speisesaal, der ge=
räumig genug ist, um tausend Sträflinge zu gleicher Zeit
ihr Mittagsmahl einnehmen zu lassen. Die Einrichtung
desselben ist übrigens äußerst einfach und besteht eigentlich
aus nichts als verschiedenen mächtig langen Bänken und
Tischen aus Tannenholz. Was braucht man auch mit
Zuchthäuslern viele Umstände zu machen? Ebenso einfach
erweisen sich die Speisegeräthe, denn hölzerne Schüsseln,
hölzerne Teller, sowie hölzerne Löffel sind alles, dessen die
Kostherren bedürfen. Die Speise selbst kann aber weder
schlecht noch mangelhaft genannt werden und sogar für
Abwechslung hat man wenigstens einigermaßen gesorgt.
Die Gefangenen bekommen nemlich an dem einen Tag
zum Mittagbrod: gesalzenes Fleisch, Kartoffeln und Brod,
und am andern: Brod, Suppe nebst frischem Fleisch. Am
Sonntag aber besteht die Mahlzeit aus Brod, Reis, Fleisch,
Kartoffeln und Molasses, d. h. Syrup um ihn auf's Brod
zu streichen. Ist das nicht genug? Zudem gibt es außer
dem Mittagessen auch noch ein Frühstück, bestehend aus
Kafee und Brod nebst etwas Pudding oder Mus, sowie
ein Abendbrod mit Molasses und Kartoffeln. Kein Wun=
der also, wenn die Zuchthäusler meist wohlgenährt und
zum Theil sogar besser aussehen, als zu der Zeit, die sie

in der Freiheit zubrachten! Die geregelte Lebensweise so=
wie die Diät schlägt prächtig bei ihnen an!

Wir kommen nun in's Freie über große Hofräume,
in welchen eine Menge langer niederer Gebäude zerstreut
liegen, denn die Anstalt bedeckt einen Flächenraum, auf
welchem eine mäßige Stadt bequem Platz hätte, und es
gibt allda großartige Werkstätten bis zu zweihundert Fuß
Länge nebst vierzig Fuß Breite. Man muß nemlich wis=
sen, daß die Insaßen des großen Zuchthauses in Singsing
nicht dazu da sind, um „nichts" zu thun, sondern viel=
mehr dazu, um gehörig beschäftigt zu werden, und man
hat also verschiedene Arbeitslokale eingerichtet, in welchen
sie den ganzen Tag die Hände rühren müssen. Wohin
gehen wir nun zunächst? In die Eisen= und Messing=
gießerei oder in die Hutfabrik, in die Teppichweberei oder
in die Schreinerei, in die Cigarrenfabrik oder in die
Schustershandwerksstätte? Stille jetzt! Keinen Laut! Das
geringste Wort könnte einem Gefangenen Aufschluß geben
über einen Versuch seiner Freunde, ihn zu befreien! Also
nochmals Stille, und insbesondere auch keine Miene ver=
ändert, damit nicht dieser oder jener Sträfling darinnen
etwas lese! Wir treten in die Arbeitssäle. Sie sind groß
und luftig und Alles ist darin auf's emsigste thätig. Je=
dem von ihnen steht ein sogenannter „Vormann", d. h. ein
Obergeselle vor, welcher das Ganze zu leiten hat. Es ist
dieß übrigens kein Sträfling, sondern vielmehr ein in
seinem Fach gut bewanderter und eben so gut besoldeter
Meister=Arbeiter, welchem es obliegt, die unwissenden
Bursche, wenn sie in die Anstalt eintreten, im Handwerke
zu unterrichten und Jedem seine tägliche Aufgabe anzu=
weisen. Somit könnte man ihn, den besagten Obergesellen,

auch den „Geschäftsführer" des Saales nennen, welchem der Sträfling als Lehrling gegenüber steht; nicht minder aber fungirt er als „Aufseher", denn er hat die Pflicht, die sämmtlichen unter ihm stehenden Zuchthäusler zu überwachen und zu beaufsichtigen. Kein Wort, kein Sterbenswörtchen dürfen sie unter sich reden, diese Zuchthäusler! Keine Miene darf sich verziehen zur Zeichensprache, kein Auge zur Augensprache; und doch — wie beredt schaut uns das Auge der Gefangenen an, wenn wir in den Saal treten! Wie viel Trauer und Wehmuth, besonders aber wie viel Hohn und Haß liegt in diesem Auge! „Auch wieder Einer," so scheint uns dasselbe zu sagen, „auch wieder Einer, der gekommen ist, die Menagerie von Singsing, bei der wir die Rolle der wilden Thiere vertreten, zu beschauen!"

Sie haben kein strenges Tagewerk, die Sträflinge! Sommers zwölf Stunden, nemlich von früh sechs bis Abends sechs Uhr; Winters aber nur von früh acht bis Abends vier ein halb Uhr, also im Ganzen blos acht ein halb Stunden! Ueberdieß gibt es über Mittag regelmäßig ein Interstitium von dreißig Minuten, und im Hochsommer, während der heißesten Jahrszeit, wird dasselbe oft auf mehrere Stunden ausgedehnt. Doch nicht blos hieburch erweist man sich gegen die Zuchthäusler wohlwollend, sondern noch viel mehr dadurch, daß sie nicht „umsonst" arbeiten müssen. Im Gegentheil werden dieselben regelmäßig für ihr Tagewerk bezahlt und nicht einmal schlecht bezahlt. Die verschiedenen Fabriken nemlich, welche sich in Singsing befinden, gehen auf Rechnung von einzelnen Contractoren und Fabrikanten, welche vom Staate die Begünstigung erhalten, die Zuchthäusler zu beschäftigen und nun den einzelnen Sträfling mit 50 bis 75 Cents, also mit 1 fl. 12 kr. bis 1 fl. 48 kr. für seine Tagesarbeit belohnen. Von diesem Geld zieht man natürlich zuerst die Auslagen für Kost und Logis ab (wenn wir nicht irren 25 Cents), den Rest aber schreibt man dem Sträfling zu gut und zahlt ihm denselben nach erstandener Strafzeit bei Heller und Pfennig aus. Ist das nicht alles Mögliche? Ja ist es nicht sogar mehr, als ein Zuchthäusler nur irgend verlangen kann? Und doch — man gehe einmal in eine Fabrik „außerhalb“ des Zuchthauses und vergleiche sie dann mit der Fabrik „im“ Zuchthause! Lust an der Arbeit, Lust am Leben spricht aus dem Gesichte des freien Arbeiters, und ein heller frischer Ton klingt durch den ganzen Saal; — im Zuchthause aber Widerwillen, Mattheit, Ueberdruß, Eckel, Haß! Ja „Haß“ ist das rechte Wort, Haß vor Allem, Haß gegen den Aufseher, Haß gegen den Vormann, Haß gegen die Anstalt, Haß gegen die Menschheit! Und dazuhin ein Haß, den man tief verschlossen, Jahre lang tief verschlossen im Innern halten muß, so daß er nicht einmal in der Miene sichtbar wird. „Aeußern“ oder auch nur „merken lassen“ darf man ihn ja nicht, wenn man nicht schwerer Strafe gewärtig sein will, äußern weder durch Worte, noch durch Bewegungen, noch durch Blicke! Der Sträfling weiß ja, daß er von allen Seiten beobachtet wird; er weiß ja, daß der Inspector mit seinen verschiedenen Untergebenen und Gehülfen seine Augen überall hat, und daß diesen Aufsehern nichts entgeht, auch nicht das Geringste! Ja daß sie nur zu gerne geneigt sind, selbst da etwas Strafbares zu sehen oder zu hören, wo gar nichts derartiges vorgekommen ist! Glaubt man nun, unter solchen Umständen werde der Haß der Zuchthäusler

sich mit der Zeit mildern? Glaubt man, sie werden „ge=
bessert" aus der Anstalt gehen?

Die Kleidung des Zuchthaussträflings ist in der gan=
zen Welt wenn nicht die gleiche, so doch eine ähnliche.
Sie besteht fast überall aus einem Wamms und Beinkleidern
von Trillich, welche grau und schwarz gefärbt sind. Diese
Farben darf man sich aber nicht „melirt" denken, sondern
man bezweckt vielmehr einen Gegensatz zwischen Grau und
Schwarz, und in Singsing sieht der Anzug gerade so aus,
als ob er aus lauter schmalen schwarzen und grauen
Streifen, immer ein schwarzer auf einen grauen folgend,
zusammengesetzt wäre. Ein weiteres Kennzeichen des Sträf=
lings ist der Mangel an Kopfhaar, denn dieses wird ihm
beim Eintritte in die Anstalt nicht blos kurz geschoren,
sondern sogar abrasirt. Auch wiederholt man natürlich
diese Procedur alle vier oder sechs Wochen, und sollte da=
her ein Sträfling je Gelegenheit finden, aus der Anstalt
zu entfliehen, so würde ihn der geschorene Kopf, von wel=
chem die Ohren weit hervorstehen, schon verrathen. Ebenso
„zuchthausmäßig", d. h. ebenso übereinstimmend mit den
Gewohnheiten in den übrigen Zuchthäusern, erscheint auch
in allem Andern die Behandlung der Sträflinge, und es
darf z. B. Keiner von ihnen mehr als vier Briefe im
Jahr an Weib und Kinder oder überhaupt an seine An=
gehörigen (mit „Nichtangehörigen" ist jede Communication
auf's strengste untersagt) schreiben. Ueberdieß müssen diese
Episteln vorher von dem Inspector durchgesehen und gut=
geheißen werden, sowie auch umgekehrt alle Schreiben,
welche in's Zuchthaus hereinkommen, vorher inspicirt wer=
den müssen, ehe sie an ihre Adresse gelangen dürfen. Be=
suche sind keine gestattet, außer in dringenden Nothfällen

und nur von den allernächsten Verwandten, denn der Zuchthäusler soll sich als von der übrigen Welt abge= schlossen betrachten lernen. Dagegen aber gibt man ihm Gelegenheit, wenn er etwa in der Schulbildung noch weit zurück wäre, wenigstens das Allernothwendigste, nemlich das Lesen und Schreiben, zu erlernen, und es sind deßhalb ein paar eigene Lehrer angestellt, welche Winters und Sommers nach Beendigung der Arbeitsstunden von Zelle zu Zelle gehen, um, in der einen Hand die Lampe, in der andern die Bücher, sich der Unwissenden unter den Ge= fangenen anzunehmen.

Auf diese Art lebt man in Singsing, und es ist ein wirklich einförmiges Leben, dieses Zuchthausleben! Jede Woche das gleiche Essen und jede Woche die gleiche Be= schäftigung! Jeden Tag die gleiche Zeit beim Aufstehen und jeden Abend dieselbe Stunde beim Niederliegen, nur allein mit dem Unterschied des Winters und Sommers! Doch nein, daß ich es recht sage, der Sonntag macht Eine Ausnahme. An diesem Tage nemlich wird nach dem Gebote des Herrn nicht gearbeitet, sondern man hält vielmehr die Arbeitssäle geschlossen und die Gefangenen dürfen in ihren Zellen ausruhen. Aber liegt in „solcher" Abwechs= lung eine Annehmlichkeit? Ist es vielleicht eine Erholung, den ganzen Tag mit Nichtsthun beschäftigt in tödtlicher Einsamkeit zuzubringen, mit der einzigen Unterbrechung der wenigen Minuten, welche das gemeinsame Mittagessen in Anspruch nimmt? Bücher zum Lesen werden ja keine gereicht, die Bibel oder ein Gebetbuch abgerechnet, und überdieß fällt es äußerst schwer, bei dem wenigen Licht, das in die Zelle hereinfällt, die Buchstaben unterscheiden zu können. Zum Glück übrigens findet des Morgens in

dem Betsaal, dessen wir weiter oben erwähnten, ein kurzer
Gottesdienst Statt, und da es jedem erlaubt ist, demsel=
ben, natürlich unter gehöriger Aufsicht, beizuwohnen, so
drängen sich die Gefangenen förmlich in die kleine Kapelle
hinein. Aber ob sie es thun, um für ihr Herz Erbauung
zu suchen, oder ob sie nicht vielmehr nur allein deßwegen
hingehen, um den schrecklichen Qualen des einsamen Nach=
denkens auf eine halbe Stunde zu entgehen, — auf diese
Frage dürfte die Antwort nicht schwer sein. Ja sogar
diejenigen, welche den Geistlichen der Anstalt in ihren
Zellen zu sprechen verlangen, thun es sicherlich nicht des
religiösen Zuspruchs wegen, sondern damit sie wenigstens
auf einige Minuten einen Menschen um sich haben. So
geht es das ganze Jahr hindurch, einen einzigen Tag ab=
gerechnet, nemlich den 4. Juli. An diesem Tage
ist großer Feiertag und zugleich großes Festessen, denn am
4. Juli 1776 erklärten seiner Zeit die Vereinigten Staaten
ihre Unabhängigkeit vom englischen Mutterlande, und
darum dürfen heute die Gefangenen zu Singsing in ihren
Zellen singen und jubiliren nach Herzenslust, jedoch na=
türlich jeder für sich allein in seiner Zelle, und ohne daß
man ihm auch nur einen Tropfen Weins oder Biers
darreichte, denn man erachtet es schon als eine große Be=
günstigung, daß nur das tödtliche Stillschweigen unter=
brochen werden darf. Sieht man nun, wie fröhlich das
Zuchthausleben ist?

Doch auch an den gewöhnlichen Tagen gibt es, ob=
wohl gegen den Willen der Behörden, einige Abwechslung,
und diese besteht darin, daß ein Kamerad ankommt, wäh=
rend ein anderer abgeht. Allerdings soll kein Sträfling
von seinem Nachbar etwas wissen, nicht einmal wie er

heißt, und noch weniger, warum derselbe zum Zucht=
haus verurtheilt wurde oder wie lange er zu sitzen hat
und wann seine Zeit um ist. Die Zuchthäusler sind ja
numerirt, d. h. sie haben mit ihrem Eintritt in die An=
stalt ihren Namen abgelegt und bekommen ihn erst wieder,
wenn ihre Zuchthausperiode ein Ende erreicht hat. Auch
wird ein Zeitungsblatt, aus welchem man den Namen, die
Strafzeit und das Verbrechen eines Candidaten erfahren
könnte, nie und nimmermehr zugelassen. Ja nicht einmal
der geringste Fetzen einer Zeitung darf herein, nicht ein
Abschnipfelchen, so groß wie ein Taubenei! Von der Welt
außen brauchen die Gefangenen nichts zu erfahren, denn
sie sind nicht mehr in der Welt, sondern im Zuchthause!
Allein trotz all' dieser Strenge und all dieser Aufsicht ge=
währt die Ankunft oder der Abgang eines Kameraden doch
immer einige Abwechslung. Die Einsamkeit macht die
Sträflinge erfinderisch, und es gibt Leute unter ihnen,
welche durch ihr Talent, durch ihre Schlauheit und In=
ventionsgabe selbst ein ganzes Heer der scrupulösesten
Aufseher überlisten. Solche Bursche bringen es stets
heraus, wer ihr Nachbar ist, sie bringen es heraus, wie
er heißt, was er verbrochen hat, wie bald er loskommt,
denn sie wissen einander ihre Gedanken durch Zeichen mit=
zutheilen, von denen keine Seele ahnen kann, daß es nur
Zeichen sind. Aus der Art und Weise zu gehen, aus der
Anzahl der Schritte, die sie machen, aus dem Auf= und
Zuknüpfen des Wamses, welches sie anhaben, aus dem
Fallenlassen eines Blättchens Tabak beim Cigarrenmachen
oder eines Holzspanes beim Hobeln in der Schreinerwerk=
stätte, kurz aus allem möglichen wissen sie sich eine Sprache
zu bilden, und natürlich geben sie sich diese Zeichen, ohne

daß sie dabei eine Miene verziehen, ja ohne daß sie ihr Auge auf den Kameraden richten, mit welchem sie sich in Rapport gesetzt haben. Der Aufseher soll ja nichts davon erfahren, und da dieser Mensch durch lange Uebung mit seinem scharfen Auge und seinem noch schärferen Gehöre beinahe die Gabe der Allgegenwart zu acquiriren wußte, so gehört eine fast übermenschliche Verstellung dazu, ihn zu täuschen. Aber um so größer ist auch der innere Jubel des Zuchthäuslers, wenn er es doch so weit bringt, und ein Feldherr kann auf eine gewonnene Feldschlacht nicht stolzer sein, als er es auf den Sieg über seinen Tod= feind ist.

„Ueber seinen Todfeind!" — dieß ist der richtige Ausdruck, nie gab es eine tiefere Feindschaft, als die des Zuchthäuslers gegen seinen Aufseher. Er fürchtet und haßt ihn zu gleicher Zeit, und wie fürchtet und haßt er ihn? In ihm sieht er ja sowohl seinen Angeber als seinen Zuchtmeister; in ihm sieht er das Gespenst, welches seine Tage wie seine Nächte verbittert; in ihm sieht er die Con= centration aller Qual und aller Bitterkeit des Zuchthaus= lebens! Warum sollte er ihn also nicht fürchten, wie das Messer, und nicht hassen, wie den Tod? Ein einziger schiefer Blick und der Aufseher meldet ihn! Ein einziges, wenn auch nur halbgeflüstertes Wort, und die Strafe bleibt nicht aus! Eine einzige, selbst die allergeringste Verfehlung gegen die Ordnung, und die Züchtigung folgt auf dem Fuße! Ja wie oft hört und sieht nicht der Auf= seher etwas Strafbares, wo gar nichts solches vorgekom= men ist? Wie oft finden nicht Meldungen statt, wo der Gefangene nichts verschuldete? Wie oft muß dieser nicht eine Strafe erdulden, die er nicht verdiente? Der Auf=

seher ist nicht scrupulös, sondern denkt: „lieber zu viel
als zu wenig;" warum sollte er es also mit seiner Ange=
berei besonders genau nehmen? Vollkommen unparteiische
Menschen sind ohnehin selten in der Welt; am allerselten=
sten aber trifft man sie, wie es scheint, unter den Zucht=
hausaufsehern, und es passirt dem Einen oder dem Andern
derselben gar oft, daß er gegen irgend einen der Sträf=
linge von vornherein ein „Aber" oder wie man sagt eine
„Pique" hat, warum sollte er also einen solchen Men=
schen verschonen? „Die Bursche verdienten ja jeden Tag
sammt und sonders abgepeitscht zu werden, und da leider
das Peitschen nicht gestattet ist, so kann ihnen eine ge=
lindere Strafe sicherlich nichts schaden," denkt der men=
schenfreundliche Aufseher, wenn er dem Wardein oder In=
spector seine Meldungen macht, und nun erfolgen die
Züchtigungen ohne Rücksicht und Gnade, ja ohne daß man
den Gemeldeten sich auch nur verantworten ließe, denn
davon, daß man ihm Glauben schenkte, kann ohnehin keine
Rede sein. Sieht man nun, warum der Zuchthäusler den
Aufseher zugleich haßt und fürchtet?

Doch worin bestehen die Züchtigungen des Sträf=
lings? Prügel sind, wie so eben angedeutet, nicht erlaubt.
Es wäre ja für eine so christlich denkende Regierung, als
die des Staates Neuyork ist, himmelschreiend, wenn sie
eine derartige inhumane, alle Menschenwürde beleidigende
Strafe duldete. Nein, nein, Prügel dürfen keine in An=
wendung gebracht werden, nicht einmal gegen ganz hals=
starrige Sünder! Deßwegen gibt es aber doch Strafen
und zwar solche, die vielleicht ebenso drastisch, ja möglicher=
weise noch drastischer wirken als „Fünfundzwanzig aus
dem ff." Da ist zuerst der Dunkelarrest, welcher darin

besteht, daß man einen Sträfling tageweise in ein finsteres Loch steckt, in welchem er weder sehen noch hören kann, und wo man ihm zum weiteren Troste nichts reicht, als Wasser und Brod. Dann kommt die sogenannte Krone, d. h. man setzt dem Gefangenen eine aus eisernen Banden gefertigte, wie eine Bischofsmütze geformte Haube auf, welche man ihm weder bei Tag noch bei Nacht, weder beim Essen noch beim Arbeiten, ja nicht einmal beim Schlafen abnimmt, und man kann sich also wohl denken, daß eine solche Zierrath nichts besonders Annehmliches sein kann. Noch härter ist die Strafe des Schulterjoches, welches uns unwillkürlich an die „Neck=Yokes" der Sclavenaufseher im Süden erinnert. Es besteht nämlich aus einem fünfundzwanzig Pfund schweren eisernen Instrumente, in welches man den Zuchthäusler einspannt, gerade wie einen Ochsen in sein Joch, und je mehr dann der arme Gequälte unter dieser Last seufzt und stöhnt, um so schadenfreudiger blickt ihn der Aufseher an. Die allerhöchste Strafe ist jedoch das Schauer= oder Tropfbad, und wir möchten dasselbe nicht einmal unserem Todfeinde anwünschen. Denke dir, o Leser, einen Stuhl, keinen gewöhnlichen, sondern einen Großvaterstuhl mit hoher Lehne und hohen Seiten zum Armauflegen. Dort hinein setzt man dich, und schnallt sofort deine Arme, wie deine Füße fest. Ja sogar deinen Oberkörper bindet man so, daß er sich nicht bewegen kann, und dasselbe widerfährt deinem Kopfe. Nun aber beginnt die Qual, denn aus einer Höhe von dreißig Fuß fällt ein Tropfen Wassers auf die Mitte deines Schädels und nach einer halben Minute ein zweiter, ein dritter, ein vierter. Schwer und hart fällt er auf, der Tropfen Wassers, und eisig kalt durchdringt er deine

Hirnschale. Beim fünfzehnten Tropfen meinst du, der Kopf zerspringe dir; beim fünfzigsten möchtest du rasend werden, beim hundertsten bist du rasend! Das ist die Strafe des Tropfbades, und nicht blos hie und da wird dieselbe applicirt, sondern sie ist vielmehr geradezu gang und gäbe. Die „Furcht" vor ihr zähmt auch den wildesten, und die „Gewißheit", dieselbe zu empfangen, macht den zahmsten wüthend; ihre „Anwendung" aber tödtet zum mindesten den Zehnten, wenn sie ihn nicht auf ewig in die Nacht des Wahnsinns wirft! Und hierin übertreiben wir nicht, sondern es sind vielmehr, besonders in neuester Zeit, Geschichten an den Tag gekommen, die wahrhaft Schauder erregend sind. Auch hat man deßhalb von allen Seiten, sogar öffentlich in den Blättern, auf Untersuchung gedrungen, aber — sah man sich in Folge dessen veran= laßt, das Tropfbad abzuschaffen oder auch nur eine Milde= rung in seiner Anwendung eintreten zu lassen? Im Gegen= theil es besteht fort und fort und alljährlich fallen dem= selben eine Reihe von Sträflingen zum Opfer!

In Singsing sind alle Stände vertreten. Alle Na= tionen sind dort zu Hause und es gibt keine Menschen= race, die man daselbst nicht finden könnte. Der Nigger arbeitet neben dem Weißen, der Mulatte neben dem Qua= dronen, der kupferfarbige Indianer neben dem gelben Chi= nesen. Amerikaner, Engländer, Deutsche, Franzosen, Ir= länder, Spanier, Italiener, Schweden und Dänen geben hier sämmtlich ihren Nationalhaß auf, um blos ihrem Be= ruf als Zuchthausinsassen zu leben, und der frühere Kauf= mann oder reiche Importer dreht seine Cigarre neben dem früheren Lastträger oder langfingerigen Loafer, als wären sie von jeher Dutzbrüder gewesen. Es herrscht eine wahre

Weltbürgerschaft, doch muß man zugeben, daß von all' den verschiedenen Nationalitäten die Deutschen verhältnißmäßig am geringsten vertreten sind. Sie sind in der Regel keine Liebhaber vom Rauben und Morden und das Betteln führt bekanntlich nicht in's Zuchthaus. Um so mehr dagegen sind die Irländer hier zu Hause, denn Raufhändel nebst ein bißchen Todtschlag machen ja ihre Nationalliebhaberei aus, und vor Einbruch mit Mord scheuen sie sich hie und da auch nicht. Die abgefeimtesten und raffinirtesten Schur=ken liefert übrigens das „eingeborene Amerika", und wenn man nach der Herkunft eines der Gravirtesten fragt, so darf man darauf rechnen, den Namen eines Yankee zu hören. Die Herren Garroteurs und Bankräuber, insbe=sondere die großen Wechselfälscher und Papiergeldnach=macher, die Spitzbuben von Genie und die Millionendiebe, sie sind fast ohne Ausnahme „geborene Amerikaner". Siehst du den Mann dort mit dem schlauen Gesichtsaus=druck und den feinen Händen? Zwei Jahre in Singfing haben ihn noch nicht unkenntlich gemacht und in weiteren vier Jahren ist er wieder frei. Seine Wohnung war noch vor Kurzem ein fürstlicher Palast in Neuyork und seine Carossen und Pferde konnten den Vergleich mit denen eines königlichen Marstalls aushalten. Er speiste nur auf Silber und trank nur aus goldenen Bechern. Seine Unterschrift galt Hunderttausende in der Geschäftswelt und jetzt arbeitet er friedlich neben einem Irländer, den er früher als den Verächtlichsten der Verächtlichen mit keinem Blicke würdigte. Ihn, den früheren Bewohner „der fünf=ten Avenue" in Neuyork, bekanntlich desjenigen Theils der Stadt, in welchem die „Merchant princes", d. h. die Kaufmannsfürsten ihre Paläste haben, brachten Wechsel=

fälschungen von einer Million auf sechs Jahre hieher, den
Irländer aber kostet ein einziger jähzorniger Augenblick,
der ihn zum Todtschlag eines Menschen hinriß, zwanzig Jahre
seiner Freiheit!

Gehen wir nun auch noch auf eine kurze Zeit in's
weibliche Zuchthaus. Dieses liegt viel luftiger, weiter
oben am Uferabhang über der Eisenbahn drüben. Keine
Mauer umgibt es, denn es wohnen ja blos Frauenzimmer
da, von denen man voraussetzt, daß sie nicht „ausbrechen“.
Die Zellen sind um ein Ziemliches breiter und sehen weit
wohnlicher und freundlicher aus. Auch hat man sie mit
einem Fensterchen versehen, vor welchem ein kleiner weißer
Vorhang hängt, und daß weibliche Hände hier herrschen,
sieht man schon aus der Reinlichkeit des Stübchens, sowie
aus dem Körbchen mit Nadel und Faden und dem Blumenstock
auf dem Gesimse. Sie arbeiten alle in einem Saale zu=
sammen, die weiblichen Sträflinge, und ihre ganze Be=
schäftigung besteht darin, die Hüte fertig zu machen, welche
im männlichen Zuchthause roh angefertigt werden. So=
mit nähen sie den ganzen Tag, und damit ihnen dieses
Nähen nicht allzubeschwerlich werde, hat man ihnen Ma=
schinen gegeben, welche sie, ohne sich besonders anzustren=
gen, leiten können. Sieht man also nicht schon hieraus,
wie sehr man sie gegenüber den Männern bevorzugte?
Noch deutlicher zeigt sich dieß aus ihrer Kleidung, denn
obwohl dieselbe ebenfalls aus schwarz und grau gemischt
ist, so hat ihr Rock doch weniger etwas Zuchthausartiges,
als vielmehr etwas Nonnenmäßiges, und zwar um so mehr,
als ihnen gestattet ist, ihr kurz geschnittenes Haar unter
einer weißen Haube zu verstecken. Allerdings sind auch
sie zu lautloser Stille verurtheilt, und diese Strafe trifft

sie vielleicht härter, als die Einzelnhaft bei Nacht oder das erzwungene Fasten bei Wasser und Brod, wenn sie sich widerspenstig zeigen. Von den strengeren Züchtigungen dagegen, die man den männlichen Sträflingen angedeihen läßt, ist hier keine Rede, denn der „Code of honor" schreibt den Amerikanern vor, sogar gegen Verbrecherinnen galant zu sein, und man wendet daher bei ihnen weder das Tropfbad, noch das Schulterjoch, noch die Krone an. Höchstens steckt man sie auf ein paar Stunden in einen Sack, den man oben zubindet, und läßt sie darin zappeln nach Herzenslust. Zugegeben muß übrigens werden, daß sie sich meist ohne Zwang in die Ordnung fügen und wunderbar — die meisten der hier Eingesperrten erhielten diese ihre Strafe wegen großen Betrugs oder Diebstahls, wegen Kinds= oder Gattenmords, oder wegen irgend einer ähnlichen schlimmen That, also jedenfalls wegen eines Ver= brechens, welches große Schlechtigkeit des Herzens, eine ungemeine Rohheit der Sitten und eine tiefe Verdorben= heit des Denkens voraussetzt. Aber dennoch, wenn man in den Saal tritt, findet man fast keine einzige unter den Insassen, welche nicht den Blick niedergeschlagen hätte. Ja die meisten lassen sich nicht einmal durch die Neugierde verlocken, von der Arbeit aufzusehen, und von einem frechen Anstarren der Fremden findet man vollends keine Spur. Es sind also sicherlich tiefgesunkene Weiber, mit welchen wir es hier zu thun haben, aber, mag ein Weib auch noch so tief gesunken sein, das Schamgefühl verliert es nie ganz!

Gott sei Dank, wir sind endlich fertig. Wir hatten an einer Besichtigung von wenigen Stunden übrig genug, wie muß es nun erst denen zu Muthe sein, die Jahre lang hier ausharren müssen und zwar nicht als Zuschauer, sondern vielmehr als factische Zuchthausmitglieder? Nicht selten werden daher auch Fluchtversuche gemacht und merkwürdigerweise nicht immer ohne Erfolg. Trotz Wachen und Mauern entkommt nämlich hie und da Einer, sei es durch einen Abzugskanal, sei es durch einen kühnen Sprung in's Wasser. Natürlich wird er verfolgt und zwar sowohl zu Lande als zu Wasser, wie denn aus diesem Grunde stets Nachen parat liegen. Allein der Mensch war nicht so dumm, bei hellem Tage zu entfliehen, sondern er wußte sich in irgend einer Cloake so lange zu verstecken, bis es dunkle Nacht war, und überdem ist er vielleicht ein guter Schwimmer, der es so lange unter dem Wasser auszuhalten vermag, bis er das andere Ufer erreicht hat. Doch wird es ihm nun wirklich gelingen zu entkommen, besonders in unsern Tagen, wo man das Signalement eines Flüchtlings vermittelst des Telegraphen in wenigen Minuten nach allen Weltgegenden verbreiten kann? Wahrhaftig eine Möglichkeit ist nur dann vorhanden, wenn derselbe Hilfe von Außen bekommt, denn ohne andere Kleidung, ohne fremdes Haar, d. h. ohne Perücke, ohne Geld, sowie ohne Freunde, die ihn für den ersten Augenblick verbergen, ist er nothwendig verloren und schon am nächsten Tage wieder eingefangen. Dessen ungeachtet treibt die Verzweiflung viele zum Aeußersten und sogar aus dem weiblichen Zuchthause hört man hie und da von einem Fluchtversuche. Nur geht in letzterem Falle immer ein Aufseher mit durch, ohne Zweifel angelockt durch die Schönheit der Gefangenen, oder auch durch die Schätze, welche sie irgendwo vergraben zu haben vorgibt.

Das weibliche Zuchthaus ist für zweihundert Sträf=
linge eingerichtet und selten ganz voll. Die männliche
Abtheilung hat tausend Zellen und fast nie trifft man
eine derselben leer. Ja oft sind so viele Candidaten da,
daß man sie nicht einmal alle aufnehmen kann; allein
deßwegen kommt man doch in keine Verlegenheit, denn
das „Zuviel" wird an „Auburn" abgeliefert, das zweite
Zuchthaus des Staates, wo dieselbe Ordnung der Dinge
herrscht, wie in Singsing.

13

Sclavenhandel in Amerika.

Es ist eine durch langjährige Erfahrung erwiesene Thatsache, daß in denjenigen Gegenden, in welchen blos Zucker, Kaffee, Reis, Indigo und Baumwolle gepflanzt wird, die mit dieser Cultur beschäftigten Neger eines ver= hältnißmäßig ziemlich kurzen Daseins (am längsten leben unter ihnen die Baumwollepflanzenden) genießen, einmal weil die Arbeit sehr hart und anstrengend ist, und zum andern, weil das Klima keineswegs unter die gesundesten, sondern vielmehr unter die ungesundesten gerechnet werden muß. Somit sterben unter jenen Himmelsstrichen immer mehr Sclaven, als geboren werden, und dieß ist besonders auf der Insel Cuba der Fall, wo man die Sclaven fast übermäßig zur Arbeit anhält. Allein auch in den zu der nordamerikanischen Union gehörigen (wir rechnen sie immer noch dahin, trotz des Krieges, welchen sie mit den nördlichen Staaten führen, denn die Entscheidungsstunde hat ja noch nicht geschlagen) Staaten Louisiana, Missi= sippi, Georgia, Florida, Alabama u. s. w. ist die Sterb= lichkeit außerordentlich groß und es überwiegt auch hier die Zahl der Gestorbenen die Zahl der Geborenen bei Weitem. Wenn deßhalb diese genannten Staaten in ihrer

Zucker=, Reis=, Indigo= und Baumwollen=Production nicht gehemmt sein wollen und wenn nicht am Ende die ganze Negerbevölkerung auf ein Minimum herabsinken oder aus= sterben soll, so müssen nothwendig Sclaven importirt, d. h. es müssen frische Truppen in's Feld gestellt werden, welche die abgegangenen ersetzen. Diese Thatsache steht fest, und es handelt sich also nur darum, auf welche Weise man zu dieser so überaus nothwendigen Ergänzungsarmee kommen soll.

Der natürlichste Weg ist der, sich die Neger von da zu holen, wo man auch die ersten derselben geholt hat, nämlich von Afrika. Hiezu wären nun die sämmtlichen Sclavenhalter von Herzen gern bereit, wenn nicht ein kleines „Aber" entgegenstünde. Es hat es nämlich Groß= britannien nach vielen Unterhandlungen und Mühen dahin gebracht, daß die sämmtlichen Staaten der civilisirten Welt, welche bis jetzt noch die Sclaverei nicht abgeschafft haben, nämlich Nordamerika, Spanien und Brasilien, einen Ver= trag mit ihm abschlossen, kraft welches der Sclavenhandel mit Afrika gänzlich sistirt sein soll. Ja nicht zufrieden damit ruhte es sogar nicht eher, als bis Frankreich und Nord= amerika mit ihm übereinkamen, Kriegsschiffe an der Küste von Afrika kreuzen zu lassen, um den Sclavenhandel mit Gewalt zu verhindern, und schließlich wurde sogar der Grundsatz zum Gesetz erhoben, daß der Sclavenhandel oder der Export von Schwarzen aus Afrika ebenso bestraft werden soll, wie Seeraub und Piraterie, d. h. mit dem Tode durch den Strang. „Der Sclavenhandel", dieß war die Absicht Englands, „muß zur Unmöglichkeit gemacht werden", und in der That — sollte man nicht glauben, das System der Sclaverei werde bei richtiger Einhaltung

dieſer Verträge nach und nach ſolche Stöße erleiden, daß es
ſich von denſelben nicht mehr erholen könne? Ja ſollte man
nicht überzeugt ſein, daß das Sclaveninſtitut, „wenn von
den vorhandenen Sclaven immer mehr ſterben als geboren
werden, ohne daß neue an ihre Stelle gebracht werden
können“, in kurzer Zeit gänzlich aufzuhören gezwungen
ſei? Gewiß ſollte man ſo denken und gewiß wollte auch
England durch die beſagten Verträge die Sclaverei zwar
nicht auf einmal, aber doch nach und nach, auf=
hören machen, und zwar ſo, daß man nicht nöthig hätte,
gegen die Sclavenhaltenden Staaten Gewalt anzuwenden;
allein die Abſicht iſt keineswegs erreicht worden, denn die
Sclaverei beſteht ſowohl auf dem ſpaniſchen Cuba, als in
der nordamerikaniſchen Union, ſowie in Braſilien in ihrer
vollen Glorie fort und ſomit haben ſich offenbar die
Sclavenhalter trotz der beſtehenden Verträge, was man
ſagt, „zu helfen“ gewußt. Es geſchah dieß und geſchieht
dieß jetzt noch auf zweierlei Weiſe, zum erſten durch Um=
gehung jener Verträge, d. h. dadurch, daß man mit Scla=
venzufuhren aus Afrika „Schleichhandel“ treibt und zum
andern dadurch, daß man in den Binnenländern ſelbſt eine
Art von künſtlicher Ueberproduction erzeugt, indem man
ſogenannte „Niggerzüchtereien“ anlegt, gerade wie man an
andern Orten Rindvieh=, Schweine= und Pferdezüchtereien
angelegt hat.

Betrachten wir uns zuerſt den „Niggerſchmuggel=
handel“ mit Afrika. In früheren Zeiten, als der Nigger=
handel noch offen betrieben wurde, alſo bis zum Ende des
vorigen Jahrhunderts, war er faſt ganz in den Händen
der Engländer. Allerdings betheiligten ſich auch andere
Nationen, wie beſonders Franzoſen und Spanier dabei,

allein die Engländer überflügelten alle sowohl durch ihren größeren Unternehmungsgeist, als auch durch die Schnelligkeit und die Anzahl ihrer Schiffe. Seitdem jedoch der besagte Handel als Seeraub mit dem Tode bestraft wird, läuft kein Sclavenschiff mehr aus einem europäischen Hafen aus, und die sämmtlichen seefahrenden Nationen der alten Welt fügten sich gehorsam dem Commandowort Großbritanniens. Wohl würde es vielleicht auch bei uns noch manchen Schiffskapitän geben, der sich nichts daraus machte, einmal auf den Schwarzwildpretfang auszufahren, und noch weniger möchte es vielleicht einen reichen Kaufherrn in Hamburg, Lissabon oder London geniren, seine Gelder, wenn es nur irgend anginge, gewinnreich im Niggerhandel anzulegen; allein in den europäischen Häfen wird die Aufsicht über die Schiffe, sowie die Controle über ihre Ladung und ihren Bestimmungsort so genau geführt, daß eine Täuschung der Behörden fast zur Unmöglichkeit geworden ist. Somit hat sich dieser Handel fast ganz in die neue Welt zurückgezogen, in welcher man noch immer Gelegenheit hat, das Gesetz zu umgehen, und absonderlich sind es die nordamerikanischen Freistaaten, von welchen aus derselbe noch immer schwunghaft betrieben wird. Ja man darf mit Recht behaupten, daß die jetzt noch existirenden Sclavenhändlerschiffe fast ohne Ausnahme in Neuyork, Boston, Baltimore, Portland und Bristol gebaut werden, sowie daß von diesen fünf Städten Boston und Neuyork die meisten liefern. Es sind dieß fast durchgängig Segelschiffe und zwar von jener neueren Bauart, welche die Amerikaner eigens zu diesem Zwecke erfunden haben, nämlich die sogenannten „Clipper". Derartige Schiffe mögen nämlich allerdings nicht so sicher sein, als die sonst gewohnten Segelboote, allein vermöge ihrer Bauart, d. h. vermöge ihres spitzigen Bugs übertreffen sie alle ihre Concurrenten an Schnelligkeit, und auf die letztere Eigenschaft kommt bei einem Sclavenschiffe natürlich das Meiste an. Das Geld zu ihrer Erbauung oder zu ihrem Ankauf liefern regelmäßig „eingeborene Nordamerikaner", — Großhändler von Neuyork und Boston oder einer andern amerikanischen Seestadt, welche meistentheils auch noch ein Haus in der Havannah besitzen, und man darf dreist behaupten, daß keine Firma darunter ist, die sich nicht des besten Credits erfreute und in der kaufmännischen Welt den ehrenwerthesten Klang hätte. Ja, die Chefs dieser Firmen gehören sogar meistentheils irgend einer jener überaus frommen und heiligen Religionssecten an, deren man im östlichen dem Puritanismus huldigenden Nordamerika so Viele zählt, und sind in politischer Beziehung fast immer Mitglieder jener großen Partei, welche nach der Emancipation aller Schwarzen strebt und Gut und Blut für die Aufhebung der Sclaverei zu opfern schwört. Trotz dem aber geben sie mit Vergnügen ihr Geld zum Ankauf und zur Ausrüstung eines Sclavenschiffes her, und wenn sie vielleicht am Morgen bei einer großen öffentlichen Versammlung eine donnernde Abolitionistenrede gehalten haben, so schließen sie sich am Abend mit irgend einem Mäkler in ihrem Geheimbureau ein, um einen Akkord in Menschenfleisch abzuschließen! Im Handel kennt der Nordamerikaner weder Religion noch Politik, und gegen einen guten Profit riskirt er immer eine doppelte Portion Frömmigkeit.

Natürlich ganz offen treibt man den Handel nicht. Die Ladung, welche das Schiff einnimmt, ist dem Anschein nach eine ganz unschuldige, und man clarirt das Fahrzeug

in einen Seehafen, der mit dem Sclavenhandel nichts zu
thun haben kann. Auch wird die angesehene Kaufmanns=
firma, welche das Geld schießt, nie offen genannt und
ohnehin versteht man es, die beim Niggerhandel üblichen
Waaren, sowie die zum Transport von so viel hundert
Sclaven nöthigen Wasserfässer und die für die kleine
Schiffsmannschaft unverhältnißmäßig große Menge von
Mundvorräthen nebst den Handschellen, Ketten u. s. w. so
gut zu verbergen, daß man selbst bei einer Visitation
nichts zu befürchten hat. Braucht man doch alle diese
Dinge erst, wenn man an Ort und Stelle angekommen,
das Schiff „für die lebendige Fracht" klar macht! Allein
trotz dieser Heimlichkeit ist der ganze Handel das, was
man ein öffentliches Geheimniß nennt, und jedes auch nur
halbwegs mit den Verhältnissen vertraute Haus weiß, wo=
hin es sich zu wenden hat, wenn es über ein Sclaven=
schiff Auskunft haben oder ein zu solchem Handel taug=
liches Fahrzeug ankaufen will. Auch sind die Makler,
welche in diesem Artikel Geschäfte machen, Jedermann be=
kannt, und ebensowenig unterliegt es einer Schwierigkeit,
die Handlungsfirmen, welche zu derlei Unternehmungen
Geld hergeben, aufzufinden; die Kapitäne aber und die
Superkargos, sowie die Dolmetscher und Matrosen, deren
man benöthigt ist, haben ihre eigenen Abstandsquartiere,
wo man sie zu jeder Zeit auftreiben kann. Kurz das
Geschäft wird ganz so regelmäßig betrieben, wie jedes
andere Rhedergeschäft, nur mit dem einzigen Unterschied,
daß das Aushängeschild kein offenes ist. Man gesteht
vielleicht ohne Scheu zu, daß man nach und von der Küste
von Afrika Handel treibe, aber man gibt sich den Anschein,
als ob man „in Palmöl und Elfenbein mache", denn dieß

sind die beiden Hauptstapel=Artikel der Küste von Guinea und mit ihnen kann man also den Sclavenhandel am besten bemänteln.

So laufen denn, wie man genau weiß, aus den Häfen des östlichen Nordamerika jährlich fünfundvierzig bis fünfzig Schiffe auf den Sclavenhandel aus, und eben so viele vielleicht aus dem Hafen von Havannah. Hiebei ist aber wohl zu bemerken, daß auch diese Fahrzeuge keine spanischen, sondern bloß amerikanische sind, trotz ihres möglicher Weise spanisch klingenden Namens. Jedes Schiff hat eine Mann= schaft von fünfzehn bis dreißig Matrosen und somit besteht die Bemannung der ganzen Sclavenflotte aus etwa zwei= tausend Dienstthuenden ohne die Offiziere. In Beziehung auf ihre Größe wechseln die Fahrzeuge von hundert bis zu sechshundert Tonnen Gehalt, und sie können demnach, da man auf eine Tonne Gehalt etwa einen und einen Drittels=Neger rechnet, je hundertfünfzig bis achthundert Schwarze fassen. Durchweg nimmt man nur die besten Segler zu dem Geschäfte, also wie schon oben gesagt bei= nahe lauter Klipperschiffe, und in neuester Zeit hat man sogar Dampfboote zu verwenden angefangen. Letztere Schiffe haben nemlich nicht bloß den Vorzug, daß sie überhaupt schneller fahren, und daß man also mit ihnen den Kreuzern an der afrikanischen Küste leichter zu entgehen vermag, sondern vermöge der Dampfkraft kann man auch bei con= trärem Winde die gerade Richtung beibehalten und also sein Ziel in ungewöhnlich kurzer Zeit erreichen. Allein dessenungeachtet sind Dämpfer doch nicht so beliebt als Klipperschiffe, einmal weil ihre Ausrüstung so wie ihr Ankauf eine ziemliche Portion Geld kostet, zum andern, weil die kreuzenden Kriegsschiffe den Rauch ihrer Kamine

schon von weitem bemerken, und zum dritten, weil sie
meist einen ziemlichen Tiefgang haben, so daß man mit
ihnen nicht in jede Bucht an der Küste von Afrika ein=
laufen kann. Ueberdieß ist die Abfahrt eines Dampfers
immer von größerem Aufsehen begleitet und der Zweck
seiner Fahrt so wie der Inhalt seiner Ladung kann nicht
so leicht bemäntelt werden, als bei einem Segelschiffe.
Frägt man nun aber nach dem Kapitale, welches alle diese
Schiffe zusammen kosten, so ist natürlich eine ganz genaue
Antwort nicht zu geben, denn es fehlen alle und jede von
Regierungswegen aufgenommenen statistischen Notizen. Doch
ist die gewöhnliche Annahme, daß das alljährlich im Sclaven=
handel angelegte Geld über vier Millionen Dollars be=
trage, also mehr als zehn Millionen Gulden oder sechs
Millionen preußische Thaler, und diese Annahme wird durch
die Nachweisungen, welche von Zeit zu Zeit öffentlich in
den Zeitungen erscheinen, vollkommen bestätigt. Man muß
nemlich wissen, daß die Tagesblätter Nordamerika's sich
ganz und gar nicht scheuen, auf den Betrieb des Sclaven=
handels des Nähern einzugehen, und zwar ohne daß irgend
jemand besonders Anstoß daran nähme. Im Gegentheile
finden Viele den Handel ganz in der Ordnung, weil sie
die Sclaverei selbst für naturgemäß halten, und selbst die=
jenigen, welche das besagte Institut unterdrückt sehen möch=
ten, verdammen nicht sowohl die „Speculation", welche
mit dem besagten Artikel Geld zu machen sucht, als viel=
mehr die „Speculanten", welche so thöricht waren, sich
über dem verbotenen Schmuggel ertappen zu lassen.

Es ist aber auch wirklich ein profitabler Handel, dieser
Niggerhandel, denn die Waare läßt sich um ein geringes
Geld anschaffen und verkauft sich am rechten Platze gar

leicht um das Zehnfache! Der Platz, an welchem man seine Einkäufe zu machen hat, ist immer noch wie in den frühesten Zeiten die Küste des mittleren Afrika, d. i. die sogenannte „Sclavenküste". Dort gibt es nemlich eine Menge Staaten und Stäätchen, in welchen schwarzes Men-schenfleisch um einen geringen Preis zu haben ist, so ins-besondere in den sogenannten Königreichen Loango, Congo und Angola, so wie in den Fürstenthümern Matamba und Benguela, lauter Distrikten mit einer Menge von Buch-ten, Flüssen und Schlupfwinkeln, in welchen sich ein Fahr-zeug wochen- und monatelang bequem verbergen kann. Die Verkäufer sind die regierenden Herren selbst, denn da die verschiedenen Negerstämme jener Gegenden in stetigen bluti-gen Händeln mit einander leben, so werden alljährlich eine Menge Kriegsgefangene gemacht, und diese sämmtlichen Gefangenen wissen zum voraus, daß ihr Loos kein anderes ist, als in die Sclaverei verkauft zu werden. Besteht ja doch fast das ganze Einkommen der Negerfürsten aus dem, was sie aus ihrer lebendigen Kriegsbeute erlösen, warum sollten sie also mit derselben nicht losschlagen? Ja warum sollten sie nicht bei ihren Fehden nur allein auf das Ge-fangennehmen ausgehen und nicht blos Männer, sondern auch Weiber und Kinder in ihre Gewalt zu bekommen suchen? Der Ankaufspreis ist übrigens, der großen Con-currenz wegen, nicht hoch, sondern schwankt vielmehr zwischen fünfzehn und zwanzig Dollars per Stück. Ueber-dem wird nicht in baarem Geld bezahlt, sondern vielmehr in schlechten Flinten und noch schlechteren Pistolen, in klei-nen Spiegeln oder in werthlosen Glasperlen, in Scheeren, Messern und Lanzenspitzen, in Spieldosen und leichten Baumwollstoffen, kurz in lauter Flitterkram, der natürlich

immer unfinnig hoch über feinen wahren Werth angefest
wird. Hat nun ein Schiffskapitän vermittelft der an der
Küfte wohnenden, meift portugiefifchen Zwifchenhändler fo
viel Menfchenfleifch angekauft, als er transportiren kann,
fo legt er fich hart an's Ufer, um fich die Waare auf
fein Fahrzeug bringen zu laffen. Dieß gefchieht, wie man
fich in der Kunftfprache auszudrücken pflegt, „bündelvoll=
weife", d. h. die Agenten liefern ihre Nigger in Parthien
von je fechszehn bis zwanzig ab und zwar fo, daß die=
felben gleich einem Waarenbündel mit Kuhriemen feft an=
einander gefchnallt find. Jede Parthie wird, fo wie fie
vom Superkargo übernommen ift, in den untern Raum
des Schiffs hinabgebracht und dort forgfältig verfchloffen
gehalten, bis die ganze Ladung ihr Ende erreicht hat.
Hie und da wird man damit in einem einzigen Tage fertig,
nicht felten aber geht eine ganze Woche darüber hin und
die Schiffsmannfchaft hat dann eine fchwere Zeit, denn es
ift keine Kleinigkeit, die noch nicht gezähmten Gefangenen
in Ordnung zu halten. Auch müffen während des „Faffens
der Waare" alle Matrofen bis an die Zähne bewaffnet
fein, um gleich mit Feuer und Schwert dreinzufchlagen,
wenn es an's Revolutioniren gehen follte. So viel Mühe
nun aber auch das Einladen koftet, fo beginnt die Haupt=
arbeit doch erft, wenn das Schiff mit feiner Fracht ab=
gefahren ift. Die gewöhnliche Meinung unter den „Land=
ratten" geht allerdings dahin, daß man von nun an mit
den Schwarzen keine weiteren Umftände mache, fondern
diefelben vielmehr im Zwifchendeck auf einander geftapelt
halte und fich höchftens fo viel Zeit nehme, ihnen das
nöthige Effen zu reichen; allein bei einer folchen Behand=
lungsweife würde ein Sclavenfchiff feine Rechnung nicht

finden. Das Zwischendeck nemlich oder vielmehr die ver=
schiedenen untern Räume, in welche die Neger zusammen=
gesperrt werden, sind so niedrig, daß man daselbst kaum
aufrecht stehen kann, und überdem wird keinem Neger ein
größerer Raum zum Liegen oder Sitzen gestattet, als einer
von sechs Fuß Länge und drei Fuß Breite. Mehr Aus=
dehnung kann man ihm nicht geben, weil sonst das Schiff
unmöglich so viel Waare aufnehmen könnte, als es auf=
nehmen muß, um einen guten Profit zu machen. Was
wäre nun aber die Folge, wenn man sich um die armen
Sclaven nicht weiter bekümmern würde? Die Zusammen=
speicherung von so vielen hundert Menschen in einem solch'
niederen dumpfigen Raum, in welchem kaum der vierte
Theil mit Anspruch auf Gesundheit existiren könnte, müßte
nothwendig Krankheiten aller Art erzeugen und man dürfte
als sichere Norm annehmen, daß zwei Dritttheile der zu
importirenden Sclaven auf der Fahrt zu Grunde gingen.
Solchem Uebelstande muß also vorgebeugt werden, wenigstens
so viel als möglich, denn die Sclaven haben ja „einen
Werth", und eine Sache von Werth wird man doch nicht
leichtsinnig dem Verderben aussetzen? Freie weiße Aus=
wanderer sind schon oft auf den Transportschiffen von
Liverpool oder Havre nach Amerika aus Mangel an Luft
und Reinlichkeit, so wie durch Mißhandlung und elende
Nahrung zu Hunderten umgekommen. An ihnen liegt
nichts, sobald sie nur ihre Passage bezahlt haben! Aber
gegen schwarze Sclaven darf man wahrhaftig nicht so rück=
sichtslos verfahren, da es ja um den eigenen Geldbeutel
geht, und man wird daher nirgends eine größere Rein=
lichkeit und eine gewissenhaftere Pflege finden, als auf
Sclavenhandelsschiffen.

Jeden Morgen mit Tagesanbruch, meist schon um fünf Uhr, werden die sämmtlichen Nigger: Männer, Weiber und Kinder auf's Oberdeck getrieben und nun geht es vor Allem an eine gründliche Waschung, so ungefähr wie man es mit den Schafen im Monat Mai, ehe sie geschoren werden, zu halten pflegt. In Parthien von fünfzehn bis zwanzig müssen sie sich um mächtige mit Seewasser ge= füllte Kübel herumkauern und die Matrosen beeilen sich, sie wiederholt mit vollen Eimern tüchtig zu übergießen. Ist dieß geschehen, so reibt man sie mit grobem Segeltuch ab und striegelt ihnen dazuhin noch die Haare, daß ihnen Hören und Sehen vergeht. Schließlich zwingt man sie ihre Zähne zu reinigen — natürlich nicht auf die zarteste Weise, aber dagegen um so wirksamer — und den weiten Rachen mit einem Gemisch aus Essig, Schießpulver und Seewasser auszuspülen, denn ohne die letztere Procedur wäre die Reinigung nur eine halbe. Ja auf die „Scheue= rung" des Mundes und der Zähne wird mit ganz be= sonderer Strenge gesehen, weil sich, wenn man dieß unter= ließe, nur zu leicht Geschwüre ansetzen könnten, die in manchen Fällen sogar einen tödtlichen Ausgang haben. Gewöhnlich dauert die Waschungsscene drei volle Stunden, nemlich von fünf bis acht Uhr, und alle Matrosen müssen sich dabei müde arbeiten; die Nigger selbst aber fühlen sich natürlich noch weit mehr angegriffen. Demgemäß läßt der Kapitän ihnen zur Stärkung eine gehörige Portion Schiffs= zwieback reichen, welche sie mit etwas Rum und Wasser hinabwürgen, und nun dürfen sie eine Stunde lang aus= ruhen. Gegen zehn Uhr beginnt das Frühstück, ein Misch= masch aus Bohnen, Reis und gesalzenem Fleisch, der mit Schmalz und Mehl zu einem Brei gekocht ist. An

Nahrhaftigkeit fehlt es also dieser Speise nicht, um so mehr aber würde sich ein Europäer über die Art und Weise, wie sie genossen werden muß, entsetzen. Man schüttet sie nemlich in lange Tröge, welche auf dem Deck aufgestellt werden, und theilt die Sache so ein, daß je zwanzig bis fünfundzwanzig Neger auf einen Trog kommen. Zugreifen dürfen die armen Menschen nach Belieben; allein davon ist keine Rede, daß man ihnen einen Löffel reichte, sondern ihre Hände sind vielmehr das einzige Instrument, dessen sie sich zu bedienen haben. Nach diesem gloriosen Frühstück werden die Schwarzen angehalten, sowohl ihr Lager in den untern Räumen, als auch das ganze Ver= deck zu reinigen, und mit diesem Geschäft haben sie volle zwei Stunden zu thun, denn man sieht darauf, daß alles recht gründlich genommen wird. Nun folgt abermals eine Ruhezeit von einer bis zwei Stunden, während welcher die Neger auf dem Oberdeck herumliegen und gänzlich un= behelligt bleiben. Um drei Uhr geht es an die Mittags= mahlzeit oder vielmehr an die zweite warme „Fütterung", denn die Speise — ganz dieselbe wie die um zehn Uhr — wird natürlich wieder in Trögen aufgetragen, gerade wie man den Säuen bei uns ihre Nahrung reicht. Von jetzt an bleiben die Schwarzen gänzlich beschäftigungslos bis zu Sonnenuntergang und nicht selten erlaubt man ihnen sogar, statt müßig auf dem Verdeck herumzuliegen, sich mit einem Tanze zu vergnügen. „Mit einem Tanze?" fragt verwundert der Leser, denn er kann es nicht be= greifen, daß Menschen in „dieser" Lage noch an's Tanzen denken können. Allein er kennt die Neger nicht und weiß nicht, wie diese halbthierischen Menschen sich nur dem Ein= druck des Augenblicks hingeben, ohne sich mit Vergangenheit

oder Zukunft etwas zu schaffen zu machen. Darum sind
auch die Gefangenen, wenn sie nur erst ein paar Tage
auf dem Schiff zugebracht haben, im Augenblicke bereit,
ihre Füße nach dem Takte einer Trommel, die ein Matrose
schlägt, in Bewegung zu setzen, und sie lachen sogar so
kindisch fröhlich dazu, wie wenn sie gar keine Ursache
hätten, vor Verzweiflung außer sich zu sein. Um sieben
Uhr Abends wird die dritte warme Mahlzeit aufgetragen,
allein sogleich nach Beendigung derselben treibt man die
Nigger in die untern Räume hinab, verpackt sie dort sorg=
fältig gleich einigen hundert Colli's in die verschiedenen
Abtheilungen so eng als möglich neben einander, und hält
sie daselbst eingesperrt bis an den lichten Morgen.

Solcher Art ist das Leben auf den Sclavenschiffen,
und man sieht daraus, daß die strengen Zwangsmaßregeln,
welche man gegen „widerspenstige" Gefangene anwenden muß
und auch anzuwenden nicht zaudert (denn zu was hätte
man sonst die Handschellen, die Fußeisen und die Ochsen=
ziemer oder Sclavenpeitschen mitgenommen?), jedenfalls von
der außerordentlichen Sorgfalt, die man den schwarzen
Passagieren angedeihen läßt, bei weitem übertroffen werden.
Trotz aller dieser Sorgfalt aber ist die Sterblichkeit unter
den Niggern doch oft groß genug und nicht selten bringt
man von ursprünglichen achthundert nur noch fünf= oder
sechshundert nach Amerika hinüber; geht aber blos der
achte oder zehnte Theil zu Grunde, so ist man höchlich
zufrieden und nennt es eine glückliche Fahrt. Uebrigens
auch beim Verlust von der Hälfte der schwarzen Waare
würden die Sclavenhändler immer noch „ungeschlagen" davon
kommen, und wenn sie blos den dritten Theil als Manco
zu rechnen haben, so ist sogar ein Profit vorhanden und

zwar kein geringer. Bei einer nur halbwegs günstigeren
Fahrt dagegen haben sie einen so ungeheuern Nutzen, daß
es uns nicht mehr wundern kann, wenn die frommen,
scheinheiligen Puritaner Neuenglands der Lockung nicht zu
widerstehen vermochten. Berechnen wir einmal, um den
Beweis für diese unsere Behauptung zu liefern, die Kosten
einer solchen Sclaveneinfuhrschmuggelfahrt und nehmen wir
dazu das Dampfboot „Pajano del Oceano", das vor noch
nicht langer Zeit von einer Gesellschaft von Kaufleuten,
die sich zum Sclavenhandel associrten, angekauft worden
ist. Das Schiff wurde seiner Zeit in Boston gebaut, er=
hielt in der Taufe den Namen „Ocean=Bird", d. i. der
Seevogel, und machte darauf als Passagierboot manche
Fahrt zwischen New=York und Havannah. Weil es aber
seinem Namen in Beziehung auf seine Geschwindigkeit so
gar sehr entsprach, so warfen einige Bostoner Großhändler,
drei sehr gottesfürchtige Herren, welche den Sclavenhandel
öffentlich als die größte aller Schmach, ja sogar als einen
Fluch Gottes verdammten, und in den Kirchen für die
Abschaffung des Niggerthums zu beten pflegten, ihr Augen=
merk darauf, erwarben es sofort um die Summe von
hundertfünfzigtausend Dollars und tauften es schließlich,
um die Augen der Behörden irre zu führen, und weil sie
zugleich in der Havannah eine Kommandite hielten, in's
Spanische um. Sehen wir nun, ob diese frommen Herrn
ihre Rechnung bei dem Kaufe fanden. Zuerst sahen sie
sich nach einem guten Kapitän um, allein natürlich mußte
dieß nicht blos ein im Allgemeinen erfahrener Seemann,
sondern auch ein insbesondere mit der Küste Afrika's ver=
trauter Schiffsführer sein, und überdieß durfte er kein
engherziges Gewissen haben. Steht ja doch Todesstrafe

darauf, wenn der Kommandant eines Sclavenschiffes, was man sagt: »in flagranti« ertappt wird, so daß sich nur Männer, welche allen bestehenden Gesetzen Trotz bieten, zu einem derartigen Geschäfte hergeben! Der Kapitän also, den sie suchten und auch richtig fanden, war ein gewiegter Bursche, ließ sich aber nicht um ein Nasenwasser zu dem Wagniß herbei, sondern verlangte für seinen Antheil die Kleinigkeit von zwanzigtausend Dollars, welche ihm auch sofort zugesichert wurden. Nun ging es an's Anwerben des gemeinen Schiffsvolks mit den Unteroffizieren nebst den übrigen Bediensteten und diese kosteten zusammen nicht weniger als dreißigtausend Dollars. Matrosen, welche sich zu einem solchen Unternehmen hergeben, müssen immer dreimal so gut bezahlt werden, und selbst der geringste unter ihnen bekommt nur selten unter dreihundert Dollars für die Fahrt. Die Steuermänner aber, so wie der Dol= metscher und der Superkargo oder Rechner machen auf achthundert bis tausend Dollars Anspruch. Die Ausgaben betrugen also mit dem Ankauf des Schiffes bereits zwei= malhunderttausend Dollars, allein damit war die Sache noch nicht zu Ende. Der Seevogel konnte zweitausendfünf= hundert Sclaven fassen, denn es hatten früher, als er noch Paketbootdienste verrichtete, fünfhundert Passagiere auf ihm Platz, und in den Raum, welchen ein gewöhnlicher Reisender einnimmt, bringt man bequem fünf Neger. So= mit mußte man das Fahrzeug für zweitausendfünfhundert Schwarze verproviantiren und die Kosten dieser Ausrüstung, so wie später die Kosten für den Ankauf der Nigger be= trugen zusammen nicht ganz vierzigtausend Dollars. Dazu kamen noch die verschiedenen Gratificationen, welche man an die Beamten der Küste, an welcher die Neger gelandet

werden sollten, zu bezahlen hatte, denn nur um Geld ist
die Gerechtigkeit blind. Diese betrugen fünfzigtausend Dollars,
nemlich zwanzig Dollars auf den Kopf, nicht mehr, nicht
weniger. Für unvorhergesehene Fälle wurden weitere zehn=
tausend Dollars in Anschlag gebracht, und somit war die
Summa Summarum dreimalhunderttausend Dollars. Eine
solch' ungeheure Summe mußte also zusammen geschossen wer=
den, um den Seevogel auszurüsten, und dafür hatte man
nichts, als die Hoffnung, an der Küste von Afrika zweitausend=
fünfhundert Stück Sclaven in Empfang zu nehmen. Rech=
nen wir nun weiter. Das Schiff fuhr ab, kam glücklich
am Congeflusse an, kaufte die zweitausendfünfhundert Nigger
und machte sich damit auf den Rückweg nach der Insel
Cuba. Diese erreichte es auch, ohne von einem der ver=
schiedenen Kreuzer besonders molestirt worden zu sein;
allein deßwegen war die Fahrt doch keine ganz glückliche
zu nennen, denn es gingen während derselben durch ver=
schiedene widrige Zufälle gegen fünfhundert Stück der
schwarzen Ladung zu Grunde. Somit blieben nur etwas
über zweitausend Neger zum Verkaufe übrig; doch —
welches Facit stellte sich nun heraus? Der Preis der
Waare stand gerade nicht allzu hoch, doch zahlte man im
Durchschnitt siebenhundertfünfzig Dollars für den Kopf
und demgemäß betrug die ganze Erlößsumme 1,500,000
Dollars. Ziehen wir nun hievon das ganze Anlagekapital
ab, so bleiben als Reinprofit nicht weniger als 1,200,000
Dollars übrig, welche die frommen Herren von Boston
unter sich theilten. War nun um solchen Preis nicht
etwas zu wagen? Durfte man für einen solch' ungeheuren
Nutzen nicht sein Gewissen ein klein wenig belasten?

Dieses eine Beispiel möge den Leser belehren, wie

außerordentlich profitabel der Handel mit schwarzer Waare ist, und man muß dabei noch extra wohl bedenken, daß Klipperschiffe gewöhnlich noch weit bessere Geschäfte machen, denn sowohl ihr Ankauf als auch ihre Ausrüstung stellt sich verhältnißmäßig um Vieles geringer, als dieß bei einem Dampfboote der Fall ist. Im Durchschnitt berechnet man, daß die vier Millionen Dollars, welche, wie wir oben schon sagten, alljährlich von den Nordamerikanern im Sclavenhandel angelegt werden, die hübsche Summe von zwölf Millionen Dollars, d. i. von dreißig Millionen Gulden eintragen, und es ist schon mancher Kaufmann, nachdem er ein paar Jahre lang Sclavenhandel getrieben, so immens reich geworden, daß er das Geschäft als Millionär aufgeben konnte. Hat Einer aber einmal in Amerika des Geldes genug erworben, so fragt kein Mensch darnach, auf welchen Wegen und durch welche Mittel er zu demselben gekommen ist, sondern der Mann steht im Gegentheil im höchsten Ansehen, einfach deßwegen, „weil" er so viel erworben hat. Läßt er sich sodann etwa noch herbei, einen Theil dieses Blutgeldes, nur wenige tausend Dollars, zu einer milden Stiftung, zu einem Kirchenbau oder noch besser zur Fundirung der Besoldung eines geist= lichen Herrn und was dergleichen mehr ist, zu verwenden, so steigt sein moralischer Kredit so sehr, daß er ohne allen Zweifel unter die Heiligen versetzt würde, wenn er nicht zufälligerweise Akatholik wäre. Siehst du nun, o Leser, welch' prächtiges Geschäft der Sclavenhandel ist?

Wegen des Absatzes seiner Waare darf ein Sclaven= händler nie in Verlegenheit sein. Dieser Artikel ist immer gesucht, und sogar so gesucht, daß man die Nachfrage nie ganz befriedigen kann. Man hört daher auch nie „von gedrückten Preisen", wie bei anderen Waaren, welche der Concurrenz unterliegen, sondern im Gegentheil steigern sich die Preise fast mit jedem Jahre, je mehr die Zucker- und Baumwoll-Plantagen sich ausdehnen. Als Hauptabsatz= quelle gilt gegenwärtig die Insel Cuba, die Perle der An= tillen, wie sie gewöhnlich genannt wird. Sie steht aller= dings unter spanischer Herrschaft, denn sie ist der einzige Ueberbleibsel der einst so großartigen Besitzungen, welche Spanien in Amerika hatte; allein gerade weil sie unter spanischer Herrschaft steht, hat man es um so leichter, die Sclavenwaare dort zu landen. Die Generalkapitäne nemlich, d. i. die Gouverneure von Cuba, betrachten, wie es scheint, die herrliche Insel als einen vollen Schwamm, den man ihnen auszudrücken Gelegenheit gibt, und schließen gegen eine bestimmte Summe Geldes recht gern ein Auge oder vielmehr beide Augen zu. Möglicher Weise besitzt ein solch' vornehmer Herr so viel Schicklichkeitssinn, daß er die Be= stechungssumme nicht selbst in eigener Person in Empfang nimmt; aber um so sicherer thut's sein Sekretär, sein ge= heimes Faktotum, so wie die sämmtliche übrige von ihm abhängige Beamtenwelt, und dem Sclavenhandel wird dem= nach keinerlei wirkliches Hinderniß in den Weg gelegt. Alles was dagegen geschieht, geschieht nur zum Schein, nur um die Wachsamkeit der Engländer zu täuschen, und darin liegt auch der Grund, warum noch jeder General= kapitän von Cuba nach wenigen Jahren ein reicher Mann geworden ist. Die Hauptlandungsplätze auf der Insel sind übrigens nicht Havannah, die Hauptstadt derselben und zu= gleich deren erster Seehafen, denn hier liegen immer eine Menge englischer und französischer Kriegsschiffe, vor denen man sich in Acht nehmen muß, — sondern vielmehr einige entferntere Buchten, worunter besonders „Sierra Morena" und „Sagua la Grande". Hier können Kriegsschiffe, welche einen nur etwas bedeutenden Tiefgang haben, und dieß ist bekanntlich beinahe immer der Fall, nicht landen, und die Sclavenfahrzeuge, denen es glückt, in eine dieser heimlichen Baien einzufahren, sind dann immer so ziemlich gesichert. Daß ihnen dieses aber glückt, dafür sorgen die vielen Fischer= und Lootsenboote, welche an der Küste von Cuba herumschwimmen und alle insgeheim im Solde der Sclaven= händler und Sclavenbesitzer stehen. Diese benachrichtigen einen herannahenden Sclavenschiffkapitän immer ganz getreu über den Stand der englischen Kreuzer, und zum Ueber= fluß kommt auch noch stets vom Lande selbst die genaueste Kunde, wann die beste Zeit zum Einlaufen sei. Das Handlungshaus, welchem das Sclavenschiff gehört, hat nemlich, wie sich von selbst versteht, seine verschiedenen Agenten auf der Insel, und da diese mit den einfluß= reichsten Landsclavenhändlern, so wie mit den Behörden selbst in der intimsten Verbindung stehen, so wissen sie immer zum voraus, ob Gefahr droht oder nicht. Dem in Sicht kommenden Schiffe wird also regelmäßig durch Raketen oder sonstige Lichter ein Zeichen gegeben, wann es sich ungefährdet in die Bucht wagen darf, und natürlich braucht man dann nicht lange Zeit, um die Neger auszuschiffen. Im Gegentheil stehen die Agenten bereits auf der Lauer, zahlen baar oder in guten Wechseln aus, und eine Stunde nach der Landung ist die frisch importirte Waare bereits in's Innere transportirt. Erhält nun auch nachträglich ein englischer Kreuzer Wind davon, daß ein Sclavenschiff gelandet sei, so bleibt ihm nichts übrig, als das Nachsehen, denn sobald er sich zeigt, wird das Schiff an zehn Punkten zumal in Brand gesteckt, um hieburch das Corpus delicti aus dem Wege zu räumen, der werthvolle Inhalt desselben aber, d. h. die Negerwaare ist verschwunden und kann nicht mehr aufgefunden werden. Wer würde auch im Innern der Insel den Angeber machen? Das Bedürfniß nach frischem Menschenfleisch ist ja so groß, daß die Zwischen=händler immer schon lange vor der Ankuft eines Sclaven=schiffes von den verschiedenen Plantagenbesitzern Auftrag zum Ankauf von so und so viel Rekruten haben, und deßwegen finden sich stets für die ganze Ladung in un=glaublich kurzer Zeit stabile, sichere Herren!

So geht's in unsern Tagen beim Niggerhandel zu. Doch darf man nicht glauben, daß die Insel Cuba der „einzige" Zielpunkt des Sclavenschmugglers sei, sondern es werden im Gegentheil in die südlichen Staaten der nordamerikanischen Union eben so gut afrikanische Neger eingeführt, als in jenes Ueberbleibsel der spanischen Herr=schaft. Ja man berechnet den besagten Import von Afrika auf jährlich mehr denn fünfzehntausend Stück und in manchem Jahre dürfte diese Summe noch weit zu niedrig gegriffen sein. Die Hauptstapelplätze sind: Florida, der südlichste Staat der Union, welcher wegen der Nähe Cuba's (es gehört nur eine Fahrt von wenigen Tagen dazu, um zwischen der Küste von Cuba und Florida hin und her zu fahren) sich besonders gut zu solchem Geschäfte eignet, so wie Louisiana, d. h. der Theil der Küste des Staates Louisiana, welcher sich westlich von New=Orleans an der Mündung der Sabina hindehnt. Auch die Mündung des Pearlflusses im Staate Mississippi wird von Sclaven=schiffen oft besucht und nicht selten zeigen dieß die süd=ländischen Zeitungen ganz offen und ungenirt an. Früher, vor dem Jahr 1845, als Texas noch nicht zu den Ver= einigten Staaten gehörte, wurde der Handel noch viel schwunghafter getrieben, da die Buchten an der Grenzscheide von Texas und Louisiana das Einfahren der Sclavenschiffe ganz außerordentlich begünstigten. Damals brachte der Import solcher Waare fast gar keine Gefahr, denn die Schmuggler fanden in dem unabhängigen Texas stets eine sichere Zuflucht; allein nunmehr kreuzen stets Kriegsschiffe vor den Buchten umher. Doch sieht auch jetzt noch die Sache viel ernster und gefährlicher aus, als sie es in der Wirklichkeit ist. Wenn nemlich anders die Plantagenbesitzer mit den Händlern einverstanden sind — und daran ist natürlich um so weniger zu zweifeln, als die frische Waare stets wohlfeiler gegeben werden kann, wie die im Lande gezogene —, so ist an eine Abfassung der gelandeten Neger oder gar an eine Aufbringung des Sclavenschiffes selbst sammt seinem Inhalt kaum zu denken. Dem Ausland gegenüber behaupten allerdings die Nordamerikaner, daß der Handel mit importirten Sclaven in der Union gänzlich aufgehört habe, allein es bedarf bloß einer kurzen Reise in den Süden hinab, so wie nur einiger Beobachtungsgabe, um die Unwahrheit dieser Behauptung sogleich einzusehen. Heißt man doch im ganzen Süden allgemein die frisch importirte Waare zum Unterschied von der im Inlande erzeugten: „Guinea= Nigger", und gibt es doch in Mississippi, Louisiana, Florida, Alabama u. s. w. fast keine einzige Plantage, auf welcher nicht wenigstens „einige" Guinea=Nigger anzutreffen wären! Der Nigger=Schmuggelhandel blüht also fort und fort, und die Bewohner des rothen Flusses wissen ohne Zweifel mehr davon zu erzählen, als wir in dieser kurzen Skizze zu thun im Stande waren.

Wie kommt dieß nun aber, da doch die Regierung der Vereinigten Staaten sich verpflichtet hat, denselben mit allen ihr zu Gebot stehenden Mitteln zu unterdrücken? Konnte England in seinen vielen ausgedehnten Kolonieen dieß bewerkstelligen, warum Nordamerika nicht? Die Antwort hierauf ist einfach. Einmal geschah es nicht, weil die Mittel der Vereinigten Staaten nicht „ausreichten", die betreffenden Gesetze durchzuführen, und zum andern, weil die betreffenden Beamten sie nicht durchführen „wollten". Die Küste der Staaten, in welchen Sclavenschiffe willkommen sind, ist eine außerordentlich ausgedehnte, und es würde eine mehr als fünfmal so große Seemacht, als die Union besitzt, dazu gehören, um allen Schmuggel zu unterdrücken. Soll man nun der paar tausend Sclaven wegen das viele Geld ausgeben? Soll man wegen des Bißchen Schmuggels das ganze Regierungssystem, welches eine so kleine Militär= und Seemacht, als nur irgend möglich ist, verlangt, um dem Präsidenten der Union nicht zu viele Gewalt in die Hand zu geben, — umändern und umorgeln? Gott bewahre! Die bisherigen Bestimmungen müssen ausreichen, und sie können es auch, wie man amerikanischerseits behauptet. Oder wie? Hat man nicht in den letzten zehn Jahren vielleicht fünfzig Schiffe weggenommen, die auf den Sclavenhandel auslaufen wollten? Gewiß that man das und die Amerikaner haben also ganz recht, wenn sie auf dieses Resultat pochen; allein umgekehrt, — gelang es nicht mehr als der zwanzigfachen Anzahl von Sclavenschiffen ganz ungehindert auszufahren? Ueberdieß wie viele derselben sind, nachdem sie einmal die hohe See erreicht hatten, eingefangen worden? Allerdings hat die Unionsregierung in jedem ihrer Seehäfen einen

Beamten, den sogenannten „United=States=Marshal", wel=
chem die Pflicht obliegt, den gesetzlosen Handel vollständig
zu unterdrücken. Auch besitzt dieser Beamte die ausge=
dehnteste Machtvollkommenheit, jedes verdächtige Schiff weg=
zunehmen und den Kapitän desselben nebst der Mannschaft
vor Gericht zu stellen, wo sich dann bald zeigen muß, ob
das Fahrzeug zum Sclavenhandel ausgerüstet war oder
nicht. Ja man gab dem besagten Marschal sogar ein
Anspornmittel und zwar ein ächt amerikanisches Ansporn=
mittel, um seine Pflicht zu erfüllen; denn das Schiff wird,
wenn überwiesen, sofort für gute Prise erklärt und sein
Verkauf trägt den Officianten nicht wenig Geld ein. Allein
wie selten wird es den Behörden nur überhaupt bekannt,
daß ein Sclavenschiff in der Ausrüstung begriffen ist?
Wie oft verrathen die von der Gegenpartei erkauften Spione,
welche der Marschal hält, das Geheimniß eines solchen
Fahrzeugs erst dann, wenn dieses längst den Hafen ver=
lassen hat? Wie häufig kommt es nicht vor, daß der
Marschal selbst die Augen zudrückt, sobald man ihm ein
schwer goldenes Pflaster über dieselben legt? Ueberdieß,
wenn es auch je gelingt, einen Fang zu machen und ein
Schiff zu confisciren, ist dann der Ausrüster desselben
oder auch nur sein Kapitän ebenfalls entdeckt? Gott be=
wahre! Das Schiff führte falsche Papiere und der wahre
Kapitän war noch nicht an Bord, als dasselbe vom Mar=
schal weggenommen wurde! Der „rechte" Kapitän besteigt
nemlich sein Schiff immer erst außerhalb des Hafens, wo
die Jurisdiktion des Marschals aufhört, und folgt dem
Klipper in einem unschuldigen Fischernachen so lange von
weitem, bis er weiß, daß er ganz sicher ist. Darum hat
man auch beinahe gar kein Beispiel, daß je ein Sclaven=

händler dieses Handels wegen gestraft worden wäre, und sogar die Matrosen, die man etwa in den gekaperten Schiffen vorfand, sind noch immer oder wenigstens „fast immer" frei ausgegangen, einfach, weil sie nicht überwiesen werden konnten, vielleicht auch, weil man sie nicht über= weisen wollte, denn Geld ist eine Macht in Amerika!

So steht es mit den „auslaufenden" Sclavenschiffen. Nur selten wird eines confiscirt, und wenn auch einmal ein solches Unglück passirt, was thut es? Eine einzige glückliche Fahrt bringt ja so viel ein, daß drei oder vier Schiffe verloren gehen können! Wie steht es nun aber mit den bereits „ausgelaufenen" Fahrzeugen? Du lieber Gott im Himmel, der Fang eines solchen auf hoher See oder an den Küsten von Afrika oder endlich beim Anlanden in Cuba und Südamerika gehört zu den größten Selten= heiten! Die Schiffe sind gute Segler und zu deren Kapi= tänen nimmt man stets die verwegensten und erfahrensten Seeleute, die es in der Welt gibt. So entkommen sie denn den Kreuzern beinahe regelmäßig. Ueberdieß darf kein englisches Kriegsschiff ein anderes untersuchen, das unter amerikanischer Flagge segelt und eben so umgekehrt. Natürlich hissen also Sclavenschiffe, die einem Engländer begegnen, die amerikanische Flagge auf; werden sie aber von einem amerikanischen Kreuzer verfolgt, so zeigen sie die englischen Farben. Zwar führen auch die Kreuzer nicht selten falsche Flaggen und weisen erst dann ihre wirklichen nationalen Farben, wenn sie einem Sclavenschiff so nahe gekommen sind, daß dasselbe ihnen nicht mehr ent= gehen kann; allein die Kapitäne, die sich mit dem Menschen= handel befassen, lassen sich durch ein solches Manoeuver nur selten täuschen. Kennen sie doch die ganze Kreuzerflotte aus dem Fundamente! Sehen sie es doch jedem Kriegsschiff schon von weitem an seiner Bauart an, ob es der eng= lischen oder amerikanischen Nation angehört! Ueberdieß, wenn alle Stränge reißen, so versenken sie lieber die sämmtlichen Schwarzen, die sie an Bord haben, an der Ankerkette in's Meer, ehe sie ihre Fahrzeuge auf hoher See als Sclavenschiffe kapern ließen, denn dann ginge es ja um ihren Kopf. Es ist dieß freilich ein mehr als teuf= lisches Mittel, aber deßwegen hat man doch den Beweis der so eben angeführten Thatsache in den Händen, und — wie kann dann der Sclavenhandel erwiesen werden, wenn das corpus delicti fehlt? Sind die Sclavenhändler aber erst an der befreundeten Küste angelangt, und haben dort ihre Nigger gelandet, dann ist vollends eine Abfassung und Entdeckung unmöglich, denn, wie weiter oben schon angedeutet, in diesem Falle verbrennen die meisten Kapitäne ihr Schiff, um alle und jede Spur ihres Handels zu ver= tilgen. Es trägt sich ja aus!

Trotz allem dem aber bleibt der „unmittelbare" Import der Nigger aus Afrika immer ein gefährlicher Erwerbszweig, und nur die verwegensten Gesellen lassen sich mit demselben ein. Ja es sind meistens Bursche, die eben so gut bereit wären, das Piratenhandwerk zu ergreifen, und Viele von ihnen haben schon mehr als einen Mord auf dem Ge= wissen. Es ist ein Mischmasch aus aller Herren Länder, Portugiesen wie Schweden, Deutsche wie Spanier, Eng= länder wie Dänen, Amerikaner wie Europäer. Ja sogar Schwarze befinden sich unter denselben und so unglaublich es klingt, so bleibt es deßwegen doch eine erhärtete That= sache, daß Nigger selbst sich dazu hergeben, Nigger ein= zufangen! Möglicher Weise verirrt sich hie und da auch

durch den Mangel getrieben, ein ordentlicheres Subjekt
unter jene Cohorte, aber bei weitem die meisten gehören
dem Abschaum der Menschheit an, und es bleibt daher
immer für einen Rheder oder Kaufmann ein immenses
Wagniß, mit dieser Seeräuberbrut ein Bündniß zu schließen.
Eben darum hat auch der Sclavenhandel zur See kein
rechtes Gedeihen, und da in Folge dessen die Zufuhr aus
Afrika bei weitem nicht hinreicht, um den Bedarf an
Niggerfleisch für die südlichen Staaten zu decken, so
mußte man auf andere nachhaltigere Auskunftsmittel denken.
Welches Mittel könnte aber von größerem Werthe sein,
als die „künstliche" Produktion des Abmangels im eigenen
Lande? Allerdings eine äußerst schwierige Aufgabe, weß=
wegen man noch vorher den Versuch machte, sogenannte
„freie Nigger" als Tagelöhner aus Afrika zu importiren.
Zu diesem Zwecke organisirte sich z. B. in Louisiana eine
Kompagnie, welcher die Legislatur jenes Staates die Er=
laubniß ertheilte, vor der Hand zur Probe zweitausend=
fünfhundert solcher freiwilligen Tagelöhner mit einer un=
widerruflichen Dienstzeit von fünfzehn Jahren herbeizu=
schaffen; allein die Probe fiel schlecht aus. Ueberdieß
konnte die Bundesregierung nicht umhin, das besagte
Manoeuver für Sclavenhandel zu erklären und als solchen
zu verbieten. War ja doch der Ausdruck „freiwillige Tage=
löhner" offenbar nur auf eine Täuschung berechnet, indem
dieselben nicht anders behandelt wurden als die wirklichen
Sclaven! Lag doch sogar schon darin eine Fälschung, daß
man jene Nigger nicht auf eine bestimmte Dienstzeit
„miethete", sondern sie vielmehr von den afrikanischen
Händlern geradezu „ankaufte". So erwies sich denn auch
dieses Mittel als unausführbar und es blieb daher den

Amerikanern nichts übrig, als zu ihrem Hauptremedium zu greifen, nemlich zur „Sclaven= und Niggerzüchterei". „Niggerzüchterei?" Unsinn! Wahnsinn! Wie können denn „Menschen" gezüchtet werden? Und doch existirt dieser Wahnsinn in der Wirklichkeit! Der Leser begebe sich gefälligst in die sogenannten Vordersstaaten, d. h. in die Staaten der Union, welche zwischen den freien und den Baumwollstaaten mitten inne liegen, also nach Virginien, Nordcarolina, Kentucky, Maryland und Delaware, — so wird er sich sogleich von dem Faktum überzeugen können. Die genannten fünf Staaten oder wenigstens die vier größten derselben (denn das kleine Delaware nähert sich immer mehr der Einrichtung der freien Staaten und ist auf dem Punkte ganz in die Reihen derselben einzutreten) haben zu Bebauung ihrer Felder bei weitem keine so große Anzahl von Negern nothwendig, als die südlicher gelegenen, und dennoch halten sie deren, wenn nicht eben so viele, doch wenigstens eine annähernde Anzahl. Sie halten sie aber nicht wegen ihrer Nothwendigkeit „zum Feldbau", sondern wegen ihrer „Nachkommenschaft". Dieß ist im Augenblicke ersichtlich, wenn man ihre Plantagen besucht, denn sie pflanzen nur ganz wenig, zum Theil gar keine Baumwolle, und Reis, Indigo oder Zucker sind ohnehin vollständig ausgeschlossen. Ihre Produkte sind vielmehr Tabak, Mais, so wie verschiedene andere Erzeugnisse der gemäßigten Zone, welche alle weit weniger Arbeit erfordern, als die Produkte des Südens, und sie könnten daher mit der Hälfte der Nigger auskommen, als sie besitzen. Ja sie könnten sogar die Sclaven leicht gänzlich entbehren und würden, wenn es ihnen bloß um die Bebauung ihrer Felder zu thun wäre, mit freien, weißen Arbeitern weit wohlfeiler und besser zurecht kommen. Allein da würden sie ja am Ende zu „Bauern" herabsinken, während sie bisher „Edelhofbesitzer" waren, und um diesem viel befürchteten Uebelstande vorzubeugen, sind sie auf ein Auskunftsmittel verfallen, das ihnen erlaubt, ohne besondere Einbuße an Vermögen und Einkommen, auf die bisherige Weise fortzuwirthschaften. Dieses Mittel nun ist die Produktion oder Züchterei von so viel Sclaven, als möglich; natürlich aber nicht, um sie auf ihren Gütern zu verwenden, sondern vielmehr, um mit denselben „loszuschlagen", sobald man sie bis zur Arbeitsfähigkeit groß gezogen. Also gerade wie man auch die Fohlen erst zu verkaufen pflegt, wenn sie stark genug geworden sind, um eingespannt oder geritten zu werden! Im Süden nennt man diesen Zweig des Plantagenbetriebs „Stock=Raising", d. h. auf Deutsch: Vermehrung des Viehstandes (zum besten Beweis, daß die Herren Pflanzer zwischen Niggern und Vieh keinen Unterschied machen), und fragt man, wo das Stock=Raising am meisten zu Hause sei, so werden in erster Linie immer die Staaten Virginien, Kentucky und Nordcarolina, in zweiter aber Maryland und Delaware genannt werden. In allen diesen Staaten ist das Klima sehr gesund, wenigstens viel gesünder als weiter südlich, und insbesondere scheint es den Niggern wohl zu bekommen. Auch bringt es die Art der Arbeit, welche die Sclaven hier zu verrichten haben, mit sich, daß sie sich nicht allzusehr anzustrengen brauchen (weil ja keine Baumwolle, Reis u. s. w. gepflanzt wird), sondern daß ihnen ihr Tagwerk nur zur gesunden Motion dient. Dazu kommt noch, daß die Nahrung eine weit kräftigere und gesündere ist, als weiter unten in Georgia, Florida, Louisiana u. s. w., denn der Virginier oder Kentuckier, der seinen Waizen, seinen Mais, seine Kartoffel, sein Fleisch und seine Milch selbst erzeugt, geht nicht so sparsam damit um, als der Baumwollenbaron, welcher dergleichen Artikel kaufen muß. Somit kann es nicht fehlen, daß die Neger= heirathen in den sogenannten Vorder Staaten sich schon „von Natur aus" weit produktiver erweisen, als in den übrigen Sclavenländern. Außerdem aber trägt der virgi= nische und kentuckische Pflanzer, was ihm nur irgend mög= lich ist, dazu bei, diese Produktivität zu einer recht er= giebigen und nachhaltigen zu machen. Nicht bloß nemlich sieht er (außer der guten Nahrung) auf große Reinlich= keit, so wie überhaupt auf Alles, was die Gesundheit und das Wohlbefinden des Körpers befördert und erhält, sondern er sorgt auch dafür, daß die jungen Mädchen und Bursche unter seinen Negern zu rechter Zeit, d. h. nicht zu frühe und nicht zu spät, das Band der Ehe eingehen, wenn man überhaupt das Zusammenleben dieser Menschenklasse eine Ehe nennen kann. Auch unterläßt man es nie, Negerinnen, die viele Kinder gebären, zu bevorzugen und besonders gut zu halten, damit sie ihren Kamerädinnen zur Nacheiferung dienen. So werden sie z. B. nie ver= kauft, sondern bleiben auf der Plantage ihr Leben lang, während die Unfruchtbaren, die dem Pflanzer nutzlos sind, versichert sein dürfen, daß man sie so schnell als möglich fortschafft. Eben so große Sorgfalt erweist man den Kindern, namentlich den Neugeborenen, und nicht bloß hält man die Mütter an, daß sie denselben gut abwarten, sondern man zieht auch bei dem geringsten Anzeichen von Krankheit alsobald den Arzt zu Rathe. Es wäre ja ein

Unglück, wenn die schwarze Brut nicht gedeihen würde
oder gar stürbe, da dieselbe nach wenigen Jahren einen
bedeutenden Werth erlangt! Auf diese Art und durch noch
andere Mittel, deren specielle Aufführung mir erlassen
bleiben möge, weil die Sprache keine decenten Worte dafür
hat, wird es möglich, daß nur allein in Virginien jährlich
über zwanzigtausend Sclaven mehr geboren werden, als
sterben, und natürlich — diese zwanzigtausend werden exportirt
und verkauft. Eben so machen es Kentucky, Nordcarolina
und Maryland. Kurz die Vordersstaaten führen zusammen
jährlich etwa siebzigtausend Neger mit einem Gesammtwerth
von mehr als sechszig Millionen Dollars aus und damit
kann der Ausfall des Südens beinahe gänzlich gedeckt
werden. Hat nun der Leser einen Begriff davon was
unter Niggerzüchterei zu verstehen ist? Er muß sich die
Sache gerade so denken, wie z. B. die großen Stutereien
in Mecklenburg. Dort zieht der Edelmann und der reiche
Bauer sein Haupteinkommen vom Verkauf der herangezoge=
nen Füllen, hier der Pflanzer vom Verkauf der über=
zähligen Sclaven!

Auch die Art und Weise des Verkaufs ist beinahe
ganz dieselbe, denn wie der Pferdehändler die großen Roß=
märkte besucht, um seine Waare an den Mann zu bringen,
so besucht der Niggerhändler die großen Sclavenmärkte,
um sein Eigenthum so theuer als möglich zu verwerthen.
Allerdings ist der „Unterderhandverkauf" auch nicht aus=
geschlossen, so wenig als der Detailhandel. In Deutsch=
land pflegt ja ebenfalls ein Nachbar vom andern eine
Kuh oder ein anderes Stück Vieh zu kaufen, warum sollte
also in Amerika kein Pflanzer dem andern einen Sclaven
feil machen? Allein ein Ankauf oder Verkauf „im Großen"

ist auf diese Art nicht zu bewerkstelligen. Der südliche Pflanzer kann nicht im Lande herumziehen, um auf den Gütern der virginischen Edelhofbesitzer die verkäuflichen Nigger in Erfahrung zu bringen, denn dieß würde ihn viel zu viel Zeit kosten und entspräche auch seinem Stande keineswegs. Darum gibt es nicht bloß eine eigene Klasse von Menschen, die sogenannten Mäkler und Agenten, welche sich mit dem Zwischenhandel beschäftigen, sondern wir finden auch verschiedene Städte, in welchen diese Art von Geschäftsbetrieb besonders zu Hause ist, — Städte, welche schon durch ihre gute Lage darauf hingewiesen sind, den Verkehr des Sclavenhandels in ihre Mauern zu ziehen. In diesen Städten nun blühen „förmliche Sclavenmärkte", welche von den Händlern mit ihren „Heerden" bezogen werden, und die Ortsbehörden wenden natürlich schon der Vortheile wegen, die damit verbunden sind, Alles auf, um die Märkte so sehr als möglich zu heben. Es werden ja hiedurch eine Menge von Fremden herbeigezogen, warum sollte man also für diesen Zweck nicht ein Uebriges thun? Früher war ein solcher Hauptmark in Washington selbst, also am Sitze der Centralgewalt dieses „freien und glücklichen Landes", wie der Amerikaner sein Vaterland gewöhnlich zu nennen beliebt; allein seit dem Jahre 1850 hat doch das Schicklichkeitsgefühl des Kongresses so weit gesiegt, daß dieser öffentliche Scandal endlich beseitigt werden konnte. Seit jener Zeit finden in Washington keine öffentlichen Märkte, d. h. keine öffentlichen Sclavenversteigerungen mehr statt, es müßte denn bei einer Erbtheilung oder bei einem Konkurse sein, wo natürlich der Neger eben so gut unter den Hammer des Auktionators kommt, wie ein Stück Land, ein Haus, ein Pferd oder

ein werthvolles Meubel. An Hauptmärkten fehlt es aber
doch nicht, sondern sie sind nur etwas weiter gegen Süden
hinabgerückt, und als die großartigsten dürften wohl die
von Richmond, Charles-Town, Savannah,
Nashville, Raleigh, New-Orleans u. s. w. gelten. In allen diesen Städten hat man ein Ziemliches
aufgewendet, um recht großartige Verkaufslokale herzustellen, und wir erinnern in dieser Beziehung nur an
New-Orleans, wo der Sclavenmarkt im großen Saale der
Börse, nemlich in jener mächtigen runden Halle der Saint
Louis Exchange, die mit ihren luftigen griechischen Säulen
an ein Baudenkmal der alten Zeit erinnert, abgehalten
wird. Auch in Richmond ist das Lokal mit vielem Prunk
ausgestattet und es finden darin mehr als tausend Menschen mit Bequemlichkeit Platz. Kurz, man darf nicht
glauben, daß für derlei Märkte nichts geschehen sei, allein
es war dieß auch um so nothwendiger, als die großen
Sclavenauktionen sowohl im Winter als im Sommer nie
ausgesetzt werden, und es also leicht hätte passiren können,
daß man die vornehmen Herren Käufer dem Regen, der
Kälte, oder einer sonstigen schlimmen Witterung hätte aussetzen müssen. So rücksichtslos darf man doch nicht gegen
Leute sein, die so viel Geld in der Tasche haben, als die
Baumwollenbarone! Dieweil es nun aber einem Eingeborenen
der alten Welt äußerst schwer ist, sich von einem solchen
Markte einen richtigen Begriff zu machen, so wollen wir
den Leser in eine derartige Halle ohne Weiteres einführen.

Wir treten in den Saal ein durch das Schenkzimmer,
d. h. durch den sogenannten Barroom, wo auf einem außerordentlich langen und wohlverzierten Tische Getränke aller
Art, so wie auch einzelne Speisen zur Schau aufgestellt

sind. Während der Auktionstage hat die Bar den ganzen Tag über vollauf zu thun, und fünf oder sechs Kellner, welche hinter derselben stehen, genügen kaum, um die ver= schiedenen Bedürfnisse der Kunden zu befriedigen. In der Mitte des Saales uns gerade gegenüber befindet sich ein erhöhter Raum, eine Art von Katheder oder Kanzel. Dort hat sich der Auktionator aufgepflanzt, ein lebhafter, be= weglicher, listig aussehender Mann, dessen Zunge wie ein Rad schnarrt und dessen Kehle die Eigenthümlichkeit hat, nie heiser zu werden. Vor ihm steht das „Human=Cattle", oder das Menschenvieh, wie man die schwarzen Sclaven im Süden zu nennen beliebt, links in langer Reihe die Niggerinnen, rechts in noch längerer Flur die Neger. Sie sind alle frisch gewaschen, so wie nett und reinlich in Lein= wand oder Calico gekleidet. Auch haben sie sämmtlich ein sauberes, zum Theil sogar, besonders was die weiblichen Prachtexemplare betrifft, ein geputztes Aussehen. Ein Pferd, welches dem Kaufsliebhaber vorgeritten wird, ist ebenfalls frisch gestriegelt und hinlänglich gut gefüttert, warum sollte man also mit dem Human=Cattle anders verfahren? Es mögen im Ganzen sieben bis achthundert Sclaven anwesend sein, wie sich von selbst versteht an dem einen Verkauftag mehr, an dem andern weniger. Eben so wechselt auch die Anzahl der Kaufsliebhaber, und im hohen Sommer trifft man deren nicht so viele, als zu Ausgang der Winter= monate. Dieselben bestehen größtentheils aus Manns= personen oder um uns richtiger auszudrücken aus „Gentle= men", und die meisten haben sich im Reithabit mit der Peitsche in der Hand eingefunden; doch trifft man auch einzelne Damen und diese zeichnen sich dann stets durch den vollkommenen Putz aus, mit welchem sie vor den

„Herren" zu glänzen sich bestreben. Käufer wie Käuferin=
nen gehen im Saale auf und ab; sie schwatzen, sie er=
zählen, sie grüßen sich, sie besehen sich die Nigger! Jetzt
treten einige der Herren in die Restauration und laden
andere ein, ihnen zu folgen. Sie trinken ein Glas an
der Bar, dann kommen sie wieder, stehen in Gruppen zu=
sammen, gehen abermals auf und ab, lachen, scherzen
und sind guter Dinge. Die Nigger aber bleiben unbeweg=
lich, schweigsam auf ihrem Platze, als ob sie Statuen
von Ebenholz wären. Fortwährend rollen ihre großen
Augen im Kopfe herum; allein es sieht doch nicht so aus,
als ob sie um ihr Schicksal besonders bekümmert seien,
denn sie lassen die Köpfe nicht hängen. Nur einige
Weiber haben den Blick zu Boden gesenkt, und eben so
schauen auch einige Männer finster darein. Sie gedenken
vielleicht ihrer Kinder oder auch ihrer Eltern und sonstigen
Verwandten, die sie in der frühern Heimath auf der
Plantage, auf welcher sie geboren und erzogen wurden,
zurückgelassen haben, — wer kann es wissen?

So sieht es im Saale unmittelbar vor der Auktion
aus. Allein stille jetzt, denn der Auktionator klopft mit
seinem Hammer auf den Tisch und ruft einen der Sclaven
mit Namen auf. Es ist dieß stets ein prächtig klingender
Name, etwa aus der römischen oder griechischen Geschichte,
wie Cäsar, Brutus, Cicero, Demosthenes, Sokrates u. s. w.
Oder aus dem alten Testamente, wie Elisa, Daniel, Tobias,
Eva u. s. w. Oder aus der Idyllenwelt, wie Doris, Phyllis,
Lais u. s. w. Oder endlich aus der prosaischen Gegen=
wart, wie Sally, Harry, Jonny, Jemmy u. s. w. Am
öftesten jedoch wiederholen sich die alten Götternamen, wie
Neptun, Jupiter, Juno, Venus, Diana u. s. w., denn

der Neger liebt das Prunkvolle über Alles. Der auf=
gerufene Sclave tritt vor und stellt sich auf die niedere
Plattform, welche hart vor dem Katheder des Auktionators
errichtet ist. Hieher muß er sich stellen, damit man ihn
von allen Seiten sehen kann, denn man kann doch niemand
zumuthen, eine Katze im Sack zu kaufen. Nun geht's
an's Anpreisen der Waare. Alle guten Eigenschaften des
Niggers werden von dem Auktionator hervorgehoben, die
schlechten aber bleiben so viel möglich verschwiegen. Er
rühmt die Jugend der zu verkaufenden Waare, er rühmt
ihre Schönheit, ihre Geschicklichkeit, ihre Kraft, ihren
Fleiß, ihre Folgsamkeit, ihren Verstand, ihre Treue!
Wahrhaftig ein ganzes Lexikon voll Tugenden! Jede
Kleinigkeit wird hervorgesucht, um den Sclaven so werth=
voll als möglich hinzustellen, und der Auktionator vergißt
auch nicht einen einzigen Umstand, der auf den Verkauf
günstig einwirken könnte. „Es ist ein wahrer Spottpreis,
für den dieser Trajan oder jene Semiramis losgeschlagen
werden soll", allein die Kaufsliebhaber gehen doch nicht so
blindlings darein. Sie besehen sich vielmehr ihre Waare,
ehe sie ein Angebot machen; sie wollen prüfen, ehe sie
kaufen, und darum „mustern" sie! Dem Leser ist es ohne
Zweifel, selbst wenn er in der Stadt wohnt, gar wohl
bekannt, wie es unsere Metzger auf dem Lande machen,
wenn sie einen Ochsen, eine Kuh oder auch nur ein Kalb
im Handel haben, und gerade dieselben Manipulationen
wendet auch der Nigger=Kaufsliebhaber an. Ja er zeigt
sich zum Theil noch viel minutiöser und denkt an Dinge,
welche selbst der scrupulöseste Metzger übersehen würde.
So öffnet er dem einen Sclaven den Mund, um sich
dessen Zähne zu betrachten, und einem andern kneipt er

in die Arme oder Beine, um die Muskelstärke zu prüfen.
Einem dritten befiehlt er, jetzt langsam, dann schnell,
darauf noch schneller auf und ab zu gehen, damit man
sehe, wie sich derselbe bewegen könne, und ein vierter
muß sich bald nach rechts, bald nach links, bald nach
vornen, bald nach hinten biegen und bücken, ob er nicht
möglicher Weise gebrochen oder gar lendenlahm sei. So
geht es die ganze Zeit über und der Sclave fügt sich
Allem geduldig. Er weiß es ja, daß er sich eine solche
Musterung gefallen lassen muß, und überdieß ist er be=
reits an die Sache gewöhnt, oder haben ihm seine Mit=
sclaven schon oft hievon erzählt. Eben deßwegen kommt
es ihm auch nicht sonderbar vor, wenn ihm möglicher
Weise zugemuthet wird, sich seiner Kleider gänzlich zu
entledigen, damit man etwaige Körpermängel entdecken
könne, und er unterwirft sich einer solchen Procedur ohne
irgend Schamgefühl zu zeigen. Man glaube aber ja nicht,
daß bloß männliche Sclaven hiezu angehalten werden, sondern
ganz der nemliche Befehl ergeht auch an die weiblichen
Exemplare, und kein Mensch im Saale nimmt irgend An=
stoß daran. Ja sogar die anwesenden Damen geniren sich
nicht im geringsten, eine derartige Musterung mit durch=
zumachen, und stellen sich oft sogar in die erste Reihe der
Zuschauer. Eine bloße „Sache“ kann man doch sicherlich
ohne zu erröthen in ihrer Nacktheit besehen und mehr als
eine geschlechtslose Sache ist ein Sclave in den Augen
einer Südländerin nicht! Zugegeben muß übrigens werden,
daß seit den letzten zehn Jahren auf das Decorum bei
weitem mehr Rücksicht genommen wird, als früher; denn
es gibt nun neben dem Auktionssaal ein besonderes Lokal,
in welchem man die „nackten Besichtigungen“ vornimmt,

und in so fern also ist der Gemeinheit wenigstens in
Etwas ein Riegel vorgeschoben.

Endlich hat einer drauf geschlagen!   -

„Zwölfhundert Dollars zum ersten!" ruft der Auktio=
nator.   „Ein Prachterexemplar von einer Sclavin! Ist ihre
fünfzehnhundert unter Brüdern werth!"

Jetzt schlägt ein anderer drauf.

„Zwölfhundertundfünfzig!" schreit der Auktionator.
„Sehen Sie den straffen Körper, die volle Brust! Eine
wahre Juno! Wird herrliche Kinder gebären und hat schon
Beweise geliefert! Kann sie wahrhaft unter vierzehnhundert
Dollars nicht losschlagen!"

So geht es fort und fort, bis endlich der Zuschlag
kommt.   Dann wird ein neuer Sclave vorgeführt, und die
so eben beschriebene Scene wiederholt sich von neuem. So
wie jedoch ein Nigger verkauft ist, übergibt ihn der Auktio=
nator dem neuen Eigenthümer, und der Gerichtsschreiber
stellt eine Urkunde über den Verkauf aus, welche der
Sheriff, der die Auktion als Magistratsperson überwacht,
unterschreibt.   Gegen Mittag nimmt das Schauspiel ge=
wöhnlich ein Ende und die nicht verkauften Stücke werden
sofort in die „Sclavenställe" zurückgeführt. Diese aber
sind nichts anderes, als lange hölzerne Schuppen in der
Nähe der Markthalle, in welchen die Nigger zu hunderten
auf dem bloßen Boden, übrigens bei guter Verpflegung,
aufgestapelt bleiben, bis sie endlich an den Mann gebracht
sind oder auf einen andern Markt weiter geführt werden.

Der Preis für einen kräftigen Burschen von achtzehn
bis vierundzwanzig Jahren, oder für eine tabellose Dirne
von sechszehn bis zweiundzwanzig Jahren steht zwischen
vierzehnhundert und sechszehnhundert Dollars mitten inne.

Junge Schlingel von zwölf bis siebzehn oder Mädchen von zehn bis fünfzehn Jahren gelten von sechshundert Thalern an. Aeltere Sclaven in gleichem Verhältniß. Ueber vierzig Jahre alte, zur Arbeit schon etwas untauglich gewordene Exemplare können nicht mehr leicht verkauft werden und man sieht daher auf den größeren Märkten nur wenige bejahrte Nigger, es müßten denn solche sein, die wegen einer Erbschaft oder aus einem andern ähnlichen Grunde „um jeden Preis" verkauft werden müssen. Auffallender übrigens als alle diese Besonderheiten ist für einen Frem= den die oft fast ganz weiße Farbe der sogenannten Nigger, denn es gibt unter denselben nicht wenige, welche sogar einem Europäer in dieser Beziehung nichts nachgeben, wenn dieser nemlich etliche Sommer unter der heißen Zone Georgia's oder Alabama's zugebracht hat. Es sind dieß Sprößlinge von Weißen und Halbmulatten, sogenannte Quadronen oder auch Quinteronen, die in Europa für ebenbürtig gehalten würden. Oft sind es aber auch „wirk= liche" Weiße, welche irgendwo in einer großen Stadt des Nordens als Kinder geraubt wurden, und nun, nachdem man sie bis in's zwölfte Jahr groß gefüttert, als Sclaven unter den Hammer kommen. „Kidnapping" heißt man diese Art von Handel, und derselbe kommt öfter vor, als man glaubt. Auch „wirklich freie" Neger, d. h. solche, die entweder von ihren Herren freigelassen waren oder die sich selbst losgekauft haben, werden nicht selten versteigert, sei es wegen Schulden, die sie nicht bezahlen können (in diesem Fall haftet der Neger mit seinem Körper für das Geld), sei es weil sie das Dokument ihrer Freiheit nicht mehr aufzuweisen vermögen. In Amerika macht man nicht viele Umstände! Das Schändlichste bei dem ganzen schmählichen

Handel ist jedoch die oft gewaltsame Trennung zwischen Mann und Weib, zwischen Vater und Sohn, zwischen Mutter und Tochter. Früher, noch vor zwanzig Jahren, erkannte der Süden keine „Familie" unter den Sclaven an. Die Ehe des Niggers galt nur als ein wildes Zusammenleben, als ein geduldetes oder vielmehr erwünschtes, d. h. wegen der Nachkommenschaft erwünschtes Konkubinat; keineswegs aber als ein gesetzliches, geheiligtes Bündniß. Sogar die Kinder gehörten nicht den Eltern, sondern sie wurden der Mutter nur so lange gelassen, bis sie im Stande waren, ihre Nahrung selbst zu sich zu nehmen. Auch verkaufte der Sclavenhalter die Mitglieder einer Niggerfamilie nach Belieben ganz getrennt von einander, den Sohn nach Louisiana, die Mutter nach Carolina, den Vater nach Texas, die Tochter nach Arkansas. „Findet einander wieder, wenn ihr könnt," so hieß es damals! Jetzt ist solche gewaltsame Trennung in den meisten südlichen Staaten der Union gesetzlich verboten, und es dürfen ganze Familien nur noch „zusammen" verkauft werden; also der Gatte nur mit der Gattin, und die Kinder, d. h. die unter vierzehn Jahren alten Kinder nur mit den Eltern. Deßwegen kommt aber eine Umgehung des Gesetzes trotz aller der unmenschlichen Grausamkeit, die darin liegt, doch noch oft genug vor; zwar allerdings nicht bei soliden und gebildeten Pflanzern, dagegen um so häufiger bei liederlichen Subjekten, bei Tyrannen oder bei Geizhälsen, welchen der Vortheil über alles geht. Warum auch nicht? Wer soll denn einen Pflanzer verklagen, wenn es ihm beliebt, das Gesetz nicht zu beobachten? Etwa der betheiligte Nigger? Er hat kein Klagerecht, sondern muß zusehen, ob ihm nicht etwa ein Weißer aus Mitleid beispringt; allein wie selten sind solche mitleidsvolle Seelen?

Die meisten Einkäufe auf den Sclavenmärkten machen die Pflanzer von Louisiana und Missisippi, denn dort werden die meisten Nigger „verbraucht". Darum fürchtet sich aber auch ein Sclave nicht wenig vor einem solchen Verkaufe und man sieht es der Verzweiflung in seinem Gesichte an, was er fühlt, wenn er dem Eigenthümer einer Zuckerplantage zugeschlagen wird. Es ist gerade, als ob man ihm sein Todesurtheil vorläse! Noch mehr, als daß Klima von Louisiana, fürchten die Sclaven den Verkauf an einen Plantagenbesitzer französischer oder spanischer Abkunft. Zwar ist ohnehin auf allen ganz südlichen Pflanzungen eine weit härtere Disciplin eingeführt, als auf den mehr „gemäßigt" gelegenen, denn jene Plantagen erfordern ihrer großen Ausdehnung wegen auch eine größere Anzahl von Negern und machen eben deßwegen, um alle Meuterei schon im Keime zu ersticken, eine strengere Aufsicht nothwendig. Allein deßwegen findet doch selbst auf den südlichsten Pflanzungen, ja sogar auf den Zuckerplantagen, welche in jeder Beziehung die härtesten sind, ein großer Unterschied in der Behandlung statt, und man zieht von Seiten der Nigger die Abkömmlinge der angelsächsischen Race den Kreolen bei weitem vor. Jene haben, wenn sie auch als noch so gebieterische Herren auftreten, doch immer noch ein Herz im Leibe, den französischen Kreolen aber, so wie insbesondere den französischen Sclavenaufsehern scheint alles Gefühl gänzlich abhanden gekommen zu sein. Deßwegen hat man auch schon Beispiele erlebt, daß sich einzelne Neger sogleich nach stattgehabter Auktion selbst zu entleiben versuchten, nur um der langsamen Tortur ihrer kreolischen Käufer zu entgehen! Im Allgemeinen genommen jedoch geht der Schwarze, wenn er verkauft ist, seinem Schicksale mit stoischem Gleichmuthe oder vielmehr mit thierisch=stumpfer Ergebenheit entgegen. Er hat ja nicht gelernt, sich über sich selbst und seine Zukunft Ge= danken zu machen, warum sollte er sich also grämen?

Die Tage, so lange die Auktion dauert, sind einem Neger die liebsten, denn während dieser Zeit hat er nichts zu arbeiten und bekommt zu essen, ja sogar zu trinken im Vollauf. Wenn diese Zeit nur ewig währte!

14.

Hotel Park in New-York.

Wenn in Deutschland ein Handwerksbursche reist, so weiß er, wo er einzukehren und zu übernachten hat, nemlich in der Herberge; wenn ein ehrlicher Bürgersmann sich über Feld macht und fremder Herren Länder besucht, so geht er, falls er sich müde gelaufen und sich nach einem guten Bette sehnt, in ein Gasthaus, sei es nun das Gasthaus zum schwarzen Mohren oder zum rothen Ochsen; ist's ein Student oder ein Weinreisender oder Einer, der in Leder macht, oder sonst Einer, der auf „dieser" Stufe der Bildung steht, so wird ein Gasthof aufgesucht, denn wenn auch die „Herberge" vielleicht dem Inhalt des Geldbeutels mehr entspräche, so erlaubt es doch der Rang, den man in der Gesellschaft einnimmt, nicht, ein anderes Wirthshaus zu erwählen; thut aber vollends ein Staatsdiener, oder ein Offizier, oder ein Adeliger, oder überhaupt ein Mann aus den höheren Klassen eine Reise, so genügt ihm ein „Gasthof" nicht mehr, sondern er sucht ein Hotel auf, also das Hotel de Russie, oder das d'Angleterre, oder das de Bavière, oder ein anderes mit noch großartigerem Titel.

So ist im lieben Deutschland Alles recht hübsch eingetheilt und es weiß ein Jeder, wohin er gehört, beinahe schon gleich nach seiner Geburt. Wie gar sonderbar muß es also Einem von uns vorkommen, wenn er in ein Land geräth, wo man von dieser wohllöblichen Ordnung gar keinen Begriff hat; ja wo man dieselbe vollständig um= kehrt und auf den Kopf stellt! Da weiß man ja wahr= haftig gar nicht, wo man nur seinen Schoppen trinken, seinen Braten essen und sein müdes Haupt zur Ruhe niederlegen solle, denn wenn z. B. „jedes" Einkehrhaus „Hotel" getauft ist, so kann einen ja das Schicksal bei Nacht und Nebel in eine Lokalität führen, wo man zwei Thaler für sein bischen Bequemlichkeit zahlen muß, während das ganze Vermögen vielleicht blos in dreißig Kreuzern besteht! Es ist schrecklich nur daran zu denken, daß es Städte von solcher Polizeiwidrigkeit geben soll, und doch gibt es dergleichen, wie z. B. die große Stadt New=York in Nordamerika. Dort heißt nemlich jedes Wirthshaus, in welchem man Nachtherberge finden kann, ohne Unter= schied entweder „Hotel" oder „House", und es kommt am Ende auf Eins heraus, ob es diesen oder jenen Titel führt, dieweil man hieraus, aus dem Titel nemlich, durch= aus nicht auf die Qualität und Beschaffenheit desselben, oder auch nur auf seine mehr oder minder großen Preise schließen kann.

Also jede Herberge oder Logir=Gelegenheit, ob sie nun vornehm sei oder gering, groß oder klein, theuer oder wohlfeil, heißt in Nordamerika „House oder Hotel". Aber, du grundgütiger Vater im Himmel, welch' furchtbarer Unterschied zwischen Hotel und Hotel! Welch' ungeheurer Gegensatz zwischen House und House! Da stehst Du viel= leicht vor einem. Es führt den stolzen Titel „European

Hotel", zu Deutsch: „Europäischer Hof". Du siehst es Dir
etwas näher an und es kommt Dir akkurat vor, wie eine
erbärmliche Holzbarake, welche über Nacht von selbst ein=
fallen wird. Du gehst hinein, indem Du denkst, in einem
Hause, das einen so grandiosen Namen führt, könne es
doch nicht so gar schlecht seyn. Aber, welche Täuschung!
Eine Wirthsstube voll Schmuz und Unrath; eine Wirthin
mit zwei Schnupftabaksprise=Tropfen unter der Nase, so
wie mit wirrem, ungekämmtem Haar; ein Gastgeber mit
schnapsgerötheten Augen und schwerbetrunkenen Knieen
empfangen Dich. Du verlangst ein Zimmer. „Ein Zim=
mer?" Es gibt im ganzen Hause nur zwei Fremdenzimmer
und diese müssen für die Gesammtheit der Gäste genügen!
Man führt Dich die schmale wankende Treppe hinauf, und
richtig da sind die zwei Zimmer, wenn man nemlich der=
artigen, den Ratten zum Spielplatz dienenden Lokalitäten
den Namen „Zimmer" geben darf. In jedem derselben
stehen drei, vielleicht vier Betten, und zwar lauter große
breite Betten; aber jedes ist für zwei, zur Noth für drei
Personen bestimmt. Du kannst wählen; mußt Dir es
jedoch jedenfalls gefallen lassen, einen Schlafkameraden zu
bekommen, und zwar was für einen? Einen Burschen,
der polternd tief in der Nacht ankömmt und es vielleicht
vergißt, auch nur seine kothigen Stiefel auszuziehen, oder
gar Einen, der möglicherweise noch schlimmere Gewohn=
heiten hat! In Gottes Namen, denkst Du, und besiehst
Dir das Bett etwas näher. Es besteht aus nichts, als
aus einer mächtigen Seegrasmatrazze, einem Seegraskopf=
kissen, einem wollenen Teppich und einem Leintuche, das
nicht aus Linnen, sondern aus Shirting gefertigt ist. Be=
sonders weich und warm wird also das Bett nicht sein,

überlegst Du bei Dir selbst; allein was thut's, wenn's
nur reinlich ist. Du deckst also den Teppich auf, unter
dem Du die Nacht zubringen sollst, um einen Blick in's
Innere zu werfen, aber hilf Himmel, mit welchem Schauder
fährst Du zurück! Das Leintuch ist vielleicht seit sechs
Wochen nicht gewechselt worden, und die Millionen Wanzen,
welche das Bett bevölkern, haben es wie mit Blut be=
sprenkelt. Wem sollte es bei solchem Anblick nicht übel
werden? Voll Ekel also wendest Du Dich ab und bist
mit drei Sätzen zum Hause hinaus, der Besitzer des
European=Hotels aber flucht hinter Dir drein und nennt
Dich einen verdammten eigensinnigen deutschen Lumpen,
der schon noch lernen werde, sich in die Welt zu fügen.

So sieht es in dem „Europäischen Hofe" aus, schlim=
mer, als in der schlimmsten deutschen Herberge, in der
man auf Stroh schlafen muß. Aber siehe da, nach wenigen
Schritten stehst Du vor einem andern Hotel. Dieses führt
keinen so stolzen Titel, wie das so eben beschriebene,
sondern heißt ganz einfach „St. Nicolas Hotel". Hier
wird besser wohnen sein, denkst Du bei Dir selbst, und
betrachtest Dir das Haus von außen. Es hat eine Höhe
von fünf Stockwerken, eine Front von zweihundertfünfzig
Fuß, ist ganz aus Marmor erbaut und steht in Broadway.
Mit dem letzteren Wort ist eigentlich schon genug gesagt,
denn der Broadway in New=York übertrifft bekanntlich
selbst das schönste Boulevard von Paris an Splendidität,
Reichthum und Großartigkeit. Um Dich jedoch über das
wahre Wesen dieses Hotels sogleich in's Klare zu setzen,
halten vor dessen großer breiter Freitreppe mehr denn
zwanzig elegante Fuhrwerke, und die Damen oder Herren,
welche denselben entsteigen, gehören sämmtlich wenn nicht der

vornehmsten, doch wenigstens der vornehmst gekleideten
Menschenklasse an. Du betrittst die Treppe. Sie ist von
Marmor, aber doch mit Teppichen belegt. Ein breiter
Gang führt Dich in den Barroom oder die Herrentrink=
stube. Welchen Luxus entfaltet nicht der mächtige Schenk=
tisch! Wie hell blinken nicht die krystallenen Karaffen! Wie
einladend schimmert nicht ihr goldener Inhalt! Welch'
außerordentliche Gewandtheit entwickeln nicht die Kellner
hinter der Bar! Wie schnell bist Du nicht bedient, Du
magst auch verlangen, was Du willst! Nachdem Du Dich
erquickt, schreitest Du weiter und betrittst den Billard=
salon. Beim Himmel, die gleiche luxuriöse Ausstattung!
Die Spieler sämmtlich gekleidet, als wären sie Fürsten!
Die Billards sämmtlich aus der Hand der ersten Meister
und keines im Werth von weniger als fünfhundert Dollars!
Nach dem Billardsalon kommt der Lesesalon. Welche
Unmasse von Zeitungen, deren Benützung Dir vollkommen
frei steht! Welche Bequemlichkeit der Lehnstühle, um sich
darin auszuruhen und mit Muse zu studiren! Unmittelbar
an den Lesesalon grenzt der Schreib= oder Gesellschafts=
salon, und wahrhaftig dieser sieht noch eleganter aus als
die früheren. Lauter kleine Marmortischchen und auf jedem
ein zierlicher Schreibzeug mit dem feinsten Postpapier und
den niedlichsten Briefcouverts daneben! Kein Wunder, daß
fast jedes dieser Tischchen in Anspruch genommen ist, denn
es muß eine wahre Freude sein, hier seine Korrespondenz
zu führen! Hast Du nun aber all diese Bequemlichkeiten
und all diesen Luxus zur Genüge betrachtet, so wendest
Du Dich seitwärts, um auf einem andern Wege in das
Schenkzimmer zurückzukehren, aber wohin geräthst Du nun
auf einmal? Bisher sahst Du lauter Zimmer oder viel=

mehr Säle, deren jeder wenigstens alle Deine „Erwartungen"
befriedigte, aber nun trittst Du in einen Salon, dessen
Reichthum, Pracht und Herrlichkeit Dich förmlich „schwindeln"
macht. Rechts und links nichts als Sammt und Seide!
Unten und oben nur Gold und Goldeswerth! Schwellende
Teppiche zieren den Boden, der Spiegel reicht von der
Decke bis an die Erde, die Meubels sind von Palisander=
holz, an den Vorhängen wurde die Stickerei verschwendet
und auf solchen Ottomanen mit solchen Springfedern hast
Du in Deinem Leben noch nicht geruht! Das ist der
Damensalon des Hotels, und da die Damen nach
amerikanischen Begriffen weniger Menschen als Engel sind,
so mußte natürlich auch himmlische Pracht an ihn ver=
schwendet werden. Doch nun regt sich der Hunger in Dir
und Du läßt Dir den Speisesalon zeigen. Auch seine
Einrichtung ist splendid genug, aber Du nimmst Dir keine
Zeit zu langen Beobachtungen, sondern setzst Dich gleich
an die Tafel. Das Frühstück allda besteht aus Thee,
Kaffee oder Chocolade, und dazu hast Du Eier, Boeuf=
steaks, Cottelets, Schinken, Fische, Geflügel, nach Belieben.
Ganz im selben Verhältnisse fällt das Mittag= und Abend=
essen aus und wolltest Du von Allem nur „versuchen",
so müßtest Du einen herkulischen Appetit haben. Ich
unterlasse daher die Beschreibung, denn sie würde uns für
jetzt zu weit führen, dagegen — hast Du vielleicht Lust
ein Bad zu nehmen? Eine ganze Reihe von Zimmern
steht zu diesem Zweck parat und Du brauchst keine Minute
zu warten, bis das nasse Element Dich aufnimmt. Oder
willst Du Dich rasiren und frisiren lassen? Du darfst
Dich nur die Treppe hinabbemühen und sogleich nimmt
Dich der Barbier mit seinen Gehilfen in Behandlung. Ihm

ist ja ein besonderes Lokal im Souterrain angewiesen und eine solche Barbierstube findest Du in ganz Deutschland nicht. Wahrhaftig wer in dem St. Nicolas Hotel seine Befriedigung nicht findet, den möchte ich sehen! Die ganze Nacht schimmert dasselbe in einem Gasmeere, denn das Gas wird im Hause selbst bereitet, und man geht damit um, als ob seine Fabrikation keinen Heller kostete. Tausend Personen können alle Tage logirt werden und vierhundert Dienstboten sind in den verschiedenen Zimmern und Salons, so wie in Küche und Keller aufgestellt, um die Gäste zu bedienen. Ja fünfhundert Fremde „müssen" jeden Tag hier verkehren, wenn das Hotel nicht fallit gehen soll; so groß ist der tägliche Aufwand! Dafür zahlt aber auch eine Person täglich von dreieinhalb bis sieben Dollars für Kost und Logis, je nachdem die letztere feiner oder einfacher verlangt wird. Hast Du nun einen Begriff vom St. Nicolas Hotel in New-York?

Sicherleich kein Hotel in der Welt wird es an Größe und Luxus übertreffen; aber doch fallen Dir einige Dinge darin widerwärtig auf. Abgesehen nemlich von den Speisen und Getränken, die zwar äußerlich prächtig aussehen und im reichlichsten Maßstabe vorhanden sind, die aber dennoch möglicher oder vielmehr wahrscheinlicher Weise Deinem Gaumen nicht entsprechen, findest Du auch keine Gesellschaft, die Dich anzieht. In allen Salons, besonders im Barroom, triffst Du nur Raucher und Trinker, deren jeder für sich lebt, ohne daß Einer den Andern anspricht. Dazu spuken sie ekelerregend aus, und wenn sie sitzen, mußt Du froh sein, wenn sie ihre Füße nicht auf Deine Achsel legen. Eben so einsam und verlassen fühlst Du Dich im Damensalon, es müßte denn sein, Du fändest darin eine Beschützerin. Ist aber letzteres nicht der Fall, so sieht man Dich mit sonderbaren Augen an, wenn Du den Saal nicht sogleich wieder verläßst, und am Ende frägt Dich sogar eine der Schönheiten, ob Du ein Recht habest, hier zu erscheinen. Noch weniger befriedigt bist Du von Deinem Schlafzimmer. Einige wenige der hiezu bestimmten Gemächer sind allerdings geräumig und schön, wenn nicht gar prächtig eingerichtet, nemlich die, welche man den verheiratheten Paaren anweist, und insbesondere die sogenannten „Brautzimmer", denn es gibt in jedem großen Hotel eigene Webbingrooms, in welchen blos „Hochzeits= reisende" einlogirt werden. Hierunter verstehen wir junge Paare, welche den Honigmonat auf Reisen feiern, und deren Name regelmäßig immer den andern Tag als „Inhaber eines Webbingroom" zu Deinem großen Entsetzen mit breiter Schrift in den Zeitungen prangt. „Zu Deinem großen Entsetzen," sage ich, „denn Du bist noch nicht über Dein dummes deutsches Schamgefühl hinaus, und meinst, über eine solche gemeine Profanation des Gottes Hymen müsse sich Dein Innerstes umkehren, während eine amerikanische Lady, wenn sie den Zeitungsbericht über ihr eigenes Logement im Hochzeitsnachtbett liest, noch nicht einmal erröthet! Allein so prächtig auch derartige Appartements ausgerüstet sein mögen, so hat doch das „Dir" angewiesene Zimmer nicht die geringste Aehnlichkeit mit einem Webbingroom, sondern ist vielmehr „sehr" klein und „sehr" einfach. Ja sogar „äußerst" klein und einfach kommt es Dir vor, denn es enthält außer einem Bett, einem Stuhl und einem Wasch= tisch höchstens ein paar Nägel, an welchen Du Rock und Hosen aufhängen kannst. Da sieht es doch in den Gast= zimmern der deutschen Hotels ganz anders aus, allein

wozu die vielen Umstände? Wozu einen Sopha, einen
Schreibtisch, eine Kommode und was dergleichen mehr ist?
Du hältst Dich ja den ganzen Tag nicht in Deinem Privat=
zimmer, sondern vielmehr in den verschiedenen Salons,
deren Benützung Dir vollkommen frei steht, auf, was brauchst
Du also mehr, als ein Eckchen im Hause, in welchem Du
Platz hast „zum übernachten"? So ist es Sitte in Amerika
und nach jedes Landes Sitte muß man sich richten!

Mitten inne zwischen dem European Hotel und dem
St. Nicolas Hotel liegen die übrigen Gasthöfe New=Yorks,
und nicht wenige derselben nähern sich in Größe und Luxus
dem Nicolas Hotel, so z. B. das Metropolitan Hotel, das
Astor House, das Lafarge Hotel, das Girard House, das
Delmonico Hotel, das Howard Hotel und wie sie alle heißen;
viele aber, sogar sehr viele, gehen eine Stufe um die
andere weiter herunter und kommen am Ende auf dem
Standpunkte an, welchen die Winkelherberge, genannt Eu=
ropean Hotel einnimmt. Doch „Ein" Hotel haben wir
vergessen, ein Hotel, wie es kein zweites gibt auf Gottes
weiter Erde, das berühmte Hotel Park! Wie gesagt,
saubere und unsaubere, theure und wohlfeile, großartige
und winzige Gasthäuser findet man in Leipzig, wie in
Paris, in Stuttgart, wie in Katzenellenbogen, aber ein
„Hotel Park" gibt es n u r in New=York. Nicht einmal
Amerika hat ein zweites der Art aufzuweisen, sondern nur
die einzige Stadt New=York besitzt es. Ja, es ist das
größßte und besuchteste, so wie das wohlfeilste und zugäng=
lichste in der ganzen Welt, und so weit man reisen mag
in Asien, Europa oder Afrika, so findet man nicht seines=
gleichen!

Vor dem großen Marmor=Rathhause in New=York, der

sogenannten City hall, dehnt sich ein ziemlich weitläufti=
ger Park aus, mit grünen Rasen und schattigen Bäumen.
Er mag wohl zehn Acres groß sein, dieser Park, und im
Sommer, wenn die Sonnenstrahlen glühend herabfallen,
ergehen sich täglich Zehntausende in demselben, denn er er=
scheint wie eine liebliche Oase mitten in dem ungeheuern
Häusermeere. Hier säuseln Dir die hohen Bäume eine
herrliche frische Luft entgegen und die Wasserwerke inmitten
der grünen Umgebung erfrischen Deinen lechzenden Mund.
Breite Marmorstufen führen zu der Cityhall hinauf und
dorische Säulen schmücken den Eingang. Zierliche Fuß=
wege, von frischem Rasen eingefaßt, führen im Zickzack um
das weißglänzende Rathhaus herum, und man fühlt sich
im Freien, in Gottes Natur, mitten in der geschäftsdurch=
wühlten, von Luxus und Elend gepeitschten Stadt. Ist
es also ein Wunder, wenn den Tag über Zehntausende
hieherkommen, um einen gesunden Athemzug zu thun? Ist
es ein Wunder, wenn die schöne Welt sich hier sammelt
und ihren Luxus entfaltet? Ist es ein Wunder, wenn die
ganze liebliche Kinderwelt sich hier Rendezvous gibt und
wenn sogar alte Matronen von neuem aufleben, sobald sie
die kleine Oase betreten? Umgekehrt aber, wenn die Sonne
längst hinuntergegangen ist im fernen Westen; wenn das
Regiment des Mondes und der Sterne beginnen; wenn das
Gewühl in den Straßen sich gelegt und die Spaziergänger
alle in ihren Wohnungen der Ruhe genießen; wenn man
nichts mehr hört, als die fernen Karossen, welche die
Reichen aus den Theatern und Concerten heimführen, oder
den Tritt der leichtfüßigen Nymphe, die sich am Arme des
Galans verspätet und nun mit geflügelter Eile ihr kleines
Zimmerchen aufsucht; wenn man nichts mehr sieht als den

lauernden Dieb, der an einer Straßenecke sich niederbuckt, oder den faulen Polizeischutzmann, welcher das Auge kaum offen zu halten vermag; dann — dann sammelt sich's wieder an im berühmten Parke von Cityhall! Von allen Seiten kommen sie herbei, leisen und unsicheren Trittes, kraftlos, wie von Elend niedergebeugt. Vom Broadway und der Cathamstreet, von der Centrestreet und von der Williams= street, vom Nordriver wie vom Eastriver, von überall her nahen sie sich und lassen sich im Parke nieder. Lautlos, ohne ein Wort zu sprechen, schleichen sie sich heran, und Keiner wagt es, dem Nachbar auch nur einen Gruß zu= zuflüstern. Der Eine setzt sich auf die breiten Marmor= stufen, die zum Rathhause hinaufführen; der Andere lehnt sich an eine der dorischen Säulen; der Dritte macht sich's in einer Ecke bequem und der Vierte streckt sich unter einem der hohen Bäume. Wohl denen, die einen dieser bevor= zugten Plätze bekommen haben! Die Meisten müssen sich damit begnügen, auf die harten Platten oder den eben so harten Grasboden zu liegen, weil die besseren Lokalitäten schon alle besetzt sind. Ein Stein ist dann das Kopfkissen, auf welches das müde Haupt niedersinkt, die nackte Erde ist die Matraze, auf welcher sich der Leib dehnt, der ab= geschabte Rock ist die Bettdecke, die vor Kälte, Sturm und Regen schützen soll!

Und nicht „Einzelne“ sind's, die allda ihr Nachtquartier aufschlagen. Auch nicht Dutzende sind es, sondern man kann sie vielmehr nach Hunderten zählen! Freilich im Winter geht diese Zahl etwas zusammen, denn die Meisten suchen dann eine Unterkunft in den Stationshäusern. Die Polizei in New=York hat nemlich in jedem ihrer acht Distrikte vier oder fünf Quartiere, sogenannte Stationshäuser, und in keinem dieser Häuser fehlt ein geheiztes Zimmer für die „Mühseligen und Beladenen", welche kein Nachtquartier fanden. Aber wie oft sind deren so viele, daß sie die Stationshäuser nicht alle zu fassen vermögen! Wie oft fängt die Polizei eine solche Menge von Vagabunden, Betrunkenen und Dieben ein, daß die „freiwillig Gekommenen", also die „Mühseligen und Beladenen" keinen Raum mehr finden! Wohin sollen sich nun „diese" wenden? Wohin anders, als in ihr altes Quartier, den Park vor Cityhall? Haben sie eine Stunde da geschlafen, so weckt sie der Hunger; dann richten sie sich auf, recken die starren Glieder, rennen durch ein paar Straßen, bis das Blut wieder warm fließt, und treffen sofort abermals auf den harten Marmorstufen von Cityhall zusammen. Der Hunger ist es also allein, welcher sie vor dem Erfrieren rettet, und doch gibt es unter ihnen nicht wenige, die man allmorgentlich im Winter ganz steif und kalt findet und die dann das Spital von ihren Leiden erlöst, denn aus dem Spitale kehrt nur selten einer gesund und frisch in's Leben zurück!

Das ist das berühmte „Hotel Park", der besuchteste Gasthof in ganz New-York!

Und wer sind nun diese Unglücklichen, die allda ihr Nachtquartier aufschlagen? Sind's Bettler und Vagabunden, oder sind's gar Diebe und Räuber? O nein, es sind weder Bettler noch Vagabunden, weder Diebe noch Räuber! Der Bettler in New-York ist nicht schlecht daran. Gibt man ihm nicht „gern", so gibt man ihm doch „ungern", nur um den Zudringlichen los zu werden. Er hat seine Heimath, seine Familie, sein Nachtquartier, und mancher Abend vergeht ihm in Saus und Braus, wenn das Tagewerk ein glückliches gewesen! Noch besser steht's mit dem Diebe und Räuber. Ihm darf es nicht bange sein, etwas „Stehlbares" zu finden, und an Absatzwegen des Gestohlenen fehlt es noch weniger. Der Schlechte, der Nichtsnutzige, der, dem alle Mittel recht sind, kommt sicherlich durch in New-York. Ja, er hat sogar ein gutes Leben und braucht sich nicht davor zu fürchten, einmal die Marmorstufen von Cityhall als Schlafkabinet benützen zu müssen! Diejenigen dagegen, welche sich hiezu genöthigt sehen, sind ehrliche Leute, aber Leute, die keine Arbeit finden. Es sind Menschen, die zu viel Schamgefühl haben, um eine milde Gabe zu erflehen und zu viel Gewissen, um nach fremdem Gute zu greifen. Es sind Menschen, die den ganzen Tag von einem Platz zum andern rennen, um sich ein Geschäft zu verschaffen, Menschen, die keine Mühe scheuen, um nur ein Stückchen Brod auf rechtliche Weise zu erwerben., Menschen, welche, nachdem sie den letzten Heller ausgegeben, nicht wissen, wie sie eine Schlafstätte bezahlen sollen.

„Wie," fragt der Leser verwundert, „in New-York gibt's Leute, die so schrecklich herabgekommen sind? In New-York, wo doch jeder Beschäftigung und Lohn findet, der nur den Willen hat, die Hände zu rühren?" O ja, freilich, die Gevatter Schneider und Schuhmacher finden Arbeit. Auch die Schreiner und Polsterer oder die Schlosser und Schmiede finden solche, und sogar für die Tagelöhner und Bauernknechte von Haus aus gibt's immer was zu thun, wenigstens so viel, daß sie selbst in den schlechtesten Zeiten ihr „Warmes" verdienen, sowie ein Plätzchen unter dem Dache zum Schlafen. Aber wie steht es mit den Gebildeten und Halbgebildeten? Den Gelehrten und Halbge-

lehrten? Den Provisoren und Schulmeistern, den Theo=
logen und Juristen, den Philologen und Philosophen, den
Künstlern und Kaufleuten? Das schwindelt und windbeutelt
in den deutschen Zeitungen, wenn das Frühjahr heran=
kömmt! Das lobpreist und lobhudelt in den Anlockungs=
annoncen zur Auswanderung! Das lügt und betrügt in
Reisehandbüchern und anderen im Solde der amerikanischen
Ländereienbesitzer geschriebenen Broschüren, und wenn dann
Einer, dem die Luft zu schwül wurde im alten Vaterlande,
wenn Einer, der sein Glück nicht fand auf dem heimischem
Boden, wenn solch Einer sich verlocken läßt, hinüberzugehen
in's Eldorado nicht der Auswanderer, sondern der Aus=
wanderungs=Agenten und Agenturen, was bleibt ihm ge=
wöhnlich? Das Loos ein Handarbeiter zu werden, d. h.
ein Bauernknecht oder ein Schneider, wenn er nicht etwa
das Schreinerhandwerk vorzieht! Und Monate braucht er,
um sich an ein neues Geschäft zu gewöhnen, Monate, es
zu erlernen! Wenn ihm aber inzwischen das Geld aus=
geht, so ist sein Loos: — ein Nachtquartier im Hotel Park!

Eingeborene Amerikaner sieht man unter den Gästen
dieses berühmten Hotels keine oder jedenfalls nur sehr
wenige. Wenn sich aber einer unter ihnen befindet, so ist es
sicherlich ein solcher, der vor Jahren vielleicht Hunderttausende
besaß, aber durch einen speculativen Wurf um Alles kam,
auch um den besten Freund! Oder ein solcher, der früher
als Stadtbeamter oder Kaufmann hochgeachtet die Stufen
zur Cityhall hinaufstieg, nunmehr aber durch Spiel und
Freudenhäuser ruinirt, durch Betrug und Schlechtigkeit
blamirt, keinen Weg mehr findet, in die alte Gesellschaft
zurückzukehren! Jedenfalls ist's ein Auswürfling, ein von
Freund und Feind Verlassener, und so tief sinkt nur selten

ein Eingeborener hinunter. Weit öfter sieht man allda Irländer, aber diese wissen sich auch hier zu trösten, und ihr Trost ist der Branntwein, der Whisky. Wir kennen den Sohn Grün = Erins aus einer früheren Beschreibung, und wissen also, daß er als Lastträger, als Kohlenführer, als Holzspälter u. s. w. immer etwas verdient. Kommt nun auch eine Zeit, wo dieser Verdienst nicht groß genug ist, um sich ehrlich und redlich „in einem Kosthause" durch= zuschlagen, so nimmt er doch immer noch so viel ein, um Brod und Whisky kaufen zu können. Hat er aber Brannt= wein, was will er mehr? Zwei Gläser „Niggerbrändy" — ein Mischmasch aus Scheidewasser und Alcohol, das in New=York als „starker Franzbranntwein" verkauft wird — zwei Gläser Niggerbrändy um einen Sixpence, also um zwei gute Groschen oder neun Kreuzer, machen ihn schon taumeln, gießt er dann das dritte Glas hinab, so wird er toll, verrückt, wahnwitzig, und nun sieht er die steinernen Stufen von Cityhall für ein Flaumenbett an, das die Houris des Paradieses gemacht haben. Der andere Morgen findet ihn allerdings wie zerschlagen, gerädert, zermalmt; seine Augen triefen, seine Zunge klebt ihm am Gaumen, seine Glieder zittern von Frost und Hitze; aber — ein neues Glas Niggerbrändy und Alles ist wieder im Blei. Fort eilt er so schnell als möglich, wieder ein paar Gro= schen zu verdienen, und die nächste Nacht schläft er wieder so selig im Hotel Park, als läge er im besten Bette von St. Nicolas.

Doch auch nicht Irländer sind die Hauptbesucher von Hotel Park, und ebensowenig Franzosen oder Italiener, wenn auch vielleicht einzelne darunter sein mögen. Nein, die Hauptbesucher sind D e u t s c h e, und zwar zu mehr als

Dreiviertheilen **Deutsche!** Sie, unsere Landsleute, darf man die „Stammgäste" nennen, und wie könnte dieß auch anders sein? Sie kommen hinüber in's ferne Land, ohne der dort herrschenden Sprache mächtig zu sein; und gehören also zu den letzten, auf welchen ein Amerikaner beim Beschäftigunggeben Rücksicht nimmt! Sie kommen hinüber zum Theil wenigstens ohne ein Handwerk zu verstehen, wie sollen sie sich also fortbringen unter Menschen, welche durch und durch praktisch sind, in einem Lande, wo Wissenschaft und Kunst erst anfangen, Wurzeln zu schlagen? In Deutschland hat man vielleicht keine Ahnung davon, wie viele Professoren und Doctoren, freilich nicht Medicinae aber Philosophiae und Juris utriusque, an den Canälen und Eisenbahnen New=Yorks und Pennsylvaniens arbeiteten, weil es für sie unmöglich war, mit geistiger Beschäftigung sich ein Fortkommen zu erwerben; aber beträgt nicht ihre Zahl viele Hunderte, und war es beinahe nicht immer das Ende ihres traurigen Geschickes, daß sie Stammgäste im Hotel Park wurden? Freilich ihre Verwandten und Angehörigen in der alten Heimath erfuhren nichts von diesem ihrem herben Loose, denn sie schämten sich, die Wahrheit hinauszuberichten, und starben lieber unbekannt und unbeweint, aber wie mancher liegt nicht auf dem Armenkirchhof in Pottersfield eingescharrt, der „draußen" seiner Zeit die Universitäten besucht oder sonstigen gelehrten Studien obgelegen hatte?

Noch immer sehe ich ihn vor mir, den dicken Professor aus dem Hessenlande. Er verstand lateinisch, griechisch und hebräisch. Er verstand Mathematik, Numismatik und noch vieles Andere. Weil er sich aber drüben im alten Vaterlande mit seiner Behörde überworfen, ergriff er den

Wanderstab und ging in die neue Welt. Er wollte den Amerikanern Unterricht ertheilen und — wie sollte es einem Manne mit so vielen Kenntnissen fehlen? Natürlich war er klug genug, sich vorher, ehe er ging, auf's Englische zu werfen und studirte diese Sprache sogar noch während der Reise, zu welchem Zwecke er immer ein Lexikon und eine Grammatik in der Tasche hatte; aber wie er nun nach New-York kam, sah er ein, daß er eigentlich gar nicht englisch verstehe, denn er vermochte es nicht, auch nur den einfachsten Satz richtig zu sprechen. Das Verständniß eines englischen Buches hatte er wohl, allein wenn er den Mund aufthat und ein paar Worte herwälschte, so schüttelten die Amerikaner den Kopf und kein Mensch wollte ihn verstehen. Nun gab er sich Mühe, unsäglich viele Mühe, und nach einem Vierteljahr konnte er sich in der That erträglicher ausdrücken. Freilich, dieses Vierteljahr kostete ihn fast all sein baar Geld, doch hoffte er nun das ausgelegte Kapital mit Zinsen wieder hereinzubringen. Allein wie sehr täuschte er sich nicht! Kein Mensch wollte griechisch, lateinisch oder gar hebräisch lernen; kein Mensch dachte daran, Mathematik oder Numismatik zu studiren! Er wandte sich an Dutzende von Instituts= und Collegien= vorstehern. Alle Stellen waren besetzt, und wenn je eine solche vakant werden sollte, so hatten sich schon so viele Kandidaten vor ihm gemeldet, daß „seine" Kandidatur erst weit hintendreinkam. Vor Jahr und Tag war also gar nicht daran zu denken, placirt zu werden, und wenn er im Un= muth in eine andere Stadt gegangen wäre, um dort sein Glück zu versuchen, so hätte er mit dem Suppliciren na= türlich wieder von vorne anfangen müssen. Somit blieb er und suchte sich da oder dort bei Landsleuten so gut es ging mit Briefschreiben, Rechnungenstellen u. s. w. nützlich zu machen; aber von Tag zu Tag wurde er magerer, von Tag zu Tag blässer. Er logirte so wohlfeil als nur immer möglich, er speiste in dem gewöhnlichsten oder vielmehr in einem der ärmlichsten Eßhäuser. Ja am Ende schränkte er sich so ein, daß er nur noch eine einzige Mahlzeit den Tag zu sich nahm, und vom Trinken, d. h. vom Bier= oder Weintrinken war bei ihm ohnehin schon lange keine Rede mehr. „Diesen" Luxus hatte er gleich in den ersten vier Wochen nach seiner Ankunft in Amerika aufgegeben! Aber dennoch schrumpfte sein Geldbeutel immer mehr zusammen, und er konnte den Tag voraussehen, an welchem förmliche Ebbe eintreten mußte. Auf einmal war er verschwunden und kein Mensch wußte, wohin er gerathen sein konnte; allein wer kümmerte sich auch viel darum? In einem so selbstsüchtigen Lande, wie Amerika ist, hat Jeder für sich selbst zu sorgen, und wenn man auch hie und da nach einem andern fragt, so geschieht's mit solcher Gleichgültigkeit, daß man wohl sieht, es kommt nicht von Herzen. Der Professor war also verschwunden, ohne daß sich Jemand daran gekehrt hätte, doch siehe da, eines Tags war er wieder da! Aber — Gott im Himmel wie sah er aus! Hatte er nemlich schon lange keine Farbe im Gesicht und kein Fleisch auf dem Leibe gehabt, so schien er jetzt förmlich zum Skelett geworden zu sein, und ich wunderte mich auch nicht darüber, als ich später die näheren Umstände erfuhr. Wie der arme Mann nemlich sah, daß sein Geld total verschwunden und keine Hoffnung da sei, etwas zu erwerben, beschloß er unter fremdem Namen an dem großen Kanale, der damals gegraben wurde, zu arbeiten. Gesagt, gethan; aber der gute Professor dachte nicht daran, daß er in seinem Leben nie eine Schaufel oder Hacke in der Hand gehabt habe. Somit hielt er es kaum drei Wochen aus; dann warf ihn die harte Arbeit sowie die ungesunde sumpfige Luft in ein Fieber und mit dem Fieber in's Spital, so daß er nicht mehr hoffen konnte, lebendig davon zu kommen. Und doch kam er davon, zu seinem eigenen Leidwesen! Als man ihn nun aber „als gesund" entließ, während er doch noch zu schwach war, auf seinen Beinen zu stehen, schleppte er sich nach New=York zurück. Nach unsäglichen Mühseligkeiten kam er dort an, allein ohne Geld, ohne Hoffnung, mit gebrochenem Herzen, mit siechem Leibe! Jetzt ward das Hotel Park sein Kost= und Logishaus zu gleicher Zeit, denn er wußte weder wo zu übernachten, noch was zu speisen. So ging es noch vierzehn Tage. Da fand man ihn eines Morgens halb erstarrt, halb verhungert, halb erfroren. Man brachte ihn abermals in's Spital, und einige Landsleute, die von seinem Unglück hörten, sammelten einige wenige Gaben. Noch einmal konnte er sich gütlich thun an deutschem Wein, aber nur noch einmal. Am zweiten Tage starb er; denn das herbe Unglück hatte seinen Lebensnerv total zerstört. Man schleppte seine Leiche nach Pottersfield, wo die Lumpen und Selbstmörder liegen, und scharrte ihn dort ein ohne Sang und Klang. Was kann ein deutscher Professor in Amerika mehr verlangen?

Einem Andern ging's besser; ja das Hotel Park wurde der Gründer seines Glückes! Er war zwar kein Professor und auch kein Doctor, wohl aber ein Kaufmann und noch dazuhin ein sehr geschickter, der verschiedene lebende Sprachen verstand und zwar ziemlich viel vom Englischen. Seine Eltern gehörten in Deutschland zu den wohlhabendsten

Familien, und somit wurde er nicht nur im Reichthum erzogen, sondern er lernte auch Ansprüche machen, wie sie die Reichen zu machen gewohnt sind. Da starb sein Vater, und nun zeigte es sich, daß die Wohlhabenheit desselben auf einem hohlen Grunde gestanden hatte. Man sprach den Bankerott über seinem Grabe aus und aus Scham und Gram legte sich auch die Mutter auf's Todtenbett. So stand der reich erzogene Sohn plötzlich verlassen da und hatte keine andere Aussicht, als eine Commißstelle an= zunehmen. Dazu jedoch konnte er sich nicht entschließen, denn er glaubte, man deute mit Fingern auf ihn. Dem= gemäß ergriff er den Wanderstab und ging nach Amerika. Ohne Zweifel dachte er, es könne ihm dort bei seinen kaufmännischen Kenntnissen nicht fehlen, allein der Mensch denkt und Gott lenkt. Im Anfang war er nämlich etwas scrupulös und wollte sich nicht zu jedem Dienst hergeben; allein es fand sich keine Stelle, wie er eine ansprechen zu dürfen glaubte. Er wartete also und hoffte auf bessere Zeiten; doch diese wollten sich nicht einstellen. Einmal hätte er einen geringen Platz auf einem Comptoir erhalten können, — einen Platz, der ihn doch wenigstens ernährt hätte, allein er schlug ihn aus als zu gering. Der deutsche Hochmuth war ihm immer noch nicht vergangen! Gleich darauf aber verging er ihm. Das mitgebrachte Geld ver= schwand; ein Kleidungsstück nach dem andern wanderte in's Pfandhaus, und urplötzlich stand er da so hilflos, als Einer. Wie es nun nichts mehr zum Versetzen gab, wurde das Hotel Park sein Nachtquartier; allein welches Aus= sehen hiedurch Rock und Beinkleider, die einzigen, die er noch hatte, bekommen mußten, kann man sich denken. Eines Abends, als er sich eben zu früherer Stunde als gewöhnlich — er konnte vor Hunger kaum mehr gehen — in sein Hotel zurückziehen wollte, begegnete ihm ein Mädchen. Es war die Tochter seiner Amme, und sie hatten also ihre erste Jugendzeit in Deutschland zusammen gelebt.

„Sind Sie's, Herr Wilhelm?" rief das Mädchen erschrocken, denn der Jüngling, welchen es sich nur als den Sohn des reichen Fabrikanten, bei dem ihre Mutter in Diensten gewesen, denken konnte, sah gar zu herabgekommen aus. Zwar war es nicht das erste Mal, daß sie sich in New=York sahen — das Mädchen, welches Verwandte allba besaß, war schon vor einigen Jahren nach Amerika gegangen —, allein „damals" besaß der junge Kaufmann noch Geld und lebte standesgemäß im Gasthof; jetzt aber —!"

„Gewiß Marie, ich bin's," erwiderte der junge Mann. „Doch warum erschrickst du so gar sehr an mir?"

Marie stotterte. Sie mochte ihm nicht sagen, wie sehr er sich zu seinem Nachtheile verändert habe.

„O, ich sehe schon," versetzte der Jüngling mit bitterem Hohne; „du scheust dich mit der Sprache herauszurücken. Allein, was ist da zu verhehlen? Du siehst ja, ich logire im Hotel Park!"

Wenn nun aber Jemand in New=York zu einem andern sagt, er logire im Hotel Park, so weiß dieser schon, was solches bedeuten soll, und man braucht ihm nicht weiter mit dem Holzschlegel zu winken. Marie wurde daher tief innerlich bewegt. Er, ihr Milchbruder, der reiche schöne Jüngling, der nur das Theuerste und Ausgesuchteste gewöhnt war, Er im Hotel Park! Thränen traten ihr in die Augen, aber sie unterdrückte sie schnell, damit er's nicht merke und dadurch beleidigt werde.

„Ich habe mir etwas erspart," sagte sie endlich schüch=
tern. „Es ist zwar nicht viel, aber vielleicht würde es
doch ausreichen, um...."

Sie konnte nicht fortfahren, denn er hielt ihr den
Mund mit der Hand zu. „Sprich nicht weiter," rief er,
„denn jedes deiner Worte bringt mir wie ein Dolchstich
in's Herz. Gewiß, gewiß, es ist eine Todschande, daß ein
kräftiger Mann, wie ich, es so weit kommen ließ, aber
noch tiefer will ich nicht sinken. Beim Himmel, ich
würde lieber verhungern, ehe ich eine Unterstützung an=
nähme!"

„Doch," warf sie mit ihrer schüchternen Stimme ein,
„ich bewohne ein Stübchen für mich allein und die Meubles
darinnen sind mein Eigenthum. Wenn ich nun auf die
nächsten paar Tage zu meinen Verwandten zöge, und ge=
wiß und wahrhaftig ich bin dort ganz willkommen, so
könnten Sie auch so lang mein Zimmer benützen. Es ist
zwar nicht nicht so, wie Sie's sonst gewohnt waren, allein...."

Abermals lag seine Hand auf ihrem Munde. „Du
bist das beste, treueste Herz auf der Welt," sagte er, seine
Rührung nur mit Mühe unterdrückend. Auf ihren Antrag
jedoch gab er ihr keine Antwort, denn er dachte wohl, es
verstehe sich von selbst, daß er diesen Vorschlag nicht an=
nehmen könne. „Du bist das beste treueste Herz von der
Welt," wiederholte er nach einer kurzen Pause, ihr tief in
die Augen sehend, „allein sprechen wir jetzt statt von mir,
auch von dir. Wie geht es dir, Marie? Wo arbeitest
du gegenwärtig?"

„O mir geht es ganz gut," erwiderte sie. „Ich bin
nämlich jetzt in einer Tintenfabrik in Duanestreet beschäf=
tigt, wo ich mehr verdiene, als ich brauche. Da habe ich

die kleinen Gläser (in New = York verkauft man die Tinte
nicht dem Maaße nach, sondern immer in kleinen Fläschchen)
zu füllen und petschiren, wofür man mir per Dutzend vier
Cents bezahlt. Es ist dieß zwar kein sehr hoher Lohn,
allein man kann ganz gut seine sechszehn bis achtzehn
Dutzend den Tag über fertig bringen, und somit stelle ich
mich in der Woche immerhin auf vier bis viereinhalb Dol=
lars. Nur leider sind wir gegenwärtig etwas aufgehalten,
weil unser Chemiker, der die Tinte macht, krank geworden
ist, und so viele Mühe sich auch schon der Boß — in
der New=Yorker Sprache nennt man den Meister, so wie
überhaupt den Arbeitgeber immer Boß — gab, einen andern
zu finden, so wollte es sich doch bis jetzt nicht schicken.
Er selbst aber versteht sich nicht recht auf die Sache
und . . . ."

„Was sagst du?" unterbrach sie der Jüngling hastig.
„Dein Boß sucht einen Chemiker, wie viel Nummer ist
dein Shop, Marie?"

Marie merkte nun sogleich, wo er hinaus wolle, als
er nach der Nummer ihres Arbeitslocales — dieß ist nämlich
die Bedeutung des Wortes Shop — fragte, denn es konnte
in dieser Frage doch nichts anderes liegen, als daß er sich
um die Stelle des Chemikers bewerben wolle. Somit
nannte sie ihm nicht bloß die Nummer, sondern gab ihm
auch noch überdieß in der Freude ihres Herzens ungefragt
jedwede weitere Auskunft, die er nur immer wünschen
konnte. Freilich, hätte man dem jungen Manne ein halbes
Jahr vorher gesagt, er werde noch froh daran sein, die
Stelle eines „Tintenmischers" zu bekommen, so hätte Er
einen die Treppe hinabgeworfen, jetzt aber war sein Stolz
gebrochen und zwar durch das Hotel Park. Doch trug

vielleicht auch die Begegnung der Marie und sein Gespräch mit ihr Manches dazu bei, seinem Hochmuth ein Ende zu machen. Was sollen wir aber nun noch weiter hinzusetzen? Es war dieß die letzte Nacht, welche der junge Mann im Hotel Park zubrachte. Den andern Tag nämlich stellte er sich in aller Frühe bei dem „Tintenbos" ein und erhielt auch wirklich, nachdem er sich über seine Befähigung zur Tintenfabrikation praktisch ausgewiesen, die Stelle des Chemikers. Abends begleitete er die Marie nach ihrer Wohnung und genirte sich nun gar nicht, von ihr etliche Thaler zu borgen, damit er sich in einem anständigen Logirhause einmiethen könne. Ueberdieß blieb es nicht einmal beim Geldentlehnen, sondern er verlangte von ihr noch etwas mehr, nämlich ihr Herz und ihre Hand. Das ging allerdings etwas schnell, allein er hatte längst schon bemerkt, wie unsäglich ihn das Mädchen liebe; doch bei ihm ließ es der anerzogene Hochmuth jetzt erst zu, sich selbst zu gestehen, daß auch er dem lieben Kinde gut sei, ob es gleich nur seiner Amme Töchterlein war!

Mit der Hochzeit -- und obgleich eine stille, war's doch eine recht fröhliche — stand's auch gar nicht lange an, denn der Tintenbos merkte bald, daß sein Chemiker außer dem Tintenmischen noch verschiedene andere Dinge verstehe, mit denen man Geld machen könne. So kamen sie zuerst über das Produkt einer neuen Stiefelwichse, sowie später über die Fabrikation einer unübertrefflichen Waschbläue mit einander in's Reine und am Ende wurde gar eine Schwefelhölzchenfabrik errichtet, in welche der junge Kaufmann als Associé eintrat. Die Fabrik gedieh über Erwarten und die Schwefelhölzchen, ganz nach Wiener Art und Färbung, fanden überall Anklang; die junge Frau des

Herrn Wilhelm ließ es sich aber nicht nehmen, die Aufsicht über die Sortirmädchen zu übernehmen, damit sie doch wenigstens so viel verdiene, als die einfache Haushaltung kostete.

Ob Herr Wilhelm jetzt noch Schwefelhölzchen fabricirt oder ob er abermals eine Stufe weiter nach Aufwärts erklommen hat, kann ich dem Leser leider nicht mittheilen, allein so viel erhellt schon aus dem Bisherigen, daß das Hotel Park doch hie und da auch seinen Nutzen hat, allbieweil es dem Stolz und Hochmuth das Genick bricht.

15.

Indianerjagd im Westen.

In den sogenannten civilisirten Staaten der amerika=
nischen Union existiren nur noch wenige Reste von India=
nern und diese wenigen sogar kann man nicht mehr den
„reinen" Rothhäuten beizählen. Die Kultur ist über sie
gekommen und hat sich ihrem Blute mitgetheilt! Man
wollte sie bekehren und in der Bekehrungswuth umarmten
die weißen Missionäre die rothen Weiber, so daß die ur=
sprüngliche Race eine mehr oder minder vollständige Um=
wandlung erlitten hat. Hierüber in's Nähere einzugehen,
fühle ich mich nicht verpflichtet, sondern bemerke nur statt
alles Weitern, daß viele der indianischen Männer ihre
neugeborenen Kinder selbst mit Hohn und Spott „Missio=
naries" zu nennen pflegen, zum besten Beweise, was sie
von der Sache denken. Civilisirt aber kann man deßwe=
gen diese indianischen Ueberreste doch nicht nennen, sondern
sie nehmen vielmehr den Standpunkt der Halbwilden ein
und gehören weder der Neuzeit noch der Vergangenheit an.
Zum Christenthum sind sie allerdings bekehrt, allein von
der Religion verstehen sie nichts, als einige äußere Ge=
bräuche, und heimlich verehren sie noch immer ihre alten
Idole. Ebenso zwitterhaft erscheinen sie in Beziehung auf

ihre Kleidung. Sie tragen nämlich Sommers und Win=
ters eine wollene Decke, welche sie vermittelst einer bunten
Schärpe um den Leib befestigen und ihre Füße stecken in
Mocassins aus Hirsch= oder Elendshaut, unter den Mo=
cassins aber sieht man keine nackten Beine mehr, wie
früher, sondern vielmehr Strümpfe, die bis an die Knie
reichen, und auf dem Kopfe prangt ganz im Gegensatze
gegen die Sitte ihrer Vorfahren, fast regelmäßig eine rothe
oder blaue Mütze. Ihr Anzug ist also ein Mischmasch
aus dem Altindianischen und Neuamerikanischen, denn wo
hätte je eine Vollblutrothhaut daran gedacht, sich das
Haupt zu bedecken oder die Beine in Wolle zu kleiden?
Ganz dieselbe Halbheit zeigt auch ihre Lebensweise. Krieg
und Jagd war früher die Losung des Indianers, jetzt aber
ist der Krieg vollständig verschwunden und von der Jagd
blieb nur ein ganz kleiner Rest übrig. Umgekehrt jedoch
verstehen sich die genannten Halbwilden keineswegs zum
Ackerbau oder zum Betrieb eines regelmäßigen Gewerbes,
sondern sie finden vielmehr ihre Hauptnahrung im Fisch=
fang, sowie in der Anfertigung von Fischergeräthschaften.
Ueberdieß verfertigen die Frauen perlengestickte Pantoffeln
sowie einige andere ähnliche Kleinigkeiten, welche sich leicht
verkaufen lassen. Kurz sie leben auf eine ganz ähnliche
Weise, wie bei uns vor wenigen Jahren noch die Zigeu=
ner, und von Seiten der Amerikaner werden sie auch als
nichts Besseres angesehen. Allzulange dürfte es jedoch
nicht mehr dauern, bis sie gänzlich verschwunden sind, denn
ihre Anzahl nimmt von Jahr zu Jahr ab, und von den
sogenannten sechs Nationen, welche ehemals die weiten
Reviere des östlichen Amerika bevölkerten, gibt's jetzt nur
noch um die großen Seen herum, besonders am Erie= und

Ontariosee, einige wenige nichtssagende Trümmer. Die
dürftige Lebensweise, der Branntwein und die Pocken ha=
ben furchtbar unter ihnen aufgeräumt, und überdieß darf
man ja diejenigen, welche in den östlichen Staaten zurück=
blieben, eigentlich nur als den Auswurf oder als den
Hefensatz ansehen, da die Lebensfähigen unter ihnen sich
nach Beendigung des amerikanischen Unabhängigkeitskrieges
sämmtlich nach dem Westen zurückzogen. Das Wild ver=
läßt stets die Wälder, in welchen die Axt des Ansiedlers
erklingt und gerade so machten es auch die Indianer!

Wenn man also von eigentlichen und wahrhaftigen
Rothhäuten sprechen will, so darf man nicht an jene we=
nige hundert verkommene Familien denken, welche ihre
Fabrikate in die Curiositätensammlungen — die Amerika=
ner nennen derartige Anstalten „Museen“ — am Niagara=
falle abliefern, sondern man muß vielmehr nach den Fel=
sengebirgen und über diese hinüberziehen, denn nur dort,
in den großen Territorien Washington, Utah, Missourie
u. s. w., sowie in den weiten Gebieten von Oregon und
Californien sind noch wirkliche Indianer zu Hause. Dort
leben sie, wie vor Jahrhunderten, von der Jagd und vom
Kriege, und nur selten lassen sie sich dazu herbei, auch ein
klein wenig Mais zu bauen! Dort wohnen sie, wie ihre
Voreltern, in schlechten Zelten, und wenn auch im Winter
die Kälte sie fast erstarren macht, so daß sie dann selbst
in den tiefsten und windgeschütztesten Wäldern dem Elemente
kaum zu trotzen vermögen, so wollen sie sich doch um
keinen Preis dazu verstehen, feste Wohnungen zu bauen!
Leider jedoch blieben sie selbst in diesen fernen Regionen
nicht lange ungestört, sondern der Fuß des Weißen drang
mit jedem Jahre weiter vorwärts, und als endlich gar die

Goldminen von Californien entdeckt wurden, kamen die
Bleichgesichter, statt zu Dutzenden, — zu Hunderten, zu
Tausenden, zu Zehntausenden. Ohne zu fragen, durch=
zogen dieselben die Jagdgründe des rothen Mannes, schos=
sen dessen Wild weg, wie es ihnen beliebte, und nahmen
Besitz von dem Grund und Boden, als hätten sie ein voll=
kommenes Recht dazu. Hierüber wurden, wie man wohl
sich denken kann, die Indianer im höchsten Grade empört
und setzten sich nicht nur in einzelnen Fällen zur Wehre,
sondern vereinigten sich sogar nicht selten zu gemeinsamen
Angriffen. Der weiße Mann galt ihnen ohne Ausnahme
als Dieb und Räuber, und deßwegen suchten sie die „ganze"
Race zu vertilgen! Natürlich konnte die Regierung der
Vereinigten Staaten ein derartiges Vergehen nicht dulden,
sondern fühlte sich gedrungen, die anglosächsischen Einwan=
derer zu schützen, und errichtete also in den verschiedenen
Territorien kleine Forts oder Festungen, deren Besatzungen
die Rothhäute im Zaum halten sollten. Man suchte also
die Indianer mit Gewalt zur Unterwürfigkeit zu bringen,
und dachte nicht daran, dieselben durch Milde und Unter=
richt in einen Bruderstamm zu verwandeln! Freilich unter=
ließ man es nicht, bei jeder kleinen Festung im Indianer=
gebiet auch eine Missionsstation zu errichten, allein was
lag den Missionären an der „Bildung" der Rothhäute?
Was lag ihnen an ihrer „Erziehung"? Das ganze Mis=
sionsgeschäft bestand vielmehr darin, nach Hause berichten
zu können, man habe so und so viel Heiden „getauft",
und zu diesem Zwecke versprach man den indianischen Kin=
dern eine lockere Mahlzeit, den Erwachsenen aber irgend
ein Kleidungsstück oder eine werthlose Zierrath, wenn sie
sich herbeiließen, das heilige Wasser über sich ausgießen zu

laſſen. Konnten unter ſolchen Umſtänden die Indianer wirklich civiliſirt werden?

Von Jahr zu Jahr nahm die weiße Bevölkerung zu und mit jeder neuen Anſiedlung ſteigerte ſich auch der Haß zwiſchen den Rothhäuten und Bleichgeſichtern. In der alten Welt gingen, wie wir aus der Geſchichte wiſſen, die eroberten Völker regelmäßig in den Eroberern auf, ſo daß am Ende ein neuer Volksſtamm mit neuer Sprache daraus entſtand; zwiſchen den Indianern und Weißen aber herrſchte ein wahrer Racenhaß und es handelte ſich nie und nimmer um „Amalgamation", ſondern ſtets blos um „Aufreibung". Ja der Weiße hielt ſich geradezu für berechtigt, eine Roth= haut, wo er ſie nur irgend treffe, wie einen Fuchs oder Haſen niederzuſchießen. — Wie kam dieß nun aber ſo? Ei nun ſehr einfach! Die erſten Angloſachſen nämlich, welche über die Felſengebirge hinüber nach Oregon und Californien kamen, waren meiſt eben ſo rohe als wilde Abenteurer, und hatten ſelbſt in ihrer frühern Heimath das Eigenthum ihrer Nebenmenſchen nur ſelten reſpektirt. Um ſo weniger machten ſie ſich ein Gewiſſen daraus, das Beſitzthum eines Indianers ohne Weiteres an ſich zu reißen und ihm ſogar Weib und Kind zu ſtehlen. Eine Rothhaut hatte in ihren Augen gar kein Recht, ſondern galt vielmehr, eben ihrer rothen Haut wegen, keineswegs als ein Bruder und Mitmenſch, ſondern als ein Weſen niederer Gattung (gerade wie der Nigger), ja als voll= kommen vogelfrei; warum hätte ſich alſo einer jener rohen Geſellen nur im Geringſten bedenken ſollen, ſich die nächſte beſte Indianerin als Kebsweib beizulegen? An weißen Frauen und Mädchen war ja im Anfange der Beſitznahme Californiens vollkommener Mangel, die Stellvertretung der rothen Weiber schien also von der Natur geboten! Eben so sehr mangelte es in jenen Zeiten an Dienstboten und man mußte einem solchen in St. Francisko monatlich nebst freier Kost und Wohnung immerhin 60 bis 70 Dollars Lohn geben. Somit zahlte eine Familie für ein erwachsenes Indianermädchen ohne Anstand ein für allemal 2 bis 300 Dollars, behandelte dann aber dasselbe natürlich wie eine erkaufte Sclavin, welche nie mehr über die Freiheit ihrer Person disponiren könne. So stand es in den Jahren 1848—54, allein wie hätte sich unter solchen Umständen ein weißer Strolch abhalten lassen, in den Gebirgen indianische Mädchen zu stehlen, um sie sofort in der Hauptstadt für einige hundert Dollars zu verwerthen? Man sieht, an Gründen oder vielmehr Motiven zum Diebstahl indianischer Weiber und Kinder fehlte es jenen wilden Burschen, welche zuerst die Goldminen Californiens ausbeuteten, nicht und es verging daher kein Tag, an welchem nicht irgend eine solche Raubthat begangen worden wäre. Wenn nun aber ein auf diese Art schwer beleidigter Indianer seiner Rache freien Lauf ließ und sich anschickte, Widervergeltung zu üben, was blieb dann schließlich weiter übrig, als denselben wie ein wildes Thier niederzuschießen? Dieß geschah auch regelmäßig, und es fiel keinem Menschen ein, einen Weißen deßhalb zur Rechenschaft zu ziehen. Mit der Zeit jedoch, als die weiße Bevölkerung jedes Jahr um's Drei= und Vierfache stieg, ordneten sich die Zustände ein wenig besser, denn es kamen auch ehrliche und gesittete Menschen in's Land, welche derartige Niederträchtigkeiten verdammten, und endlich consolidirte sich Californien förmlich zu einem Staate, in welchem die Willkühr dem Rechte und die Gewaltthat dem

Gesetze weichen mußte. Allein erging es deßhalb den ar=
men Indianern auch nur um ein Jota anders, denn
früher?

Allerdings das Weiber= und Kinderstehlen hörte jetzt
so ziemlich auf, allein sie wurden dagegen als Diebe und
Mörder gebrandmarkt, und ihre Verfolgung, die man bis=
her mit einem „Pürschgang" vergleichen konnte, ward in
Folge dessen in ein vollständiges „Treibjagen" verwandelt.
Es kam nämlich, wie man unbedingt zugeben muß, hie
und da vor, daß Indianer, wenn die Jagd besonders un=
ergiebig war und wenn sie sich in Folge dessen dem Hun=
gertode nahe sahen, einem Weißen ein Stück Rind oder
ein Schaf oder irgend etwas anderes Eßbares stahlen,
oder daß man sie wenigstens im Verdacht hatte, den Dieb=
stahl begangen zu haben. Noch öfter aber kam es vor,
daß einzelne verwegene Gesellen, seien es nun eingewan=
derte Amerikaner oder eingeborene mexikanische Desperatos
gewesen, sich in Indianer verkleideten und in dieser Ver=
kleidung große Diebstähle an Pferden und Maulthieren
ausübten. Ihre Absicht war, den Verdacht des Raubes
auf das Geschlecht der Rothhäute zu wälzen, damit man
ja nie einen Argwohn gegen sie selbst fassen könne, und
diese Absicht gelang ihnen bei dem gemeinen Volke nur
zu gut, obwohl die besser Unterrichteten ganz genau wuß=
ten, wie es um die Sache stehe. Dazu kam denn noch,
daß hie und da ein Weißer, der vereinzelt nach Gold
suchte, unter solchen Umständen ermordet gefunden wurde,
daß man glauben mußte, die That sei von Rothhäuten
begangen worden, oder auch daß Menschen in indianischer
Kleidung, um zu plündern und zu rauben, auf die Nach=
zügler einer Karawane einen Angriff machten, in Folge

deſſen vielleicht ein halb Dutzend von Bleichgeſichtern ihr Leben laſſen mußten. Wir ſagten: „Menſchen in india= niſcher Kleidung", denn obwohl es nicht ſelten der Fall ſein mochte, daß „wirkliche" Indianer, um ſich an dem Geſchlechte der Weißen zu rächen, eine ſolch mörderiſche That begingen, ſo ereignete es ſich doch viel häufiger, daß entartete weiße Geſellen, nachdem ſie ſich in Indianertracht geſteckt und ihren Körper braunroth angemalt hatten, die beſagten Angriffe vollführten oder auch einzelne Goldgräber mordeten, und natürlich konnten ſie bei dieſer ihrer Verklei= dung ebenfalls keinen andern Zweck haben, als für ſich ſelbſt ungeſtraft davon zu kommen und den ganzen Haß auf die Indianer zu werfen. Dieß alles ſind bewieſene Thatſachen, denn es wurden verſchiedene der Schurken, welche ſich bei der Begehung ihrer Verbrechen dieſer teuf= liſchen Liſt bedienten, über der That ertappt und vollſtän= dig entlarvt; aber deßwegen erhob ſich doch unter der großen Maſſe der damaligen weißen Bevölkerung Califor= niens und der angrenzenden Regionen ein allgemeines Rachegeſchrei gegen die Indianer. Das ungebildete Volk, meiſt aus rohen Abenteurern beſtehend, nahm ſich nicht die Mühe, zu unterſuchen, ob die verſchiedenen Diebereien, Räubereien und Mordthaten von „wirklichen" oder nur „angeblichen" Rothhäuten ausgegangen ſeien, ſondern es ſtimmte vielmehr, da gegen die Indianer ſchon zum Vor= aus ein Vorurtheil vorhanden war, die große Maſſe da= für, daß man die verrätheriſchen rothen Teufel maſſakriren müſſe. Am grimmigſten gebärdeten ſich natürlich diejeni= gen, welche ſich bewußt waren, unter dem Deckmantel des Indianerthums Schlimmes verübt zu haben, und ſie waren es insbeſondere, welche Tag für Tag falſche Gerüchte über

neue Indianerunthaten verbreiteten, um die Wuth der
Menge wo möglich noch mehr aufzureizen. Ueberdem er=
schienen durch ihre Veranlassung, sowie in Folge der Angst,
welche sich Vieler, die hinter jedem Busche eine mordlustige
Rothhaut lauern zu sehen vermeinten, bemächtigt hatte, in
allen Zeitungen des neu entdeckten Goldlandes haarsträu=
bende Berichte von gräßlichen Ungeheuerlichkeiten, welche
die Rothhäute begangen haben sollten, und es wurde mit
aller Macht darauf gedrungen, dem schrecklichen Unwesen
endlich einmal mit Gewalt zu steuern. „Die Indianer
sind geborene Diebe, Räuber und Mörder", hieß es allge=
mein, „und es bleibt nichts übrig, als sie sämmtlich aus=
zurotten, wenn nicht die halbe weiße Bevölkerung ihnen
zum Opfer fallen soll." Die Folge hievon war, daß man
die Regierung des Staates von allen Seiten bestürmte,
einzuschreiten, ehe es zu spät sei, und in der That ordnete
auch der Gouverneur von Californien sofort Streifzüge
an, um die Indianer zu Paaren zu treiben, und überdieß
wurden einzelne Männer, welche sich freiwillig dazu er=
boten, beauftragt, freiwillige Compagnien zu errichten, die
denselben Zweck verfolgen sollten. Kurz, man veranstaltete
von Obrigkeitswegen einen allgemeinen Kreuzzug gegen die
Rothhäute, gerade wie früher im Mittelalter die Päbste
Kreuzzüge gegen die Albigenser, Waldenser und andere
Ketzer angeordnet haben. Ohnehin aber glaubte sich jeder
Einzelne berechtigt, auf eigene Faust gegen den rothen
Mann zu Felde zu ziehen und denselben, wo er ihn treffe,
gleich einem Wolfe oder einem andern Raubthiere nieder=
zuschießen, und man betrachtete bald die sogenannte „Buck=
Jagd" — man hieß nämlich die Indianer ihrer rothen
Haut wegen kurzweg nur „Buck", d. h. Reh= oder Hirsch=

böcke — für ein eben so großes Vergnügen, als in Europa die Hühner= oder Hasenjagd. Ja man gab sich mit der Jagd der indianischen „Männer" nicht einmal zufrieden, sondern man schoß auch auf indianische Weiber und Mäd= chen, und ging überhaupt mit einer Grausamkeit zu Werke, die an die Zeiten des Kanibalismus erinnert. Um nun dem Leser einen Begriff davon zu geben, auf welche Weise diese Indianerjagden getrieben wurden, erlauben wir ihm einige wenige authentische Beispiele vorzuführen, in der Ueberzeugung, daß er dann die ruhmrednerischen Berichte der Nordamerikaner „über die Fortschritte der Civilisation in den Ländern jenseits der Felsengebirge" gehörig zu wür= digen vermag.

Im März des Jahrs 1859 stieß ein gewisser Henley, als er — natürlich gut bewaffnet — mit einer Koppel Pferde den Erlriver in Californien entlang ritt, auf einige Indianer, welche sich vor ihm in das Dickicht flüchteten, denn es war damals längst so weit gekommen, daß die Rothhäute sich so schnell als möglich auf die Socken mach= ten, sobald sie nur einen Weißen sahen. Henley rief ihnen zu, hervorzukommen, indem er ihnen betheuerte, daß er keine böse Absicht gegen sie habe, sondern daß er nur Auskunft von ihnen verlange, welchen Weg er einschlagen solle. Vertrauensvoll nahten sich die Indianer, aber so= wie sie auf fünfzig Schritte herbeigekommen waren, schoß der Elende seine vierläufige Büchse auf sie ab und tödtete ihrer Dreie. Warum nun aber that er dieß? Etwa weil sie ihn bestohlen hatten? „Ei Gott bewahre," erwiderte er, als man ihn deßhalb befragte. „Ich schoß auf sie, weil sie Böcke waren und weil sie mich möglicher Weise hätten bestehlen können!"

Wenige Monate später traf derselbe Henley, während er mit einigen andern Gleichgesinnten auf der Jagd begriffen war, auf eine größere Schaar Indianer, welche sich sofort sammt und sonders in eine Hütte, die sie da von Zweigen errichtet hatten, flüchteten. Alsobald begannen die Weißen den Angriff, steckten die Hütte in Brand, so daß die Rothhäute es vor Hitze und Rauch nicht mehr aushielten, und schoßen sofort viere von ihnen nieder. Warum? „Ei nun," erwiderte Henley, „die Rothhäute hätten sich ihm dadurch verdächtig gemacht, daß sie vor ihm in die Hütte geflohen seien, und in der That habe er auch nachher, als er mit seinen Kameraden das halbniedergebrannte Anwesen durchsuchte, ein Pferdsohr und zwei Pferdszungen darin gefunden, zum besten Beweise, daß die Rothhäute Diebe gewesen seien." Hierin lag die ganze Verantwortung des Mörders und davon, daß man ihn zur Strafe gezogen hätte, war natürlich keine Rede.

Weiter! Am 26. Februar 1860, einem Sonntage, fand ein Farmer in der Nähe von Humboldsbay, daß ihm in der Nacht ein Stück Vieh abhanden gekommen sei, und da er nun natürlich im Augenblick vermuthete, daß irgend welche Indianer ihn bestohlen hätten, so eilte er zu seinem nächsten Nachbar, um ihn zu einem Streifzuge gegen das räuberische rothe Geschlecht aufzufordern. Dieser war auch sogleich bereit, und nachdem sich nun beide Männer nebst ihren Knechten von Kopf bis zu Fuß bewaffnet hatten, schlichen sie sich gegen ein in der Nähe gelegenes kleines Indianerdörfchen heran, um an dessen Bewohnern ihre Rache zu kühlen. Die Rothhäute dachten an keinen Ueberfall und setzten sich also auf keine Weise zur Wehre. Auch wäre ihnen dieß beinahe unmöglich gewesen, da sie keinerlei

Waffen besaßen, und somit gelang es den weißen Unhol=
den, nicht weniger als vierzig ihrer vermeintlichen Feinde,
worunter dreißig Weiber und Kinder, niederzuschießen.
Mit dieser sonntäglichen Heldenthat waren sie aber noch
nicht einmal zufrieden, sondern sie zogen sofort weiter süd=
lich, stießen da auf ein Lager von etlichen und fünfzig
Rothhäuten, ebenfalls Männer, Weiber und Kinder, grif=
fen dieselben ohne weitere Präliminarien an und erschlu=
gen alle bis auf Einen, dem es gelang, seine Flucht zu
bewerkstelligen. Nun erst hielten sie ihre Rache für be=
friedigt und kehrten triumphirend nach Hause; davon aber,
daß man sie zur Rechenschaft gezogen hätte, war abermals
keine Rede.

Weiter! Major Johnson bezeugt in einem Berichte
an das californische Gouvernement, daß ein gewisser Jarboe
auf einer Streifjagd fünfzig Indianer und gleich darauf aber=
mals sechs weitere Rothhäute nebst vier Kindern und vier Frauen
getödtet habe, weßhalb er den Mann für würdig erachte, eine
Staatsbelohnung zu erhalten. Als Grund dieses großar=
tigen Mordes gibt er an, „die Indianer hätten den Jarboe
bestehlen wollen, allein dieser sei denselben zuvorgekommen".
Was war nun die Folge? Wurde Jarboe vor Gericht ge=
stellt? Nein und abermals nein, sondern er erhielt viel=
mehr die von ihm beanspruchte Belohnung, denn das Treib=
jagen auf Rothhäute war ja gesetzlich geboten! Derselbe
Jarboe rühmte sich öffentlich, im Ganzen genommen nicht
weniger als 283 Bucks getödtet zu haben, wobei er jedoch
wohlweislich verschwieg, daß es lauter wehrlose Personen,
insbesondere Frauen und Kinder waren, welche er massa=
krirte; allein deßwegen wuchs doch sein Ruhm von Tag
zu Tag, und als er vollends bekannt machte, daß er nun

durch diesen Mord im Großen die Blutthaten der India=
ner, welche diese kurz zuvor an siebzehn Weißen begangen
hätten, hinlänglich gerächt glaube, vergötterte man ihn bei=
nahe. Worin bestanden nun aber diese sogenannten „sieb=
zehn Blutthaten?" Waren wirklich siebzehn Weiße von
den Rothhäuten getödtet worden? Gott bewahre, sondern
diese siebzehn Morde reducirten sich auf einen einzigen,
indem ein indianischer Ehemann einen weißen Schurken,
der sein Weib gewaltsam geschändet hatte, mit einem Prügel
niederschlug. Der rothe Mann hatte also nur einen Akt
der Selbstjustiz begangen, und um diesen zu rächen wur=
den mehrere hundert unschuldige Menschen niedergemetzelt!

Weiter! Colonel Harries, ein Staatsbeamter, der als
solcher doppelt verpflichtet war, nach Recht und Gesetz zu
verfahren, begegnete im August 1859, als er mit einigen
Kolonisten von Roundvalley auf der Jagd begriffen war,
eilf Indianern und tödtete dieselben vom ersten bis zum
letzten. Sie hatten ihm auch nicht den geringsten Anlaß
gegeben; allein er meinte lachend: „Die Rothhäute pflegen
alle zu stehlen und folglich werden auch diese keine Aus=
nahme gemacht haben!"

Weiter! Colonel Imley traf mit einigen Freunden auf
einen kleinen Indianerstamm, machte alsobald Jagd auf
denselben und schoß zweiunddreißig Stücke nieder. Wie be=
schönigte er aber diese seine Blutthat? „Ei nun," erklärte
er; „weiter oben im Gebirge ist vor kurzem eine Karawane
von Rothhäuten angefallen worden, und es wäre wohl
möglich gewesen, daß diese hier — die Niedergeschossenen
nemlich — ihren Brüdern hätten Munition bringen wollen!"

Weiter! Am 26. Februar 1860 setzten dreißig Koloni=
sten von Eureka nach Indian-Island über, um ein durch=

gegangenes Pferd einzufangen. Das Pferd fanden sie nicht, dagegen aber stießen sie auf ein Indianerlager, griffen dasselbe im Momente an und schlachteten mit ihren Messern und Aexten nicht weniger als sechsunddreißig Rothhäute, Männer, Weiber und Kinder, ab. Sie hatten nun doch wenigstens eine Genugthuung für das verlorene Pferd!

Weiter! An demselben 26. Februar fielen einige andere weiße Kolonisten aus purer Jagdlust über ein Indianer= lager am Tablebluff her und tödteten über vierzig Stück ohne Unterschied des Geschlechtes; wie man sie nun aber fragte, warum sie dieß gethan hätten, meinten sie: „Das Wild wäre rar gewesen und sie hätten doch nicht nach Hause kehren können, ohne wenigstens einige Böcke ge= schossen zu haben."

Weiter! Am Neujahrstag 1860 erschoß in der Stadt Stockton ein Amerikaner einen Indianer auf offener Straße. Und warum? Einfach deßwegen, um seine Büchse, die er gerade gekauft hatte, zu probiren! In derselben Stadt wettete ein gewisser Darley mit einem Andern um ein Zehndollarstück, wer zuerst einen Indianer niederschieße. Beide bewaffneten sich sofort und traten ihren Feldzug an, nach einer halben Stunde aber konnte Darley bereits den Beweis beibringen, daß er gewonnen habe.

Solcher Beispiele könnten wir noch Hunderte anführen. Lauter Morde ohne die geringste Provocation! Allein sie sind noch geringfügig gegen die großartigen Bluthaten, welche die von der Regierung autorisirten Treibjagd=Kom= pagnieen verrichteten. So überfielen ihrer etliche Zwanzig, die sich zu einer solchen Kompagnie vereinigt hatten, bei Ralphs=Ranch ein Lager von sechshundert Rothhäuten und massakrirten Alles, was ihnen unter die Hände kam. Aber wie massakrirten sie? Säuglinge wurden mit der Art in zwei Hälften gespalten und jede Hälfte als Siegeszeichen an einen Baum aufgehängt! Weibern schnitten sie die Brüste ab und spießten sie auf ihre Bajonette! Den Män= nern schlitzten sie den Bauch auf und schleppten sie an den Eingeweiden weiter! Viele der Opfer flehten fußfällig um Gnade, aber die Mörder kannten keinen Pardon. Im Gegentheil mischten sie Blut unter ihren Schnaps, um sich vollständig in thierische Wuth zu versetzen. Und doch waren die Indianer, wie sich nachher herausstellte, vollkommen unschuldig!

Nicht minder grausam verfuhr unter der Anführung eines gewissen Lee eine andere weiße Bande gegen die so= genannten Pittriver=Indianer, in deren Gebiet ein Weißer erschossen gefunden worden war. Die genannten Rothhäute hatten zwar erwiesenermaßen keine Gewehre, allein deßwegen beschuldigte man sie, doch der That, und Kapitän Lee be= schloß sofort den ganzen Stamm auszurotten. Auch wurde dieser Beschluß alsbald ausgeführt, und zwar auf eine so scheußliche Weise, daß wir Anstand nehmen müssen, die verschiedenen Einzelnheiten zu berichten. Das Allernieder= trächtigste bei der ganzen Mordscene bestand aber darin, daß nicht Wenige der Weißen, welche unter Lee fochten, früher mit Indianerinnen des Pittriverstammes zusammen= gelebt und Kinder erzeugt hatten, denn in dem allgemeinen Massacre tödteten sie ihre eigenen Kebsweiber und sogar ihre eigenen Kinder! Hat man je irgendwo sonst in der Welt von solcher Bestialität gehört?

Fast noch ärger machte es der sogenannte General Kibb — er nannte sich General, weil er ein Milizenregiment kommandirte, denn diesem berühmten Feldherrn gelang es

auf seinen verschiedenen Indianerfeldzügen nicht weniger als
vierhundertfünfzig Rothhäute zu tödten. Aber auf welche
Weise bewerkstelligte er dieß? Man höre und schaudere!
Ein paar Tagereisen von St. Francisco entfernt überfiel
der große Held einen in seinen Hütten schlafenden Indianer=
stamm, bestehend aus sechszig Weibern und Mädchen, aus
einer Anzahl Kinder und Säuglinge, sowie aus zehn
älteren unbewaffneten Männern, und natürlich war es eine
leichte Sache, die Ueberfallenen oder vielmehr im Schlafe
Ueberraschten mit Säbeln und Dolchen niederzumachen.
Einige versuchten zu entfliehen, allein man schoß nach
ihnen, wie nach Hasen, und erlegte sie sämmtlich. Pardon
wurde keiner gegeben, und Mütter mit den Säuglingen
an der Brust, welche jammernd um ihr Leben baten, stieß
man ohne weiteres nieder, während man ihren Kindern die
Schädel an einem Steine zerschmetterte. Zum Schluß warf
man sämmtliche Leichen auf einen großen Haufen, zündete
ein Feuer daneben an und hielt einen großartigen Sieges=
schmauß, bei dem man nicht unterließ, einige wenige kleine
Knaben und Mädchen, die noch nicht ganz todt waren und
erbärmlich schrieen, in die Gluth zu werfen und sie so für
ewig stumm zu machen. Was denkt nun der Leser zu
solchem Kanibalismus?

Wir glauben, die bisherigen Beispiele werden genügen,
um zu beweisen, daß es offenbar auf nichts anderes ab=
gesehen ist, als das Geschlecht der Indianer vollständig
auszurotten, und diese Heldenthat dürfte auch in wenigen
Jahrzehnten vollbracht sein. Betrug doch zu der Zeit, als
die Nordamerikaner Californien okkupirten, die Indianer=
bevölkerung des Staates etwas über sechszigtausend Seelen,
während sie jetzt bereits auf fünfzehntausend herabgesunken

ist! Ja einzelne Stämme sind vollständig von der Erde
verschwunden, und von anderen, die vor fünfzig Jahren
noch sechstausend und mehr zählten, existiren kaum noch
einige wenige Hunderte! Wie aber in Californien, so auch
in Oregon und den verschiedenen Territorien. Am Felsen=
gebirge allerdings ist diese Decimirung noch nicht so stark,
denn die Weißen haben sich dort noch nicht in Masse an=
gesiedelt, aber wenn einmal erst die projektirte Eisenbahn
über jene Gebiete führen, und wenn in Folge dessen an
den verschiedenen Stationen Niederlassungen entstehen, wie
viel Jahre werden dann nöthig sein, um unter den dorti=
gen Rothhäuten eben so stark aufzuräumen, als in Cali=
fornien innerhalb weniger Jahre aufgeräumt worden ist?

Doch, fragt man verwundert, ist es denn möglich, daß
die Vereinigte=Staatenregierung, welche doch die Pflicht hat,
für alle ihre Unterthanen, also auch für die Indianer, auf
gleich gerechte Weise zu sorgen, nicht einschreitet und solchem
Barbarismus ein Ziel setzt? Man weiß ja, daß bei den
Engländern, auf deren weitläuftigen nordamerikanischen Be=
sitzungen eine große Menge von Rothhäuten hausen, die
Zahl derselben eher zu= als abnimmt, warum ahmen also
nicht die Oberbehörden der Union dieses Beispiel nach?
Du lieber Gott, wenn man die Nordamerikaner hört, so
wird das besagte Beispiel sogar noch übertroffen, denn sie
wollen förmliche „Kulturanstalten" für die Indianer er=
richtet haben! Dem Wortlaute nach haben sie auch voll=
kommen Recht. Die Vereinigte=Staatenregierung hat nem=
lich sowohl in Kalifornien als in Oregon sogenannte „Indian=
Reservations", d. h. Kolonieen in's Leben gerufen, auf
welchen die Rothhäute zu Bauern herangebildet werden
sollten, und es wurde Befehl gegeben, ihnen daselbst Woh=

mung, Nahrung und Kleidung, so wie Ackergeräthschaften und Unterricht zukommen zu lassen, damit sie sich nach und nach vollständig an ein civilisirtes Leben gewöhnten. Allein wie steht es nun mit der Verwaltung dieser sogenannten Reservationen? Die damit vertrauten Beamten behielten einfach, statt Nahrungsmittel zu kaufen, die Regierungsgelder in der Tasche und ließen die armen Indianer vollständig Hunger leiden! Ja sie waren sogar damit nicht einmal zufrieden, sondern sie vermietheten dieselben auch noch an benachbarte Farmer oder in die Minendistrikte als Sclaven, und ließen jeden der armen Bursche, der sich solcher Qual durch die Flucht entziehen wollte, ohne weiteres als widerspenstig aufhängen! So ist z. B. bewiesen, daß Colonel Imley, einer der Superintendenten »of indian affairs« (derselbe, dessen wir oben schon erwähnten) innerhalb drei Jahre nicht weniger als zweihundertfünfzig Indianer als Meuterer zum Strange verurtheilte, während er in derselben Zeit die Summe von dreimalhunderttausend Dollars, welche er zum Besten der Reservationen verwenden sollte, erübrigte. So machte ein anderer Superintendent, Namens Davis, in einem einzigen Jahre einhundertundsiebzigtausend Dollars und schoß mit eigener Hand über hundert Indianer, die sich wegen Hunger bei ihm beklagten, nieder. Andere verfuhren allerdings nicht so grausam, d. h. sie unterließen es, die unzufriedenen Rothhäute ohne weiteres zu tödten, dagegen aber verabsäumten sie es nie, die anvertrauten Gelder zu stehlen und dafür Berichte an die Regierung einzusenden, in welchen sie die rothe Menschenrace „als eine unverbesserliche“ schilderten. Ist es nun unter solchen Umständen zu verwundern, wenn der Versuch mit den sogenannten Reservationen vollständig mißlang? Ist es zu verwundern, wenn die Indianer, statt in den Kolonieen zu verhungern oder sich durch den Strang tödten zu lassen, zu ihren Brüdern in die Berge flüchteten und sich mit ihnen auf Tod und Leben zur Bekämpfung der Weißen verbündeten? Auch glaube man ja nicht, daß wir auch nur im geringsten in diesem unserem Berichte übertrieben haben, sondern wir blieben vielmehr rein auf dem Boden der Thatsachen, und wenn es dem Leser gefallen würde, eine amerikanische Zeitung, welche sich mit diesem Gegenstand befaßt, durchzulesen, oder wenn er sich gar die Mühe nähme, die öffentlichen Verhandlungen, welche hierüber in den letzten Kongreßsitzungen stattfanden, zu studiren, so dürfte er uns leicht den Vorwurf machen, wir seien noch viel zu gelind aufgetreten. Gibt es doch unter den gebildeteren Nordamerikanern keinen Einzigen, der nicht sowohl über die Schwäche der Regierung als auch über die Niederträchtigkeit ihrer Agenten, so wie endlich über die grausame Verblendung der Kolonisten, welche die Indianer nur als jagdbare Thiere ansehen, das unbedingteste Verdammungsurtheil ausspräche!

So steht es mit der Indianerjagd im Westen, und wer wollte also dem rothen Manne Unrecht geben, wenn dieser den Weißen ohne Ausnahme mit tiefer Verachtung einen „Bostonman", d. h. einen Lumpen und Betrüger nennt?

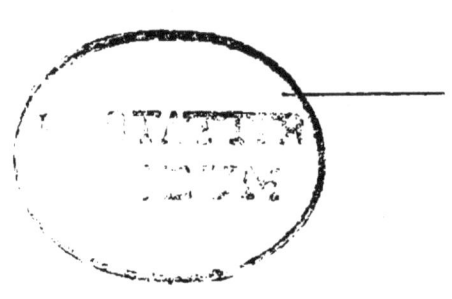